21 世纪高等院校汽车类创新型应用人才培养规划教材

现代汽车发动机原理

主　编　赵丹平　吴双群
副主编　范海宽　孙悦超
参　编　刘建江　刘世杰　张慧杰

内 容 简 介

本书在讲解发动机实际循环的基础上,介绍了发动机主要性能与工作过程参数之间的内在联系,分析了影响发动机性能的各种因素,指出了合理使用发动机、提高发动机性能及实现节能减排的基本途径。本书共分 8 章,包括发动机实际循环与性能指标、发动机换气过程、汽油机预混合气形成与燃烧、柴油机的雾化与燃烧、发动机排放污染与控制、发动机特性、发动机性能试验及发动机增压。

本书可作为高等院校汽车运用工程、交通运输、车辆工程、交通工程、汽车服务等相关专业本、专科和非本专业研究生的教材和参考书,也可作为汽车行业培训、汽车运输及汽车维修等技术管理人员的参考用书。

图书在版编目(CIP)数据

现代汽车发动机原理/赵丹平,吴双群主编. —北京:北京大学出版社,2010.6
 (21 世纪高等院校汽车类创新型应用人才培养规划教材)
 ISBN 978-7-301-17203-2

Ⅰ. ①现… Ⅱ. ①赵…②吴… Ⅲ. ①汽车—发动机—理论—高等学校—教材 Ⅳ. ①U464

中国版本图书馆 CIP 数据核字(2010)第 088567 号

书　　名:	现代汽车发动机原理
著作责任者:	赵丹平　吴双群　主编
策 划 编 辑:	童君鑫
责 任 编 辑:	宋亚玲
标 准 书 号:	ISBN 978-7-301-17203-2/TH·0188
出　版　者:	北京大学出版社
地　　址:	北京市海淀区成府路 205 号　100871
网　　址:	http://www.pup.cn　http://www.pup6.com
电　　话:	邮购部 010-62752015　发行部 010-62750672　编辑部 010-62750667
电子邮箱:	pup_6@163.com
印　刷　者:	北京虎彩文化传播有限公司
发　行　者:	北京大学出版社
经　销　者:	新华书店
	787 毫米×1092 毫米　16 开本　18.75 印张　441 千字
	2010 年 6 月第 1 版　2023 年 6 月第 4 次印刷
定　　价:	49.00 元

未经许可,不得以任何方式复制或抄袭本书之部分或全部内容。
版权所有,侵权必究　　举报电话:010-62752024
　　　　　　　　　　　电子邮箱:fd@pup.pku.edu.cn

前　言

本书作为 21 世纪全国高等院校汽车类创新型应用人才培养规划教材，是根据北京大学出版社启动的创新型人才培养规划教材项目要求编写的。

汽车发动机原理是一门重要的技术基础课，是汽车专业的学生学习相关专业课程必备的理论知识，也是从事发动机和汽车开发、研究、生产及应用的专业技术人员必备的专业技术基础。本书以提高学生的应用能力为目标，立足以人为本，着重培养学生对基础理论知识的应用能力、理论联系实际能力、自学能力和创新能力。

编者根据多年的实践教学经验和长期从事高等教育汽车类专业建设、教学改革研究工作的心得，对本书在结构、内容安排等方面，进行了大量研究工作；对全书的体系和内容作了精心的筹划和安排，从整体和综合的角度来把握全书各部分内容的相互关系，力争做到体系清晰、条理清楚、深入浅出，并能反映当前发动机的发展方向，使初学者和深入学习者都能通过学习这门课程掌握有关的专业理论知识，对现代发动机的原理有一个全面认识和理解。编者克服了以往教材结构过于零散的缺陷，例如，将燃料燃烧热化学这部分内容不再单独列为一章，而是整合在与发动机循环过程有直接联系的发动机实际循环与性能指标一章中，这样从教材结构上看，内容更紧凑、更合理。本书内容紧密联系现代汽车新技术，注重理论和实践相结合，突出针对性、先进性和实践性，并适当引入实用性较强且最新的汽车新技术知识，例如，在第 4 章中增设了柴油机电控燃油喷射共轨技术，并说明了其在现代车用柴油机中日益广泛的应用。

本书共分 8 章，由内蒙古工业大学赵丹平和吴双群任主编，内蒙古工业大学范海宽和内蒙古农业大学孙悦超任副主编，刘建江、刘世杰及张慧杰为参编。第 1 章、第 2 章、第 6 章、第 7 章由吴双群、范海宽、刘世杰编写，第 3 章、第 4 章由赵丹平、张慧杰编写，第 5 章、第 8 章由刘建江、孙悦超编写。

本书的编写得到了内蒙古工业大学能源与动力工程学院领导和师生的鼎力支持，谨此表示衷心的感谢。

为方便教师授课和自学，编者制作了配套习题答案和电子课件，有需要者请登录北京大学出版社第六事业部的网站 http：//www.pup6.com 进行查阅。

由于编者水平有限，书中疏漏之处在所难免，恳切希望各兄弟院校师生提出宝贵意见和建议，以便日后完善，编者邮箱 zdpwsq@yahoo.cn。

编　者
2010 年 5 月

目 录

第1章 发动机实际循环与性能指标 … 1

1.1 发动机理论循环概述 … 2
    1.1.1 发动机示功图 … 2
    1.1.2 发动机理论循环 … 4

1.2 发动机燃烧热化学 … 6
    1.2.1 燃烧所需的空气量 … 6
    1.2.2 燃烧前、后工质理论分子变更系数 … 8
    1.2.3 实际分子变更系数 … 10

1.3 发动机实际循环与热损失 … 11
    1.3.1 工质的影响 … 11
    1.3.2 换气损失 … 12
    1.3.3 气缸壁的传热损失 … 12
    1.3.4 时间损失 … 12
    1.3.5 燃烧损失 … 13
    1.3.6 涡流和节流损失 … 13
    1.3.7 泄漏损失 … 13

1.4 发动机性能指标 … 14
    1.4.1 发动机的指示指标 … 14
    1.4.2 发动机的有效指标 … 16

1.5 机械损失 … 19
    1.5.1 机械效率 … 20
    1.5.2 机械损失的测定 … 20
    1.5.3 影响机械效率的因素 … 22

1.6 发动机热平衡 … 23
    1.6.1 热平衡方程式 … 24
    1.6.2 热平衡方程式中各项热量的确定 … 24
    1.6.3 发动机的热平衡及热平衡图 … 25

1.7 发动机循环的热力学模型 … 27
    1.7.1 模型的假定 … 27
    1.7.2 基本的微分方程组 … 27
    1.7.3 气缸内实际工作过程的计算 … 29
    1.7.4 进、排气过程的计算 … 30
    1.7.5 发动机性能的计算 … 31

习题 … 32

第2章 发动机换气过程 … 33

2.1 四冲程发动机换气过程 … 35
    2.1.1 自由排气阶段 … 35
    2.1.2 强制排气阶段 … 36
    2.1.3 进气阶段 … 36
    2.1.4 气门叠开和燃烧室扫气阶段 … 36

2.2 发动机换气损失和泵气损失 … 37
    2.2.1 排气损失 … 37
    2.2.2 进气损失 … 38
    2.2.3 换气损失和泵气损失 … 38

2.3 发动机换气过程性能指标 … 39
    2.3.1 充量 … 39
    2.3.2 充量系数 … 41

2.4 影响充量系数的因素 … 42
    2.4.1 进气终了压力 p_a … 42
    2.4.2 进气终了温度 T_a … 44
    2.4.3 残余废气系数 ϕ_r … 44
    2.4.4 进气(或大气)状态 … 44
    2.4.5 压缩比 ε … 44
    2.4.6 配气相位 … 44

2.5 提高发动机充量系数的措施 … 45
    2.5.1 降低进气系统的流动阻力 … 45
    2.5.2 减小排气系统的流动阻力 … 48
    2.5.3 减少高温零件对新鲜充量的加热 … 48
    2.5.4 合理选择配气相位 … 49

2.6 进气管动态效应 … 52
    2.6.1 惯性效应 … 52

2.6.2 进气波动效应 52
习题 56

第3章 汽油机预混合气形成与燃烧 ... 57

3.1 预混合气形成与火焰传播 58
 3.1.1 电控汽油喷射系统 58
 3.1.2 预混合气中的火焰传播 ... 65
 3.1.3 工况对混合气浓度的影响 68
3.2 汽油机的燃烧过程 73
 3.2.1 汽油机的正常燃烧过程 ... 73
 3.2.2 汽油机的不规则燃烧 75
3.3 汽油机的不正常燃烧 79
 3.3.1 爆燃 79
 3.3.2 热面点火 83
3.4 影响燃烧过程的因素 85
3.5 汽油机的燃烧室 90
 3.5.1 燃烧室设计要求 91
 3.5.2 燃烧室类型 93
习题 99

第4章 柴油机的雾化与燃烧 100

4.1 燃油雾化与混合气形成 101
 4.1.1 燃油雾化及油束特性 102
 4.1.2 影响雾化与油束特性的因素 104
 4.1.3 柴油机可燃混合气的形成方式 106
4.2 柴油机的燃烧过程 109
 4.2.1 燃烧过程进行情况 109
 4.2.2 影响燃烧过程的因素 116
 4.2.3 燃烧过程中存在的问题 ... 119
4.3 柴油机燃油系统的工作特性 121
 4.3.1 燃油喷射 121
 4.3.2 喷油泵速度特性及其校正 124
 4.3.3 不正常喷射 127
4.4 柴油机的燃烧室 130
 4.4.1 分隔式燃烧室 130
 4.4.2 直喷式燃烧室(统一式燃烧室) 134

4.5 柴油机电控燃油喷射系统 140
 4.5.1 柴油机电控燃油喷射系统的发展与现状 140
 4.5.2 柴油机电控喷油系统的基本组成和工作原理 142
 4.5.3 柴油机电控技术发展趋势与展望 149
习题 150

第5章 发动机排放污染与控制 153

5.1 大气污染及发动机排放 154
 5.1.1 大气污染 154
 5.1.2 发动机排放的污染物及其危害 155
 5.1.3 发动机的排放指标 158
 5.1.4 主要有害物的物理化学变化 160
 5.1.5 发动机排气净化技术的发展 163
5.2 污染物生成机理及影响因素 163
 5.2.1 CO生成机理 163
 5.2.2 未燃烃生成机理 165
 5.2.3 氮氧化合物的生成机理 167
 5.2.4 炭烟粒子生成机理 170
5.3 污染物排放控制 173
 5.3.1 排放特性 173
 5.3.2 排放控制 176
5.4 排放法规 191
 5.4.1 国外排放法规发展 191
 5.4.2 国内排放法规发展 193
 5.4.3 我国最新的发动机排放法规 195
 5.4.4 我国现行的汽车排放污染物控制标准简析 196
 5.4.5 排放测量 198
习题 199

第6章 发动机特性 201

6.1 发动机工况 202
 6.1.1 发动机工况分类 202

6.1.2　发动机的有效指标与工作过程
　　　　　　参数之间的函数关系 …… 204
　6.2　发动机的负荷特性 …………… 205
　　　6.2.1　汽油机负荷特性 ………… 205
　　　6.2.2　柴油机负荷特性 ………… 206
　6.3　发动机的速度特性 …………… 208
　　　6.3.1　汽油机速度特性 ………… 208
　　　6.3.2　柴油机速度特性 ………… 211
　6.4　发动机的万有特性 …………… 213
　　　6.4.1　万有特性的制作 ………… 214
　　　6.4.2　汽油机和柴油机万有特性的
　　　　　　特点 …………………… 215
　6.5　发动机的转矩特性 …………… 216
　　　6.5.1　衡量转矩特性的参数 …… 216
　　　6.5.2　柴油机的转矩校正 ……… 217
　6.6　柴油机的调速特性 …………… 217
　　　6.6.1　调速模式及调速器性能
　　　　　　对比 …………………… 218
　　　6.6.2　调速器的工作指标 ……… 221
　6.7　发动机功率标定及大气修正 … 223
　　　6.7.1　发动机的功率标定 ……… 223
　　　6.7.2　发动机功率和燃油消耗率的
　　　　　　大气修正 ……………… 225
　　　6.7.3　发动机可能装用的
　　　　　　辅助设备示例 ………… 227
　习题 ………………………………… 228

第7章　发动机性能试验 ………… 230

　7.1　试验条件与方法 ……………… 232
　　　7.1.1　功率试验 ………………… 232
　　　7.1.2　负荷特性试验 …………… 235
　　　7.1.3　万有特性试验 …………… 236
　　　7.1.4　机械损失功率试验 ……… 237
　　　7.1.5　起动试验 ………………… 239
　　　7.1.6　怠速试验 ………………… 240

　　　7.1.7　发动机其他性能试验 …… 241
　7.2　试验装置 ……………………… 241
　　　7.2.1　发动机试验测试系统 …… 242
　　　7.2.2　实验室环境系统 ………… 249
　　　7.2.3　主要性能参数及测试
　　　　　　设备 …………………… 250
　习题 ………………………………… 252

第8章　发动机增压 ……………… 253

　8.1　发动机增压概述 ……………… 254
　　　8.1.1　发动机的增压方式 ……… 256
　　　8.1.2　发动机增压技术的
　　　　　　优势与代价 …………… 258
　　　8.1.3　增压技术的发展与
　　　　　　现状 …………………… 259
　8.2　废气涡轮增压器 ……………… 261
　　　8.2.1　离心式压气机的工作原理与
　　　　　　特性 …………………… 262
　　　8.2.2　径流式涡轮机的工作原理与
　　　　　　特性 …………………… 269
　　　8.2.3　排气涡轮增压系统
　　　　　　简介 …………………… 272
　　　8.2.4　涡轮增压器与柴油机的
　　　　　　匹配 …………………… 277
　8.3　气波增压器 …………………… 282
　　　8.3.1　气波增压器工作原理 …… 282
　　　8.3.2　气波增压器性能影响
　　　　　　因素 …………………… 284
　　　8.3.3　结构参数对气波增压器的
　　　　　　影响 …………………… 284
　8.4　汽油机增压 …………………… 285
　　　8.4.1　涡轮增压 ………………… 285
　　　8.4.2　进气惯性增压控制系统 … 287
　习题 ………………………………… 288

参考文献 …………………………… 291

第 1 章
发动机实际循环与性能指标

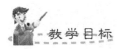
教学目标

掌握四冲程发动机的实际循环与理论循环的差别及其原因；掌握发动机的性能指标及其影响因素；熟悉对发动机热平衡的分析；了解发动机循环的热力学模型。

教学要点

知识要点	掌握程度	相关知识
发动机理论循环概述	掌握示功图的表示方法及制取；掌握发动机理论循环及其假定条件 熟悉理论循环热效率分析	发动机示功图及其测定 发动机理论循环及其假定条件 三种理论循环的热力学分析
发动机燃烧热化学	熟悉理论空气量及其计算和燃烧前后工质分子变更系数对循环热效率的影响	燃烧所必需的空气量 燃烧前后工质理论分子变更系数和实际分子变更系数
发动机实际循环与热损失	掌握实际循环与理论循环的差别及引起实际循环各项热损失的原因	实际循环与理论循环的差别 实际循环的各项热损失
发动机性能指标	掌握指示指标和有效指标的概念及计算方法	发动机指示指标 发动机有效指标
机械损失	掌握机械损失、机械效率的概念和影响机械效率因素的分析方法	机械效率的概念及其测定 影响机械效率的因素
发动机热平衡	熟悉发动机热平衡的概念及热平衡的分析方法	发动机热平衡 发动机热平衡方程式 发动机热平衡图
发动机循环的热力学模型	了解发动机循环热力学模型的建立和实际工作过程的计算	热力学模型的假定 基本微分方程组的建立 实际工作过程的计算

导入案例

现代电子技术的飞速发展为汽车发动机的技术突破提供了可能,很多用机械方式解决不了的问题,通过应用电子技术得到有效的解决,如汽油机直喷技术、可变气门正时技术、可变进气管技术、燃烧速率控制滑片技术、可变排量技术、柴油机高压共轨直喷技术等,无一不是在电子控制技术平台上发展起来的。现代汽车发动机技术迈入电子时代,使汽车更具控制智能化,节能、环保技术的运用将成为未来汽车发动机技术发展的主旋律。

图1.1所示为华晨宝马320i轿车(2010款)使用的发动机,采用每缸四气门、双凸轮轴可变气门正时系统/Valvetronic电子气门,闭环电子控制汽油喷射系统。与早期发动机相比,其先进性不仅表现在结构、制造工艺上,更主要的是其产品性能、技术水平得到了很大的提高。那么,在发动机百余年的发展过程中,促使汽车发动机的产品性能、技术水平不断提高和完善的理论基础是什么,你知道吗?

图1.1 华晨宝马320i轿车四缸汽油发动机

1.1 发动机理论循环概述

发动机是将热能转变为机械能的一种热力机械,其热能是由燃料燃烧产生的。燃料燃烧产生的热量,通过发动机气缸中所进行的工作循环转化为机械能。这部分机械能由曲柄连杆机构的运动来传递,在克服了发动机内部的种种损耗以后,表现为对外做功。因此,要研究发动机整机的动力性能和经济性能,首先应从发动机一个工作循环中热能转换的质和量两方面来加以分析。

1.1.1 发动机示功图

发动机气缸内部实际进行的工作循环是非常复杂的,要评定它们进行的完善程度必须借助于不同形式的示功器或发动机数据采集系统,通过它们来观察或记录相对于不同活塞位置或不同曲轴转角时气缸内工质压力的变化,所得结果即为 p-V 示功图(简称 p-V 图)或 p-φ 示功图(简称 p-φ 图)。图1.2所示为四冲程单缸发动机实际循环的 p-V 图和 p-φ 图。图中 V_a 为气缸总容积,V_s 为气缸工作容积,V_c 为气缸压缩容积,p_0 为大气压力,p_d 为气缸内进气压力,p_e 为气缸内排气压力。

p-V 图上的曲线所包围的面积表示工质完成一个实际循环所做的有用功。p-φ 图称为展开示功图。p-V 示功图和 p-φ 示功图只要有了其中一种,就可以利用发动机曲柄连杆机构中的活塞位移和曲轴转角间的几何关系,转换描绘出另一种示功图来。

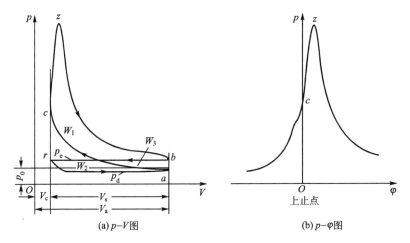

图 1.2 四冲程单缸发动机的 $p\text{-}V$ 图和 $p\text{-}\varphi$ 图

示功图是研究发动机实际循环的依据，一般是由专门示功器在发动机运转条件下直接测出。从示功图上可以观察到发动机工作循环的各个不同阶段——压缩、燃烧、膨胀以及进气、排气等过程中的压力变化情况，运用热力学知识和所积累的实验数据来予以分析比较，就可以对整个工作过程或是各个不同阶段进展的完善程度做出正确的判断。因此，示功图是研究发动机工作过程的重要实验依据。

应用案例1-1

从示功图上可以获得的信息量

(1) 平均指示压力 p_{mi} 和指示功率 P_i。现代各种燃烧分析仪，只要输入缸径、行程、曲柄连杆比、压缩比、冲程数等以及选定的平均值所要求的循环数，就能根据工作过程所采集到的热力学数据和转速，给出某一循环数的 p_{mi} 值和 P_i 平均值。

(2) 最高燃烧压力 p_z 及其所在的曲轴转角位置 φ_z。从示功图或其压力随曲轴转角变化的数据表中，可以确定 p_z 值和 φ_z 值。前者是计算和评判发动机零部件强度的主要依据，后者是评判燃烧放热的及时性和离上止点位置的科学依据。

(3) 给出压力升高率 $\dfrac{\mathrm{d}p}{\mathrm{d}\varphi}$ 随曲轴转角变化的 $\dfrac{\mathrm{d}p}{\mathrm{d}\varphi}\text{-}\varphi$ 图。从该图中可以获得最大压力升高率 $\left(\dfrac{\mathrm{d}p}{\mathrm{d}\varphi}\right)_{\max}$ 及其所在位置，这是衡量发动机工作粗暴程度的主要标志之一。$\dfrac{\mathrm{d}p}{\mathrm{d}\varphi}\text{-}\varphi$ 图上还给出了着火时刻和示功图最高值的位置。

(4) 根据 $p\text{-}\varphi$ 图，可以得出放热规律 $\dfrac{\mathrm{d}Q}{\mathrm{d}\varphi}\text{-}\varphi$ 图和放热加速度 $\dfrac{\mathrm{d}^2Q}{\mathrm{d}\varphi^2}\text{-}\varphi$ 图。从而可以得到最大放热率 $\left(\dfrac{\mathrm{d}Q}{\mathrm{d}\varphi}\right)_{\max}$ 和所在位置，以及最大放热加速度 $\left(\dfrac{\mathrm{d}^2Q}{\mathrm{d}\varphi^2}\right)_{\max}$ 和所在位置。

(5) 根据 $p\text{-}\varphi$ 图，燃烧分析仪可以将其转换为 $p\text{-}V$ 图。

(6) 根据测得的低压示功图，可以确定进、排气损失功。

1.1.2 发动机理论循环

发动机的实际热力循环是燃料的热能转变为机械能的过程，它由进气、压缩、燃烧、膨胀和排气等多个过程所组成，由于工质存在着质和量的变化，所以整个过程是不可逆的。在能量的转变过程中，实际循环还存在着机械摩擦、换气、散热、燃烧等一系列不可避免的损失，其物理、化学过程十分复杂，如要确切地描述在发动机中实际进行的热力过程，在目前条件下还是非常困难的。但是，为了了解发动机热能利用的完善程度、能量相互转换的效率，寻求提高热能利用率的途径，在不失其基本物理、化学过程特征的前提下，将发动机的实际循环进行若干简化，使其既近似于所讨论的实际循环，而又简化了实际上变化纷繁的物理、化学过程，从而提出一种便于做定量分析的假想循环。事实证明这种简化处理是可行的，假想循环是实用的，为讨论实际循环提供了理论依据。这种假想循环称为发动机理论循环。利用发动机理论循环能够清楚地比较和说明影响发动机热能利用完善程度的主要因素。

在发动机理论循环讨论中所采取的简化假定是：

（1）工质为理想气体，在整个循环中保持物理及化学性质不变，其状态参量的变化完全遵守气体状态方程 $pV=nRT$。

（2）气缸内系统为闭口系统，不考虑实际存在的工质更换以及漏气损失，工质数量保持不变，循环是在定量工质下进行的。

（3）把气缸内工质的压缩和膨胀看成是完全理想的绝热等熵过程，工质与外界不进行热交换；工质比热容为常数。

（4）用假想的定容或定压加热和定容放热来代替实际的燃烧和换气过程。

根据对燃烧过程即加热方式的不同假设，发动机的理论循环有三种形式，分别是等容加热循环、等压加热循环和等容等压（混合）加热循环。这三种理论循环的 p-V 示功图如图 1.3 所示。

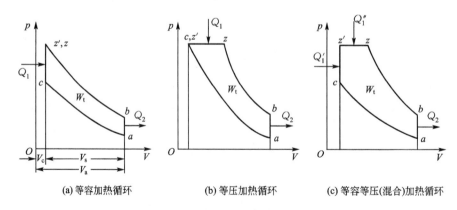

(a) 等容加热循环　　(b) 等压加热循环　　(c) 等容等压（混合）加热循环

图 1.3　发动机理论循环示功图

由于汽油机属均匀混合气的逐渐爆炸燃烧，燃烧速度很快，而在上止点附近容积变化又较小，因此燃烧过程相当于等容加热；低速柴油机燃油质量较差，形成可燃混合气速度慢，不均匀混合气的扩散燃烧速度很慢，燃烧持续时间长，接近于等压加热；高速柴油机在燃烧初期，由于部分混合气已与空气混合，而后则由于边喷油、边混合、边燃烧，燃烧速度受到制约，因此燃烧过程兼有逐渐爆炸燃烧和扩散燃烧特征，对应气缸内的容积变化情况，可以将燃烧过程简化为等容等压(混合)加热。

循环热效率和循环平均压力是评定发动机理论循环经济性和动力性的两个重要指标。因此，本章在这里借助于这两个衡量指标进行三种理论循环的计算和分析。

在工程热力学中已知，混合加热循环的热效率 η_{tm} 计算公式为

$$\eta_{tm}=1-\frac{1}{\varepsilon^{k-1}}\cdot\frac{\lambda_p\rho^k-1}{(\lambda_p-1)+k\lambda_p(\rho-1)} \tag{1-1}$$

式中：ε 为压缩比，$\varepsilon=V_a/V_c=(V_s+V_c)/V_c$（$V_a$ 为气缸总容积，V_c 为气缸压缩容积，V_s 为气缸工作容积）；λ_p 为压力升高比，$\lambda_p=p_z/p_c$；ρ 为预膨胀比，$\rho=V_z/V_{z'}=\varepsilon/\delta$（$\delta$ 为后膨胀比，$\delta=V_b/V_z$）；k 为绝热指数，空气的 $k=1.4$。

等容加热循环($\rho=1$)的热效率 η_{tV} 为

$$\eta_{tV}=1-\frac{1}{\varepsilon^{k-1}} \tag{1-2}$$

等压加热循环($\lambda_p=1$)的热效率 η_{tp} 为

$$\eta_{tp}=1-\frac{1}{\varepsilon^{k-1}}\cdot\frac{\rho^k-1}{k(\rho-1)} \tag{1-3}$$

对上述三种理论循环的热效率进行比较可以看出，当压缩比 ε 相同时，等容加热循环的热效率最高，等压加热循环的热效率最低，而混合加热循环的热效率介于二者之间；当最高燃烧压力 p_z 相同，加入热量 Q_1 相同，ε 不同时，等压加热循环的热效率最高，等容加热循环的热效率最低，而混合加热循环的热效率仍介于二者之间，这是由于在 p_z 不变的情况下，等压加热循环的 ε 最大，而等容加热循环的 ε 最小的缘故。

发动机理论循环的做功能力可用单位气缸工作容积所做的循环功来表示，称为循环平均压力，符号为 p_t，则

$$p_t=\frac{W}{V_s} \tag{1-4}$$

式中：W 为循环所做的功(J)；V_s 为气缸工作容积(L)。

根据工程热力学的计算公式，再由循环热效率计算公式，可得混合加热循环的循环平均压力为

$$p_{tm}=\frac{\varepsilon^k}{\varepsilon-1}\cdot\frac{p_a}{k-1}\cdot[(\lambda_p-1)+k\lambda_p(\rho-1)]\eta_{tm} \tag{1-5}$$

式中：p_a 为进气终了压力(kPa)。

等容加热循环的循环平均压力为

$$p_{tV}=\frac{\varepsilon^k}{\varepsilon-1}\cdot\frac{p_a}{k-1}\cdot(\lambda_p-1)\eta_{tV} \tag{1-6}$$

等压加热循环的循环平均压力为

$$p_{tp}=\frac{\varepsilon^k}{\varepsilon-1}\cdot\frac{p_a}{k-1}\cdot(\rho-1)k\eta_{tp} \tag{1-7}$$

对上述三种理论循环的 η_t 和 p_t 所进行的热力学分析，可以得出以下结论：

(1) 增加 ε，可以提高工质的最高温度，扩大了循环的温度梯度，达到了发动机的较大膨胀比，因而提高了 η_t，但其提高率随着 ε 的不断增大而逐渐降低。

(2) 增大 λ_p，可以增加混合加热循环中等容部分加热量，提高了热量的利用率，因而

也提高了 η_t。

(3) ε 和 λ_p 的增长，将伴随着最高燃烧压力 p_z 的急剧上升。

(4) 增大 ρ，可以提高 p_t，但由于等压部分加热量增加了，而这部分热量是在膨胀比逐渐降低的情况下加入的，因而 η_t 亦随之而降低了。

(5) 绝热指数 k 越大，则 η_t 越高。

以上理论循环分析所得到的结论，是在不考虑发动机实际工作条件的约束下做出的，在用以指导实践时，必须顾及这些方面的限制。例如：

(1) 结构强度的限制。尽管理论循环的分析指出，提高 ε 和 λ_p 对改善循环热效率起着有利的作用，但是 ε 和 λ_p 的增高势必导致最高燃烧压力 p_z 的猛升。p_z 增加，则对承载零件的结构强度要求更高，这势必增加发动机的质量，并降低了发动机的使用寿命和可靠性等。

(2) 机械效率方面的限制。发动机的机械效率 η_m 是与气缸中的最高燃烧压力 p_z 密切相关的。ε 和 λ_p 的增高，将伴随着最高燃烧压力 p_z 的急剧上升，导致运动摩擦副之间的摩擦力增加，以及运动件惯性力的增大，从而导致机械效率 η_m 的下降。

(3) 燃烧方面的限制。若压缩比 ε 增大，将导致压缩终点的压力和温度均升高，对汽油机将引起爆燃、表面点火等不正常燃烧的发生；对柴油机将由于压缩终点的气缸容积变得很小，使燃烧室的设计带来困难。

可见，ε 和 λ_p 的提高是有限度的。

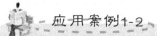

目前，柴油机的压缩比一般为 15~22，最高燃烧压力 p_z=5000~14000kPa，λ_p=1.3~2.2；汽油机的压缩比一般为 6~11，最高燃烧压力 p_z=5000~8500kPa，λ_p=2.0~4.4。

常见轿车发动机压缩比范围见表 1-1。

表 1-1 常见轿车发动机压缩比范围

车型	奥迪	华晨宝马	进口宝马	帕萨特	夏利 N5	陆虎(柴油机)
压缩比	10.3~10.8	12	10.5~11.0	10.3	10.1	16~18.0

1.2 发动机燃烧热化学

发动机理论循环的工质是理想气体，但发动机实际循环的工质是燃料和空气，并且按照发动机类型的不同，以及随着工作过程的进行，工质的组成成分和它的热力学性质也不断变化。为了下面分析发动机实际循环的需要，必须先对燃烧前后工质的变化进行分析说明。

1.2.1 燃烧所需的空气量

1. 1kg 燃料完全燃烧所需要的理论空气量

燃料的燃烧是燃料中的可燃成分和空气中的氧发生氧化反应的过程，根据化学反应原理，可求出 1kg 燃料完全燃烧时所需要的空气量。

发动机的燃料主要是石油系列液体燃料,是烷烃、烯烃、环烷烃和芳烃的混合物,其化学分子式可写成 C_nH_m,其主要成分是碳(C)、氢(H)和少量氧(O)元素。

几种主要燃料的成分、热值及所需理论空气量见表 1-2。

表 1-2 几种主要液体燃料的成分、热值及所需理论空气量

燃料名称		汽油	轻柴油	甲醇	乙醇
相对密度		0.70~0.75	0.82~0.88	0.78	0.80
质量分数(%)	w_C	0.8555	0.8700	0.3750	0.5220
	w_H	0.145	0.126	0.125	0.130
	w_O	—	0.004	0.500	0.348
分子量		114	170	32	46
低热值/(kJ/kg)		44100	42500	20260	27200
所需理论空气量	/(kg/kg)	14.9	14.6	6.46	9.0
	/(m³/kg)	11.54	11.22	5.00	6.95
	/(kmol/kg)	0.515	0.500	0.223	0.310
混合气热值/(kJ/m³)		3750	3750	3660	3660

设 1kg 燃料中所含 C、H、O 的质量分数分别为 w_C、w_H 和 w_O,则

$$w_C + w_H + w_O = 1 \tag{1-8}$$

燃料中的 C、H 完全燃烧,其化学反应方程式分别是

$$C + O_2 = CO_2 \tag{1-9}$$

$$H_2 + \frac{1}{2}O_2 = H_2O \tag{1-10}$$

燃料中的碳、氢元素在燃烧时化学反应前后的数量关系见表 1-3。

表 1-3 燃料中碳、氢元素燃烧时化学反应

C(完全燃烧)	H(完全燃烧)
$C + O_2 = CO_2$	$H_2 + \frac{1}{2}O_2 = H_2O$
$12(kg)C + 32(kg)O_2 = 44(kg)CO_2$	$2(kg)H_2 + 16(kg)O_2 = 18(kg)H_2O$
$1(kg)C + 8/3(kg)O_2 = 11/3(kg)CO_2$	$1(kg)H_2 + 8(kg)O_2 = 9(kg)H_2O$
$w_C(kg)C + 8/3 w_C(kg)O_2 = 11/3 w_C(kg)CO_2$	$w_H(kg)H_2 + 8w_H(kg)O_2 = 9w_H(kg)H_2O$
$12(kg)C + 1(kmol)O_2 = 1(kmol)CO_2$	$2(kg)H_2 + 1/2(kmol)O_2 = 1(kmol)H_2O$
$1(kg)C + 1/12(kmol)O_2 = 1/12(kmol)CO_2$	$1(kg)H_2 + 1/4(kmol)O_2 = 1/2(kmol)H_2O$
$w_C(kg)C + 1/12 w_C(kmol)O_2 = 1/12 w_C(kmol)CO_2$	$w_H(kg)H_2 + 1/4 w_H(kmol)O_2 = 1/2 w_H(kmol)H_2O$
C(不完全燃烧)	
$C + 1/2 O_2 = CO$	
$12(kg)C + 16(kg)O_2 = 28(kg)CO$	
$1(kg)C + 4/3(kg)O_2 = 7/3(kg)CO$	
$(1-x)w_C(kg)C + 4/3(1-x)w_C(kg)O_2 = 7/3(1-x)w_C(kg)CO$	
$12(kg)C + 1/2(kmol)O_2 = 1(kmol)CO$	
$1(kg)C + 1/24(kmol)O_2 = 1/12(kmol)CO$	
$(1-x)w_C(kg)C + 1/24(1-x)w_C(kmol)O_2 = 1/12(1-x)w_C(kmol)CO$	

由表 1-3 可知，1kg 燃料完全燃烧时，其中 ω_C kg 的碳需要 $\frac{8}{3}\omega_C$ kg（或 $\frac{1}{12}\omega_C$ kmol）的氧，ω_H kg 的氢需要 $8\omega_H$ kg（或 $\frac{1}{4}\omega_H$ kmol）的氧，由于燃料本身含有 ω_O kg（或 $\frac{1}{32}\omega_O$ kmol）的氧，因此，1kg 燃料完全燃烧理论上所需要的氧气为

$$O_{2,\min}=\frac{8}{3}\omega_C+8\omega_H-\omega_O \quad (\text{kg/kg 燃料}) \tag{1-11}$$

用摩尔数表示为

$$O_{2,\min}=\frac{\omega_C}{12}+\frac{\omega_H}{4}-\frac{\omega_O}{32} \quad (\text{kmol/kg 燃料}) \tag{1-12}$$

已知空气中氧的质量分数为 23.2%，氮的质量分数为 76.8%；氧的体积分数为 20.95%，氮的体积分数为 79.05%。所以 1kg 燃料完全燃烧理论上所需的空气量为

$$l_0=\frac{1}{0.232}\left(\frac{8}{3}\omega_C+8\omega_H-\omega_O\right) \quad (\text{kg/kg 燃料}) \tag{1-13}$$

用摩尔数表示为

$$L_0=\frac{1}{0.21}\left(\frac{\omega_C}{12}+\frac{\omega_H}{4}-\frac{\omega_O}{32}\right) \quad (\text{kmol/kg 燃料}) \tag{1-14}$$

由表 1-2 可知，轻柴油的质量分数是 $\omega_C=0.87$，$\omega_H=0.126$，$\omega_O=0.004$，代入上述公式即可求出 $l_0=14.3$(kg/kg 燃料)，$L_0=0.495$(kmol/kg 燃料)。

同样，车用汽油的质量分数为 $\omega_C=0.855$，$\omega_H=0.145$，经计算得汽油的 $l_0=14.8$(kg/kg 燃料)，$L_0=0.512$(kmol/kg 燃料)。

根据质量摩尔数的定义可得

$$L_0=l_0/m_a \quad \text{或} \quad l_0=m_a \cdot L_0 \tag{1-15}$$

因此可求出空气的平均分子量 m_a 为

$$m_a=l_0/L_0=14.3/0.495=28.9 \tag{1-16}$$

2. 混合气成分

发动机中实际提供的空气量往往并不等于理论空气量。对于混合气成分，欧美各国及日本一般都直接以其中所含空气与燃料的质量比——空燃比 α 来表示，即

$$\alpha=\text{空气质量}/\text{燃料质量} \tag{1-17}$$

我国除用空燃比表示混合气成分外，还常用过量空气系数表示混合气的成分。过量空气系数是指燃烧 1kg 燃料实际提供的空气量与理论上所需空气量之比，用符号 ϕ_a 表示，即

$$\phi_a=\frac{\text{燃烧 1kg 燃料实际提供的空气量(kg)}}{\text{燃烧 1kg 燃料理论上所需的空气量(kg)}}=\frac{l}{l_0} \tag{1-18}$$

$\phi_a=1$ 的混合气称为理论混合气；$\phi_a<1$ 的混合气称为浓混合气（比理论混合气浓）；$\phi_a>1$ 的混合气称为稀混合气（比理论混合气稀）。混合气的浓度对燃烧过程具有特别重要的意义，它直接影响燃烧的完善程度，进而影响指示热效率、燃油消耗率和排气污染等重要性能指标。α 或 ϕ_a 是发动机工作过程中的重要参数之一。

一般汽油机 $\phi_a=0.8\sim1.2$，车用高速柴油机 $\phi_a=1.2\sim1.6$，增压柴油机 $\phi_a=1.8\sim2.2$。

1.2.2 燃烧前、后工质理论分子变更系数

本节主要内容是在不考虑气缸中残留废气的情况下，研究燃烧前、后工质摩尔数的变化。

1. $\phi_a > 1$ 的情况

对柴油机，燃烧前吸入的空气量为 $M_1 = \phi_a L_0$ (kmol/kg 燃料)。

对汽油机，还应计入燃料蒸气的摩尔数，故 $M_1 = \phi_a L_0 + \dfrac{1}{m_T}$ (kmol/kg 燃料，m_T 为汽油的分子量)。

根据表 1-3 中化学反应方程式，1kg 燃料完全燃烧时，将会生成 $\dfrac{1}{12}\omega_C$ (kmol/kg 燃料) 的 CO_2 和 $\dfrac{1}{2}\omega_H$ (kmol/kg 燃料) 的 H_2O；燃烧时消耗的 O_2 为 $0.21L_0$，燃烧后剩下的 O_2 和 N_2 为 $(\phi_a L_0 - 0.21L_0)$，所以燃烧后工质的摩尔数为

$$M_2 = \phi_a L_0 - 0.21 L_0 + \frac{\omega_C}{12} + \frac{\omega_H}{2} \quad \text{(kmol/kg 燃料)} \tag{1-19}$$

将式(1-14)代入式(1-19)得

$$M_2 = \phi_a L_0 - \left(\frac{\omega_C}{12} + \frac{\omega_H}{4} - \frac{\omega_O}{32}\right) + \frac{\omega_C}{12} + \frac{\omega_H}{2}$$

$$= \phi_a L_0 + \frac{\omega_H}{4} + \frac{\omega_O}{32} \quad \text{(kmol/kg 燃料)} \tag{1-20}$$

燃烧后工质的摩尔数增加了，增加量为 ΔM，则

对柴油机有

$$\Delta M = M_2 - M_1 = \frac{\omega_H}{4} + \frac{\omega_O}{32} \quad \text{(kmol/kg 燃料)}$$

对汽油机有

$$\Delta M = \frac{\omega_H}{4} + \frac{\omega_O}{32} - \frac{1}{m_T} \quad \text{(kmol/kg 燃料)}$$

燃烧后工质的摩尔数 M_2 与燃烧前工质的摩尔数 M_1 之比称为理论分子变更系数，以 μ_0 表示。

对柴油机有

$$\mu_0 = \frac{\phi_a L_0 + \Delta M}{\phi_a L_0} = 1 + \frac{\Delta M}{\phi_a L_0} = 1 + \frac{\dfrac{\omega_H}{4} + \dfrac{\omega_O}{32}}{\phi_a L_0} \tag{1-21}$$

对于柴油，以 $\omega_C = 0.87$，$\omega_H = 0.126$，$\omega_O = 0.004$ 代入式(1-21)得

$$\mu_0 = 1 + \frac{0.0639}{\phi_a}$$

一般柴油机的 ϕ_a 为 1.2～2.0 时，μ_0 为 1.033～1.055，柴油燃烧后摩尔数相对增大，这对提高柴油机的热效率是有利的。

对汽油机有

$$\mu_0 = 1 + \left(\frac{\omega_H}{4} + \frac{\omega_O}{32} - \frac{1}{m_T}\right) \bigg/ \left(\phi_a L_0 + \frac{1}{m_T}\right) \tag{1-22}$$

对于汽油，以 $\omega_C = 0.855$，$\omega_H = 0.145$，$m_T = 114$ 代入式(1-22)得

$$\mu_0 = 1 + \frac{0.053}{\phi_a}$$

一般汽油机的 ϕ_a 为 0.8～1.2 时，μ_0 为 1.046～1.069，同样对提高汽油机的热效率是有利的。

2. $\phi_a<1$ 的情况

$\phi_a<1$ 的情况仅在汽油机上出现，此时空气不足，燃料不能完全燃烧，燃烧产物中除 CO_2 和 H_2O 外，还将产生 CO、HC、H_2 和炭烟。

设燃料中 ω_C(kg) 的 C 中，$x\omega_C$(kg) 的 C 氧化成 CO_2，而 $(1-x)\omega_C$(kg) 的 C 由于 O_2 不足而氧化成 CO，x 为完全燃烧百分比。

因此燃烧产物的总量为

$$M_2 = M_{CO_2} + M_{CO} + M_{H_2O} + M_{H_2}$$

$$= \frac{x\omega_C}{12} + \frac{(1-x)\omega_C}{12} + \frac{\omega_H}{2} + 0.79\phi_a L_0$$

$$= \frac{\omega_C}{12} + \frac{\omega_H}{2} + 0.79\phi_a L_0 \qquad (1-23)$$

将式(1-23)变形为

$$M_2 = \frac{\omega_C}{12} + \frac{\omega_H}{4} - \frac{\omega_O}{32} + \left(\frac{\omega_H}{4} + \frac{\omega_O}{32}\right) + (1-0.21)\phi_a L_0$$

把式(1-14)代入上式，则

$$M_2 = 0.21 L_0 + \left(\frac{\omega_H}{4} + \frac{\omega_O}{32}\right) + (1-0.21)\phi_a L_0$$

$$= \phi_a L_0 + 0.21 L_0 (1-\phi_a) + \frac{\omega_H}{4} + \frac{\omega_O}{32}$$

燃烧后工质摩尔数的增量为

$$\Delta M = M_2 - M_1$$

$$= 0.21 L_0 (1-\phi_a) + \frac{\omega_H}{4} + \frac{\omega_O}{32} - \frac{1}{m_T}$$

理论分子变更系数为

$$\mu_0 = \frac{M_2}{M_1} = 1 + \frac{\Delta M}{M_1} = 1 + \frac{0.21 L_0 (1-\phi_a) + \frac{\omega_H}{4} + \frac{\omega_O}{32} - \frac{1}{m_T}}{\phi_a L_0 + \frac{1}{m_T}} \qquad (1-24)$$

1.2.3 实际分子变更系数

发动机工作时，由于气缸中废气不可能完全排除干净，每次吸入新鲜充量时都有上一个循环留下来的残余废气。因此，研究燃烧前、后工质摩尔数的变化时，应将这种实际情况考虑进去。

设 1kg 燃料燃烧后在气缸中留下的残余废气为 M_γ，则燃烧前气缸中的工质总量为

$$M_1' = M_1 + M_\gamma = \phi_a L_0 + M_\gamma \quad (\text{kmol/kg 燃料})$$

燃烧后气缸中的工质总量为

$$M_2' = M_2 + M_\gamma \quad (\text{kmol/kg 燃料})$$

气缸中的残余废气量 M_γ 与新鲜充量 M_1 之比称为残余废气系数，以 ϕ_r 表示，即

$$\phi_r = \frac{M_\gamma}{M_1} = \frac{M_\gamma}{\phi_a L_0} \qquad (1-25)$$

考虑了残余废气后，燃烧后的工质摩尔数 M_2' 与燃烧前的工质摩尔数 M_1' 之比称为实际分子变更系数，以 μ 表示，即

$$\mu=\frac{M_2'}{M_1'}=\frac{M_2+M_\gamma}{M_1+M_\gamma}=\frac{(M_2+M_\gamma)/M_1}{(M_1+M_\gamma)/M_1}=\frac{\mu_0+\phi_\gamma}{1+\phi_\gamma} \tag{1-26}$$

1.3 发动机实际循环与热损失

发动机的工作过程就是实际循环不断重复进行的过程。发动机的实际循环是由进气、压缩、燃烧、膨胀和排气五个过程所组成，较之理论循环复杂得多，存在必不可免的许多损失，它不可能达到理论循环那样高的循环效率。为使实际循环获得改善，减少与理论循环指标的差距，有必要分析实际循环与理论循环的差异所在，以及引起实际循环各项热损失的原因，以求不断改善实际循环，促进发动机产品的改进与发展。

现以一台非增压四冲程柴油机为例进行讨论，图 1.4 所示为其理论循环与实际循环 p-V 图。其中用实线表示实际循环示功图，而用加了黑点的实线表示与之相对应的理论循环示功图，两个示功图具有同样的热量输入。

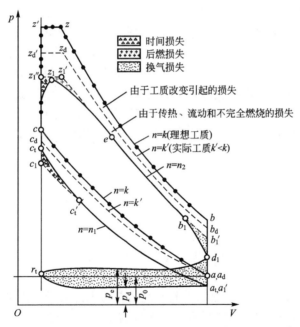

图 1.4 非增压四冲程柴油机理论循环与实际循环 p-V 图的比较

1.3.1 工质的影响

理论循环的工质是理想气体，它的物理及化学性质在整个循环中是不变的。在实际循环中，燃烧前的工质是新鲜充量和上一个循环残留废气的混合气；燃烧过程中以及燃烧后，工质的成分变为燃烧产物，不仅成分有变化，而且容积数量即物质的量也发生变化；当温度在 1300K 以上时燃烧产物有发生高温分解的现象，会降低最高燃烧温度，使循环热效率下降。

理论循环工质的比热容是不随温度变化而变化的。实际循环工质是空气和燃烧产物的混合物，它们比热容随温度升高而上升，若加热量 Q_1 相同，则实际循环达到的最高温度较理论循环为低，其结果导致循环热效率的降低，循环所做的功减少。反应在图 1.4 上为实际循环的燃烧膨胀线（图中虚线）低于理论循环的燃烧膨胀线。

1.3.2 换气损失

理论循环中用从热源等容等压吸热和向冷源等容放热的过程（图 1.4 上的 $cz'z$ 线和 ba 线）来代替实际循环的燃烧和换气过程，因而它无须进行工质的更换。而实际循环中，燃烧废气的排出和新鲜充量的吸入，是维持实际循环得以周而复始地进行所必不可少的。在实际循环的换气过程中，排气门要提前开启，废气在下止点前便开始逸出（沿 b_1d_1 线），使 p-V 示功图的有用功面积减小（图 1.4 上的 $b_1b_1'd_1$ 小块麻点区所示）。在接着进行的排气和吸气过程中，由于流动阻力会产生进、排气推动功的差别（图 1.4 上 $d_1r_1a_t$ 麻点区所示）。排气门提前开启造成的损失与进、排气推动功之差，这两部分损失之和就是实际循环的换气损失。

1.3.3 气缸壁的传热损失

理论循环假定气缸壁和工质之间无热交换。但在实际循环中，气缸壁和工质之间自始至终存在着热量交换。在压缩过程初期，气缸壁温度高于工质温度，工质吸热；在压缩过程后期，工质的温度超过气缸壁温度，工质向气缸壁散热。其平均多变压缩指数偏低，存在热量损失，使压缩过程的压力线低于理论循环的压缩线（图 1.4 上的虚线）。此外，由于进气终了压力 p_a 低于大气压力，因此，整个实际压缩线 a_tc_t 处于理论压缩线 ac 的下方（图 1.4）。在随后的燃烧、膨胀和排气过程中，工质继续不断地向气缸壁传出热量，使实际循环的膨胀过程线 z_1d_1 低于理论循环的膨胀线 zb，在示功图上减少的有用功面积大于理论压缩线底下增加的面积，其差值即为实际循环的传热损失。

1.3.4 时间损失

理论循环中，认为活塞是以无限缓慢的速度运动，以保持气缸内的工质始终处于平衡状态，并且认为由热源向工质进行等容加热的速度极快，可以在瞬间完成；在等压加热时，加热的速度能与活塞运动的速度相匹配，以实现等压加热过程。这一切在实际循环中都无法做到，实际循环中柴油机的活塞运动具有相当高的速度，而燃料的燃烧放热需要一定的时间。这样就使：

(1) 压缩消耗功增加（表现在图 1.4 上就是 c_t 点的压力大于 c_1 点的压力）。这是因为燃烧速度是有限的，因此柴油机燃料开始喷入气缸需要有供油提前角 θ，使着火能在活塞到达上止点以前的 c_t' 点开始，并使整个燃烧过程能在活塞过了上止点后不久即完全结束，以保证燃料输入的热量得以在充分的膨胀中加以有效利用，减少后燃损失。

(2) 最高燃烧压力 p_z 的下降。由于实际循环存在传热损失，以及燃料迅速燃烧放热的过程中活塞继续运动离开上止点，使气缸的容积逐渐增大，从而使实际循环中的压力增长 c_tz_1 小于理论循环的压力增长 cz'。

(3) 初期膨胀比 ρ 减小：在理论循环中，全部热量是在 z 点以前输入的，但在实际循环中，由于传热损失、不完全燃烧和活塞运动，使初期膨胀比 ρ 减小（表现为 $z_1''z_1 < z'z$）。

所有这一切，都使燃烧过程偏离了理论循环的等容和等压加热过程，增加了压缩过程消耗的功,减少了膨胀过程的有用功,p-V示功图上出现了图 1.4 上止点附近用小三角形区表示的所谓时间损失。

1.3.5 燃烧损失

燃烧损失包括后燃和不完全燃烧所引起的损失。

在理论循环中,全部热量是在 z(见图 1.4)点以前输入完毕,然后转入绝热膨胀过程。但在实际循环中,当燃烧过程接近 z_1' 点时,由于氧气含量降低,引起燃烧速度降低。因此,燃烧过程一直要延续到膨胀线的点 e 才告结束,这就是所谓的后燃现象。点 e 的位置决定于混合气形成的完善程度、供油规律、过量空气系数的大小、转速等一系列附加因素。一般来说,点 e 的位置大概处于上止点后 40°~70°(CA)的范围内,但也可能一直拖延到排气门打开;后燃期间热功转换的效率由于膨胀比小而大大下降,这就造成后燃损失。

由于空气不足或混合气形成不良会引起燃烧不完全,使部分燃料的热值得不到充分利用,这亦促使膨胀线位置下移,产生不完全燃烧损失。但通常在 $\phi_a>1$ 时,未燃烧燃料所占百分比并不大(约小于 0.5%)。

实际循环的燃烧损失是上述两方面的总和。

1.3.6 涡流和节流损失

活塞的高速运动使工质在气缸内产生涡流,造成压力损失。此外,对于分隔式燃烧室,工质在主、副燃烧室中流进、喷出将会引起强烈的节流损失。在活塞平均速度为 10m/s 的涡流室燃烧室中,压缩行程中气体流入涡流室产生的节流损失可达 23~40kPa,但这种损失会由于涡流对混合气的形成和对燃烧过程的改善而得到部分弥补。

1.3.7 泄漏损失

气门处的泄漏可以防止,但活塞环处的泄漏却无法避免。不过在良好的磨合状态下泄漏量不多,占工质的 0.2%左右。

通过以上分析表明,在这些损失中,工质影响造成的损失是人们很难加以改变的,其余各项损失中,气缸壁传热损失和燃烧损失所占比重比较大。如一台柴油机,其压缩比 $\varepsilon=13$,最高燃烧压力 $p_z=5000$kPa;其理论循环的 $\eta_t=61\%$,而实际循环的 $\eta_i=45\%$,即由于实际存在的各种损失,实际循环的热效率约为理论循环的 74%。

各项损失使热效率下降的大致分配值见表 1-4。

表 1-4 各项损失使热效率下降的大致分配值

项目名称	汽油机	柴油机
循环热效率 η_t	0.54~0.58	0.64~0.67
指示热效率 η_i	0.30~0.40	0.40~0.45
工质比热容变化	0.10~0.12	0.09~0.10
燃烧不完全及热分解	0.08~0.10	0.06~0.09
传热损失	0.03~0.05	0.04~0.07
提前排气	0.01	0.01

现代汽车发动机原理

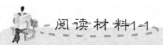

长安自主研发阿特金森循环发动机

长安自主研发的阿特金森(Atkinson)循环发动机在长安汽车研究院通过项目验收,各项指标均达到国际先进水平。至此,国内首例阿特金森循环发动机宣告研制成功,今后它将广泛应用于新型油电混合动力轿车,为国内新能源汽车发展翻开了新篇章。

阿特金森循环是一种增大发动机膨胀比的超膨胀发动机循环,运用该循环技术的发动机能够提高热效率,改善燃油消耗率,从而降低整车油耗。但是由于循环膨胀行程增加过大,在结构上实现有很大的难度,需要借助特殊的曲轴和连杆系统来实现,其技术难度相当高。长安汽车结合产学研项目,与北京理工大学通力合作,经过近两年的研发,在JL475Q3发动机基础上采用阿特金森循环技术取得了成功试验。目前,全球范围内只有丰田汽车率先在普锐斯混合动力轿车上运用了此项技术。

据长安汽车研究院相关负责人介绍,长安阿特金森循环发动机主要拥有以下三大技术特点和优势:通过将压缩比提高到12,并相对减小燃烧室的容积,使发动机热效率更高;通过对原有的配气相位进行全新设计,使发动机膨胀比增加的同时,压缩比并没有显著增加,避免了爆震燃烧;除此之外,通过对电喷系统优化匹配、调整喷油量和点火提前角,进一步提高发动机循环热效率,改善发动机燃油消耗率。经过多次试验测试,长安阿特金森循环发动机单点油耗降低最高可达19%,全工况平均降低8%~10%。通过优化混合动力的控制策略,混合动力汽车还可在不提升任何制造成本的基础上,进一步降低8%左右的油耗。

→ 资料来源:重庆商报,2009年07月02日.

1.4 发动机性能指标

发动机的性能指标是指在发动机处于正常运行状态下,描述和表征发动机性能和工作状态的一组参数或指标,用这组参数或指标可以定性或定量地比较、分析发动机的工作性能,是评价发动机性能高低的有效尺度。发动机的性能指标可分为指示指标和有效指标。

1.4.1 发动机的指示指标

指示指标是以工质对活塞做功为基础的性能指标,主要是衡量发动机工作过程的好坏。通常用符号下标 i 来表示指示指标。

1. 指示功和平均指示压力

所谓指示功是指工质在气缸内完成一个循环所得到的有用功,用 W_i 表示。指示功 W_i 的大小可以由实测得 p-V 示功图中闭合曲线所占有的面积求出,即

$$W_i = F_i \cdot a \cdot b \tag{1-27}$$

式中:F_i 为示功图面积(cm^2);a 为示功图纵坐标比例尺(($N \cdot m^{-2}$)/cm);b 为示功图横

坐标比例尺(m^3/cm)。

虽然指示功 W_i 反映了发动机气缸在一个工作循环里所获得的有用功的数量，但它除了与循环中热功转换的有效程度有关外，还和气缸容积大小有关。为了能更明晰地对发动机工作循环的热功转换有效程度做比较评价，需要引用平均指示压力指标。

所谓平均指示压力是指发动机单位气缸工作容积所做的指示功，用 p_{mi} 表示，即

$$p_{mi} = \frac{W_i}{V_s} \tag{1-28}$$

式中：V_s 为气缸工作容积(L)。

从式(1-28)中可以看到，$W_i = p_{mi} \cdot V_s = p_{mi} \cdot A \cdot S$，即每循环指示功 W_i 可以视作若以一个不变的压力 p_{mi} 作用在活塞顶上，使活塞移动一个行程 S 所得的功。有了这个概念后就很容易理解，平均指示压力 p_{mi} 是从实际循环的角度来标明发动机气缸工作容积利用率高低的一个参数。p_{mi} 愈高，同样大小的气缸工作容积将发出更大的指示功，发动机工作循环进行的愈好，气缸工作容积的利用程度愈佳。

所以，平均指示压力 p_{mi} 是衡量发动机实际循环动力性能方面的一个很重要的指标。

一般发动机在标定工况时，p_{mi} 值的范围如下：

汽油机 $p_{mi} = 700 \sim 1300 \text{kPa}$；

柴油机 $p_{mi} = 650 \sim 1100 \text{kPa}$；

增压柴油机 $p_{mi} = 900 \sim 2500 \text{kPa}$。

2. 指示功率

发动机单位时间内所做的指示功称为指示功率，用 P_i 表示。

设一台发动机的气缸数为 i，每缸的工作容积为 V_s(L)，转速为 n(r/min)，平均指示压力为 p_{mi}(kPa)，则每缸每循环工质所做的指示功为

$$W_i = p_{mi} V_s \tag{1-29}$$

具有 i 个气缸的发动机的指示功率(每秒所做的指示功)P_i 为

$$P_i = W_i \frac{n}{60} \times \frac{2}{\tau} i \quad (\text{W}) \tag{1-30}$$

$$P_i = \frac{p_{mi} V_s n i}{30 \tau} \times 10^{-3} \quad (\text{kW}) \tag{1-31}$$

式中：τ 为冲程数，四冲程 $\tau = 4$，二冲程 $\tau = 2$。

故四冲程发动机为

$$P_i = \frac{p_{mi} V_s n i}{120} \times 10^{-3} \tag{1-32}$$

二冲程发动机为

$$P_i = \frac{p_{mi} V_s n i}{60} \times 10^{-3} \tag{1-33}$$

3. 指示热效率和指示燃油消耗率

指示热效率是实际循环指示功与所消耗的燃料热量之比值，用 η_{it} 表示，即

$$\eta_{it} = \frac{W_i}{Q_i} \tag{1-34}$$

式中：Q_i 为获得指示功 W_i 所消耗的燃料热量(J)。

指示燃油消耗率(简称指示耗油率)是指单位指示功的耗油量，通常以每千瓦小时的耗

油量来表示,符号为 b_i。

对于一台发动机,当实验测得其指示功率 P_i(kW)及每小时燃油消耗量 B(kg/h)后,指示燃油消耗率为

$$b_i = \frac{B}{P_i} \times 10^3 \qquad (1-35)$$

b_i[g/(kW·h)]为获得1kW·h指示功消耗的燃料量,这些燃料所含的热量为 $H_u b_i/1000$(kJ),H_u 为燃料的低热值(kJ)。

由热功当量可知

$$1\text{kW·h} = 3.6 \times 10^3 \text{kJ}$$

将上述功和热量的对应量代入指示热效率 η_{it} 的定义式中,可得

$$\eta_{it} = \frac{3.6 \times 10^6}{H_u b_i} \qquad (1-36)$$

η_{it} 和 b_i 是评定发动机实际循环经济性的重要指标。

一般发动机 η_{it} 和 b_i 的统计范围是:

汽油机 $\eta_{it} = 0.25 \sim 0.40$,$b_i = 205 \sim 320$g/(kW·h);
柴油机 $\eta_{it} = 0.40 \sim 0.50$,$b_i = 170 \sim 205$g/(kW·h)。

1.4.2 发动机的有效指标

有效指标是指以发动机输出轴上所得到的功率为基础的性能指标,主要是考虑到发动机自身所消耗的机械能,用来综合评价发动机整机性能,它比指示指标更有实用价值。通常用符号下标 e 来表示有效性能指标。

1. 有效功率

发动机功率输出轴上得到的净功率即为有效功率,用符号 P_e 表示。

发动机的指示功率 P_i 不能完全对外输出,它在发动机内部的传递过程中不可避免地有一定损失,这些损失大致包括内部运动件的摩擦损失、驱动附属设备(如配气机构、水泵、机油泵、喷油泵)的损失、泵气损失等,这些损失消耗的功率称为机械损失功率 P_m。因此,发动机的有效功率应为指示功率减去机械损失功率,即

$$P_e = P_i - P_m \qquad (1-37)$$

发动机的有效功率可以利用各种形式的测功器和转速计测量计算而得。

2. 有效转矩

发动机工作时,由功率输出轴输出的转矩称为有效转矩,用符号 T_{tq} 表示。它与有效功率 P_e 的关系为

$$P_e = T_{tq} \frac{2\pi n}{60} \times 10^{-3} = \frac{T_{tq} n}{9550} \qquad (1-38)$$

式中:n 为发动机转速(r/min);T_{tq} 为有效转矩(N·m)。

3. 平均有效压力

平均有效压力是指发动机单位气缸工作容积所做的有效功,用符号 p_{me} 表示,即

$$p_{me} = \frac{W_e}{V_s}$$

每循环所做的有效功可以视作以一个假想的、平均不变的压力（p_{me}）作用在活塞顶上，使活塞移动一个行程所做的功，即 $W_e = p_{me}V_s = p_{me} \cdot A \cdot S$。

按照 p_{me} 定义，根据式（1-31）所表示的 P_i 和 p_{mi} 之间的关系，可以得到 P_e 和 p_{me} 的关系为

$$P_e = \frac{p_{me}V_s ni}{30\tau} \times 10^{-3} \tag{1-39}$$

由式（1-39）可得

$$p_{me} = \frac{30\tau P_e}{V_s ni} \times 10^3 \tag{1-40}$$

将式（1-38）代入式（1-40）得

$$T_{tq} = \frac{318.3 p_{me} V_s i}{\tau} \times 10^{-3} \tag{1-41}$$

对于排量（iV_s）一定的发动机，$T_{tq} \propto p_{me}$，即平均有效压力 p_{me} 值反映了发动机有效转矩 T_{tq} 的大小。所以，平均有效压力 p_{me} 是从最终发动机实际输出转矩的角度来评定气缸工作容积的利用率，是衡量发动机动力性能方面的一个很重要的指标。

一般发动机在标定工况时，p_{me} 值的一般范围是：

汽油机　　　　$p_{me} = 650 \sim 1200 \text{kPa}$；

柴油机　　　　$p_{me} = 650 \sim 950 \text{kPa}$；

汽车用增压柴油机　　$p_{me} = 900 \sim 1300 \text{kPa}$。

4. 有效热效率和有效燃油消耗率

有效热效率和有效燃油消耗率是衡量发动机经济性的重要指标。

有效热效率是实际循环有效功与所消耗的燃料热量之比值，用符号 η_{et} 表示，即

$$\eta_{et} = \frac{W_e}{Q_1} = \frac{W_i \eta_m}{Q_1} \tag{1-42}$$

式中：η_m 为机械效率，$\eta_m = P_e/P_i$。

有效燃油消耗率 $b_e [\text{g}/(\text{kW} \cdot \text{h})]$ 是单位有效功的耗油量，通常以每千瓦小时有效功消耗的燃料量来表示，即

$$b_e = \frac{B}{P_e} \times 10^3 \tag{1-43}$$

式中：B 为每小时燃油消耗量（kg/h）；P_e 为有效功率（kW）。

与前述的方法一样，可得到 η_{et} 与 b_e 的关系，即

$$b_e = \frac{3.6 \times 10^6}{\eta_{et} H_u} \tag{1-44}$$

目前，一般发动机在标定工况下，η_{et} 和 b_e 的值大致范围是：

汽油机　　　　$\eta_{et} = 0.25 \sim 0.30$，$b_e = 270 \sim 325 [\text{g}/(\text{kW} \cdot \text{h})]$；

柴油机　　　　$\eta_{et} = 0.30 \sim 0.40$，$b_e = 214 \sim 285 [\text{g}/(\text{kW} \cdot \text{h})]$；

增压柴油机　　$\eta_{et} = 0.40 \sim 0.45$，$b_e = 190 \sim 218 [\text{g}/(\text{kW} \cdot \text{h})]$。

5. 发动机强化指标

1）升功率和比质量

升功率是在标定工况下，发动机单位气缸工作容积所发出的有效功率，用符号 P_L

(kW/L)表示，即

$$P_L = \frac{P_e}{iV_s}$$

由式(1-39)可得

$$P_L = \frac{p_{me}n}{30\tau} \times 10^{-3} \qquad (1-45)$$

可见，升功率 P_L 是从发动机有效功率出发，对其气缸工作容积的利用率做总的评价。它与 p_{me} 和 n 的乘积成正比。P_L 的数值愈大，则发动机的强化程度愈高，而发出一定有效功率的发动机尺寸愈小。因此，P_L 也就成为评定一台发动机整机功率性能和强化程度的重要指标之一。汽车发动机的发展方向之一是继续提高升功率。

比质量 M_e(kg/kW)是发动机的净质量 m 与它所发出的额定功率 P_e 之比，即

$$M_e = \frac{m}{P_e} \qquad (1-46)$$

它表征发动机质量的利用程度和结构紧凑性。当发动机的质量一定时，有效功率 P_e 越大，比质量 M_e 值越小，则发动机的强化程度越高，发动机的质量利用程度越好。

目前，发动机 P_L 和 M_e 的大致范围是：

汽油机　　　$P_L = 22 \sim 55$(kW/L)；$M_e = 1.5 \sim 4.0$(kg/kW)；

汽车柴油机　　$P_L = 18 \sim 30$(kW/L)；$M_e = 4.0 \sim 9.0$(kg/kW)。

2）强化系数

发动机平均有效压力 p_{me} 与活塞平均速度 v_m 的乘积称为强化系数，写成 $p_{me} \cdot v_m$，是评价发动机强化程度的指标。这个值越大，发动机强化程度越高，内燃机的热负荷和机械负荷越大。

由于发动机发展趋势是强化程度不断提高，故 $p_{me} \cdot v_m$ 值增大是技术进步的一个标志。一般发动机 $p_{me} \cdot v_m$ 的大致范围是：

汽油机为 80～140；

小型高速柴油机为 60～99；

重型汽车用增压柴油机为 70～91；

增压柴油机为 90～144。

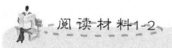

内燃机综合性能的评价方法

内燃机性能主要包括动力性、经济性、排放和噪声及其可靠耐久性等方面。衡量其产品质量实质上就是对内燃机产品的整体性能进行综合评定。然而在实际的评价工作中，由于内燃机整体性能涉及多个方面，反映各性能评价指标也较多，因此要科学、系统、客观地对其整体质量进行综合评价，就必须建立一个能够反映系统整体性能的多方面、多层次、科学的评价方法。

上海工程技术大学汽车工程学院蔡家明基于对内燃机性能指标的分析，运用模糊理论提出了反映内燃机产品整体性能的综合评价方法，包括：

1. 评估指标集的确定

通常衡量内燃机产品性能都以其动力性、经济性、排放和噪声等性能作为主要的评价指标，但在实际中，考虑到评估的实用性和可行性，一般只选取几个能代表其主要性能的指标作为模糊评估子集。

2. 评估函数的建立

对于内燃机综合性能指标的评估函数建立，实质上就是对应于不同的性能指标确定出相应的隶属函数，使之能较全面、正确地反映出内燃机性能的本质特性。

3. 评估指标权重的确定

对于评估指标集中各指标的权重系数可以由相对权重系数来确定。相对权重系数反映了各评估指标间相互比较的相对重要性程度。

4. 内燃机性能的评估

(1) 内燃机性能的比较。
(2) 内燃机性能的评估准则。

➡ 资料来源：上海工程技术大学学报，2004，18(3).

1.5 机械损失

燃料在发动机气缸中燃烧所放出的热量以一定的热效率转化为机械功，但是最终从发动机输出轴得到的有效功，却要比转化指示功少。这是因为发动机在运转中不得不为克服本身内部的机械摩擦、驱动必不可少的辅助设备和泵气损失等而消耗指示功的一部分，而这部分功的消耗称为发动机的机械损失。

发动机的机械损失消耗了一部分指示功，使对外输出的有效功率小于指示功率。不同类型的发动机其各部分机械损失所占百分比差别很大，据统计，一般发动机中各部分机械损失功率的分配比例见表1-5。

表1-5　发动机中各部分机械损失功率的分配比例　　　　　　　　　　(%)

机械损失名称	占 P_m 百分比	占 P_i 百分比
摩擦损失	62~75	8~20
其中：活塞及活塞环	45~60	
连杆、曲轴轴承	15~20	
配气机构	2~3	
驱动各种附属设备损失	10~20	1~5
其中：水泵	2~3	
风扇	6~8	
机油泵	1~2	
电气设备	1~2	
泵气损失	10~20	2~4
总功率损失		10~30

由表1-5可知，机械损失功率占指示功率的10%～30%，是不可忽视的功率损失。降低机械损失，尤其是摩擦损失，使实际循环发出的指示功尽可能多地转变成对外输出的有效功，是提高发动机性能的一个重要途径。

应用案例1-3

内燃机活塞环组降低摩擦功耗的新方法

内燃机机械损失中活塞和活塞环的摩擦损失占据了其中的最大比例，这部分损失的大小取决于活塞的高度、质量、间隙和结构，又取决于活塞环的数量、结构和弹性，另外，也和气缸内的气体压力、活塞速度、润滑油品质等有关，这是众所皆知的。

西安交通大学机械工程学院余志壮、董光能、谢友柏分析了活塞环组的摩擦损失，研究了活塞环的结构变化，根据当今内燃机产品发展中面临的问题和需求，提出了活塞环组中的两个气环改为一个气环的新结构。其根据流体动力润滑理论与活塞环载荷方程，分析了一个气环与两个气环的不同摩擦功耗，结果表明，高质量的一个气环，能够完成现有两环的密封润滑功能，采用一个气环后的摩擦功耗有大幅度降低；减少活塞环的同时，也使活塞变短，减小活塞的质量和惯性力。这样的结构设计新方法有助于内燃机有效性能指标的提高，并推进内燃机的轻量化。

➡ 资料来源：润滑与密封(RunHuaYuMiFeng)，2005.6.

1.5.1 机械效率

为了比较各种不同的发动机机械损失所占比例的大小，引入机械效率的概念。机械效率是有效功率与指示功率的比值，用符号 η_m 表示，即

$$\eta_m = \frac{P_e}{P_i} = 1 - \frac{P_m}{P_i} \tag{1-47}$$

也可以写成如下形式，即

$$\eta_m = \frac{p_{me}}{p_{mi}} = 1 - \frac{p_{mm}}{p_{mi}} \tag{1-48}$$

式中：p_{mm} 为平均机械损失压力。

现代发动机机械效率 η_m 的大致范围是：

汽油机为 0.7～0.9；

柴油机为 0.7～0.85。

1.5.2 机械损失的测定

比较精确地测定机械损失的数值，寻求降低机械损失的途径，对发动机研究和改进是十分重要的。发动机机械损失的原因极为复杂，以致无法用分析的方法来求出准确的数值。为了获得较为可信的结果，只有通过发动机的试验来测定。目前常用的测量方法主要有示功图法、倒拖法、灭缸法和油耗线法。这些方法都只能近似地求出其数值，并各有其局限性与不足之处。

1. 示功图法

运用各种示功器测取发动机的示功图，从中算出平均指示压力 p_{mi} 值，从测功器和转速计读数中计算出发动机的平均有效压力 p_{me}，二者之差值即为该工况下的内燃机的

平均机械损失压力 p_{mm}，从而可以计算 η_m 值，这种直接测定方法是在真实的试验工况下进行的，从理论上讲也完全符合机械损失的定义，但试验结果的正确程度往往取决于示功图测取的正确程度，其中最大的误差来源于 p-V 或 p-φ 示功图上，活塞上止点位置不易正确地确定。此外，在多缸发动机中，各个气缸多少存在着一定的不均匀性，而在试验中往往只测取一个气缸的示功图用以代表其他各缸，这也会引起一定的误差。因此，示功图法一般用于当上止点位置能得到精确校正时，才能取得较满意的结果。

2. 倒拖法

倒拖法是将发动机与电力测功器相连接，当发动机在给定工况下稳定运行时，待冷却水、润滑油温度都达到正常数值。然后切断发动机的供油(柴油机)或停止点火(汽油机)，并立即将电力测功器转换为电动机，以原转速倒拖发动机空转，并尽可能保持冷却水温度与润滑油温度不变。此时，在电力测功器上读出的倒拖功率，即为给定工况下发动机的机械损失功率。

在具有电力测功器的条件下，倒拖法被认为是求机械损失功率最为迅速和最为简便的方法。但是倒拖法尽管尽力做到水温、油温保持不变，但由于发动机在着火运转和不着火倒拖的情况下，其摩擦损失功率和泵气损失功率二者存在较大的差别，得出的数值比实际值高，一般情况下，汽油机偏大 5% 左右，柴油机偏大 15%～20%。因此，该方法在测定汽油机机械损失时得到较广泛的应用。

3. 灭缸法

灭缸法仅适用于多缸发动机。灭缸法的工作原理是：发动机在给定工况下稳定运转，测出其有效功率 P_e。然后，使其中一个气缸不工作(不供油或火花塞不点火)，并调整测功器使发动机恢复到原来的转速，测出此时发动机有效功率 P'_e。这样，如果灭缸后其他各缸的工作情况和发动机机械损失没有变化，则被熄灭的气缸原来所发出的指示功率 $(P_i)_x$ 为

$$(P_i)_x = (P_e - P'_e)_x$$

依次将各缸灭火，最后可以从各缸指示功率的总和中求得整台发动机的指示功率 P_i，即

$$P_i = \sum_{x=j}^{i}(P_e - P'_e)_x$$

然后可以求出 P_m 和 η_m。

灭缸法用于柴油机，在较好的情况下，其测量误差不超过 5%。但对于汽油机，由于其中一个气缸不工作，影响了其他气缸的换气质量和充量系数，往往会造成较大的测量误差。同时它也不能用于废气涡轮增压发动机及单缸机。

4. 油耗线法

油耗线法仅适用于柴油机。对柴油机给定转速不变，逐渐改变柴油机供油齿条的位置，测出每小时耗油量(或每秒的耗油量)，得到图 1.5 所示的曲线，此曲线称为负荷特性曲线(第 6 章详细介绍)。

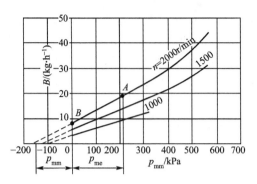

图 1.5 用油耗线法求柴油机的 p_{mm} 值

在低负荷和中等负荷时，B 与 p_{me} 基本上成线性关系，如果把每小时耗油量曲线向纵坐标方向延长，则此延长线与横坐标的交点到坐标零点的距离，即为该机在该转速下的近似平均机械损失压力 p_{mm} 的数值。

此方法的基础是假设转速不变时，p_{mm} 和指示热效率都不随负荷的增减而变化。由式(1-35)和式(1-36)可导出

$$B_A H_u \eta_{it} = 3.6 \times 10^3 P_i = 3.6 \times 10^3 (P_e + P_m)$$

当柴油机无负荷($P_e=0$)定速运转时，若 η_{it} 也不变化，则有

$$B_B H_u \eta_{it} = 3.6 \times 10^3 P_m$$

两式相除，得

$$\frac{B_A}{B_B} = \frac{P_e + P_m}{P_m} = \frac{p_{me} + p_{mm}}{p_{mm}}$$

$$\eta_m = \frac{p_{me}}{p_{me} + p_{mm}} = 1 - \frac{p_{mm}}{p_{me} + p_{mm}} = 1 - \frac{B_B}{B_A}$$

1.5.3 影响机械效率的因素

影响机械效率的因素很多，除转速、负荷、润滑油品质、冷却液温度和发动机技术状况等使用因素外，最高燃烧压力、气缸尺寸和数目、大气状态等结构设计参数和使用环境因素也会影响机械效率。

1. 气缸内最高燃烧压力

发动机的最高燃烧压力 p_z 的大小，决定了整个燃烧膨胀过程的压力水平。气缸压力高，活塞环背压按比例增加，活塞裙部对气缸壁的侧压力和轴承负荷增大，活塞环和活塞的摩擦损失也相应增大；另一方面，最高燃烧压力 p_z 高，为保证各承载零件的强度、刚度和工作耐久性，就必须加大活塞、连杆、曲轴的尺寸和质量，这就随之增加了运动零件的惯性力，从而导致摩擦损失的增大。因此，凡是导致最高燃烧压力上升的因素都将加大摩擦损失。

由此也可以看出，发动机的压缩比不宜过高，汽油机的点火提前角、柴油机的供油提前角和初始供油速率也不宜过大。

2. 转速或活塞平均速度

n 或 v_m 增大，各摩擦副之间的相对速度增加，摩擦损失增大；与此同时，曲柄连杆机构的惯性力增大，活塞的侧压力和轴承负荷增大，摩擦损失也增大。n 增大，泵气损失、驱动附件消耗的功随之增加，所以机械效率下降。

图 1.6 所示为一台小型非增压高速柴油机 p_{mm} 与转速 n 的关系曲线，可以看出 p_{mm} 随 n 增加迅速增加的情况。图 1.7 所示为该柴油机的机械效率 η_m 与转速 n 的关系曲线，当转速 n 增加时，η_m 下降，图中实线表示全负荷工况，虚线表示 30% 的部分负荷工况。

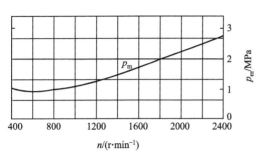

图 1.6 平均机械损失压力 p_{mm} 与转速 n 的关系

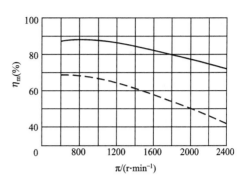

图 1.7 发动机转速 n 对机械效率 η_m 的影响

3. 负荷

在转速不变的情况下,当负荷减小,气缸内的指示功率下降,机械损失功率 P_m 亦略有下降,但基本不变。由公式 $\eta_m = 1 - P_m/P_i = 1 - p_{mm}/p_{mi}$ 可知,负荷减少,P_i 降低,机械效率 η_m 下降,直到怠速时,指示功率全部用来克服机械损失,即 $P_i = P_m$,故 $\eta_m = 0$。

4. 润滑油品质和冷却液温度

润滑油品质和冷却液温度对发动机的机械损失影响较大。

润滑油的黏度对摩擦损失有很大影响。润滑油黏度大,则流动性差,内摩擦力大,摩擦损失增加,但其承载能力强,易于保持液体润滑状态;反之,流动性好,机械损失减少,但承载能力差,油膜易于破裂而失去润滑作用。

润滑油的黏度主要受润滑油的品质和温度的影响。温度升高黏度降低,温度降低黏度增大。润滑油的这种随着温度升降而改变其黏度的性质,称为润滑油的黏温性。润滑油应具有良好的黏温性。良好的黏温性是指润滑油的黏度随温度的变化程度较小的特性。

选用润滑油黏度的基本原则是:在保证发动机可靠润滑的前提下,尽量选用黏度较小的润滑油,以减少摩擦损失,提高机械效率。

冷却液温度的高低直接影响润滑油温度的高低,继而影响润滑油的黏度和机械损失。因此,发动机在使用过程中,应严格保持一定的冷却液温度和润滑油温度。

5. 发动机技术状况

发动机技术状况的好坏,对机械效率的影响很大。这是由于长期使用的发动机,技术状况变差,活塞环与气缸磨损后,间隙增大,漏气增多,指示功率下降;尤其是漏气还会稀释润滑油,使润滑条件变坏,气缸的磨损加快;轴颈与轴承间的磨损还使机油的泄漏增加,油压下降,运动件工作表面的润滑不良。这些都会使机械效率下降。

1.6 发动机热平衡

燃料在发动机气缸中燃烧产生的总热量中除 25%~45% 能转化为有效功外,其他部分均以不同的热传递方式散失于发动机之外。所谓发动机的热平衡,就是给出燃料燃烧的总热量转换为有效功和其他各项热损失的分配比例。从这些热量分配中,可以了解到热损失的情况,以作为判断发动机零件的热负荷和设计冷却系统的依据,并为改善发动机的性能指标指明方向。发动机的热平衡通常是由试验确定的。

1.6.1 热平衡方程式

发动机的热平衡可用方程式表达如下

$$Q_T = Q_E + Q_W + Q_R + Q_B + Q_L \tag{1-49}$$

式中：Q_T 为燃料在气缸中完全燃烧发出的总热量(kJ/h)；Q_E 为转变为有效功的热量(kJ/h)；Q_W 为冷却介质带走的热量(kJ/h)；Q_R 为废气带走的热量(kJ/h)；Q_B 为燃料不完全燃烧损失的热量(kJ/h)；Q_L 为其他损失的热量(kJ/h)。

1.6.2 热平衡方程式中各项热量的确定

热平衡一般由发动机试验测定，试验通常在额定工况稳定运转的条件下进行。

1. 燃料在气缸中完全燃烧发出的总热量 Q_T

发动机气缸中发出的总热量是由燃料燃烧产生的，是通过试验测出发动机每小时燃料消耗量 B(kg/h)和燃料的低热值 H_u(kJ/kg)来确定，即

$$Q_T = B \cdot H_u \tag{1-50}$$

2. 转变为有效功的热量 Q_E

由试验可测得发动机的有效功率 P_e(kW)，即

$$Q_E = 3.6 \times 10^3 P_e \tag{1-51}$$

3. 冷却介质带走的热量 Q_W

Q_W 包括：工质通过气缸壁的传热损失；废气流经排气道时传给冷却介质的热量；活塞与气缸壁摩擦产生的热量传给了冷却介质；润滑油传给冷却介质的热量等。Q_W 的计算公式为

$$Q_W = q_m c_s (t_2 - t_1) \tag{1-52}$$

式中：q_m 为通过发动机的冷却介质的流量(kg/h)；c_s 为冷却介质的比热 [kJ/(kg·℃)]；t_1、t_2 为冷却介质入口和出口的温度(℃)。

4. 废气带走的热量 Q_R

废气带走的热量和冷却损失一样，属于发动机的主要热损失之一。它可由实测的单位时间的进气流量 q_k(kg/h)、燃油消耗量 q_t(kg/h)和进、排气温度 t_k、t_r(℃)，按下式近似地求出，即

$$Q_R = (q_t + q_k)(c_{pr} t_r - c_{pk} t_k) \tag{1-53}$$

式中：q_t、q_k 为每小时消耗的燃料量和空气量，(kg/h)；c_{pr}、c_{pk} 为废气和空气的定压比热 [kJ/(kg·℃)]；t_r 为靠近排气门处的废气温度(℃)；t_k 为进气管入口处的工质温度(℃)。

5. 燃料不完全燃烧损失的热量 Q_B

发动机工作时因部分燃料燃烧不完全，因此常常会损失一部分热量。例如，汽油机为获得较大的功率，常会采用浓混合气工作，于是有一部分燃料不能完全燃烧；柴油机由于燃料与空气混合不均匀，即便是总的空气量有富余，也会产生部分燃料不完全燃烧。由于不完全燃烧而损失的热量可由下式计算求得，即

$$Q_B = Q_T (1 - \eta_u) \tag{1-54}$$

式中：η_u 为燃烧效率。

6. 其他损失的热量 Q_L

其他热量损失包括驱动发动机附件的能量消耗、未被冷却介质吸收的摩擦热、发动机向大气的辐射传热以及其他未计入的热损失等。这一部分热量损失难以准确地测定，一般用下式计算，即

$$Q_L = Q_T - (Q_E + Q_W + Q_R + Q_B) \tag{1-55}$$

1.6.3 发动机的热平衡及热平衡图

发动机的热平衡除了以热平衡方程式表示外，通常还以燃料总热量的百分数表示，即

$$q_e = Q_E/Q_T \times 100\%$$
$$q_w = Q_W/Q_T \times 100\%$$
$$q_r = Q_R/Q_T \times 100\%$$
$$q_b = Q_B/Q_T \times 100\%$$
$$q_l = Q_L/Q_T \times 100\%$$
$$q_e + q_w + q_r + q_b + q_l = 100\%$$

为了把热平衡中各项热量的分配和转移情况更清晰、更形象化地表现出来，发动机的热平衡常采用热平衡图来表示，由图可以一目了然地看到发动机中热量流动的情况及各项损失所占的比例。

图 1.8 所示为发动机的热平衡图。由图可见，燃料在气缸中燃烧所放出的热量 $Q_T \eta_u$

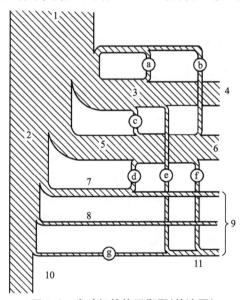

图 1.8 发动机的热平衡图(热流图)

1—燃烧放出的热量；2—转化为指示功的热量；3—废气的能量；4—废气带走的热量；
5—传到气缸壁上的热量；6—冷却介质带走的热量；7—发动机本身的摩擦损失的热量；
8—驱动发动机附件的热量；9—摩擦和辐射损失；10—有效输出功；11—辐射热；
a—从残余废气回收的热量；b—由气缸壁传给进气的热量；c—从废气传给冷却水的热量；
d—摩擦热中传给冷却水的热量；e—排气系统散出的辐射热；f—从冷却系统和水套壁
向外的辐射热；g—从曲轴箱和其他非冷却部件向外的辐射热

(图中1)主要有三个流向：转化为指示功的热量 Q_i（图中2）、废气的能量（图中3）和传到气缸壁上的热量（图中5）。转化为指示功的热量 Q_i 又可划分为转变为有效功的热量 Q_E（图中10）、发动机本身摩擦损失的热量（图中7）、驱动发动机附件的热当量（图中8）和因辐射而散失到大气中的热量等。

发动机热平衡中各项数值范围见表1-6。

表1-6　热平衡中各项数值范围　　　　　　　　　　（％）

发动机类型	q_e	q_w	q_r	q_b	q_l
汽油机	25～30	12～27	30～50	0～5	3～10
柴油机	30～40	15～35	25～45	0～5	2～5
增压柴油机	35～45	10～25	25～40	0～5	2～5

从表1-6可知，在燃料的总热量中仅有25%～45%的热量转变为有效功，其余55%～75%的热量都损失掉了。其中主要部分由废气带走，废气带走的热量占总热量的25%～40%，回收这部分热量一直是人们十分关注的问题，曾做过大量工作，其中最成功的回收方法是在发动机上安装废气涡轮增压器，这种方法可使发动机的有效热效率提高到一个新水平；其次是传给冷却液，冷却液带走的热量占总热量的10%～35%，目前，国内外正在研制的所谓绝热发动机——即采用高温材料隔绝燃烧室与外界的热交换，使发动机在接近绝热的状态下工作，就是想回收冷却液带走的这部分热量。

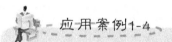

发动机冷却损失和排气损失的有效利用

提高发动机循环的热量利用率始终是发动机性能研究的一个重要课题，在采取措施时自然想到要减少占能量损失大部分的冷却损失和排气损失，以及这些能量的有效利用。

具体方案之一就是绝热发动机的研究。绝热发动机又称"陶瓷发动机"，是以优质绝热材料制造主要受热部件的一种新型热力发动机，20世纪70年代末开始发展。通常用耐热性好、导热系数小、膨胀系数低的高级陶瓷合成材料制造气缸盖、气缸体和活塞等受热部件，可提高燃烧效率、减少散热损失，具有体积小、重量轻、耐磨、耐腐蚀、热效率高、对燃料适应性强等特点，但对材料强度和制造工艺要求较高。

绝热发动机的气缸没有传给冷却水的散热损失，气缸里的温度很高，气缸壁的平均温度要超过1373K，排气的温度也极高。

具体方案之二是废气涡轮增压技术的应用。用发动机排气能量驱动废气涡轮增压器实现发动机增压，增加进入发动机气缸的充量密度 ρ_0，从而提高平均有效压力，达到提高发动机功率，改善燃料经济性和排放性的目的。

美国寇明斯公司（R.卡莫）等利用陶瓷绝热材料减少发动机的散热，用废气涡轮把废气的高能量转变成功，其中的一部分供增压器用，余下的部分增加输出轴输出。采用这个方法后可使燃油消耗率降低至160g/(kW·h)。

1.7 发动机循环的热力学模型

对发动机的热力学过程特别是气缸内的热力学过程进行模拟计算，在发动机的研究与开发初期是非常有用的。它不仅可以预测所设计发动机的初步性能，进行多方案的比较，以期获得最佳的设计方案，而且也可以对结构参数与运行参数进行优化，对发动机的寿命和可靠性进行预测，以减少试验的工作量，缩短发动机的设计周期，节省开发研究费用。

发动机工作过程的模拟预测计算，最早采用的是热力计算法，它是建立在简单热力学关系基础之上的一种近似的、半经验的估算方法。这种方法诞生于 20 世纪初期，当时的数值计算手段尚不完备、物理模型也不够全面。尽管该方法可以对发动机的工作过程进行估算，但其精度和应用范围都受到了很大的限制。20 世纪 60 年代以后，随着发动机数值模拟技术的不断完善和计算机技术的进步，有关数值模拟方面的研究也不断深入，新的理论不断涌现，极大促进了设计手段的更新和设计观念的变革。与此同时，用于发动机的商品化软件陆续推出，其功能也不断完善，从零维模型到多维模型，从整机到分部件、分系统的计算软件，从性能预测到强度分析，等等。

作为对发动机工作过程数值计算方法概念上的理解，本节将介绍一种较为常用的计算模型——热力学模型。该模型是以热力学基本概念为基础，不涉及发动机中各种热力学参数在空间场的不均匀性问题以及工作过程的细节，故又称零维模型，其基本的思路是：从发动机工作循环各系统内所发生的物理过程出发，用微分方程对各系统的实际工作过程进行数学描述，通过编制计算机程序，得到气缸内各参数随时间（或曲轴转角）的变化规律；然后，通过相应的计算公式，计算出发动机的宏观性能参数。

1.7.1 模型的假定

在推导气缸内工作过程计算的基本微分方程式时，采用如下的简化假定：

(1) 不考虑气缸内各点的压力、温度与浓度场的差异，并认为在进气期间，流入气缸内的空气与气缸内的残余废气实现瞬时的完全混合，气缸内的状态是均匀的，亦即为单区过程。

(2) 工质为理想气体，其比热容、内能仅与气体的温度和气体的组成有关。

(3) 气体流入与流出气缸为准稳定流动，不计流入或流出时的动能。

(4) 不计进气系统内压力和温度波动的影响。

(5) 气缸内工质在封闭过程中无泄漏。

1.7.2 基本的微分方程组

在上述假定下，将气缸内壁面、活塞顶面以及气缸盖底面所围成的容积作为一个热力学系统，如图 1.9 所示。对该变容积热力学系统分别应用热力学第一定律、质量守恒定律以及气体状态方程，经过适

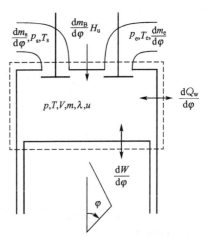

图 1.9 气缸内工作过程计算简图

当的变换，得到计算发动机工作过程的通用方程，即

$$\frac{dT}{d\varphi} = \frac{1}{m\left(\frac{\partial u}{\partial T}\right)}\left(\frac{dQ_B}{d\varphi} + \frac{dQ_W}{d\varphi} - p\frac{dV}{d\varphi} + \frac{dm_s}{d\varphi}h_s + \frac{dm_e}{d\varphi}h_e - u\frac{dm}{d\varphi} - m\frac{\partial u}{\partial \lambda}\frac{d\lambda}{d\varphi}\right) \quad (1-56)$$

$$\frac{dm}{d\varphi} = \frac{dm_B}{d\varphi} + \frac{dm_s}{d\varphi} + \frac{dm_e}{d\varphi} \quad (1-57)$$

$$pV = nRT \quad (1-58)$$

式中：下标 s 表示通过进气门流入气缸的气体参数；下标 e 表示通过排气门流出气缸的气体参数；下标 B 表示燃料燃烧放热项；下标 W 表示通过气缸内壁面与热力学系统间发生的热量交换；其余无下标的各项，分别表示气缸内的有关参数，而 λ 为瞬时过量空气系数，其意义见下文。

为了使得计算顺利进行，假定加入系统的能量或质量为正，离开系统的能量或质量为负。同时，假设内能为温度和成分的函数，并以 λ 来反映混合气的组成成分，则

$$u = u(T, \lambda) \quad (1-59)$$

求解式(1-56)～式(1-58)，可以得到气缸内温度 T、压力 p 和工质质量 m 三个未知量随曲轴转角 φ 的变化关系，但由于方程组中还有多个待求解的微分变量，如 dV、dQ_B、dQ_W、dm_s、dm_e 等，必须列出相关的约束条件，逐一建立计算式，方可使方程组封闭。有关约束条件的计算要点如下：

(1) 气缸工作容积根据活塞连杆机构运动学的几何关系式导出

$$\frac{dV}{d\varphi} = \frac{V_s}{2}\left[\frac{2}{\varepsilon_c - 1} + 1 - \cos\varphi + \frac{1}{\lambda_s}(1 - \sqrt{1 - \lambda_s^2 \sin^2\varphi})\right] \quad (1-60)$$

式中：V_s、ε_c、λ_s(曲柄连杆比)可根据发动机的结构参数确定。

(2) 工质流入、流出气缸的质量流量，可根据流体力学中气体流经节流过程的计算关系式推出，其一般形式为

$$\frac{dm_{s,e}}{d\varphi} = \frac{1}{6n}\mu_{s,e}A_{s,e}\Psi_{s,e}\sqrt{p_I \rho_I} \quad (1-61)$$

式中：下标 I 表示流动上游参数；$\mu_{s,e}$ 与 $A_{s,e}$ 分别为气门处的流量系数与流通截面积，可分别根据试验结果与几何关系确定；$\Psi_{s,e}$ 为流函数，与上下游的压力差即流动状态有关，其通用计算式为

$$\Psi = \begin{cases} \sqrt{\dfrac{2k}{k-1}\left[\left(\dfrac{p_{II}}{p_I}\right)^{\frac{2}{k}} - \left(\dfrac{p_{II}}{p_I}\right)^{\frac{k+1}{k}}\right]}, & \dfrac{p_{II}}{p_I} > \left(\dfrac{2}{k+1}\right)^{\frac{k}{k-1}} \\ \left(\dfrac{2}{k+1}\right)^{\frac{1}{k-1}}\sqrt{\dfrac{2k}{k+1}}, & \dfrac{p_{II}}{p_I} \leq \left(\dfrac{2}{k+1}\right)^{\frac{k}{k-1}} \end{cases} \quad (1-62)$$

其中，下标 II 代表流动下游参数。

(3) 工质与活塞顶面、气缸内壁面及缸盖底面的传热量计算式为

$$\frac{dQ_W}{d\varphi} = \frac{1}{6n}\sum_{i=1}^{3}\alpha F_i(T_{wi} - T) \quad (1-63)$$

式中：各传热表面积 F_i 可根据活塞位移情况以及发动机的几何参数确定；气缸内壁面温度 T_{wi} 根据统计值选定；换热系数 α 有多种经验或半经验的回归公式，实际应用时根据所研究对象的具体情况选定一种。

(4) 燃料的燃烧放热过程较为复杂，在本类模型中一般用一个简化的代用燃烧放热规

律来代替实际过程,即认为燃料是按照一定的函数形式进行燃烧放热的,并且在代用过程中所放出的总热量以及所产生的结果(性能指标)与实际过程是一致的。常用的函数有余弦函数以及韦伯(Weibe)函数等,其中,韦伯函数是应用较广泛的一种,其形式为

$$\frac{dQ_B}{d\varphi} = H_u g_b \eta_u \frac{dx}{d\varphi} = H_u g_b \eta_u 6.908 \frac{m+1}{\varphi_z} \left(\frac{\varphi - \varphi_0}{\varphi_z}\right)^m e^{-6.908\left(\frac{\varphi - \varphi_0}{\varphi_z}\right)^{m+1}} \quad (1-64)$$

式中:η_u 为燃烧效率,取决于燃烧方式,而三个主要参数(燃烧始点 φ_0、燃烧持续期 φ_z 以及燃烧品质指数 m)也与发动机的类型有关,其中 m 的变化范围为 0.2~3.0,取决于燃烧放热的速率与方式。

(5) 工质物理性的计算。由于发动机的工质是由空气与燃油组成的混合气,其组成成分在燃烧过程前后有明显的不同,精确计算其比热容、焓、内能等物理性参数,涉及复杂的非线性方程组的求解问题,较为复杂。为了方便起见,往往采用一个简化关系式来计算物理性参数,如较为常用的 Justi 公式,即

$$u = 4.1868\left[-\left(0.0975 + \frac{0.0485}{\lambda^{0.75}}\right)(T-273)^3 \times 10^{-6} + \left(7.768 + \frac{3.36}{\lambda^{0.8}}\right)(T-273)^3 \times 10^{-4} + \left(4.896 + \frac{46.4}{\lambda^{0.93}}\right)(T-273) \times 10^{-2} + 1358.6\right] \quad (1-65)$$

该式适用于混合气较稀的柴油机,而汽油机由于存在不完全燃烧、高温分解等特殊现象,其计算式复杂一些。

在得到内能或焓的计算式之后,其他的物理性参数均可以通过基本热力学关系式推导得到,这样,式(1-56)~式(1-58)中的物理性参数均可以求出。

(6) 值得强调的是,在本方程式的建立过程中,引入了瞬时过量空气系数 λ 的概念,其目的在于便于计算工质的成分随燃烧过程而发生变化的情况。与传统的过量空气系数的定义相仿,λ 的定义是气缸内瞬时空燃比与化学计量空燃比的比值,而瞬时空燃比则是某一瞬时气缸内的空气质量与该瞬时气缸内累计燃料质量之比,即

$$\lambda = \frac{1}{l_0} \frac{\int \frac{dm_s}{d\varphi} d\varphi}{\int \frac{dm_B}{d\varphi} d\varphi} \quad (1-66)$$

首次迭代计算或气缸内无残余废气时,可将其瞬时过量空气系数定为一个较大值,如 10^4。

1.7.3 气缸内实际工作过程的计算

应用式(1-56)~式(1-58),结合补充的各种约束条件,即可对发动机的实际工作过程进行模拟计算。计算一般从压缩始点(进气门关闭时刻)开始,依次完成一个完整循环,当再次回到计算始点时,比较两次计算结果,如达不到精度要求,则将计算得到的始点参数作为初始参数重新计算,直到满足要求。

根据气缸内实际过程在各个阶段的不同特点,式(1-56)~式(1-58)呈现出不同的简化形式,可以采用不同的处理方法。

根据热力学系统的划分状况,在整个发动机工作循环中,气缸可分为闭式阶段(依次可以分为压缩期、燃烧期及膨胀期)以及开式阶段(工质更换阶段)两个阶段。

1. 闭式阶段

在闭式阶段的三个不同期间,压缩期与膨胀期在微分方程组的形式上是相同的,不同的仅是气缸内质量上的差异。在这一时期,由于工质内的质量无变化,质量守恒方程项略去,这样能量守恒方程就变换为

$$\frac{dT}{d\varphi} = \frac{1}{m\left(\frac{\partial u}{\partial T}\right)}\left(\frac{dQ_w}{d\varphi} - p\frac{dV}{d\varphi}\right) \tag{1-67}$$

式(1-67)与气体状态方程联立,即可对发动机气缸内的气体状态进行求解,相对于开式过程[见式(1-56)]而言,这一方程要简单得多。

对于燃烧过程来说,工质的质量由于燃料的燃烧而发生变化,而燃料的燃烧过程变化规律$\frac{dQ_B}{d\varphi}$是预先给定的(如韦伯代用燃烧放热规律),故质量守恒方程为

$$\frac{dm}{d\varphi} = \frac{dm_B}{d\varphi} = \frac{1}{H_u}\frac{dQ_B}{d\varphi} \tag{1-68}$$

对于瞬时过量空气系数的变化情况,不难推导出

$$\frac{d\lambda}{d\varphi} = -\frac{m_B}{l_0 m_B^2 H_u}\frac{dQ_B}{d\varphi} \tag{1-69}$$

这样,能量守恒方程中的各项可以依次求出,从而求出燃烧过程中的气缸内状态参数。

2. 开式阶段

从排气门开启至进气门关闭为开式阶段,又称充量更换过程。由于通过气缸内热力学系统边界有气体流入或流出,该阶段的数学求解较为复杂一些。其中,在求解流经进、排气门的气体流量时,需要已知进、排气管内的热力学状态,这就涉及发动机的另一个过程——进、排气管系内的热力学计算。同时,充量更换阶段的另一个问题是工质成分在换气过程中的变化,根据瞬时过量空气系数的定义,并假定排气时燃料(以折合燃料的形式出现,因为实际上燃料已经燃烧完毕)和空气是成比例地排出气缸的,可以推导出

$$\frac{d\lambda}{d\varphi} = -\frac{1}{l_0 m_B}\frac{dm_s}{d\varphi} \tag{1-70}$$

式(1-70)将气缸内气体成分的变化与进气流量关联起来,使能量方程各项均可以求出,从而使式(1-56)~式(1-58)得以封闭。

1.7.4 进、排气过程的计算

进、排气过程热力学参数的计算,不仅是求解工作过程其他各项热力学参数所必需的,而且对于了解进、排气过程的压力及温度波动情况和预测及验证进、排气系统的设计结果以及进行增压发动机的增压匹配计算等,也是十分重要的。

对于进、排气过程计算的最简单的方法是容积法,又称充满-排空法,即把进、排气管系看成是与原有管道容积相当的一个简单容器,而容器内的压力变化完全是由气体的充填和排空决定的,把一些存在压力降的过程(如空气滤清器、气门、消声器)当作节流元件。这样,对于简化后的简单容积系统,可以分别列出质量守恒方程、能量守恒方程以及气体状态方程,其形式与求解气缸内参数的公式相似,从而可以解出进、排气系统的质

量、压力、气体温度等热力学参数。对于多缸发动机,还存在着如何根据发火间隔,将流入各缸的气体合理地分配以及将各缸流出的气体流量引入排气系统中的问题。限于篇幅,这里不再赘述。

1.7.5 发动机性能的计算

按照上述数值模拟计算方法,可以求出气缸内的压力、温度随曲轴转角的变化关系,以及在整个循环中气缸内工质质量、瞬时过量空气系数的变化情况,如图 1.10 所示。

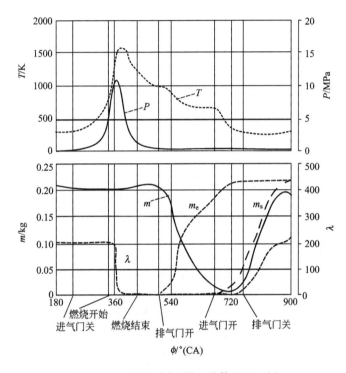

图 1.10 发动机循环模拟计算结果示例

图 1.10 所示是一个低速增压柴油机的计算结果,该图的上半部分画出了气缸压力和温度随曲轴转角的变化曲线,图中可见,温度 T 在排气门开启后,因提前排气而迅速下降,以及进气门开启后,由于冷空气流入进行扫气,而产生的第二次更迅速的下降。图的下半部分为气缸内质量、流出质量、流入质量以及瞬时过量空气系数 λ 的变化曲线。在压缩阶段,m 保持不变,随后由于燃料的加入而质量稍有增加,在膨胀期达到最大值,在排气重叠期降低到最小值,此后由于新鲜充量的流入又再次升高。在气门重叠期,流入的空气质量与气缸内质量之差即相当于扫气空气量。在压缩期瞬时过量空气系数为 215,在燃烧期由于燃料的加入而很快下降,燃烧结束后其值降为 2.1,且在进气门开启前一直保持不变,而当进气门开启后,由于新鲜空气的流入而再度增大。

此外,为了求出发动机的有效性能参数,需要确定机械损失的大小,即平均机械损失压力或机械效率的大小。尽管有许多研究者提出了较多的公式,但目前尚无通用计算式,一般要考虑到转速、气缸直径、负荷、增压压力、润滑油温度等影响,计算式为

$$p_{mm}=D^d(bv_m+cp_{me}+a) \tag{1-71}$$

式中：a、b、c、d 为与发动机类型有关的系数。

在平均机械损失压力 p_{mm} 确定之后，可以根据有关计算公式，得到发动机有效功率、有效热效率、有效燃油消耗率、平均有效压力以及充量系数等值。

习   题

一、名词解释

理论循环　示功图　指示指标　有效指标　指示热效率　有效热效率　升功率　比质量　发动机强化系数　机械效率　发动机热平衡

二、填空题

1. 从_____图上可以观察到发动机工作循环的各个不同阶段——压缩、燃烧、膨胀以及进气、排气等过程中的压力变化情况。

2. 增加 ε，可以提高工质的最高温度，扩大了循环的温度梯度，达到了发动机的较大膨胀比，因而提高了 η_t，但其_____随着 ε 的不断增大而逐渐降低。

3. 使发动机实际循环与理论循环存在差异的热损失主要有_____、_____、_____、_____和_____。

4. 发动机指示指标用来评定工质在气缸内部完成的_____循环的完善程度。

5. 发动机的有效指标是以_____功率为研究基础的，它能够评定发动机的整机性能的好坏。

6. 指示热效率是_____功与所消耗的燃料热量之比值。

7. 有效热效率是_____功与所消耗的燃料热量之比值。

8. 发动机有效指标中的功率、转矩以及转速之间的关系为_____。

9. _____与_____的乘积称为发动机强化系数。

10. 发动机转速提高后，机械效率将_____。

11. 选择润滑油黏度的基本原则是：在保证发动机_____的前提下，尽量选用黏度较小的润滑油，以减少摩擦损失，提高机械效率。

12. 所谓发动机的热平衡，就是给出燃料的总发热量转换为_____和_____的分配比例。

三、思考题

1. 什么是发动机的理论循环？什么是发动机的实际循环？
2. 画出四冲程发动机实际循环的示功图，说明它与理论循环示功图有什么不同。
3. 分析影响发动机实际循环热损失的主要因素。
4. 什么是发动机的指示指标？主要有哪些？
5. 什么是发动机的有效指标？主要有哪些？
6. 什么是发动机的平均有效压力、有效燃油消耗率、有效热效率？它们各有什么意义？
7. 什么是机械效率？分析影响机械效率的因素。
8. 如何测定机械效率？
9. 什么是发动机的热平衡？研究热平衡有何意义？

第 2 章 发动机换气过程

教学目标

掌握四冲程发动机的换气过程、换气损失和充量系数的概念；掌握影响充量系数因素的分析；掌握提高充量系数、减少换气损失的措施；了解发动机进气管动态效应。

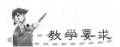
教学要求

知识要点	掌握程度	相关知识
发动机换气过程	掌握发动机换气过程中不同阶段的流动特性及其对换气质量和发动机性能的影响	发动机换气过程的阶段划分 各个阶段的流动特性
发动机换气损失和泵气损失	掌握换气损失、泵气损失的概念和换气损失的影响因素	换气损失、泵气损失的概念 影响换气损失的因素
发动机换气过程性能指标	掌握充量、充量系数、残余废气系数的概念 熟悉充量系数解析式的推导过程	换气过程性能指标充量；充量系数；残余废气系数
影响充量系数的因素	掌握影响充量系数的各个因素的分析过程	影响充量系数因素的分析
提高发动机充量系数的措施	掌握提高发动机充量系数的理论分析 熟悉常见的结构措施	提高发动机充量系数的理论分析和结构措施
进气管动态效应	了解发动机进气管动态效应利用的可行性和条件	进气管动态效应的理论分析

导入案例

日本本田公司在1989年推出了自行研制的可变气门正时和气门升程电子控制系统（variable valve timing and valve life electronic control system，VTEC），它能随发动机转速的变化，而适当地调整配气正时和气门升程，使发动机在高、低速下均能达到最佳的换气质量。这是世界上第一个能同时控制气门开闭时间及升程的气门控制系统。图2.1所示为本田"VTEC——可变气门正时和气门升程电子控制系统"工作原理图。

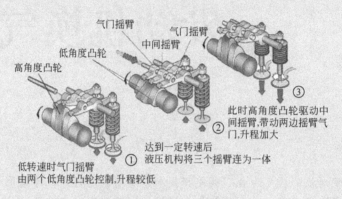

图2.1　VTEC工作原理

VTEC系统对于配气相位的改变仍然是阶段性的，也就是说其改变配气相位只是在某一转速下的跳跃，而不是在一段转速范围内连续可变。为了改善VTEC系统的性能，本田不断进行创新，2001年又推出了i-VTEC系统，增加了一个称为VTC（variable timing control，可变正时控制）的装置——一组进气门凸轮轴正时可变控制机构，即i-VTEC＝VTEC＋VTC。此时，进气阀门的正时与开启的重叠时间是可变的，由VTC控制。VTC机构的导入，配合原有的VTEC机构，使得发动机的配气相位能够柔性地与发动机的转速相匹配，发动机在大范围转速内，都能找到最佳的配气相位，以最佳的气门重叠角实现中、低速时低油耗、低排放，高速时高功率、大转矩，这就像按照人类大脑的要求那样进行控制，因此被形象地称为"智能化"VTEC。

发动机工作中，必须不断地用新鲜充量来取代废气，这一工质更换的过程称为换气过程。发动机的换气过程包括排气过程和进气过程，其任务是排除气缸内废气，并吸入新鲜空气或混合气。表征换气过程进行完善程度的主要指标是充量系数的高低和消耗于换气过程中所用功的大小。发动机的换气过程对发动机的动力性、经济性和排放指标有着极为重要的影响。为了提高发动机的性能，对换气过程的要求是：进气充分，排气彻底，换气损失小。

对气缸容积一定的发动机而言，提高动力性的关键是提高充量，减少上一循环残留在气缸内的废气。如果每一个循环的充量增加，燃烧放出的热量就增加，发动机的功率就会提高。

2.1 四冲程发动机换气过程

四冲程发动机的换气过程是指从排气门开启到下一个循环进气门完全关闭的整个过程，占 410°～480°(CA)。由于结构和动力负荷等原因，进气门和排气门不可能瞬时全开或全闭。换气时，工质是在配气机构流通截面变化的情况下作不稳定流动，气缸内工质的温度和压力是随时间变化的，具有复杂的气体动力学现象。根据气体流动的特点，换气过程可分为自由排气、强制排气、进气、气门叠开和燃烧室扫气等四个阶段。四冲程发动机在换气过程中，气缸压力和排气管内压力随曲轴转角变化关系以及相应的进、排气门流通截面的变化情况，如图 2.2 所示。

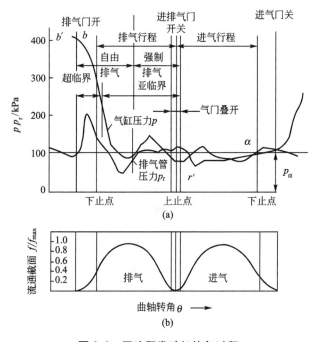

图 2.2 四冲程发动机换气过程

2.1.1 自由排气阶段

从排气门开始开启到气缸内压力降到接近排气管内压力，这个时期称为自由排气阶段。由于气缸内压力高于排气管内压力，废气是靠自身的压力排出，所以称为自由排气阶段。由于受配气机构惯性力的限制，排气门的开闭速度不能过快，从开始开启到最大开度，或从开始关闭到完全关闭，均需要一定的时间。因此，为了保证活塞进入排气行程时排气门有足够的开度来实现充分排气，并减小排气消耗的功，必须在做功行程活塞到达下止点前排气门就提前开启。从排气门开始开启到活塞运行至下止点这段曲轴转角，称为排气提前角，一般排气提前角为 40°～80°(CA)。

在排气门刚开启的一段时间内，气缸内压力 p 远远高于排气管内压力 p_r，排气的流动处于超临界状态，即废气流过排气门最小截面处的流速，等于该处气体状态下的声速，进入排气管时,则达到超声速。此时,废气排出量与排气管内压力无关,只取决于气缸内气体状态和排气门开启面积的大小。

随着大量废气排出气缸,气缸内压力迅速下降,气体流速小于该气体状态下的声速,排气的流动转入亚临界状态。此时,废气排出量由气缸压力与排气管内压力差来决定,压力差($p-p_\gamma$)越大,排出的废气量越多。直到某一时刻,气缸内压力与排气管内压力基本相等时,自由排气结束。

自由排气阶段一般在下止点后 10°～30°(CA)处结束,时间过长会增加强制排气活塞推出功,使排气损失加大。虽然自由排气阶段占整个排气阶段的比例不大,气门开启流通面积也较小,但废气流速很高。所以,这一时期排出的废气量占其总量的 60%～70%,也是排气阻力和噪声最大的时期。

2.1.2 强制排气阶段

从自由排气阶段结束,到活塞上行强制排出缸内废气的阶段,称为强制排气阶段。此阶段中,由于排气系统特别是排气门开启处的阻力,气缸内平均压力比排气管内平均压力略高。此时,废气排出气缸的流速取决于气缸内外的压力差。压力差越大,流速越高,阻力越大,排气消耗的功越多。

如果排气门在活塞到达上止点时就完全关闭,那么排气门必须在上止点之前开始关小。这样就会增大排气阻力,增加排气损失。同时,由于排气终了时,排气门处流通截面积逐渐减小,节流作用增强,气缸内残余废气的压力增大,使排气所消耗的功和残余废气量都增加。实际发动机工作中,排气门都是在活塞到达上止点之后关闭,这样可利用气体流动的惯性,使缸内废气尽量排的干净,并减少排气消耗的功。活塞从上止点到排气门完全关闭这段曲轴转角,称为排气迟闭角。一般排气迟闭角为 10°～35°(CA)。

2.1.3 进气阶段

进气阶段是指从进气门开始开启到进气门完全关闭的这段时间。为保证进气行程开始时进气门就有足够的开度,以减小进气损失,必须在排气行程活塞到达上止点前,进气门就提前开启。从进气门开始开启到活塞运行至上止点这段曲轴转角,称为进气提前角,一般为 10°～30°(CA)。

为避免因进气门在下止点前开始关小而增大进气损失,并利用进气气流的惯性增加进气量,进气门都是在活塞到达下止点之后关闭。从活塞运行至下止点到进气门完全关闭这段曲轴转角,称为进气迟闭角。一般进气迟闭角为 40°～80°(CA)。

从图 2.2 中气缸压力线上可以看到,在进气门刚开启的一段时间内,由于气缸内压力高于大气压力,新鲜空气或混合气不可能进入气缸。随着活塞下移,气缸内压力迅速下降,进气管内压力与气缸内压力的差值足以克服进气阻力和气流惯性时,进气管内气体开始经进气门进入气缸。随着气门开启,进入气缸的气体量增加,进入气缸的气体受到残余废气和高温零件的加热,压力逐渐回升,直到进气门关闭时,气缸内压力接近大气压力。

2.1.4 气门叠开和燃烧室扫气阶段

由于排气门的延迟关闭和进气门的提前开启,在排气行程上止点附近,存在进、排气门同时开启的现象,称为气门叠开。在此期间进气管、气缸、排气管连通起来,可以利用气流压差和惯性,清除缸内残余废气,增加进气量。气门叠开期间,只要合理控制气流方向,废气的惯性排出会对新鲜空气或混合气有抽吸作用,新鲜空气或混合气又驱赶废气并冷却燃烧室,这一过程称为燃烧室扫气。

气门叠开角等于排气迟闭角和进气提前角与之和,一般非增压发动机为20°~60°(CA),增压发动机为80°~160°(CA)。气门叠开角过小,燃烧室扫气的作用就不明显;气门叠开角过大,则可能导致废气倒流。所以发动机必须选择合理的气门叠开角。图2.3所示为非增压四冲程发动机配气相位的大致范围。

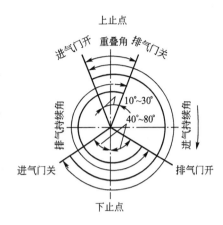

图2.3 非增压四冲程发动机配气相位

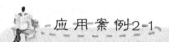应用案例2-1

试验证明,在高转速时,气门叠开角大一些对发动机是十分有利的。就配气相位而言,气门叠开角的大小与发动机转速有关,一般设计的原则是:高速发动机大些,为30°~90°(CA);中速发动机小些,为20°~60°(CA)。

例如,雅马哈XJR400中速发动机的配气相位如下:进气提前角和进气迟闭角分别为34°(CA)和54°(CA),排气提前角和排气迟闭角分别为55°(CA)和25°(CA),气门叠开角仅为59°(CA)。雅马哈FZR400高速发动机的配气相位如下:进气提前角和进气迟闭角分别为36°(CA)和60°(CA),排气提前角和排气迟闭角分别为59°(CA)和29°(CA),气门叠开角为65°(CA)。本田CB125T高速发动机的配气相位如下:进气提前角和进气迟闭角分别为38°(CA)和27°(CA),排气提前角和排气迟闭角分别为36°(CA)和56°(CA),气门叠开角高达94°(CA)。

➡ 资料来源:中国汽车工程师之家,http://www.cartech8.com/index.php.

2.2 发动机换气损失和泵气损失

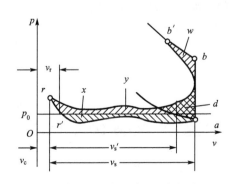

图2.4 四冲程发动机换气损失

换气损失可定义为:理论循环换气功和实际循环换气功之差。发动机换气损失由排气损失和进气损失两部分组成,如图2.4所示。

2.2.1 排气损失

从排气门提前开启,废气开始排出,到进气行程开始,气缸内压力达到大气压力,这段过程损失的循环功为排气损失。它又可分为自由排气损失和强制排气损失两部分。

自由排气损失是指由于排气门提前开启,膨胀

压力线从 b' 点开始偏离理论膨胀线,导致膨胀功减少而引起的损失,图 2.4 中面积 w 表示自由排气损失。

强制排气损失是指活塞上行强制推出废气所消耗的功,图 2.4 中面积 $y+d$ 表示强制排气损失。

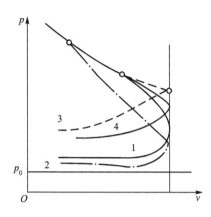

图 2.5 排气提前角与排气损失
1—最合适;2—过早;3—过晚;
4—排气门流通截面积过小

排气提前角对排气损失有重要影响。随着排气提前角的增大,自由排气损失 w 增加,强制排气损失 $y+d$ 减少;反之,排气提前角减小,自由排气损失 w 减少,强制排气损失 $y+d$ 增加,如图 2.5 所示。因此,最佳排气提前角应该使面积 $w+y+d$ 最小。

最佳排气提前角不是固定不变的,随着发动机转速提高,在下止点之前自由排气时间缩短,排出的废气量减少,气缸内压力下降少,使得提前排气损失 w 减小,但使强制排气损失 $y+d$ 大大增加。因此,随着发动机转速的提高应适当增大排气提前角。

减小排气系统阻力及排气门处流动损失是降低排气损失的主要办法。如增加排气门数目、增大排气门流通截面积、合理设计排气消声器和排气后处理器等都对降低排气损失有较好的效果。

2.2.2 进气损失

与理论循环相比,发动机在进气过程中所造成功的减少称为进气损失。对于非增压发动机,由于进气系统的阻力,进气过程气缸内压力低于大气压力,而活塞背面曲轴箱内的压力稍大于大气压力。因此,进气过程活塞要消耗功,图 2.4 中面积 x 即表示进气损失。

与排气损失相比,进气损失相对较小,对发动机的功率和热效率影响不大。但是,进气损失对发动机充量系数的影响非常重要。合理选择配气相位,加大进气门的流通截面积,正确设计进气管道以及降低活塞平均速度等都可以减少进气损失。

2.2.3 换气损失和泵气损失

换气损失等于排气损失和进气损失之和,即图 2.4 中面积 $w+y+d+x$。而在实际示功图计算中,已经用示功图丰满系数 ϕ_i 修圆理论示功图的棱角,所以,ϕ_i 中已包括部分换气损失(图 2.4 中面积 $w+d$)。泵气损失是换气损失的一部分,即图 2.4 中面积 $x+y$。

对于泵气损失可以从泵气功的角度理解。由于四冲程发动机的进、排气行程与往复式活塞压气机的抽、排气的泵气过程类似,所以此时工质对活塞所做的功又称泵气过程功,简称泵气功,泵气功可正可负。

习惯上,把图 2.4 中的 $x+y$ 称为实际泵气功。一般自然吸气发动机的 d 部分的数值较小,可略去而用 $x+y$ 表示实际泵气功。如果泵气过程中没有节流、摩擦等流动损失,泵气功的数值将会更大,则为无损失的理论泵气功。理论泵气功减去泵气损失功之后就是实际泵气功。

对于自然吸气发动机,若进、排气过程中无流动损失,缸内外应无压差,则理论泵气功为零,于是图 2.4 中 $x+y$ 所代表的是实际泵气负功,也就是泵气损失功,即泵气损失。

阅读材料2-1

增压发动机的示功图及泵气损失功

增压四冲程发动机的示功图如图2.6所示。由于增压时缸内平均进气压力大于大气压力p_0，一般也大于缸内平均排气压力，所以图2.6中增压发动机示功图上的泵气功W_2为正功，$(p_b-p_k)V_s$长方形包围的面积即为理论泵气功。其中，V_a为气缸总容积，V_s为气缸工作容积，V_c为气缸剩余容积，p_0为大气压力，p_d为缸内进气压力，p_e为缸内排气压力，p_b为压气机出口处的压力，p_k为涡轮机进口处的压力。这个长方形与实际泵气功W_2之间带剖面线部分的面积则代表泵气损失功。

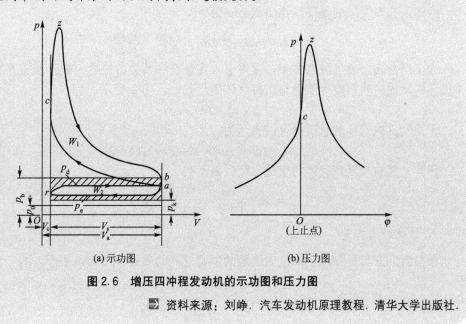

(a) 示功图　　　　　　　(b) 压力图

图2.6　增压四冲程发动机的示功图和压力图

▶ 资料来源：刘峥. 汽车发动机原理教程. 清华大学出版社.

2.3　发动机换气过程性能指标

发动机换气过程进气是否充分、排气是否彻底，其常用的评价指标是：充量、充量系数和残余废气系数。

2.3.1　充量

充量即充气量，它表示进入发动机气缸内新鲜气体的质量，常用每循环充量和单位时间充量来表示。

1. 每循环充量

每循环充量是指发动机在每一个循环的进气过程中，实际进入气缸的新鲜气体（空气或可燃混合气）的质量，即循环实际充量，用Δm表示。

由于排气系统存在阻力，当排气门关闭时，气缸内尚有一部分残余废气存在，所占气

缸容积为 V_r，压力为 p_r，温度为 T_r，则其质量 Δm_r 为

$$\Delta m_r = \frac{p_r V_r}{R T_r} \qquad (2-1)$$

在准备进气阶段，由于气门开度很小，气缸内残余废气压力又高于大气压力，新鲜气体不能立即进入气缸。只有到正常进气阶段新鲜气体才能进入气缸，直到活塞到达下止点后进气门关闭为止，此阶段进入气缸的新鲜气体量即为循环充量。

在进气门关闭进气终了时，气缸内既有新鲜气体，又有残余气体，所占容量为 V_a，压力为 p_a，温度为 T_a，气缸内气体的总质量 Δm_a 为

$$\Delta m_a = \Delta m + \Delta m_r = \frac{p_a V_a}{R T_a} \qquad (2-2)$$

因此，充入气缸的新鲜气体质量 Δm 为

$$\Delta m = \Delta m_a - \Delta m_r = \frac{p_a V_a}{R T_a} - \frac{p_r V_r}{R T_r} \qquad (2-3)$$

为了衡量残余废气量的多少，这里引入残余废气系数的概念。残余废气系数是指每一个循环气缸内的残留废气质量与新鲜气体质量之比，用 ϕ_r 表示，即

$$\phi_r = \Delta m_r / \Delta m \qquad (2-4)$$

于是气缸内气体的总质量可以表示为

$$\Delta m_a = \Delta m + \Delta m \cdot \phi_r = \Delta m \cdot (1 + \phi_r) \qquad (2-5)$$

因此，气缸内新鲜气体的质量也可以表示为

$$\Delta m = \frac{\Delta m_a}{1 + \phi_r} = \frac{1}{1 + \phi_r} \cdot \frac{p_a V_a}{R T_a} \qquad (2-6)$$

2. 单位时间充量

单位时间充量是指每小时进入气缸的新鲜气体的质量，用 Δm_h 表示，对于四冲程发动机有

$$\Delta m_h = \Delta m \cdot \frac{n}{2} \cdot i \times 60 \qquad (2-7)$$

式中：n 为发动机转速（r/min）；i 为气缸数。

循环充量增大，则每循环燃烧的燃料增多，因此直接影响发动机的平均有效压力和转矩。

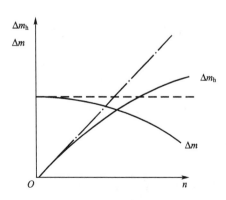

图 2.7 循环充量和单位时间充量随发动机转速变化的趋势

单位时间充量则决定发动机单位时间燃烧的燃料量，因而直接影响发动机的功率。

循环充量 Δm 与单位时间充量 Δm_h 随发动机转速变化的趋势是不同的，如图 2.7 所示。

由图 2.7 可见，如果循环充量 Δm 保持不变，则转速增高时，单位时间充量将成直线增加（图中虚线），发动机功率也会增加。但是，实际上由于进气系统阻力的影响，当转速增高时，循环充量显著减少，单位时间充量的增加也逐渐变缓。当转速增到某一数值后，单位时间充量达到最大值，在此转速之后单位时间充量基本保持一定。这是

由于通过气门口的气体流速达到声速时,单位时间充量达到极限的缘故。

2.3.2 充量系数

1. 充量系数的定义

充量系数 ϕ_c 是评价发动机换气过程完善程度的指标,是每一个循环进入气缸的实际充量 Δm 与在进气状态下充满气缸工作容积的理论充量 Δm_s 之比,即

$$\phi_c = \Delta m / \Delta m_s \tag{2-8}$$

所谓进气状态,是指进入气缸前气体的热力学状态。对于非增压发动机,一般都采用当时的大气状态;对于增压发动机采用增压器出口的状态。

若大气压力为 p_0,温度为 T_0,则充满气缸工作容积的理论充量 Δm_s 为

$$\Delta m_s = \frac{p_s V_s}{R T_s} = \frac{p_0 V_s}{R T_0} \tag{2-9}$$

式中:p_s、T_s 为空气滤清器后进气管内气体的压力、温度。

将式(2-6)和式(2-9)代入式(2-8)得

$$\phi_c = \frac{\Delta m}{\Delta m_s} = \frac{1}{1+\phi_r} \cdot \frac{p_a V_a}{R T_a} \cdot \frac{R T_0}{P_0 V_s} = \frac{1}{1+\phi_r} \cdot \frac{p_a T_0}{p_0 T_a} \cdot \frac{\varepsilon}{\varepsilon - 1} \tag{2-10}$$

式中:p_0、T_0 为大气状态下的压力、温度;p_a、T_a 为进气终了时气缸内气体的压力、温度;ϕ_r 为残余废气系数;ε 为压缩比。

充量系数由于不受气缸工作容积的影响,可用于比较不同发动机换气过程进行的好坏。充量系数越大,说明每循环实际充量越多,每循环可燃烧的燃料随之增加,因而单位气缸工作容积的有效功和发动机功率越大,即发动机动力性越好。

非增压发动机在全负荷工况工作时,充量系数的大致范围是:

四冲程汽油机,$\phi_c = 0.75 \sim 0.85$;

四冲程柴油机,$\phi_c = 0.75 \sim 0.90$。

2. 充量系数的实验测定

发动机的实际充量系数可用实验方法测得。对于四冲程非增压发动机,可以认为燃烧室没有扫气,可用流量计(如标准孔板)来实测发动机每小时实际充量 $V_{实测}$(m³/h)。而理论充量 $V_{理论}$ 可由式(2-11)计算,即

$$V_{理论} = \frac{V_s}{1000} \cdot i \cdot \frac{n}{2} \times 60 = 0.03 i \cdot n \cdot V_s \tag{2-11}$$

式中:i 为气缸数;n 为发动机转速(r/min);V_s 为气缸工作容积(L)。

因此,实验测得的发动机充量系数为 $\phi_c = V_{实测} / V_{理论}$。

3. 充量系数的解析式

如图 2.4 所示,进气门在下止点后 V'_s 处关闭,则进气门关闭时气缸总容积为 $V_c + V'_s$。此时,气缸内压力、温度、密度分别为 p_a、T_a、ρ_a,则缸内气体总质量为

$$\Delta m_a = \rho_a \cdot (V_c + V'_s) \tag{2-12}$$

假设排气门关闭时气缸内体积为 V_r,气缸内残余废气的压力、温度、密度分别为 p_r、T_r、ρ_r,则气缸内残余废气的质量为

$$\Delta m_r = \rho_r \cdot V_r \qquad (2-13)$$

充入气缸的新鲜充量 Δm 等于气缸内气体总质量与气缸内残余废气质量的差,即

$$\Delta m = \Delta m_a - \Delta m_r = \rho_a \cdot (V_c + V_s') - \rho_r \cdot V_r \qquad (2-14)$$

根据式(2-8)也可知

$$\Delta m = \Delta m_s \cdot \phi_c = \rho_s \cdot V_s \cdot \phi_c \qquad (2-15)$$

将以上两式合并可得

$$\phi_c = \frac{\rho_a \cdot (V_c + V_s') - \rho_r \cdot V_r}{\rho_s \cdot V_s} \qquad (2-16)$$

考虑到进排气迟闭角的影响,令 $\xi = (V_c + V_s')/(V_c + V_s)$,$\psi = V_r/V_c$,将式(2-16)右端的分子和分母均除以 V_c,并化为 ξ、ψ 和 ε 的函数,则得

$$\phi_c = \frac{1}{(\varepsilon-1) \cdot \rho_s} \cdot (\xi \cdot \varepsilon \cdot \rho_a - \psi \cdot \rho_r) \qquad (2-17)$$

将气体状态方程 $\rho = \dfrac{p}{RT}$ 代入式(2-17),可得

$$\phi_c = \frac{1}{\varepsilon-1} \cdot \frac{T_s}{p_s} \cdot \left(\xi \cdot \varepsilon \cdot \frac{p_a}{T_a} - \psi \cdot \frac{p_r}{T_r} \right) \qquad (2-18)$$

式中:p_s、T_s 为进气状态下气体的压力、温度;p_a、T_a 为进气终了时气缸内气体的压力、温度;p_r、T_r 为残余废气的压力、温度;ε 为压缩比。

式(2-18)没有直接反映出进气过程结束时气缸内残余废气量的多少,它将直接影响进入气缸的新鲜充量,因此,在式(2-18)中引入残余废气系数 ϕ_r。

首先,将式(2-13)和式(2-14)代入式(2-4),可得

$$\phi_r = \frac{\Delta m_r}{\Delta m} = \frac{\rho_r \cdot V_r}{\rho_a \cdot (V_c + V_s') - \rho_r \cdot V_r} \qquad (2-19)$$

接着,将式(2-19)右端的分子和分母均除以 V_c,并化为 ξ、ψ 和 ε 的函数,则得

$$\phi_r = \frac{\rho_r}{\dfrac{\xi \cdot \varepsilon \cdot \rho_a}{\psi} - \rho_r} \qquad (2-20)$$

最后,将式(2-20)代入式(2-18),整理后可得

$$\phi_c = \xi \cdot \frac{\varepsilon}{\varepsilon-1} \cdot \frac{T_s}{p_s} \cdot \frac{p_a}{T_a} \cdot \frac{1}{1+\phi_r} \qquad (2-21)$$

由式(2-18)和式(2-21)可以看出,影响充量系数 ϕ_c 的因素有进气状态、进气终了状态、残余废气系数、压缩比及配气相位等。

2.4 影响充量系数的因素

由式(2-21)可知,影响充量系数的因素有压缩比(ε)、进气状态(p_s,T_s)或大气状态(p_0,T_0)、进气终了状态(p_a,T_a)、残余废气系数(ϕ_r)和配气相位(ξ)等。其中,影响最大的是进气终了时气缸内气体的压力 p_a。

2.4.1 进气终了压力 p_a

由式(2-21)可知,进气终了时气缸内气体的压力 p_a 增大,充量系数 ϕ_c 提高。这是因为,在气缸容积、进气终了温度和残余废气量一定时,进气终了时气缸内气体的压力越

大，缸内气体密度越大，意味着实际充量就越多。进气终了时气缸内气体的压力计算公式为

$$p_a = p_s - \Delta p_a \tag{2-22}$$

式中：Δp_a 为由于进气系统的阻力而引起进气终了时气体流动的总压降。

Δp_a 可按下式计算，即

$$\Delta p_a = \lambda \frac{\rho v^2}{2} \tag{2-23}$$

式中：λ 为管道阻力系数；ρ 为进气状态下气体的密度(kg/m^3)；v 为管道内气体流速(m/s)。

由式(2-23)可以看出，进气终了压降 Δp_a 的大小，主要取决于管道阻力系数 λ 和管道内气体流速 v。

进气系统的结构决定了进气系统阻力的大小。Δp_a 是气体流过进气道的各段管道时所产生压降的总和，包括空气滤清器、进气管、进气道和进气门等。流通截面越小、截面变化越突然、转弯越急、表面越粗糙，阻力越大。而进气门处是进气系统中流通截面最小、流速最大之处，也是阻力最大之处。实际使用时，由于进气管和进气门等的结构不可改变。因此，应注意对空气滤清器的维护，以保证良好的滤清效果和较小的进气阻力。

发动机转速 n 对进气阻力有较大的影响。发动机转速 n 升高，气体流速增加，Δp_a 显著增大(呈平方关系)，从而使 p_a 迅速下降。

汽车发动机的使用特点是转速和负荷都不断地在宽广的范围内变化。例如，当汽车沿阻力降低的道路行驶，而节气门开度保持一定时，车速将不断增加。由于曲轴转速升高，加大了进气气流速度，使进气终了压力 p_a 下降。若保持车速一定，而外界对发动机的阻力矩变化时，就需要改变发动机节气门的大小，来调节发动机转矩以适应外界负荷的变化(即调节负荷)。由于汽油机和柴油机调节负荷的方法不同，进气终了压力 p_a 随负荷的变化也不一样。

在汽油机上，进入气缸的是混合气，负荷的调节是通过改变节气门的开度，控制进入气缸的混合气量的多少来实现的，即所谓的"量"调节。当汽油机负荷减小时，节气门开度减小，进气阻力增大，进气终了压力减小，充量系数下降。

图 2.8 所示为汽油机在不同节气门开度下，进气压力随转速变化的关系。可以看出：当节气门开度一定时，转速增加，p_a 下降；当节气门开度逐渐减小时，p_a 不仅下降，而且节气门开度越小，p_a 随转速增加而下降得越快。

对柴油机而言，负荷的变化对进入气缸的空气量基本没有影响，所以进气终了压力 p_a 与负荷无关，负荷的调节是通过改变供油量来实现的。当柴油机负荷减小时，可以减少供油量以减小柴油机转矩。由于转速不变，进气系统又无节流装置，故流动阻力基本不变，进气终了压力 p_a 值也基本不变。

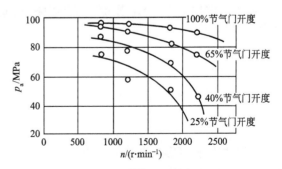

图 2.8 不同节气门开度、不同转速时的进气终了压力

2.4.2 进气终了温度 T_a

随着进气终了温度 T_a 升高，充量系数 ϕ_c 下降。这是因为，在气缸容积、进气终了压力和残余废气量一定时，进气终了温度越高，缸内气体密度越小，这意味着实际充量就越少。实际上发动机的进气终了温度总是高于大气温度的，因为新鲜气体进入气缸后，会接触高温零件并与残余废气混合而被加热。

影响进气终了温度 T_a 的因素主要有：转速、负荷、气缸壁的冷却强度及进气温度等。当负荷不变而转速增加时，由于新鲜充量与气缸壁接触时间短，充量被加热少，T_a 稍有上升。当转速不变而负荷增加时，气缸壁温度升高，使进气终了温度 T_a 随之上升。气缸壁冷却温度越小，则温度越高，新鲜充量 T_a 越大。若进气温度越高，则气缸壁与新鲜充量的温差越小，T_a 增加幅度越小。

2.4.3 残余废气系数 ϕ_r

排气终了压力 p_r 增大，残余废气密度增加，残余废气系数 ϕ_r 上升，使充量系数 ϕ_c 下降。排气终了压力 p_r 取决于排气系统的阻力，阻力越大，排气终了压力 p_r 越大。排气系统的阻力取决于排气通道的阻力(特别是排气门处的阻力)，此外发动机转速提高，流动阻力增大，也使 p_r 增加。

汽油机在小负荷运转时，因节气门开度小，新鲜气体减少，使残余废气系数增大，混合气中大量残余废气会导致燃烧过程减慢，工作不稳定，经济性和排放性能都变差。

2.4.4 进气(或大气)状态

进气温度 T_s(或 T_0)升高，新鲜充量和气缸壁的温差随之减小，加热相对减小，由式(2-21)知，ϕ_c 会增加。

进气压力 p_s(或 p_0)下降，若进气温度和进气系统的阻力不变，则 p_a 随之下降，且 p_a/p_s 的比值基本不变，对充量系数影响不大。

但实际情况是 T_s(或 T_0)升高或 p_s(或 p_0)下降，均使进气密度 ρ_s(或 ρ_0)减小，从而导致进气量减少。这与上述 ϕ_c 增大的结论并不矛盾，因为 ϕ_c 的定义是相对于进气状态而言的。

2.4.5 压缩比 ε

随着压缩比 ε 的增大，压缩终了容积相对减小，使气缸内残余废气量相对减少，充量系数 ϕ_c 有所提高。

压缩比 ε 对充量系数的影响较小，而且压缩比 ε 的选择，主要是考虑燃烧和机械负荷的限制。汽油机在保证正常燃烧的前提下，应尽可能提高压缩比，以提高热效率。柴油机在保证各工况正常的前提下，不应过分追求高压缩比，以免零件承受的机械负荷过大。

2.4.6 配气相位

配气相位直接影响进、排气是否充分，即影响实际进气量和残余废气量，从而影响充量系数。配气相位中，进气迟闭角对充量系数的影响最大，其次是气门重叠角。

进气迟闭角过小，不能利用气流惯性充分进气；但进气迟闭角过大，容易将已进入气缸内的新鲜气体排出气缸外。因此，进气迟闭角过小或过大都会使实际充量减小，充量系数下降。

排气迟闭角过小，不能利用气流惯性充分排气；但排气迟闭角过大，容易造成废气倒流，使残余废气量增加，实际充量减少，充量系数下降。

最佳的配气相位会使 φ_a 具有最大值。最佳的配气相位应当随发动机的转速和负荷不同而不同。

2.5 提高发动机充量系数的措施

从上述影响充量系数 ϕ_c 的各种因素分析，不难看出，在大气状态 (p_0, T_0) 和发动机基本结构参数 (ε) 确定的前提下，提高发动机充量系数的措施可以归纳为以下几点：
(1) 降低进气系统的阻力损失，提高气缸内进气终了压力 p_a。
(2) 降低排气系统的阻力损失，以减小气缸内残余废气系数 ϕ_r。
(3) 减少高温零件在进气系统中对新鲜充量的加热，降低进气终了温度 T_a。
(4) 合理选择配气相位。
(5) 充分利用进气管内的动力效应。

2.5.1 降低进气系统的流动阻力

进气系统的流动阻力，按其性质可分为两类：一类是沿程阻力，与管道的长度和管道内流动面上的表面质量有关；另一类是局部阻力，它是由于流通截面大小、形状以及流动方向变化在局部产生涡流损失所引起的。在发动机进气流动中，由于管道较短，壁面比较光滑，其沿程阻力并不大，而局部阻力则是流动阻力的主要方面，它由一系列的局部阻力叠加组成，尤其是在进气门处、空气滤清器和管道转弯处更为明显。因此，降低局部阻力损失，对降低进气系统的流动阻力，提高充量系数具有显著的意义。

1. 减小进气门处的阻力

在进气系统中，进气门处的流通截面最小，气体流动的速度最高，因而该处的局部阻力最大。其阻力的大小除与阻力系数 λ 有关外，还与该处气流平均速度 v_{tm} 的平方成正比。这样，减小进气门处的流动阻力，可以从降低进气门处的流动速度和改善该处的流动性质两方面入手解决。

1) 合理控制进气马赫数 Ma

由空气动力学理论可知，在高速可压缩的流动系统中，决定气流流动性质的最重要参数是马赫数 Ma，它能反应气体流动对流动损失的影响，成为分析充量系数 ϕ_c 的一个特征数。发动机的进气马赫数 Ma 是进气门处气流平均速度 v_{tm} 与该处声速 a 的比值，即 $Ma = v_{tm}/a$。

研究表明，当进气马赫数 Ma 超过 0.5 左右后，充量系数 ϕ_c 将急剧下降。可见进气马赫数 Ma 是一个反映充量系数受流动损失所影响的特征数。所以，在发动机设计中，应尽可能使其进气马赫数 Ma 在最高转速时不超过 0.5，以保证充量系数不致因流动损失而过分下降。

2) 减小进气门处的流动损失

(1) 增大进气门头部直径，配置适当大小的排气门。增大进气门头部直径可以扩大流通截面，降低进气马赫数 Ma，对提高充量系数 ϕ_c 有显著效果，但是它受燃烧室结构的严格限制。由于进、排气门的直径之和必须小于气缸直径，而适当增大进气门直径所带来的充量系数增加，比适当减小排气门直径所带来的充量系数损失要多。因此，实际中常常采用适当减小排气门直径来增大进气门直径的措施，一般可以加大 15%～20%。目前在双气门（一进一排）结构中，进气门头部直径可达活塞直径的 45%～50%，气门和活塞的面积比为 20%～25%。但是排气门的直径也不能太小，以免造成排气损失和残余废气量增加，影响换气品质。

(2) 采用多气门结构。多气门结构可以增大进气流通截面，减小进气系统阻力。目前应用较广泛的是两进两排的四气门结构，也有采用两进一排的三气门结构和三进两排的五气门结构。图 2.9 所示是某气缸直径为 80mm 汽油机的几种进气门的设计方案。进气门流通截面积与气缸截面积的比值情况见表 2-1。若采用进气门倾斜来增加进气门直径（一进一排方案），可以使进气门与气缸的面积之比由 12.2% 提高到 20.2%，同时也相应增加了排气门的流通面积，这样在进气阻力减小的同时，排气阻力也有所减小。若在气门倾斜的基础上，再增加进排气门数，如采用三进两排方案，气门直径为 24mm 时，进气门面积之和可以达到气缸面积的 27%。

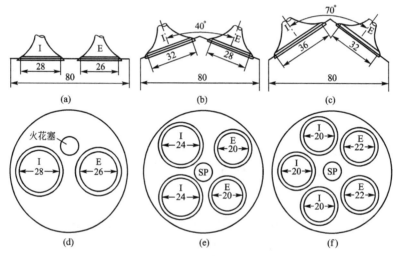

图 2.9 进气门方案比较（I 表示进气门，E 表示排气门　单位：mm）

表 2-1 进气门流通截面积与气缸截面积的比值

进气门数	直径/mm	倾斜角/(°)	流通截面积/mm²	占气缸截面积的百分数/(%)
1	28	0	612.75	12.2
1	32	20	804.25	16.0
1	36	35	1017.8	20.2
2	24	0	904.8	18.0
2	28	20	1225.5	24.4
3	20	0	942.48	18.8
3	24	20	1357.2	27.0

采用四气门或五气门结构方案的优点,不只是增加了进、排气流通截面积,减小了流动阻力损失,同时,对于汽油机,这种方案可以使火花塞中央布置,以缩短火焰传播距离,提高发动机的抗爆性,因而可以采用更高的压缩比,提高汽油机的燃油经济性;对于柴油机,可以实现喷油器的垂直中置,对混合气形成和空气利用也极为有利。正因为如此,现代小型高速发动机越来越多地采用多气门方案。

应用案例2-2

采用四气门或五气门的结构,不仅可以增大充量系数,加大充量,提高发动机的最大转矩;而且功率也大大增加。几种典型的轿车多气门汽油机与二气门汽油机动力性能指标的对比见表2-2。

表2-2 多气门与二气门汽油机动力性能对比表

车型	一汽捷达		三菱		欧宝		标致		萨博	
每缸气门数	2	5	2	5	2	4	2	4	2	4
最大转矩/(N·m) (转速 r/min)	121 (2500)	150 (3900)	65.7 (3500)	74.6 (4500)	170 (3000)	196 (4800)	161 (4750)	183 (5000)	162 (3500)	173 (3000)
最大功率/kW (转速 r/min)	53 (5000)	74 (5800)	36.8 (6500)	47 (7500)	85 (5400)	110 (6000)	93.5 (6000)	119 (6500)	73 (5200)	97 (5500)

➡ 资料来源:刘峥. 汽车发动机原理教程. 清华大学出版社.

(3) 改善进气门和气门座处的流体动力性能。如图2.10所示,气流在进气门座处的流动有三种基本形式。气门升程较大时,气流与密封锥面脱离,形成自由射流,如图2.10(a)所示;气门升程较小时,除进口棱角处外,气流基本上与密封锥面贴合,如图2.10(c)所示;气门升程处于中间值时,上部脱离后又接触,下部形成射流,如图2.10(b)所示。

试验证明,减小进气门座密封锥面的宽度可减小进气的流动阻力,增大充量系数。修圆进气门座密封锥面的棱角和进气门密封锥面上端的棱角,如图2.10(a)所示,均可减少气流与进气门和进气门座的分离,增大有效流通截面,增大充量系数。

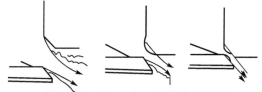

(a) 气门升程较大 (b) 气门升程处于中间值 (c) 气门升程较小

图2.10 气流在进气门座处的流动形式

(4) 改进配气凸轮轮廓和进气门升程规律。在结构和惯性力允许的条件下,尽可能提高进气门的开闭速度,达到增大进气门流通截面的效果。

(5) 采用较小的S/D值。在一定发动机转速下,若D不变,缩小S,减小活塞平均速度v_m,控制进气马赫数Ma;以及S不变,加大D,增大进气门直径,扩大流通截面,降低进气马赫数Ma,则都对提高充量系数ϕ_c是有效的。

2. 减小整个进气管道的流动阻力

在进气系统中，为了提高充量系数，除充分关注进气门处的流动损失外，对整个进气系统中各段通路处的阻力的影响也应认真研究。

空气滤清器对气流的阻力随其结构类型和使用情况而不同。应按照发动机结构和滤清效果的需要，应尽量选用低阻高效空气滤清器。使用中应定期对空气滤清器进行维护，及时更换滤芯，减小空气滤清器的阻力。一般轿车上使用的纸质滤芯空气滤清器，其原始阻力引起的压力降要求不大于390Pa，但是脏污后的滤芯引起的压力降会达到5900Pa。

进气管道的形状和表面粗糙情况，不仅影响进气阻力，对各缸充量的分配、混合气的形成及进气涡流的形成等也有一定的影响。在进气管道截面积相同的情况下，圆形截面的阻力最小。因此，在保证各缸充量分配、混合气形成及进气涡流形成等要求的前提下，为减小进气管道的阻力，应尽可能采用圆形截面的进气管道。同时，管道内表面应尽可能光滑以及增大进气管道尺寸、减少弯道和流通截面的变化，以减小进气管道的阻力。

在电控汽油发动机上还采用了动力阀控制式进气控制系统，该系统的功能是控制发动机进气道的空气流通截面的大小，以适应发动机不同转速和负荷下对进气量的要求，从而改善发动机动力性。在进气量较少的低速小负荷工况下，可以通过减小进气道空气流通截面，提高进气流速，增大进气流动惯性，来提高发动机进气效率。同时，提高进气流速还可以增加气缸内的涡流运动，有利于混合气在低速小负荷工况下完全燃烧，提高热效率，改善发动机的低速性能。在进气量较多的高速大负荷工况下，适当增大进气道空气流通截面，不仅可以降低进气马赫数 Ma，减小进气流动阻力，还可以抑制由于进气流速过高造成的燃烧室内气流扰动现象，改善发动机的高速性能。

2.5.2 减小排气系统的流动阻力

减小排气系统的流动阻力，使气缸内残余废气压力 p_r 下降，这不仅可以减少残余废气系数 ϕ_r，有利于提高充量系数 ϕ_c，而且可以减少泵气损失。

主要通过在结构上采取措施，减小排气系统各段（包括排气门、排气管道、排气消声器等）的阻力，具体要求与减小进气系统阻力基本相同。在排气系统中，流通截面最小处是排气门座处，这里的气流速度最高，压力降最大。

需要注意的是：进气系统阻力对发动机性能的影响超过排气系统阻力，当减小进气阻力与减小排气阻力发生矛盾时，应照顾减小进气阻力的要求（如进、排气门的直径和数量选择）。

2.5.3 减少高温零件对新鲜充量的加热

在进气过程中，进入气缸的新鲜充量，将会被各种高温零件所加热而温度升高（温升），从而导致进气密度下降，充量系数减小。温升的大小除与发动机结构设计有关外，和使用运转条件也有密切关系。

在结构方面，通过采用进、排气管分置，使进气管远离排气管等措施，可以避免或减少高温排气对进气的加热，降低进气终了温度。为了获得较高的充量系数，高速柴油机可以采用进气冷却技术；增压发动机采用中冷技术、油冷却活塞、组织燃烧室扫气等措施。

为了降低进气终了温度，应注意加强冷却系统的维护，尽量避免长时间大负荷工作，以防止发动机罩内温度过高。部分发动机上采用了热空气供给装置，其主要作用是在发动机起动后温度较低时，从排气管附近给发动机提供温度较高的热空气，以保证混合气的形成，降低排放污染。待发动机温度升高后，通过控制阀改变吸气口位置，不再从排气管附近提供热空气给发动机，从而降低进气终了温度。

2.5.4 合理选择配气相位

1. 配气相位的选择

发动机配气相位直接影响发动机换气过程，对发动机动力性、经济性的影响很大。配气相位角度包括进气提前角、进气迟闭角、排气提前角、排气迟闭角和气门重叠角等。其中，对换气过程影响最大的是进气迟闭角，其次是气门重叠角。

发动机工作中，进气门迟后关闭是为充分利用进气流的惯性，来增加每一个循环气缸充量的。当发动机转速一定时，最佳的进气迟闭角也一定，过大或过小的进气迟闭角均会使充量系数下降。图 2.11 所示为转速一定时，充量系数与进气迟闭角的关系。当进气迟闭角为 $25°\sim30°(CA)$ 时，充量系数 ϕ_c 取得最大值。

当发动机转速变化时，最佳进气迟闭角也相应变化。图 2.12 所示为发动机转速变化时，进气迟闭角对充量系数 ϕ_c 和有效功率 P_e 的影响。

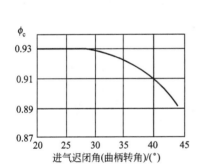 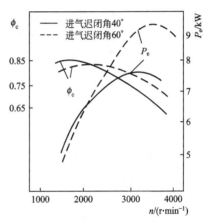

图 2.11 进气迟闭角对 ϕ_c 的影响　　图 2.12 进气迟闭角对充量系数和有效功率的影响

分析图 2.12 中曲线可以得出以下结论：

（1）当进气迟闭角一定时，仅在某一转速下充量系数和有效功率最高。高于此转速时，气流惯性增大，进气迟闭角相对不足，不能充分利用气流惯性进气，所以充量系数和有效功率下降，因此应适当增加进气迟闭角；低于此转速时，气流惯性减小，进气门关闭相对过迟，活塞压缩行程中部分新鲜气体又被压回进气管，充量系数和有效功率也减小，因此应适当减小进气迟闭角。

（2）发动机转速变化时，在较低的转速范围内，采用较小的进气迟闭角，以及在较高的转速范围内，采用较大的进气迟闭角，可以获得较高的充量系数和有功功率。

（3）改变进气迟闭角，可改变充量系数和有效功率随转速的变化关系，从而改变发动机的转矩特性。增大进气迟闭角，最大充量系数和有效功率略有降低，但最大充量系数所对应的转速提高，这有利于提高最大功率，但会降低发动机中、低速性能和最大转矩。反之，减小进气迟闭角，可以提高发动机中、低速性能和最大转矩，但最大功率下降。一般高速发动机进气迟闭角较大,以保证高速时充量系数 ϕ_c 值的增加。

排气提前角对排气损失有着重要影响,最佳排气提前角应该保证自由排气损失和强制排气损失之和最小。此外,适当的气门重叠角,可以利用燃烧室扫气减少残余废气量,提高充量系数。

汽车发动机一般都是根据性能的要求,通过试验来确定某一常用转速下较合适的配气相位,在装配时,对准配气正时标记即可。发动机使用中,已经确定的那个配气相位是不能改变的。因此,发动机性能只在某一常用转速下最好,而在其他转速下,发动机的性能相对较差。为使配气相位更好地适应发动机的工作要求,某些发动机电控系统中采用可变配气相位控制系统,改善发动机在不同转速范围内的性能。

2. 可变配气相位控制系统

可变配气相位控制系统有多种多样的形式,常用的可分为可变凸轮机构(variable camshaft system,VCS)和可变气门正时(variable valve timing,VVT)及其组合,基本可以实现可变气门正时、可变气门升程和可变气门持续角等功能。

1) 可变凸轮机构

可变凸轮机构一般是通过两套凸轮或摇臂来实现气门升程与持续角的变化,即在高速时采用高速凸轮,气门升程与持续角都较大,而在低速时切换到低速凸轮,升程与持续角均较小。图 2.13(a)给出这种高低速凸轮的升程规律,图 2.13(b)所示为采用这种可变凸轮机构后,与传统的配气机构的性能相比,发动机的低速转矩和高速性能都得到了显著的改善。

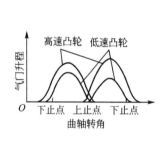
(a) 高低速凸轮的升程规律

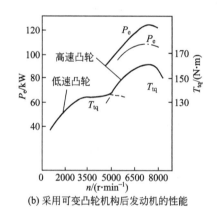
(b) 采用可变凸轮机构后发动机的性能

图 2.13 可变凸轮机构对发动机性能的影响

2) 可变气门正时

相对而言,采用可变气门正时技术的发动机较多一些,对于 DOHC(double-overhead-camshaft)系统发动机,由于进、排气门是通过两根凸轮轴单独驱动的,可以通过一套特殊的机构,根据发动机的工况,将进气凸轮轴转过一定的角度,从而达到改变进气相位的目的。根据实现机构的不同,这种改变又可以分成分级可变与连续可变两类,调节范围最高可达 60°(CA)。由于技术上相对成熟,很多高性能的汽油机均采用了这一技术。从图 2.14 上可以看出,采用 VVT 技术可以使得发动机的低速转矩得到大幅度的提高。

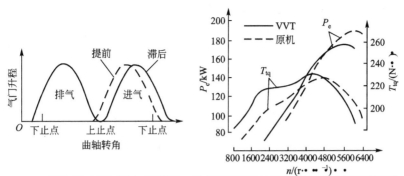

(a) 可变气门正时技术改变配气相位　(b) 采用可变正时气门技术后对发动机性能的改进

图 2.14　可变气门正时对发动机性能的影响

通常把 VVT 和 VCS 的组合称为 VVA(variable valve actuation)，意义是可变的配气执行机构。通常会同时采用多种措施来改善发动机的换气过程，如图 2.15 所示。

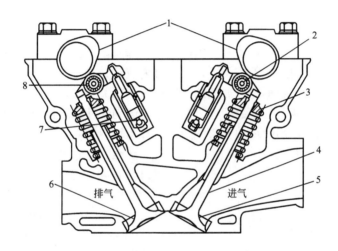

图 2.15　改善发动机换气过程的措施

1—高速型凸轮；2—空心轴；3—钛合金气门弹簧座；4—减小直径；
5—平滑曲线；6—薄壁化；7—液压式自动调隙；8—滚针轴承

3) 无凸轮轴电子控制气门

美国通用汽车公司使用无凸轮轴电子控制气门的可变配气机构——电磁气门执行器(electromagnetic valve actuation，EVA)。EVA 取消发动机传统气门机构中的凸轮轴及其从动件，利用电磁铁产生的电磁力驱动或控制气门运动，如图 2.16 所示。

EVA 系统由电磁铁直接驱动气门，通过改变电磁铁线圈的得电和失电时刻来控制气门的开启始点和开启持续时间。与基于凸轮轴驱动的可变气门驱动相比，EVA 系统有如下几个突出的优点：①能灵活、单独地控制进、排气门的四个配气正时角中的任一正时和开启持续时

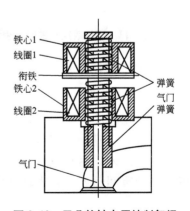

图 2.16　无凸轮轴电子控制气门

间；②极大地简化了发动机的结构；③合理的设计可使 EVA 的功率消耗大大小于传统气门机构的驱动功率损失；④每个气门单独驱动，因此在部分负荷工况下可以方便、有选择地将某些气缸关闭掉，降低使用油耗；⑤气门可以根据燃烧室的形式方便地布置，而不必布置在与凸轮轴垂直的平面上。

2.6 进气管动态效应

发动机换气过程中，进气气流在一定长度的管道内流动时，具有相当的惯性和可压缩性，且进气过程是间断性和周期性进行的，根据流体力学的规律，气流在进气管内势必会引起一定的动力现象，这种动力现象称为进气管的动态效应。动态效应对发动机进气量有较大影响，利用进气管的动态效应，可以有效地提高发动机充量系数 ϕ_c 和改善转矩特性。进气管动态效应按产生原因的差别，可归纳为惯性效应和波动效应两类。

2.6.1 惯性效应

当进气门打开，活塞下行，使气缸内产生负压（即真空度）时，进气管内也随之产生负压，新鲜充量在进气管内外压差作用下，向气缸内流动并在进气管内得到加速。随着进气行程接近终了，当迎着已获得充分加速的气流将进气门关小时，在进气管道中会引起短暂的压力升高，这导致活塞上行压缩行程之初，进气流动惯性仍可继续得到利用。这种利用进气管内高速流动的气体惯性增加充量的效应，称为惯性效应。

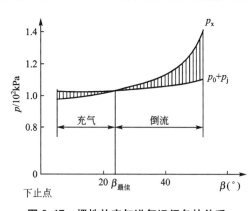

图 2.17 惯性效应与进气迟闭角的关系

惯性效应的收益与配气相位中的进气迟闭角有直接关系。设进气气流的惯性力为 p_j，大气压力为 p_0，进气迟闭时气缸内的压力为 p_x。如图 2.17 所示，p_x 曲线与 (p_0+p_j) 曲线的交点对应的进气迟闭角，具有最好的充气性能。小于此角度时，$(p_0+p_j)>p_x$，气流虽有进入气缸的可能，但进气门已关闭；大于此角度时，$(p_0+p_j)<p_x$，已进入气缸的充量将发生倒流。一般来说，高转速内燃机要求有较大的进气迟闭角，因为这样才能得到较好的惯性效应。

2.6.2 进气波动效应

进气开始时，活塞下行使气缸内和进气门座口处产生一定的真空度，形成负压波，它以膨胀波的形式沿进气管以 $(a-u)$ 的传播速度向进气口端传播（a 为声速，u 为气流速度）。当膨胀波到达开口端时，又从开口端向气缸方向反射回压缩波，其传播速度为 $(a+u)$。这种进气压力波动称为进气波动效应，其会对充量系数 ϕ_c 造成一定影响。为分析问题方便，将进气管内波动效应分为本循环波动效应和上一个循环波动效应两类。

1. 本循环波动效应

如果进气管的长度适当，使膨胀波从气缸发出到压缩波返回气缸处所经过的时间，与进气门从开启到关闭所需的时间恰好配合，即压缩波到达气缸时，进气门正好处于关闭前夕。这样，就能把较高压力的新鲜充量关在气缸内，增加气缸的充量，这种效应称为本循环的波动效应，如图2.18所示。

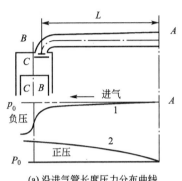 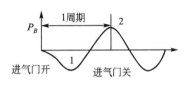

(a) 沿进气管长度压力分布曲线　　　　(b) 进气管根部B点压力随时间变化曲线

图2.18　本循环波动效应示意
1—进气门打开时；2—进气门关闭时

从图2.18(b)中可以看出，如果波动一周期正好与进气门开启持续时间相等，则进气门关闭时正是B点压力处于波峰位置，也正是惯性效应最大的时候。如果进气门关闭比此相位早或晚，B点压力都不会处于波峰位置，因此都得不到最高充气效果。

只要使这种进气压力波与进气门的配气相位配合好，可使进气管内的空气产生谐振，利用谐振效果在进气门打开时就会形成增压进气效果。一般而言，进气管较长时，压力波的波长较长，可使发动机中、低速区功率增大；进气管较短时，压力波的波长较短，可使发动机高速区功率增大。如果发动机进气管的长度可以随转速改变的话，则能兼顾高、低转速时的进气量和转矩。现在有些汽车发动机可以随转速变化，利用电控单元来改变进气管的长度，提高发动机的充量系数，获得最佳输出功率和转矩。

2. 上一个循环波动效应

当进气门关闭后，进气管内的气流还在继续波动，对下一个循环的进气量造成影响，即称为上一个循环波动效应，如图2.19所示。

当进气门关闭时，进气管内流动的新鲜空气或混合气因急速停止而受到压缩，在进气门处产生压缩波，向进气管开口端A传播，传播速度为$(a-u)$，当压缩波传到管端A时，将产生反射波，因进气管为开口管，反射波与入射波性质相反，即为膨胀波，并以$(a+u)$的速度向进气门处传播，如图2.19(a)所示。如果进气门尚未打开仍处于封闭时，则因边界条件为封闭型(速度为零)，所以从进气门处返回的仍是膨胀波，此膨胀波又向进气管端A传播，在开口端再次反射时又变成压缩波向进气门处传播。这样，气流波在进气管中周而复始地来回传播，使进气门处的压力也时高时低形成压力波，如图2.19(b)所示。如果下一个循环的进气过程与正压力波重合，进气门关闭时压力高，使充量系数提高；如果与负压力波重合，则进气门关闭时压力低，使充量系数下降。

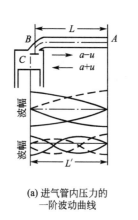 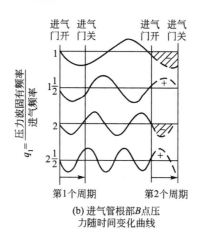

(a) 进气管内压力的一阶波动曲线　　(b) 进气管根部 B 点压力随时间变化曲线

图 2.19　上一循环波动效应示意图

实线—压力波；虚线—速度波

压力波的固有频率 f_1 为

$$f_1 = \frac{a}{4L} \tag{2-24}$$

式中：a 为进气管内声速(m/s)；L 为进气管长度(m)。

当发动机转速为 n(r/min)时，进气频率 f_2 为

$$f_2 = \frac{n}{60 \times 2} = \frac{n}{120}$$

f_1 与 f_2 之比 q_1 为波动次数，即

$$q_1 = \frac{f_1}{f_2} = \frac{30a}{nL}$$

q_1 表示进气管内压力波的固有频率和发动机进气频率之间的配合关系，主要是进气管长度与发动机转速间的配合。

由图 2.19 可以看出，当 $q_1 = 1\frac{1}{2}, 2\frac{1}{2}, \cdots$ 时，下一个循环的进气门开启时间正好与上一个循环波动效应的正压力波相重合，使充量系数增加。当 $q_1 = 1, 2, \cdots$ 时，进气频率与压力波频率合拍，下一个循环进气门开启时间正好与负压力波相重合，使充量系数减小。

本次循环的压力波衰减小，振幅大；而上一个循环压力波是经过多次反射后的波，衰减大，振幅小。因此前者是主要的，需充分利用。

利用进气系统的动态效应增大充量，进气管长度是关键因素。此外，进气管的直径不应过小，以免加大流动阻力，减弱压力波的强度，过大也会使激发的压力波减小。其他诸如管道截面变化、弯曲方式、谐振室的形状等都应周密考虑。在多缸机上，应使各缸进气歧管长度尽可能相同，并避免各缸压力波之间的相互干扰。转速不同，所需进气管长度亦不同，一般高速发动机配用较短的进气管，低速发动机配用较长的进气管。汽车发动机使用转速范围较宽，配用进气管时，应在常用转速区考虑其长度，以有效利用其动力效应。

根据对国产柴油机的试验，只要合理利用进气管的动态效应，一般可使发动机功率提高10%～20%，最低油耗率降低3%～5%。在相同功率下，排气温度下降，排气烟色好转。

同理，在排气门打开初期，随着废气大量涌出，在排气门处产生大的正压力波并向排气管出口端传播，在出口端又返回负压力波。由此可见，排气管内也存在压力波，且排气能量大，废气温度高，故与进气相比，排气压力波的振幅大，传播速度快。若能在排气过程后期，特别是气门重叠期，利用排气管中的压力波帮助燃烧室扫气，有利于减少残余废气和泵气损失，提高充量系数。

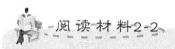

多缸机的动态效应

多缸机各缸的进、排气总管和歧管相互连接。若某一缸进气时，其他缸膨胀波正好到达，则会降低此缸的进气压力，减小充量系数。这就是所谓的"抢气"或"进气干涉"现象。当某一缸排气时，正好其他缸的排气压缩波到达，则会增大此缸的排气背压，增多残余废气量，间接减小充量系数。此为"排气干涉"现象。多缸机的上述现象，会导致多缸机各缸进气不均匀。

为了消除上述不利影响，可以把各缸中进、排气时间基本不重叠的几个缸合成一组，使用相对独立的进、排气系统。例如，传统工作顺序为1-5-3-6-2-4的六缸机可以分为1、2、3缸和4、5、6缸两组。各组的三个缸两两之间的进、排气相位均相差240°曲轴转角，接近各缸真实的进、排气总相位角。当一个缸气门开启时，另两缸基本关闭，在一定程度上减小了相互"干涉"的可能性。

图2.20是某六缸汽油机按照上述方法改进前后，在不同转速下各缸充量系数的差异。未改进前，转速为2800r/min时，各缸充量系数最大相差达到9%。改进后，基本消除各缸进气不均匀现象，而且总的充量系数值还增大了5%～6%。

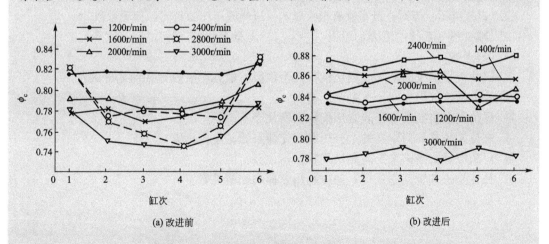

图2.20 六缸汽油机进气管改进前后各缸进气均匀性及充量系数的变化情况

资料来源：刘峥. 汽车发动机原理教程. 清华大学出版社.

习题

一、名词解释
气门叠开　燃烧室扫气　换气损失　泵气损失　充量　充量系数　残余废气系数　进气惯性效应　进气波动效应

二、填空题
1. 汽油机的负荷调节是通过改变＿＿＿＿＿＿从而改变混合气量的方法实现的，这种调节方法称为＿＿＿＿＿。
2. 换气过程的任务是排除＿＿＿＿＿，并吸入＿＿＿＿＿或＿＿＿＿＿。
3. 为提高发动机的性能，对换气过程的要求是：进气要＿＿＿＿，排气要＿＿＿＿，换气损失＿＿＿＿＿。
4. 根据气体流动的特点，换气过程可分为＿＿＿＿、＿＿＿＿、＿＿＿＿和＿＿＿＿等四个阶段。
5. 从排气门开始开启到气缸内压力降到接近排气管内压力，这个时期称为＿＿＿＿排气阶段。
6. 自由排气阶段，废气排出量与排气管内＿＿＿＿无关，只取决于气缸内＿＿＿＿和排气门开启面积的大小。
7. 发动机在换气过程中的换气损失有＿＿＿＿损失和＿＿＿＿损失两部分。
8. 换气过程中的排气损失包括＿＿＿＿损失和＿＿＿＿损失两部分。
9. 排气提前角对排气损失有重要影响，随着排气提前角的增大，自由排气损失＿＿＿＿，强制排气损失＿＿＿＿。
10. 影响充量系数的因素有＿＿＿＿、＿＿＿＿、＿＿＿＿、＿＿＿＿和＿＿＿＿等，其中，影响最大的是＿＿＿＿。
11. 充量系数越＿＿＿＿，表明进入气缸内的新鲜空气或可燃混合气的质量越多。
12. 进气终了状态对充量系数有很大影响，进气终了压力越高，充量系数＿＿＿＿。
13. 减少进气系统的阻力，可以＿＿＿＿充量系数。

三、思考题
1. 四冲程发动机的换气过程包括哪几个阶段？这几个阶段是如何划分的？
2. 什么是换气损失？什么是泵气损失？
3. 评价发动机换气过程的常用指标有哪几个？
4. 充量系数是如何定义的？分析影响充量系数的主要因素。
5. 可采取什么措施来提高充量系数？
6. 什么是进气管动态效应？怎样利用它提高充量系数？

第3章
汽油机预混合气形成与燃烧

熟悉电控汽油喷射发动机的优点、类型;掌握多点喷射混合气形成过程及工况对混合气浓度的影响;掌握汽油机的正常燃烧过程及不正常燃烧现象;了解汽油机的不规则燃烧;掌握影响燃烧过程的因素;掌握汽油机燃烧室的基本类型;了解新型燃烧室的结构和特点。

知识要点	掌握程度	相关知识
预混合气形成与火焰传播	掌握电控汽油喷射系统的组成、类型 掌握预混合气中火焰形成过程及工况对混合气浓度的影响	化油器式发动机与电控汽油喷射式发动机的区别 预混合气燃烧速度的影响因素 工况对混合气浓度的要求
汽油机的燃烧过程	掌握汽油机正常燃烧过程的分段及其特点 理解汽油机不规则燃烧的形成	燃烧循环变动现象 燃烧过程中各气缸间的燃烧差异
汽油机的不正常燃烧	掌握汽油机不正常燃烧——爆燃和热面点火的产生机理、危害及改善措施	爆燃和热面点火的联系与区别
影响燃烧过程的因素	掌握影响汽油机燃烧过程的因素	汽油的使用性能 最佳点火提前角
汽油机的燃烧室	熟悉汽油机燃烧室的类型及其特点	汽油机燃烧室设计要求 稀燃及分层燃烧

导入案例

汽油机预混合气的形成方式主要有化油器式 [图 3.1(a)] 和汽油喷射式 [图 3.1(b)] 两大类型，混合气进入气缸被压缩后依靠电火花强制点火燃烧。传统的化油器由于其结构原理本身的缺陷，使得化油器式发动机的油耗降低和排污控制水平进一步提高受到了限制。采用电控汽油喷射发动机，使车用汽油机在各种工况下都能处于最佳的工作状态，从而提高发动机动力性、经济性和排放性。电控汽油喷射系统是如何将控制信号输出至执行机构的？又是如何对运行工作参数进行调节和控制呢？

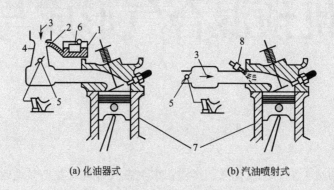

(a) 化油器式 (b) 汽油喷射式

图 3.1 汽油机预混合气的形成方式比较

1—浮子室；2—喷管；3—空气室；4—喉管；5—节气门；6—浮子；7—气缸；8—喷油器

燃烧过程是将燃料的化学能转变为热能的过程，是发动机整个工作循环的主要过程。充入气缸的可燃混合气是否完全燃烧、燃烧进行的是否正常，将影响发动机的动力性、经济性、排放性、噪声及可靠性。

汽油机使用的燃料蒸发性好，使燃料与空气可以在较低的温度下以较充裕的时间在气缸外形成均匀的预混合气，通过控制进入气缸的混合气数量实现对汽油机负荷的调节。汽油具有较高的自燃着火温度，而汽油蒸气在外部引火条件下着火温度低，因此其利用高压电火花点燃气缸中压缩的可燃混合气，燃烧以火焰传播方式向均匀的混合气展开。

3.1 预混合气形成与火焰传播

3.1.1 电控汽油喷射系统

1. 电控汽油喷射系统的优点

汽油喷射技术是将具有一定压力的汽油直接喷射到进气歧管，与进入的空气混合而形成适当浓度的可燃混合气。这种混合气形成方式具有如下的优点：

（1）进气阻力小。由于进气管中不需要喉管，发动机的进气阻力小，使发动机的充量系数得以提高，从而有效地提高了发动机的动力性。

（2）雾化良好。喷射的汽油颗粒小、雾化良好，有助于形成空燃比适当、各缸均匀的混合气。可使发动机各缸均有良好的燃烧，充分发挥汽油的效能，降低消耗和排气污染；汽油喷射可在发动机低温、低速时使汽油仍得到良好的雾化，因此也改善了发动机低温起动性能和汽车爬坡性能。

（3）供油滞后性小。由于汽油以一定的压力直接喷射在进气门处，其对节气门的响应快，因此发动机的加速性能好。

（4）空燃比控制精度高。电控汽油喷射技术可实现非线性的空燃比控制，在发动机的各种工况下均有最佳的基本供油量控制，并且还可根据发动机的温度、废气中的氧含量等情况对供油量作出修正控制。因此，电控汽油喷射系统可使发动机始终在最佳的空燃比状态下工作。

（5）可实现汽车减速断油控制。电控汽油喷射系统很容易实现在汽车减速时断油控制，从而进一步减少了汽油的消耗和排气污染。

（6）可实现与其他电子控制系统的协调性控制。汽车各个电子控制系统的协调控制，可使汽车的安全性、舒适性、动力性及经济性进一步提高。

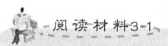
阅读材料3-1

发动机电控汽油喷射技术的发展

汽车发动机电控汽油喷射系统（EFI）是借鉴飞机发动机汽油喷射技术而诞生的，并伴随着电子控制技术的不断发展、燃油消耗及尾气排放法规要求的逐步提高而发展成熟起来的。1934年，德国采用怀特兄弟发明的向飞机发动机进气管内喷射汽油来配制燃油混合气的技术，研制成功第一架汽油喷射式军用战斗机。最早研制汽车发动机电控汽油喷射装置的是美国苯迪克斯公司，该公司于1957年成功实现汽车发动机根据进气压力由设在节气门前的喷油器与进气行程同步喷油。随着技术的发展，发动机电控汽油喷射技术日臻完善，直到1980年，日本丰田汽车公司开发成功了能综合控制且具有自诊断功能的发动机汽油喷射系统。我国从20世纪90年代中期以来，越来越多的国产轿车也采用了电控汽油喷射系统。EFI技术是一种高级的发动机电子管理系统，能根据发动机工况的变化，按特定的程序精确计算喷油器的喷油量，并根据运行工况对计算结果进行修正。它经历了由模拟控制到数字控制；由晶体管、集成电路控制到微机控制的发展过程。

资料来源：刘军. 汽车发动机电控燃油喷射系统浅谈. 汽车运用，2005.

2. 电控汽油喷射系统的类型

电控汽油喷射系统按不同的方法可分为不同的类型。

1) 按进气量的检测方式分类

（1）压力型。图3.2所示为压力型控制系统示意图，它在节气门后面安装压力传感器，以测量进气管内的压力。因该处的压力（真空度）随节气门开度而变化，它反映了发动机负荷的大小，故可作为电子控制系统确定喷油量的信息。但由于空气流量与该处压力不是线性关系，因此，这种方式控制精度不高，现已少用。

（2）流量型。流量型控制系统（图3.3）是在发动机进气管处安装空气流量传感器，直接测定进入发动机的空气量。控制器根据进气量信息确定其喷油量，从而可得到较准确的空燃比。由于流量型控制精度高，现已广泛采用。

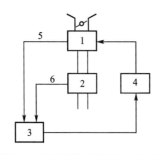

图 3.2 压力型控制汽油喷射系统
1—进气管；2—发动机；3—控制器；4—喷油器；
5—进气压力传感器；6—转速传感器

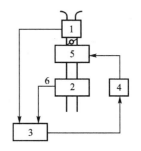

图 3.3 流量型控制汽油喷射系统
1—控制流量传感器；2—发动机；3—控制器；
4—喷油器；5—进气管；6—转速传感器

2) 按喷油器的位置不同分类

(1) 缸外喷射式。缸外喷射式是将喷油器安装在进气管或进气歧管上，以 0.20~0.35MPa 的喷射压力将汽油喷入进气管或进气道内，前者称为进气管喷射，后者称为进气道喷射。

进气管喷射系统的喷油器安装在节气门体上，而节气门体安装在进气歧管的上部，因此，进气管喷射又称节气门体喷射(throttle body injection，TBI)。由于一台发动机在节气门体上只装有 1 或 2 个喷油器，所以又称这种喷射方式为单点喷射(single point injection，SPI)，如图 3.4(a)所示。

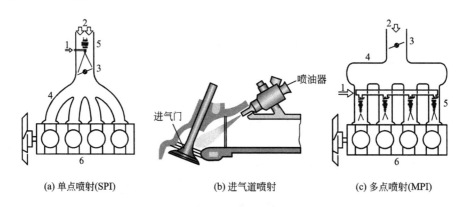

(a) 单点喷射(SPI)　　　　(b) 进气道喷射　　　　(c) 多点喷射(MPI)

图 3.4 缸外喷射式示意
1—燃油；2—空气；3—节气门；4—进气道；5—喷油器；6—汽油机

单点喷射的喷油器装在节气门座上方，为了将燃油喷入节气门与管壁之间的空间，使燃油雾化得更好，燃油应喷射成锥状。单点喷射系统的喷射位置距离气缸较远，混合气形成的时间相对较长，因此进入各缸的燃油量的控制精度与均匀性方面达不到进气道多点喷射的水平，但由于其功能仍优于化油器，而且制造成本较低，因而在经济型轿车上仍然得到较广泛的应用。

进气道喷射(port fuel injection，PFI)系统[图 3.4(b)]的每个气缸均设置一个喷油器，各个喷油器分别向各缸进气道喷油，这种喷射方式又称多点喷射(multi point injection，MPI)，如图 3.4(c)所示。多点喷射因每个进气门的前方均设一个喷油器，使燃油有更好的分配，而且与进气歧管的结构无关，避免了壁温的影响，这样不论发动机工作在热态或冷态，其过渡特性都是最佳的；而且由于进气歧管中只有空气，故可设计发动机达到最大的充气量，这将进一步提高发动机的转矩和工作性能。这种喷射方式的喷油位置距离气缸近，混合气形成的时间相对较短，所以为保证混合气形成质量所需的喷油压力也较高，燃油的控制精度、喷油变化灵敏度等均优于单点喷射，是目前广泛采用的燃油喷射装置。

（2）缸内直接喷射式。缸内直接喷射(gasoline direct injection，GDI)，如图3.5所示，其喷油器安装在发动机气缸盖上，汽油直接喷射到气缸内。这种喷射方式其喷射的压力为3～5MPa，喷射的时间要求很严，且喷油器要承受高温、高压，其结构和布置都较为复杂。

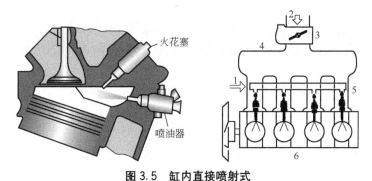

图3.5　缸内直接喷射式
1—燃油；2—空气；3—节气门；4—进气道；5—喷油器；6—汽油机

图3.6所示为缸内直接喷射式汽油机的基本工作原理，在中小负荷范围内，汽油在压缩行程后期喷入，用喷油、气流和燃烧室壁面的配合形成浓度分层的混合气，在火花塞间隙处保持点火所需的较浓混合气，这就为其余部分实现稀薄燃烧($\phi_a \gg 1$)提供了可能，此范围内负荷的变化采用质调节［图3.6(a)］；大负荷范围内汽油在进气行程中喷入，实现均质混合气燃烧($\phi_a \approx 1$)，负荷变化则采用量调节［图3.6(b)］。汽油机缸内直接喷射可以提高压缩比并能减少部分负荷下节气门的节流损失，因而可使汽油机在提高动力性能的同时，在燃油经济性方面得到大幅度的改善。

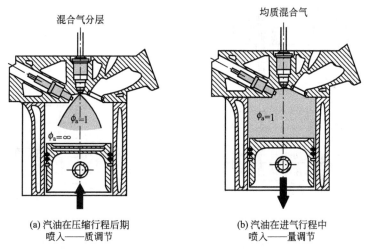

(a) 汽油在压缩行程后期
喷入——质调节

(b) 汽油在进气行程中
喷入——量调节

图3.6　缸内直接喷射式汽油机的基本工作原理

3）按喷射的连续性分类

按喷射的连续性分类可将汽油喷射系统分为连续喷射式和间歇喷射式。

（1）连续喷射式是指在发动机工作期间，喷油器连续不断地向进气道内喷油，且大部分汽油是在进气门关闭的情况喷射的。这样喷射方式大多用于机械控制式或机电混合控制式汽油喷射系统。

（2）间歇喷射式指在发动机工作期间，间歇地将汽油喷入进气道内，电控汽油喷射系统一般都采用这种喷射方式。间歇喷射式又可按各缸喷射时间分为同时喷射、分组喷射和按序喷射三种方式(图 3.7)。

① 同时喷射方式：按发动机转动节拍各缸喷油器同时喷油，可只用一个喷油器驱动电路，结构简单，空燃比的控制精度相对较低。

② 分组喷射方式：将喷油器分成两组或三组，按发动机转动节拍各组交替同时喷油。分组喷射方式的控制精度有所提高，但增加了喷油器驱动电路，且需要分组气缸识别信号，控制电路相对要复杂一些。

③ 按序喷射方式：各缸喷油器按照发动机气缸的工作顺序喷油，各缸独立喷射可相对于各缸的每次燃烧所需喷油量都设定一个最佳的喷射时刻，因此可以扩大稀薄空燃比界限，进一步降低油耗。这种喷射方式需要气缸识别信号及与气缸数相等的喷油器驱动电路，因此其控制电路的结构更为复杂。

4）按控制系统有无反馈分类

（1）开环系统。开环系统是不带有氧传感器的反馈控制系统。

（2）闭环系统。为了获得高的经济性和减少排放污染，目前许多系统使用三元催化装置，同时处理发动机废气中的 CO、HC 和 NO_x 三类有害气体，降低排污量。三元催化剂的净化能力与混合气的空燃比有关，即在理论空燃比附近，三类有害气体才能同时净化。在闭环控制喷射装置系统中增加一个氧传感器安装在排气管内，输出氧含量信号反馈给控制器，随时修正喷入发动机的汽油量，维持混合气的平均值在理论空燃比范围内。图 3.8 所示为闭环控制喷射系统图。

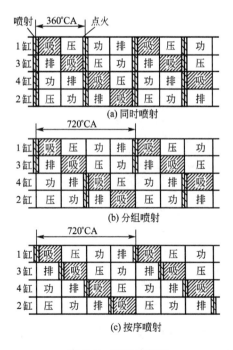

图 3.7 间歇喷射式

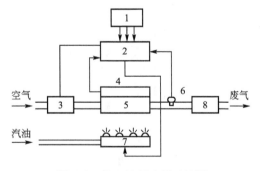

图 3.8 闭环控制喷射系统图

1—传感器；2—控制器；3—空气流量传感器；
4—点火装置；5—发动机；6—氧传感器；
7—喷油器；8—催化剂

3. 电控汽油喷射系统的组成

一般来说，电子控制汽油喷射系统主要由燃料供给系统、空气供给系统、控制系统三部分组成，如图3.9所示。

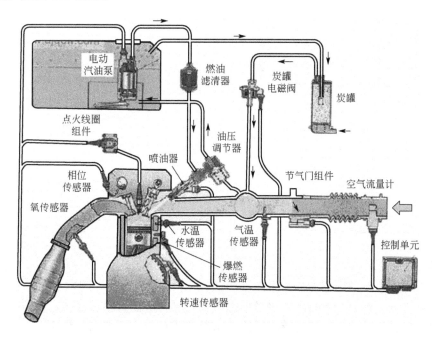

图3.9 电控汽油喷射系统

1) 燃料供给系统

如图3.10所示，燃料供给系统包括汽油箱、电动汽油泵、压力调节器、汽油滤清器、喷油器等部件，其作用是向汽油喷射系统提供压力稳定的汽油，并在控制器的控制下，将适量的汽油喷入进气歧管。电动汽油泵将汽油从油箱中吸出，通过汽油滤清器送到喷油器，油路中安装压力调节阀，使输油管的供油压力维持在200kPa左右。当供油压力超过规定值时，压力调节阀内的减压阀打开，汽油便经过回油管撤回油箱，使输油管油压保持恒定。为改善发动机的冷起动性能，设有冷起动喷油器，在发动机冷起动时，提供较浓的混合气。冷起动喷油器由热时间开关感受发动机冷却水温度高低来控制其开闭。当喷油器喷射燃油时，在输送管道内会产生燃油压力脉动，燃油压力脉动减振器是使燃油压力脉动衰减，以减弱燃油输送管道中的压力脉动传递，降低噪声的装置。

2) 空气供给系统

空气供给系统(图3.11)主要由空气滤清器、进气管道、节气门及节气门体、怠速辅助空气通道及怠速调节电磁阀、进气歧管等组成。在气缸进气行程真空吸力的作用下，适量的空气经空气滤清器滤清后，经节气门和(或)怠速辅助空气通道到进气歧管，与喷油器喷出的汽油混合后从进气门进入气缸。

在汽车运行时，空气的流量由节气门开度控制。发动机处于怠速工况时，节气门关闭，空气由怠速旁通道和怠速辅助空气通道进入气缸。通过调节怠速调节螺钉可以改变怠速旁通道的进气量，进而来调整发动机的怠速；电子控制器通过控制怠速调节电磁阀，可调节怠速辅助空气通道的空气流量，以实现发动机怠速的自动控制。

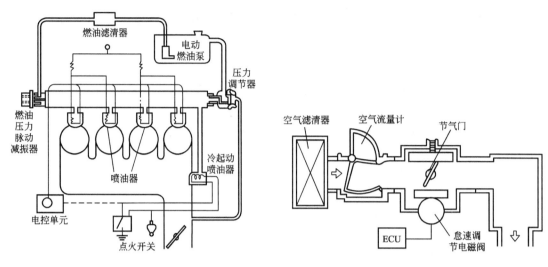

图 3.10　燃料供给系统　　　　　　　图 3.11　空气供给系统

3) 控制系统

控制系统主要由控制器及各种传感器组成，其作用是根据反映发动机工况的各种信息，确定喷油器针阀的开启时间，以确保供给发动机的最佳可燃混合气，如图 3.12 所示。

传感器主要有发动机转速传感器、冷却水温度传感器、进气温度传感器、空气流量传感器、节气门开度传感器、第一缸上止点位置传感器等。它们将发动机的负荷、转速、加速、减速、吸入空气量和温度、冷却水温度变化情况等转换成电信号，输入到控制器。控制器则根据这些信息与存储在只读存储器（ROM）中的信息进行比较，然后输出一个控制脉冲信号，控制喷油器针阀的开启时刻和持续时间，保证供给发动机各缸最佳的混合气。

图 3.12　控制系统

3.1.2 预混合气中的火焰传播

汽油蒸气在外部引火条件下的着火温度较低,因此汽油机通过火花塞进行点火燃烧。火花塞发出电火花点燃预混合气的燃烧过程可划分为两个阶段,第一个阶段是火焰核心的形成,第二个阶段是火焰传播。

1. 火焰核心的形成

汽油机正常工作时,火花出现数百微秒后,在电极周围形成一个直径为 1~2mm 的火核,并以层流火焰状态向周围扩展,即燃烧过程开始。预混合气在外源点火的情况下形成火焰核心的前提条件是火花塞附近的混合气必须具备一定的浓度,混合气过稀或过浓都不能着火。汽油机预混合气的着火浓度即过量空气系数范围为 $\phi_a=0.5\sim1.3$。

在预混合气中,从火花塞跳火花至火焰核心形成要经历一段时间,这段时间的长短与火花塞附近预混合气的压力、温度、氧的浓度、燃料种类、混合气浓度、气流运动状况、电火花的性质、电极几何形状和距离等诸多因素有关。

实际上在火花塞跳火花之前,由于可燃混合气受到压缩使温度上升,已产生缓慢氧化的先期反应。火花塞跳火花之后,靠火花提供的能量,不仅使局部混合气温度进一步升高,而且引起火花附近的混合气电离,形成活化中心,促使支链反应加速。随着连锁化学反应范围扩大,反应程度加深,出现明显的火焰小区,这就是火焰核心。

为了使点燃成功,必须使火花塞提供的放电能量大于某一个低限值。电极的间隙与点火能量有很大的关系,如果电极间隙适中,所需要的点火能量就较小;如果间隙不当,所需的点火能量就会增加,如果间隙过小,则无论点火能量多大也不能着火,这个不能着火的最小距离称为熄火距离。如图 3.13 所示,火花塞电极间隙 d 与最小点火能量 E 之间的关系,当 $d=d_{min}$ 时,由金属电极传出的热量过多,导致无法点燃混合气,则 d_{min} 为熄火距离。

由于火花塞附近混合气的组成和吸收火花能量的情况,以及气流运动的干扰等因素在连续的循环过程中不可能保持恒定,因此火焰核心形成所经历的时间有变动。这种变动会引起循环间燃烧情况的不稳定,这种现象在汽油机低负荷及混合气浓度较稀的情况下尤为突出。

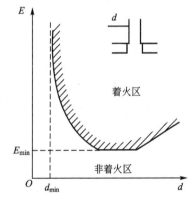

图 3.13 点火能量与熄火距离

2. 火焰的传播

点火过程中形成的火焰核心依次点燃周围的混合气,火焰范围逐渐扩大,并随着热量的释放,未燃混合气的温度和压力不断升高,燃烧逐渐加速。燃烧主要在厚度为 δ 的火焰面上进行,称为火焰前锋面。火焰前锋面的界面明显,以火焰核心为中心呈球面波形式向周围扩展,习惯上称这种现象为火焰传播。在气缸中形成火焰核心之后,燃烧过程进行的实质就是火焰在预混合气体中的传播过程。燃烧速度是指单位时间内燃烧的混合气数量,可用下式表示,即

$$\frac{dm}{dt}=\rho_T U_T A_T \tag{3-1}$$

式中：m 为混合气的质量(kg)；A_T 为火焰前锋面积(m^2)；ρ_T 为未燃混合气密度(kg/m^3)；U_T 为火焰传播速度(m/s)。

控制燃烧速度就能控制急燃期的长短及其相对曲轴转角的位置。现代汽油机转速很高，一般为 5000~8000r/min，燃烧时间极短仅为 0.001~0.002s，这就需要有足够快的燃烧速度，并希望它合理地变化。影响燃烧速度的因素如下所述：

1) 火焰传播速度 U_T

火焰前锋面在法线方向上相对于未燃混合气的移动速度称为火焰传播速度。火焰传播速度的大小取决于预混合气体的物理化学性质、热力状态、混合气浓度和气体流动状况。其中以混合气浓度和气体流动状况的影响最为显著。

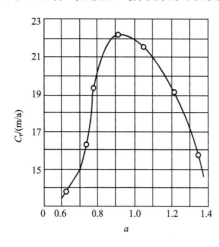

图 3.14 火焰传播速度随过量空气系数的变化

(1) 混合气浓度的影响。燃料能否及时燃烧，取决于火焰传播速度，影响火焰传播速度的主要因素是混合气浓度。火焰传播速度随过量空气系数的变化如图 3.14 所示。由图可以看出，当过量空气系数 $\phi_a = 0.85 \sim 0.95$ 时，火焰传播速度最大，此时燃烧速度最快，可在短时间内使气缸压力和温度达到最大值，散热损失小，做功最多。由于此时供给的燃料量比完全燃烧时所需的燃料稍多，在空气量一定的情况下，提高了对氧的利用程度，使燃烧产物的分子数增多，燃气压力提高。因此，发动机发出最大功率，这种混合气称为最大功率混合气。汽车在满负荷工况下工作时，要求汽油机能输出最大功率，此时，汽油喷射系统应供给最大功率混合气。

当过量空气系数 $\phi_a < 0.85$ 时，称为过浓混合气。此时，由于火焰传播速度降低，功率减少；由于缺氧，燃烧不完全，热效率降低，耗油率增加。发动机怠速或低负荷运转时，节气门开度小，进入气缸的新鲜混合气量少，残余废气相对较多，可能引起断火现象。为维持发动机稳定运转，通常供给比最大功率混合气更浓的混合气，一般 $\phi_a = 0.6$ 左右。如果发动机在中等负荷下也供给过浓混合气，由于火焰传播速度低，燃烧速度减慢，混合气在大容积下燃烧，发动机易过热，排气温度增高。浓混合气中未完全燃烧的成分在排气管口与空气相遇，剧烈氧化，形成排气管放炮现象。当 $\phi_a = 0.4 \sim 0.5$ 时，由于严重缺氧，火焰不能传播，混合气不能燃烧。因此，$\phi_a = 0.4 \sim 0.5$ 时的混合气浓度称为火焰传播的上限。

当过量空气系数 $\phi_a = 1.05 \sim 1.15$ 时，火焰传播速度仍较高，且此时空气相对充足，汽油能完全燃烧，所以热效率最高，有效耗油率最低，此浓度混合气称为最经济混合气。汽车行驶的大多数情况是处于中等负荷工况工作，为减少燃油消耗，汽油喷射系统应供给最经济混合气。

当过量空气系数 $\phi_a > 1.15$ 时，称为过稀混合气。此时火焰传播速度降低很多，燃烧缓慢，使燃烧过程进行到排气行程终了，补燃增多，使发动机功率下降，油耗增多。由于燃烧过程的时间延长，在进气行程终了进气门已开启时，含氧过剩的高温废气可以点燃进气管内新气，造成回火。当 $\phi_a = 1.3 \sim 1.4$ 时，由于燃料热值过低，混合气不能传播，造成缺火或停车现象，此混合气浓度称为火焰传播的下限。

由此可见，为保证发动机稳定可靠地工作，有利的混合气的过量空气系数一般为 $\phi_a=0.85\sim1.15$。

(2) 气体流动状况的影响。气体流动状况对火焰传播速度的影响很大。气体的流动状况可分为层流和湍流，因此火焰传播方式可分为层流火焰传播和湍流火焰传播，层流火焰传播速度慢，湍流火焰传播速度快。

① 层流火焰传播。在静止的或流速很低的预混合气中，用电火花点火形成火焰核心后，火焰向四周传播形成一个球状的火焰面——火焰前锋面。火焰前锋面的前面是未燃的预混合气，后面是温度很高的已燃气体，激烈的化学反应就在这薄薄的一层火焰面上进行着。火焰面的厚度只有十分之几甚至百分之几毫米，如果把火焰前锋面放大，可看出火焰的结构及其温度和混合气浓度的大致分布情况(图 3.15)。在火焰面厚度的很大一部分范围内是化学反应速度很低的预热区(以 δ_1' 表示)，化学反应主要集中在厚度很窄的化学反应区(以 δ_1 表示)。经过化学反应区以后，预混合气的 95%～98% 完成了氧化反应。由于火焰面很窄，但其温度和浓度的变化都很大，因而在火焰面内出现了很大的温度梯度和浓度梯度，引起了强烈的传热和传质。

② 湍流火焰传播。湍流火焰传播速度比层流大几十倍甚至上百倍，湍流是指由流体质点组成的微元气体所进行的无规则的脉动运动。这些气体质点所组成的小气团大小不一，流动速度和方向也不相同，但宏观流动方向则是一致的。这种湍流运动使平整的火焰前锋表面出现皱褶，表面积明显增大，同时加速了前锋面内的传热传质过程和化学反应，由于会形成许多分隔的燃烧小区，导致火焰前锋燃烧区的厚度增加，火焰传播速度加快，混合气的燃烧质量比层流时大为增加。图 3.16 所示为不同湍流强度作用下的火焰前锋面。

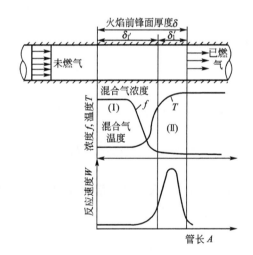

图 3.15 火焰前锋面的构造

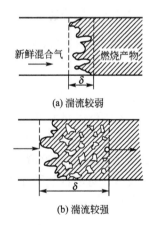

图 3.16 在不同湍流强度作用下的火焰前锋面

湍流强度 u 指的是各点速度的方均根值，火焰速度比是湍流火焰速度与层流火焰速度之比。可见，加强燃烧室的湍流尤其是微涡流运动，会使火焰速度有效地增加，这是提高汽油机燃烧速度最重要的手段。

在实际发动机的燃烧过程中，火焰传播速率与湍流强度之间的关系并不一定是线性的。湍流强度不高时，火焰传播速率与湍流强度之间呈线性关系。湍流增加到一定强度时,火焰传播速率随湍流强度的增加而呈非线性增加趋势。如果湍流太强,火焰传播速率有可能会随湍流强度的增加而降低。因此,在汽油机中,组织适当强度的湍流有助于提高火焰传播速率,对燃烧过程有利,但太强的湍流不仅不利于提高火焰传播速率,反而会使传播中的火焰猝熄。

2) 火焰前锋面积 A_T

火焰前锋面积 A_T 与燃烧室的几何形状及火花塞的位置密切相关。如图 3.17 所示,利用燃烧室几何形状及其与火花塞位置的配合,可以改变不同时期火焰前锋面扫过的面积,以调整燃烧速度,通过改变燃烧室的形状,可以调整燃烧速度及放热峰值所对应的曲轴转角的位置,从而改变示功图上压力曲线的形状。

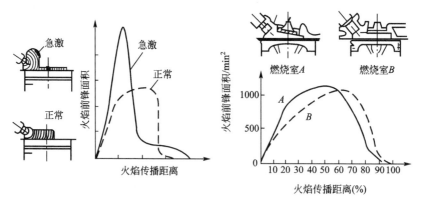

图 3.17　燃烧室形状与火焰前锋面积的关系

3) 未燃混合气密度 ρ_T

增大未燃混合气密度,可以提高燃烧速度,因此增大压缩比,增加进气压力和采取增压措施等,均可增大燃烧速度。

3.1.3　工况对混合气浓度的影响

汽油机采用的是外部混合气形成与预混合燃烧方式,其功率的变化是通过改变节气门的开度以改变进入气缸中的混合气量来实现的,即量调节。混合气的浓度(即空燃比)对汽油机动力性、经济性、排放性、怠速的稳定性、加速平顺性和冷机起动性均有很大的影响。汽油机在不同工况下对于混合气浓度有下列要求:

(1) 发动机怠速时,汽油机转速低,节气门开度很小,进入气缸的混合气量少,气缸内混合气残余废气对混合气稀释严重,应供给较浓的混合气($\phi_a=0.6\sim0.8$)。

(2) 发动机小负荷(发动机负荷为 25%)时,节气门开度较小,进入气缸的混合气量也少,缸内残余废气对混合气的稀释作用也有所减弱,混合气浓度略为减小($\phi_a=0.7\sim0.9$)。

(3) 当汽油机在中等负荷(发动机负荷为 25%~85%)运行时,为获得较好的经济性,应当供给较稀的混合气($\phi_a=1.05\sim1.15$)。

(4) 当汽油机在大负荷(发动机负荷在 85%以上)或全负荷工况时,为保证较好的动力性,应供给较浓的混合气($\phi_a=0.85\sim0.95$)。

(5) 为了保证汽油机过渡工况(起动与加速)的需要,应当对混合气的浓度作相应的调整。起动发动机时,因曲轴转速低,吸气量少,温度低,雾化条件差,应供给过浓混合气;发动机加速时,节气门突然开大,大量空气进入气缸,由于汽油的黏性,造成混合气变稀,应额外供应部分汽油,形成大量混合气。

实际上,控制器对空燃比的控制是通过对汽油喷射量的控制来完成的。发动机工作时,电子控制器首先从传感器得到空气流量的信息,并根据事先存入的空燃比脉谱图以及其他影响实际空燃比的传感器信息(如温度、压力),选定目标空燃比,计算出所需的基本喷油量,再根据喷油器的喷油压力与喷油器流量特性决定喷油器的开启时间,即喷油脉宽。喷油控制流程图如图 3.18 所示。汽油机电控汽油喷射系统最基本的也是最重要的控制内容就是喷油量控制,控制喷油量的目的是使发动机在各种运行工况下,都能获得最佳的混合气浓度,以提高发动机的经济性和降低排放污染。

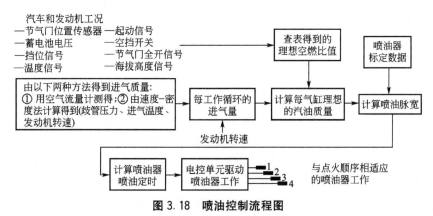

图 3.18 喷油控制流程图

当喷油器的结构和喷油压差一定时,喷油量的多少就取决于喷油时间。在汽油机电控汽油喷射系统中喷油量的控制是通过对喷油器喷油时间的控制来实现的。发动机工作时,ECU 根据空气流量信号和发动机转速信号确定基本的喷油时间(喷油量);再根据其他传感器(冷却水温传感器、节气门位置传感器等)对喷油时间进行修正,并按最后确定的总喷油时间向喷油器发出指令,使喷油器喷油(通电)或断油(断电)。

1. 总喷油量

通常将总喷油量分成基本喷油量、修正油量和附加油量三个部分。

1) 基本喷油量 Q

基本喷油量是根据发动机每个工作循环的进气量,按化学计量比计算出的喷油量,即

$$Q = \frac{A}{n} K_1 \tag{3-2}$$

式中:A 为进气量(kg/h);n 为发动机转速(r/min);K_1 为比例常数。

2) 修正油量 Q_1

修正油量是根据进气温度、大气压力等实际运转条件,对基本喷油量进行的修正值,修正油量的大小用修正系数 C_1 表示,即

$$C_1 = 1 \pm \frac{Q_1}{Q} \tag{3-3}$$

式中:Q 为基本喷油量;Q_1 为修正油量。

修正油量 Q_1 除了考虑进气温度与海拔高度等影响进气量的因素以外,还要考虑蓄电

池电压下降对喷油量的影响,因为电源电压降低时,会影响喷油器电磁阀的提升力,推迟了喷油器的开启,缩短了有效喷油时间。

3) 附加油量 ΔQ

附加油量是在上述一些特定工况下(如起动、暖机、加速),为加浓混合气而增加的喷油量。加浓的程度可用增量比或增量因子 μ 来表示,即

$$\mu = 1 + \frac{\Delta Q}{Q} \tag{3-4}$$

2. 喷油控制

除了发动机在部分负荷和满负荷的正常情况下,电控汽油喷射装置要正常供油外,在某些特殊情况下,必须附加一些装置对喷油量作某些修正,才能满足发动机在各种工况下工作的需要,主要有:

1) 起动时的喷油控制

在发动机起动时,转速波动大,无论是 D 型电控汽油喷射系统中的进气压力传感器还是 L 型电控汽油喷射系统中的空气流量计,都不能精确地确定进气量进而确定合适的喷油持续时间。因此,在起动时,ECU 根据当时的冷却水温度,由内存的水温-喷油时间图找出相应的基本喷油时间,如图 3.19 所示,然后进行进气温度和蓄电池电压修正,得到起动的喷油持续时间。

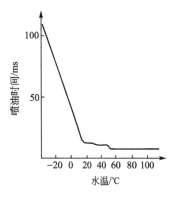

图 3.19 水温-喷油时间图

阅读材料3-2

D 型、L 型电控汽油喷射系统

1967 年,德国博世(Bosch)公司根据美国本迪克斯(Bendix)的专利技术,开始批量生产利用进气歧管绝对压力信号和模拟式计算机来控制发动机空燃比的 D 型电控汽油喷射系统(D-Jetronic),装备在德国大众汽车公司生产的 VW-1600 型和奔驰 280SE 型轿车上,率先达到了当时美国加利福尼亚州的排放法规要求。D 型电控汽油喷射系统是根据进气管压力和发动机转速推算每次循环吸入的空气量,ECU 根据空气量计算出需要喷射的燃料量,并控制喷油器工作。由于进气管压力和空气流量呈非线性关系,且管内空气压力波动,所以影响进气量的测量精度。

随着排放法规的要求逐年提高,要求进一步提高控制精度和完善控制功能。博世公司在 D 型燃油喷射系统的基础上,改进研制成功了 L 型汽油喷射系统(L-Jetronic)。L 型汽油喷射系统是一种间歇式的喷油系统,利用翼片式空气流量传感器直接测量进入发动机气缸内空气的体积流量,并和发动机转速计算出需要喷射的燃料量,控制喷油器工作;同时还接受节气门位置、冷却水温度、空气温度等传感器检测到得表征发动机运行工况的信息作为喷油量的校正,使发动机的运转稳定。由于空气量为直接测量,所以测量准确程度高于 D 型汽油喷射系统。

资料来源:舒华. 汽车电子控制技术. 第 2 版. 人民交通出版社,2008.

在发动机转速低于规定值或点火起动开关接通以任何方式喷射时,喷油时间的确定如图 3.20 所示。由 THW 信号查水温-喷油时间图得基本喷油时间,根据 THA 信号对喷油时间作修正。根据蓄电池电压喷油信号的持续时间,以实现喷油量的进一步修正,即电压修正。喷油器的实际打开时刻晚于 ECU 控制其打开的时刻,即存在一段滞后,如图 3.21 所示,故喷油器打开的实际时间比 ECU 计算出的需要打开的时间短,致使喷油量不足,实际空燃比高于发动机要求的空燃比,混合气偏稀。蓄电池电压越低,滞后时间越长。ECU 根据蓄电池电压延长喷油信号的持续时间,修正喷油量,使实际喷油时间更接近于 ECU 的计算值。

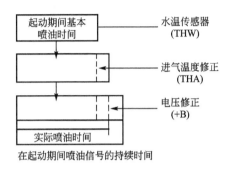

图 3.20 喷油时间的确定

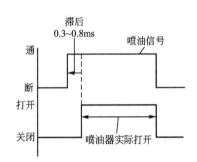

图 3.21 喷油滞后

2) 起动后的喷油控制

发动机转速超过预定值时,ECU 确定的喷油信号持续时间满足下式,即

喷油信号持续时间 = 基本喷油持续时间 × 喷油修正系数 + 电压修正值

式中,喷油修正系数是各种修正系数的总和。

D 型电控汽油喷射系统的基本喷油持续时间可由发动机转速信号(Ne)和进气管绝对压力信号(PIM)确定。用于 D 系统的 ECU 内存了一个三维 MAP 图,如图 3.22 所示。它表明了与发动机各种转速和进气管绝对压力对应的基本持续时间。

根据发动机转速信号和进气管绝对压力信号,喷油量是以进气量与进气管压力成正比为前提的,这一前提只在理论上成立。实际工作中,进气波动使充量系数变化,进行再循环的排气量的波动也影响进气量测量的准确度。由图计算的仅为基本喷油量,ECU 还必须根据发动机转速信号(Ne)对喷油量作修正。

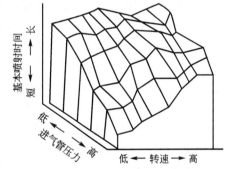

图 3.22 基本喷油时间三维 MAP 图

L 型电控汽油喷射系统的基本喷油时间由发动机转速信号(Ne)和空气流量信号(VS)确定。这个基本喷油时间是实现既定空燃比(一般为理论空燃比 $A/F=14.7$)的喷射时间。

发动机起动后的各工况下,ECU 在确定基本喷油时间的同时,还必须根据各种传感器输送来的发动机运行工况信息,对基本喷油时间进行修正,修正内容如下:

(1) 起动后加浓。发动机完成起动后,点火开关由 STA(起动)位置转到 ON(接通点火)位置,或发动机转速已达到预定值,ECU额外增加喷油量,使发动机保持稳定运行。喷油量的初始修正值根据冷却水温度确定,然后以一固定速度下降,逐步达到正常。

(2) 暖机加浓。冷机时汽油蒸发性差,为使发动机迅速进入最佳工作状态,必须供给浓混合气。在冷却水温度低时,ECU根据水温传感器THW信号相应增加喷射量,由图3.23可见,水温在40℃时,加浓量约为正常喷射量的两倍。

暖机加浓还出现在怠速信号(IDL)接通或断开时,当节气门位置传感器中的怠速触点IDL接通或断开时,根据发动机转速,ECU增加喷油量有少量变化。

(3) 进气温度修正。发动机进气密度随发动机的进气温度而变化,ECU根据进气温度传感器提供的THA信号,修正喷油持续时间,使空燃比满足要求。通常以20℃为进气温度信息的标准温度,低于20℃时空气密度大,ECU增加喷油量作修正,使混合气不至过稀;进气温度高于20℃时,空气密度减小,以防混合气偏浓。增加或减少的最大修正量约为10%。由进气温度修正可见,修正在进气温度为20~60℃之间进行,如图3.24所示。

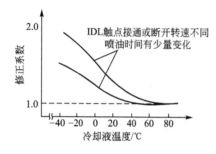

图3.23 暖机加浓修正曲线

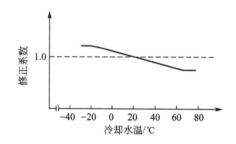

图3.24 进气温度修正曲线

(4) 大负荷加浓。发动机在大负荷工况下运转时,要求使用浓混合气以获得大功率。ECU根据发动机负荷增大情况来增加喷油量。发动机负荷状况可以根据节气门开度或进气量的大小确定,故ECU可根据进气压力传感器、空气流量计、节气门位置传感器输送的进气管绝对压力、空气量、节气门开度信号判断发动机负荷状况,决定相应增加的燃料喷射量。大负荷的加浓量为正常喷油量的10%~30%。

(5) 过渡工况空燃比控制。发动机在过渡工况下运行时(即汽车加速或减速行驶),为获得良好的动力性、经济性和排放性,空燃比应作相应变化,即需要适量调整喷油量。ECU检测到相应工况的信号有:进气管绝对压力(PIM)或空气量(VS)、发动机转速(Ne)、车速(SPD)、节气门位置(VTA)、空挡起动开关(NSW)和冷却水温度(THW)。

(6) 怠速稳定性修正(只用于D系统)。在D系统中决定基本喷油时间的是进气管压力,在过渡工况时,相对于发动机转速将产生滞后。节气门以下进气管容积越大,怠速时发动机转速越低,滞后时间越长,怠速就越不稳定。进气管压力变动,发动机转矩也变动。由于压力较转速滞后,转矩也较转速滞后。造成发动机转速上升时,转矩也上升;转速下降时,转矩也下降。

为了提高发动机怠速运转的稳定性,ECU根据绝对压力(PIM)和发动机转速(Ne)对喷油量作修正。随压力增大或转速降低增加喷油量，随压力减少或转速增高减少喷油量，如图 3.25 所示。

3）断油控制

（1）减速断油。发动机在高速运行急减速时，节气门完全关闭，为避免混合气过浓、燃料经济性和排放性能变坏，ECU 停止喷油。当发动机转速降到某预定转速之下或节气门重新打开时，喷油器再重新投入工作。如图 3.26 所示，冷却水温度低或空调机工作需要增加输出功率时，断油转速比重新恢复喷油的转速较高。

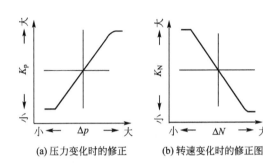

图 3.25 怠速稳定修正曲线

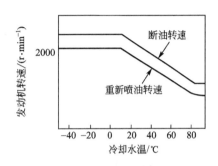

图 3.26 减速断油控制

（2）发动机超速断油。为避免发动机超速运行，发动机转速超过额定转速时，ECU 根据节气门位置、发动机转速、冷却水温度、空调开关、停车灯开关及车速信号完成断油控制。

3.2 汽油机的燃烧过程

当汽油机压缩行程接近终了时，由火花塞跳火很快就形成了火焰核心，该火焰核心以近似球面形状的火焰前锋面在可燃混合气中迅速传播。在火焰传播过程中，火焰前锋面前的未燃混合气因受燃烧气体膨胀和热辐射的影响，其温度和压力不断升高，从而加速了自身的焰前反应过程。如果在正常火焰前锋面到达前，未燃混合气的焰前反应均未达到自燃的程度，而是由不断向前推进的火焰前锋面将其逐层引燃，直到火焰传至最终燃烧的末端混合气为止，那么这种有序的燃烧称为正常燃烧过程。

3.2.1 汽油机的正常燃烧过程

汽油机燃烧过程典型的示功图如图 3.27 所示。按其压力变化特点，可将燃烧过程分成三个阶段：滞燃期、急燃期和补燃期。

1）滞燃期（着火落后期）

从点火电极开始点火（点 1）到形成独立的火焰核心（点 2）为止，这一段时间称为滞燃期，其长短用滞燃期（着火落后时间）τ_i 或着火落后角 ϕ_i 来表示，一般 ϕ_i 值为 $10°\sim20°$。电火花在上止点前 θ_{ig} 跳火，火花塞放电时，两极电压达 15000V 以上，电火花能量为 $40\sim80$mJ，局部温度达 2000℃，从而使电极周围的预混合气热反应加速，当反应生成的热积累使反应区温度急剧升高而使某处混合气着火，可燃混合气按高温单阶段方式着火后，经

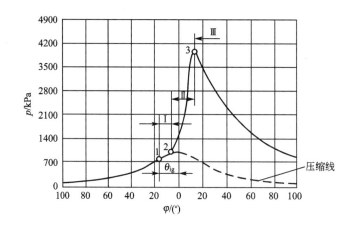

图 3.27 汽油机的燃烧过程

Ⅰ—滞燃期；Ⅱ—急燃期；Ⅲ—补燃期
1—开始点火；2—形成火焰核心；3—最高压力点；θ_{ig}—点火提前角

过一个阶段形成独立的火焰核心。火焰核心必须以适当浓度和温度的可燃混合气为基础，且不被气流吹熄，并能靠自身的燃烧而积聚热量，扩展火源和持续燃烧。压力和温度逐渐升高，缸内气体压力开始脱离压缩线，这标志着滞燃期结束。

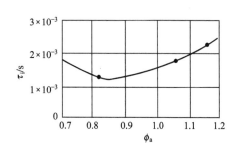

图 3.28 混合气浓度对滞燃期 τ_i 的影响

滞燃期 τ_i 的长短与下列因素有关：

（1）燃料本身的分子结构和物理化学性能。

（2）开始点火时气缸内气体的压力、温度。它与压缩比有关，压缩比高，滞燃期短。

（3）过量空气系数 ϕ_a。试验表明，汽油和空气混合气在 $\phi_a=0.8\sim0.9$ 时，τ_i 最短（图 3.28）。

（4）残余废气量增加，则 τ_i 增加。

（5）气缸内混合气运动强，则 τ_i 稍有增加。此外，由于气流运动，火焰核心就不一定在电极间隙处，也可能在电极间隙附近。

（6）火花能量大，则 τ_i 缩短。

对于电火花点火的汽油机而言，气缸内着火的时间（点 2）可以用控制点火提前角 θ_{ig} 的办法来调整，所以滞燃期的长短对汽油机工作的影响不大。

2）急燃期（明显燃烧期）

从形成独立的火焰核心（点 2）开始到气缸内出现最高压力（点 3）为止的一段时期称为急燃期。急燃期是汽油机燃烧进程中的重要阶段，这一阶段的燃烧是火焰从火焰核心向燃烧室整个空间传播的时期，在均质预混合气中，火焰核心形成后，即以此为中心，由极薄的火焰层（即火焰前锋）面开始向四周未燃混合气传播，直到火焰前锋面扫过整个燃烧室。一般急燃期占 20°～30°(CA)，火焰传播速度一般为 50～80m/s，汽油的 80%～90% 在急燃期内基本烧完，因此这一期间的燃烧是剧烈的，燃烧室的温度和压力急剧上升，达到最高燃烧压力 p_{max}，一般将 p_{max} 作为急燃期的终点。

p_{max} 和压力升高率 λ_p 是与发动机性能密切相关的两个燃烧特性参数。p_{max} 一般小于

5.0MPa，若 p_{max} 高，一般会使循环热效率和循环功增加，但机械负荷及热负荷也会随之增加。一般希望 p_{max} 出现在上止点后 12°～15°(CA)，出现过早，则混合气着火必然过早，引起压缩过程负功增加；出现过晚，则等容度下降，循环热效率下降，同时散热损失也上升。因此，p_{max} 出现的位置由点火提前角 θ_{ig} 来控制。

压力升高率是表征汽油机燃烧等容度和粗暴度的指标。压力升高率越高，则燃烧等容度越高，对汽车的动力性和经济性都是有利的，但会使燃烧噪声及振动增加，同时也会降低排放性能。一般汽油机的压力升高率为 $\lambda_p = 0.2 \sim 0.4$ [MPa/(°)]。火焰传播速率高的可燃混合气均促使 λ_p 增加，此外，火花塞位置、燃烧室形状等对压力升高率也有影响。图 3.29 为正常燃烧时火焰前锋面的瞬时位置。

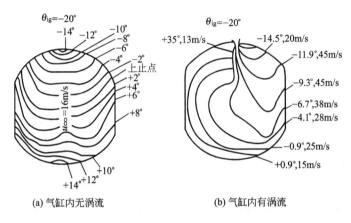

图 3.29 正常燃烧时火焰前锋面的瞬时位置

3) 补燃期(后燃期)

从最高燃烧压力点(点 3)到燃烧结束称为补燃期。p-φ 图上的点 3 表示燃烧室主要容积已被火焰充满，混合气燃烧速率开始降低，加上活塞向下止点加速移动，使气缸中压力从点 3 开始下降。90%左右的燃烧放热已经完成，由于湍流燃烧，在火焰前锋面过后被翻卷在锋面后的未燃烧的可燃混合气，以及处于燃烧室边缘和缝隙中的未燃烧的可燃混合气在火焰前锋面扫过整个燃烧室后继续燃烧放热。另外，高温裂解的产物(H_2、CO 等)在膨胀过程中随温度下降又部分化合而放出热量。

由于汽油机的压缩比小，即膨胀比小，膨胀不够充分。所以，补燃期可能拖得较长，甚至在排气初期还有残余燃烧。为保证高的循环热效率和循环功，应使补燃期尽可能短，一般要求整个燃烧持续期在 40°～60°曲轴转角范围之内。

3.2.2 汽油机的不规则燃烧

汽油机在稳定的正常运转情况下，不同气缸的燃烧情况以及不同循环的燃烧情况很难保持稳定，会产生燃烧上的差异，这种循环之间和气缸之间的燃烧差异称为不规则燃烧。

在发动机设计中，应尽量保证不同工况时，每缸的不同循环之间的波动及不同缸之间的燃烧差异最小，从而保证发动机处于最佳工作状况。但是影响发动机工作的因素很多，对于各缸和各循环而言，混合气温度存在差异，点火提前角的调节不可能都处在最佳值，这就影响各缸和各循环初始火焰形成时刻的稳定性,导致各缸和各循环最大燃烧压力和平均指示压力的变化。

1. 各循环之间的燃烧差异

1)燃烧循环变动现象

各循环间的燃烧差异主要是燃烧的不稳定性,表现为循环的压力波动,这种波动幅度越大,燃烧越不稳定,最高燃烧压力对曲轴转角的分布离散性越大。

循环间的燃烧变动会使气缸的不同循环的示功图发生变化,如图 3.30 所示。不同循环输出的示功图不同,意味着燃烧情况不稳定,气缸的工作不能始终维持在最佳状态,因此将导致油耗上升,功率下降,使整机的性能下降,特别是低负荷时情况更为严重。

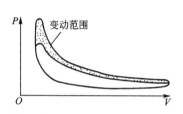
(a) 稀混合气 $\phi_a=1.22$,节气门全开,平均指示压力变动±4.5%,最高燃烧压力变动±28%

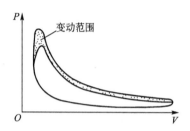
(b) 浓混合气 $\phi_a=0.8$,节气门全开,平均指示压力变动±3.6%,最高燃烧压力变动±10%

图 3.30　汽油机中典型的循环压力变动情况($n=2000r/min$,$\varepsilon=9$)

当采用稀薄燃烧和在低负荷、低转速下运行时,这种循环的变动会加剧,有些循环的燃烧过程进行得快,有些循环进行得慢,从而使发动机的转速和输出转矩发生波动,影响发动机的性能。另外,对于燃烧快的循环,气缸最高燃烧压力和爆燃的趋势都增加,因而限制了压缩比的提高;对于燃烧慢的循环,很有可能在排气门开启时混合气还未燃烧完,因此排气污染及油耗会大幅度上升,这种情况更易在稀混合气燃烧或怠速工况时发生。如果消除了气缸压力的循环变动,可以降低最高燃烧压力,改善工作粗暴性和燃油经济性,降低发动机污染物排放量。

2)燃烧循环变动的表征参数

为了改善点燃式发动机的性能,必须十分重视燃烧循环变动。这是因为发动机的最佳点火提前角、空燃比是根据平均循环的要求确定的,对于有循环变动的绝大多数循环将不一定是最佳值,发动机的压缩比和燃料辛烷值是根据最倾向于爆燃的要求确定的,因此只有减少燃烧循环变动,才有可能获得最佳的性能。循环变动还导致较高的排气污染、平均指示压力以及输出转矩的变动,使车辆的驱动性能恶化。表征燃烧循环变动的参数大体上可以分成四类:

(1)与气缸压力有关的参数:如最高燃烧压力 p_{max}、相应于最高燃烧压力的曲轴转角 $\varphi_{p,max}$、最大压力升高率 $\lambda_{p,max}$、相应于最大压力升高率的曲轴转角 $\varphi_{\lambda,max}$ 和发动机平均指示压力 p_{mi} 等。

(2)与燃烧速率有关的参数:如最大燃烧速率、火焰发展曲轴转角 $\Delta\varphi_d$、快速燃烧曲轴转角 $\Delta\varphi_b$ 等。

(3) 与火焰前锋面位置相应的参数：如火焰半径、火焰前锋面积、已燃和未燃的容积随时间的变化曲线、火焰到达某一指定位置所需要的时间等。

(4) 与排放有关的参数：如通过高速采样获得的 CO、未燃 HC、NO_x 的含量等。

由于压力参数比较容易测量，因此常用它来表征燃烧的循环变动，从压力参数出发，可以定义出度量燃烧循环变动的一个重要参数，即平均指示压力变动系数（coefficient of variation，CoV），即

$$CoV_{pmi} = \sigma_{pmi} / \bar{p}_{mi} \qquad (3-5)$$

式中：σ_{pmi} 为平均指示压力的标准偏差；$\sigma_{pmi} = \sqrt{\sum [p_{mi(i)} - \bar{p}_{mi}]^2 / N}$；$\bar{p}_{mi}$ 为平均指示压力的平均值，$\bar{p}_{mi} = \sum_{}^{N} p_{mi(i)} / N$，$N$ 为循环数；CoV_{pmi} 是燃烧稳定性和评价车辆驱动性的主要参数，一般认为此值不应超过 10%。

3）产生燃烧循环变动的原因

导致点燃式发动机燃烧循环变动的原因很多，最主要的两个因素是：

(1) 气缸内气体运动状况的循环变动。在没有强烈进气涡流的场合，压缩终点附近气缸内气流的湍流强度和活塞平均速度接近。由于湍流强度也是作循环变动的，因此在压缩终点火花塞附近和整个气缸内的气流场是循环变动的。火花点火后形成的火焰核心的轨迹以及火焰的初始生长速率均随气流速度的大小和方向改变，同样其后的火焰向整个燃烧室传播的进程，如火焰与壁面的关系、火焰前锋面积的变化以及燃烧速率等也将受到气流变化的影响。

(2) 气缸内的混合气成分的循环变动。由于发动机高速运行，空气、燃料、EGR 和残余废气不可能获得充分的混合，在燃烧开始时气缸内必然存在混合气组成上的不均匀，在火花塞电极间隙附近混合气成分的循环变动，会影响早期火焰的传播，特别是影响火焰从层流燃烧阶段到形成稳定火焰核心的过程。

总之，气流速度（平均参数和湍流参数）的变动，空燃比的变动，空气、燃料和废气混合情况的变动是造成燃烧循环变动的主要原因。

4）降低燃烧循环变动的措施

(1) 多点点火有利于减小压力的循环变动。

(2) 组织进气涡流能增加燃烧速率，从而减小循环变动。

(3) 提高发动机转速，在气缸内形成更强烈的湍流从而减小循环变动。

(4) 采用化学计量或略浓空燃比，由于火焰温度和传播速度比较高，因此压力变动减小。

(5) 采用电控汽油喷射技术（特别是多点或缸内汽油喷射）可改善循环之间的混合气浓度不均匀性，降低循环变动。

(6) 采用快速燃烧技术，提高火焰的传播速率有助于减小燃烧循环变动。

(7) 加大点火能量、优化放电方式、采用大的火花塞间隙有助于减小循环变动。

2. 各缸间的燃烧差异

各缸间的燃烧差异主要是由于燃料分配不均使空燃比不一致造成的。燃料分配不均可能使某气缸不正常燃烧倾向增大，从而提高了对燃料辛烷值的要求。分配不均还有可能使个别气缸中的活塞、气门过热，火花塞损坏，并使汽油机低速、低负荷工作稳定性变差。

燃料分配不均，各缸混合气成分不同，使各缸不能同时在最佳的混合比条件下工作，导致整机功率下降，油耗上升，排放性能恶化。因此，必须采取措施减少或消除燃料分配不均的现象。

影响混合气分配不均匀的因素很多，进气系统中任何不对称和流动阻力不同的情况都会破坏均匀分配。其中影响最大的是进气歧管，进气歧管布局不当往往造成气缸之间燃料分配不均匀，现举例说明如下。

图 3.31(a)表示一种四缸汽油机的进气歧管布局，当其发火次序为 1—3—4—2 时，气缸 1、4 与气缸 2、3 存在明显的燃料分配不均匀现象，即气缸 1、4 吸入的混合气多且稀，其原因分析如下：由图上的布局可知，气缸 1、2 与气缸 3、4 各共用一根进气歧管，并由发火顺序可知气缸 1 的进气过程是紧接在气缸 2 的进气过程之后，气缸 4 的进气过程紧接在气缸 3 之后。由于进气门开启时间为 240°CA，故气缸 1、2 之间与气缸 3、4 之间的进气门均有 240°－180°＝60°的重叠角。发动机工作时，当气缸 2、3 进气末期正需要利用气流惯性向气缸充气时，气缸 1、4 进气门打开，它所产生的低压波将削弱气缸 2、3 的充气能力，使气缸 2、3 的充气量减少，这种现象称为进气干涉，由于进气干涉现象的存在将使气缸 2、3 的进气量少于气缸 1、4。当气缸 1、4 进气门关闭时，进气管中的混合气及油膜由于惯性作用，会使一部分油雾沉积在进气门表面和附近的进气管壁上，随后蒸发造成局部浓混合气，当气缸 2、3 进气门打开时，正好将这种浓混合气吸入气缸，但气缸 1、4 进气门开启时不存在这种现象，故气缸 2、3 吸入的混合气比气缸 1、4 缸浓。

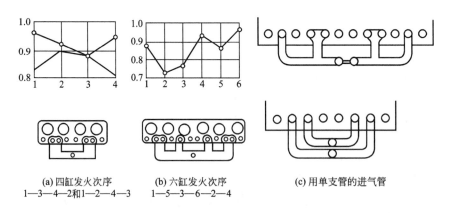

(a) 四缸发火次序
1—3—4—2 和 1—2—4—3

(b) 六缸发火次序
1—5—3—6—2—4

(c) 用单支管的进气管

图 3.31　直列四缸和六缸汽油机进气充量分配示意图

为了避免上述分配不均的现象，在四缸机中可用各缸具有单独进气歧管的结构取代上述两缸共用一根进气歧管的结构以避免进气干涉现象［图 3.31(c)］。此外，还要各缸具有相同几何尺寸的进气通道，具有高的进气湍流和低的通道内表面粗糙度等。利用废气或冷却水的热量加热进气管可改善油滴及管壁油膜的蒸发条件从而有利于均匀分配，但加热量应有所限制，以避免进气充量因温升而下降。

另外，采用汽油喷射技术，可以改善雾化质量，使各缸间混合气的分配均匀，如多点喷射的汽油机燃料喷射系统在各缸的进气门前装一个喷油器，使各缸供油量保持一致，发动机性能得到改善。

3.3 汽油机的不正常燃烧

汽油机燃烧过程中，若设计不当或控制不当，汽油机偏离正常点火的时间和位置，会引起燃烧速率急剧上升，压力骤然增大，出现爆燃和热面点火（表面点火）的现象。汽油机的这种不正常燃烧会造成零件磨损加剧、使用寿命下降、发动机振动及噪声增大、排气污染严重、发动机过热、热效率及功率均下降。

3.3.1 爆燃

1. 爆燃产生的机理

汽油机燃烧过程中，火焰前锋面以正常的传播速度向前推进，燃烧产生的压力波以声速向周围传播，在火焰前锋面之前到达燃烧室边缘区域，使得火焰前方未燃的混合气（末端混合气）受到已燃混合气强烈的压缩和热辐射作用，加速其先期反应，并放出部分热量，使本身的温度急剧升高。如果火焰前锋面及时到达将其引燃，直到燃烧完为止，属正常燃烧。如果火焰前锋面未到达前，末端混合气温度达到了自燃温度，形成新的火焰核心，产生新的火焰快速传播，这种现象称为爆燃。

汽油机的爆燃一般出现在燃烧的中后期，在上止点后一段曲轴转角内。爆燃的火焰前锋面呈球面波形以 30～70m/s 的速度迅速向周围传播，缸内压力和温度急剧升高。轻微爆燃时，火焰传播速度为 100～300m/s，强烈爆燃时火焰传播速度可高达 800～1000m/s。爆燃时缸内压力曲线出现高频大幅度的波动，它使未燃混合气体瞬时燃烧完毕，局部温度、压力猛烈增加，形成强烈的压力冲击波。冲击波以超声速传播并反复撞击燃烧室壁，发出频率达 3000～5000Hz 的尖锐的金属敲击声，因此爆燃也称敲缸。试验表明，发动机总充量中只要有大于 5%的部分进行自燃时，就足以引起剧烈的爆燃。

从图 3.32 可以清楚地反映出爆燃与正常燃烧的差异。爆燃时的压力升高率 λ_p 比正常燃烧时高，有时可高达 65MPa/(°)CA。出现最高压力后，压力波动很大，压力升高率 λ_p 忽大忽小，从而破坏了正常燃烧。

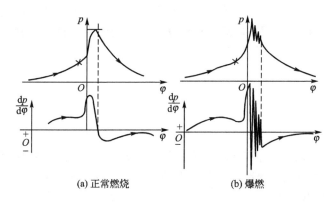

图 3.32 正常燃烧与爆燃情况下 p-φ 图和 λ_p-φ 图的比较

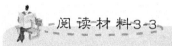

爆燃检测方法

爆燃发生时，气缸压力异常升高，产生压力冲击波，使发动机机体振动，并产生尖锐的敲击声，这些标志都可作为检测爆燃的信号源。根据采集信号的不同，检测爆燃常用测发动机机体振动、测气缸压力和测燃烧噪声三种方法。

测发动机机体振动法：是在机体或缸盖上合适的位置安装压电晶体传感器或压电陶瓷传感器对爆燃压力冲击波引起的机体振动进行检测，通过对传感器和信号处理识别系统进行调整，使其在发动机爆燃时发生共振，给出相应的信号输出。这种检测方法的传感器结构简单，成本低，易安装且维修方便，是目前国内外应用最广泛的方法。

测气缸压力法：压力示功图是爆燃引起压力振荡的直接信号，故测量压力时精度较高。测量时选用频响足够高的传感器，如压电晶体传感器、压电陶瓷传感器或光纤压力传感器等，能够精确、不失真地测得燃烧室中的压力振荡，测量的精度和灵敏度高，高转速时有较高的信噪比，不会出现误判，测量结果可以对爆燃燃烧过程进行更深入细致的分析。但使用现有的压力传感器，需要对气缸盖进行较大的加工，传感器成本高，寿命短，故这种方法目前主要用于实验性的研究。

测燃烧噪声法：用压电传感器测量噪声的频率，配以相应的信号滤波处理系统和信号识别系统，如果发生爆燃，则发动机固有的频率声级达到最大值，且爆燃越强，该值越大。这种检测方法成本低，传感器寿命长，且检测系统维修方便，但测量的精度、灵敏度更低，目前多用在增压发动机上。

资料来源：吴平友．汽车发动机爆震分析与控制．传动技术，2003，9.

2. 爆燃的危害

由于爆燃时的压力脉冲不是压力，它不能使燃气对活塞做更多功。汽车重载上坡时，允许有轻微的短时间的爆燃，因为轻微的爆燃可以缩短燃烧过程占用的时间，有利于提高有效热效率。但不允许严重的爆燃，严重爆燃会有下列危害：

1) 零件过载

强烈爆燃时由于压力增长率和最高燃烧压力都增加，使零件的应力增加，且爆燃产生的冲击波能使缸壁、缸盖、活塞、连杆、曲轴等零件的机械负荷增加，使零件变形甚至损坏。此外，爆燃促使积炭形成，容易破坏活塞环、气门和火花塞的正常工作；压力波冲击缸壁表面，使之不易形成油膜，导致零件加速磨损。

2) 零件烧损

汽油机燃烧终了的温度可达到2000~2500℃，而活塞顶、燃烧室壁及缸壁的温度仅为200~300℃。除了冷却水的作用外，能够维持这样低温度的原因，还包括在这些壁面上形成了气体的附面层，它起到隔热的作用。而强烈爆燃时的冲击波会破坏这一附面层，使零件直接与高温燃气接触，使气缸、活塞顶面的温度上升。而严重爆燃时，局部燃气温度可高达4000℃以上，燃烧室局部过热会产生表面点火，即在火焰到达以前，混合气因炽热表面而着火，从而引起气缸进一步过热，最终导致铝合金的气缸盖、活塞发生局部金属变软、熔化或烧损，这种过热是爆燃带来的最大危害。此外，由于高温燃气向冷却水的传热量增加,也会引起发动机过热。

3) 性能指标下降

严重爆燃时的局部高温及强烈的压力冲击波,会破坏气缸壁面层流边界层,从而使向气缸壁面的传热量增加,冷却损失增加,输出功率降低。由于传热损失增加,使冷却水和润滑油温度增加,引起润滑油的润滑效果变差,零件磨损加剧。试验表明,严重爆燃时磨损量比正常燃烧时大 27 倍。

爆燃时的局部高温引起热分解现象严重,使燃烧产物分解为 CO、H_2、O_2、NO 及游离碳的现象增多,排气冒烟严重。CO、H_2、O_2 等在膨胀过程中重新燃烧又使补燃增加,排气温度增高。

由于爆燃在气缸内形成的强烈的压力冲击波,在缸壁、活塞顶及缸盖底面之间的来回反射,强迫缸壁等零件振动,使噪声增大,能量损失增加。

3. 爆燃的影响因素

为便于分析,对发动机产生爆燃的条件作如下简化:在火花放电以后,火焰开始传播,同时终燃混合气进行焰前反应,为着火作准备。如果由火焰核心形成至正常火焰传播到终燃混合气为止所需的时间为 t_1,由火焰核心形成至终燃混合气自燃所需的时间为 t_2,当 $t_1 < t_2$ 时,就不发生爆燃;当 $t_1 > t_2$ 时,则发生爆燃。因此,凡是 t_1 减小、t_2 增加的因素均可减少爆燃倾向;反之,均使爆燃倾向增加。

1) 运转因素的影响

(1) 点火提前角的影响。图 3.33 上给出了在不同点火提前角时的 p-φ 图,可以看出:①随点火提前角的增加。示功图上偏离压缩线(大致相当于火焰核心形式)到最高燃烧压力出现(相当于火焰传播到整个燃烧室)的时间 t_1 减小;②随点火提前角的增加,气缸内压力增加,终燃混合气受到的挤压作用大,温度增加,t_2 减小。根据试验,在实际的点火前角范围内,t_2 减小起决定性作用,因此随点火提前角增加,爆燃倾向加大。

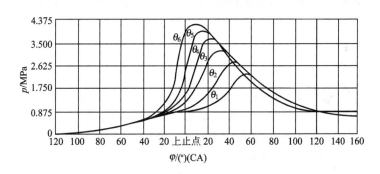

图 3.33 不同点火提前角下的 p-φ 图

θ_1、θ_2、θ_3、θ_4、θ_5、θ_6 分别为 10°、20°、30°、40°、50°、60°

前面已经指出,汽油机的爆燃在低速、节气门全开时最易发生,因此发动机许用压缩比的最大值就受到低速、节气门全开工况的限制。可以针对这种工况用推迟点火提前角的办法来保持较高的压缩比,这样虽然对节气门全开时的功率和经济性有所损失,但对于常用的部分负荷工况,却因压缩比 ε 较高而使有效燃油消耗率 b_e 较低。此外,点火推迟后,发动机要求的辛烷值很快下降,而功率损失也不大。

(2) 转速的影响。转速对爆燃的影响比较复杂：转速增加，火焰传播速度提高，t_1 减小；转速增加，吸气损失增加，吸入空气温度增加，使 t_2 减小；转速增加，ϕ_c 下降，气缸内最高燃烧压力下降，终燃混合气温度也较低，使 t_2 增加。综合结果为转速增加时，爆燃倾向减小。

(3) 负荷的影响。在转速一定而节气门开度小（即负荷减小）时，残余废气系数增大，气缸壁相对传热损失增加，气缸内最高燃烧压力下降，t_2 增加，爆燃倾向减小。

(4) 混合气浓度 ϕ_a 的影响。ϕ_a 值的改变将引起火焰传播速度、火焰与气缸壁的温度及终燃混合气滞燃期的改变。$\phi_a = 0.8 \sim 0.9$ 时，火焰传播速度最高，t_1 最小，但此时终燃混合气的滞燃期 t_2 也最小。试验表明，t_2 起主要作用，因而在 $\phi_a = 0.8 \sim 0.9$ 时爆燃倾向最大，过浓或过稀的混合气有助于减小爆燃。

(5) 燃烧室沉积物的影响。在发动机工作过程中，燃烧室内壁产生一层沉积物，通常称之为积炭。沉积物温度较高，在进气、压缩过程中不断加热混合气，加之沉积物是热的不良导体，从而提高了终燃混合气的温度，而且沉积物本身占有一定的体积，因而提高了压缩比。其综合效果为沉积物的存在使爆燃倾向增加。

2) 结构因素的影响

(1) 气缸直径。气缸直径大，火焰传播距离长，t_1 大，同时由于燃烧室冷却面积与容积之比即面容比减小，使 t_2 小，因而爆燃倾向增大。

(2) 火花塞位置。火花塞位置影响火焰传播距离，也影响终燃混合气在气缸内所处位置，从而影响终燃混合气的温度。例如，火花塞靠近排气门最不容易引起爆燃，但火花塞离进气门过远，火花塞间隙中的废气不易清除，常常影响到发动机低负荷运转的稳定性。

(3) 气缸盖与活塞的材料。由于铝合金导热好，因而用铝合金活塞、气缸盖可抑制爆燃，提高压缩比。

(4) 燃烧室结构。燃烧室结构是影响爆燃的最主要的结构参数。燃烧室形状影响到火焰传播距离、湍流强度、向冷却水的散热量以及终燃混合气的数量和温度。凡是能使火焰传播距离缩短、湍流强度和火焰传播速率提高的燃烧室结构均有助于减小爆燃倾向。

4. 减少爆燃倾向的措施

1) 使用抗爆性高的燃料

燃料对爆燃的影响可用抗爆指标或辛烷值来表征。燃料的辛烷值愈高则其抗爆性愈好，但辛烷值愈高意味着燃料的成本愈高或加入的四乙铅抗爆添加剂增多（使排气中的有毒的含铅颗粒增多，污染严重）。

2) 降低末端混合气的温度和压力

混合气的浓度、燃烧室的结构及其散热情况、压缩比等凡能影响混合气的压力和温度的因素，均会影响爆燃的倾向。降低末端混合气的温度和压力具体措施有：降低冷却水温度、进气温度，使用浓混合气，推迟点火，降低压缩比，及时清除燃烧室积炭；合理设计燃烧室，如加强末端混合气的冷却、排气门的冷却等。由于提高汽油机的压缩比是提高热效率的重要途径，故爆燃现象的产生限制了汽油机热效率的进一步提高。

3) 缩短火焰前锋传播到末端混合气的时间

合理组织气缸的扰流，提高火焰传播速度，缩短火焰传播距离都会减少火焰前锋传播到末端混合气的时间，从而有利于避免爆燃。例如，增加气体运动的湍流度、考虑火花塞的设计位置或增加火花塞的数量、减少气缸直径等均有利于避免爆燃。

4) 减小负荷或提高转速

混合气中所含废气的百分数越多越不易自行发火。因为废气会阻碍混合气自行发火的化学反应过程。因而，降低负荷则不易发生爆燃。当汽油机转速提高时，混合气的扰流强度提高，火焰传播速度加快。因而，转速高时也不易发生爆燃。

3.3.2 热面点火

1. 热面点火现象

在汽油机中，凡是不靠电火花点火而由燃烧室炽热表面（如过热的火花塞绝缘体和电极、排气门、炽热的积炭等）点燃混合气引起的不正常燃烧现象，统称为热面点火。根据被炽热表面点火的火焰是否始终以正常速度进行传播，热面点火可分为非爆燃性热面点火和爆燃性热面点火。

1) 非爆燃性热面点火

非爆燃性热面点火大体是发动机长时间高负荷运行使火花塞绝缘体温度过高而引起的。如果热面点火发生在正常点火时刻之前为早火，发生在正常点火时刻之后为后火。图3.34为非爆燃性热面点火示功图。

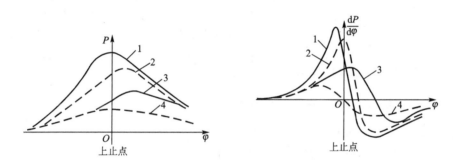

图 3.34 非爆燃性热面点火示功图
1—早火；2—正常点火；3—后火；4—倒拖

（1）早火。高温炽热表面在火花塞跳火前点燃混合气的现象称为早火。发生早火时，炽热表面温度较高。由于混合气在进气和压缩行程中长期受到炽热表面加热，点燃的区域比较大，一经着火，势必使火焰传播速度较快，压力升高率过大。常使最高压力点出现在上止点之前，压缩功过大，发动机运转不平稳并发出沉闷的敲击声。同时，早火的发生使散热损失增加，传给冷却水的热量增多，容易使发动机过热，有效功率下降，甚至在压缩行程末期的高温高压下会引起零件损坏。

（2）后火。火花塞跳火点燃混合气后，在火焰传播过程中，由于炽热表面使火焰前锋面未扫过区域的混合气被点燃，但形成的火焰前锋面仍以正常的火焰传播速度向未燃气体推进，称为后火。这种现象可在发动机断火后发现，发动机仍像有电火花一样，继续运转，直到炽热点温度下降到不能点燃混合气为止，发动机才停转。

2) 爆燃性热面点火（激爆）

激爆是一种热面点火现象，是由燃烧室沉积物引起的爆燃性热面点火，是一种危害最大的热面点火现象。

发动机低速低负荷(水平路上,汽车行驶速度低于20km/h)运转时,燃烧室表面极易形成导热性很差的沉积物,它使高压缩比汽油机的内表面温度更高。此外,沉积物颗粒被高温火焰包围,使其急剧氧化和白炽化,将混合气点燃。在发动机加速时,气流吹起已着火的炭粒,使混合气产生多火点燃的着火现象,致使混合气剧烈燃烧,压力升高率和最高燃烧压力急剧增加。试验证明,此时压力升高率比正常值高5倍,最高燃烧压力比正常值高150%。气缸内的高温、高压又促使爆燃的产生,发出强烈的震动和噪声,危害极大。

爆燃和热面点火均属不正常燃烧现象,但两者是完全不同的,图3.35所示为正常燃烧和不正常燃烧过程示功图的比较。爆燃是火花塞跳火后末端混合气的自燃现象,爆燃时火焰以冲击波的速度传播,有尖锐的敲击声;与爆燃不同,热面点火一般是在电火花点火前或在正常火焰前锋面到达之前由燃烧室内炽热热面点燃混合气所致,它不是自燃,不会产生压力冲击波。"敲缸"比较沉闷,主要由运动件受到冲击负荷产生振动所造成。

爆燃和热面点火之间又存在某种内在联系,严重的爆燃增加向气缸壁的传热,促使燃烧室内炽热点的形成,凡是能促使燃烧室温度和压力升高以及促使积炭等炽热点形成的一切条件都能促成热面点火。而热面点火引起的早燃促使压力升高率和最高燃烧压力增大,使末端混合气受已燃混合气的热辐射,又促使爆燃的发生。

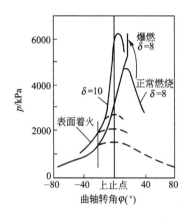

图3.35 各种燃烧过程的示功图比较

2. 影响热面点火的因素和防止产生的措施

1) 影响热面点火的因素

燃料本身形成沉积物的能力和空气混合气本身抵抗被点燃的能力对热面点火的产生有一定影响。

发动机结构参数和运转参数变化时,凡促进沉积物温度升高、改善氧气供应以及降低混合气点火能量的因素均将促进热面点火的发生。在发动机燃烧室内已有沉积物的条件下,下列因素均促使热面点火发生:

(1) 压缩比增加。

(2) 进气终点压力增加(节气门开大)。

(3) 进气温度增加。

(4) 转速增加。

(5) 在功率混合比下运行。

(6) 大气湿度下降。

2) 防止热面点火产生的措施

凡是能降低燃烧室温度和压力升高率,减小积炭等炽热点形成的因素都有助于防止热面点火。主要措施有:

(1) 选用低沸点的汽油(高沸点馏分尤其是重芳香烃含量要少)和成焦性小的润滑油(高分子量、低挥发性的成分要少)。

（2）压缩比降低到 8.5 或以下。

（3）避免长时间低负荷运行和汽车频繁加减速行驶。

（4）在燃料中加入抑制热面点火的添加剂，如添加磷化物可改变沉积物的物理化学性质，降低其着火能力。

3.4 影响燃烧过程的因素

影响燃烧过程的因素有以下几个方面。

1. 汽油的使用性能

汽油的蒸发性与抗爆性是影响汽油机燃烧过程的主要使用性能。

1）汽油的蒸发性

液态汽油汽化的难易程度称为汽油的蒸发性。汽油的蒸发性越强，就越容易汽化，与空气混合越均匀，使混合气的燃烧速度快，易于完全燃烧。因此，为保证汽油机良好的动力性和经济性，要求汽油必须具有良好的蒸发性。但蒸发性也不能太强，因为蒸发性过强的汽油在炎热夏季、高原山区使用时，易形成供油系"气阻"，甚至发生供油中断现象。

2）汽油的抗爆性

汽油的抗爆性是指汽油在发动机气缸内燃烧时抵抗爆燃的能力，用辛烷值评定，汽油的辛烷值越高，其抗爆性越好。采用不同试验方法测定辛烷值时，在值上有一定差异。马达法辛烷值表示汽油在发动机重负荷条件下高速运转时的抗爆能力，研究法辛烷值表示汽油在发动机常有加速条件下低值运转时的抗爆能力。

2. 混合气成分

对于电控汽油喷射系统，若与喷油控制有关的传感器失效、控制线路短路或断路、微机工作不正常、空气供给系统出现故障等，会使混合气成分发生变化。混合气成分的改变对发动机的动力性、燃油经济性及爆燃倾向有很大影响。因此，分析混合气成分对燃烧过程的影响是非常重要的。

在汽油机的转速、节气门开度保持一定，点火提前角为最佳值时，调节供油量、记录功率、燃油消耗率等随过量空气系数的变化曲线，称为汽油机在某一转速和节气门开度下的燃料调整特性(图 3.36)。

当使用最大功率混合气时，火焰传播速度最快，从火焰核心形成到火焰传播到末端混合气的时间缩短，使爆燃倾向减小。同时缸内压力、温度较高，压力升高率较大，使从火焰核心形成到末端混合气自燃发火的准备时间也缩短，又使爆燃倾向增大。实践证明，后者是影响的主要方面。因此，在各种混合气成分中，以供给最大功率混合气时最易产生爆燃，如汽车满载爬坡时容易产生爆燃。

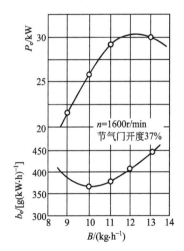

图 3.36 汽油机的燃料调整特性

3. 点火提前角

点火提前角 θ_{ig} 是指从火花塞发出电火花到上止点间的曲轴转角。点火提前角的大小对燃烧压力、温度、热效率和排气有害成分的形成等都有很大影响。点火提前角太大，较多混合气在压缩过程中燃烧，消耗的压缩负功增加，功率和经济性达不到最佳，且最高燃烧压力升高，易发生爆燃，导致内燃机零件损坏，排放性能也将变坏；而点火过迟，燃烧过程过迟，后燃增加，最高燃烧压力和温度都降低，排气温度升高，功率和经济性同样下降。因此，对于汽油机每一工况都存在一个最佳点火提前角，这时汽油机功率最大、燃油经济性最好、不发生爆燃而且排放性能好。

影响最佳点火提前角的因素很多，主要与汽油机转速、负荷、过量空气系数和进气压力、温度等有关。一般通过汽油机点火提前角调整特性试验测定，点火提前角调整特性（图 3.37）是指汽油机保持节气门开度、转速以及混合气成分一定时，其功率、燃油消耗率和排气温度等随点火提前角的变化关系。

由图 3.38(a) 可见，曲线 1 的示功图点火提前角为 θ_{ig1}。相比之下，点火提前角过大（点火过早），使经过着火落后期后，最高燃烧压力出现在压缩行程的上止点以前，最高压

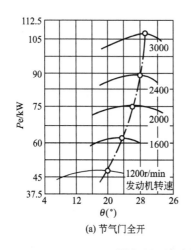
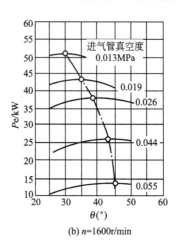

(a) 节气门全开　　　　　　　　　(b) n=1600r/min

图 3.37　点火提前角调整特性

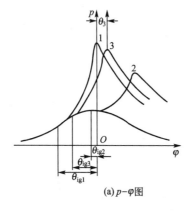
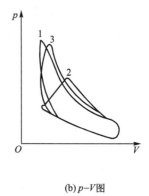

(a) p-φ 图　　　　　　　　　(b) p-V 图

图 3.38　不同点火提前角的示功图

力及压力升高率过大，活塞上行消耗的压缩功增加，发动机容易过热，有效功率下降，工作爆燃程度增加。在这种情况下，只要适当减小点火提前角，就可以消除爆燃。

曲线2的示功图对应的点火提前角过小 θ_{ig2}（点火过迟）。经过着火落后期后，燃烧开始时活塞已向下止点移动一定距离，使混合气的燃烧在较大容积下进行，炽热的燃气与缸壁接触面积大，散热损失增多，最高压力降低，且膨胀不充分，使排气温度过高，发动机过热，功率下降，耗油量增加。

曲线3的示功图对应的点火提前角 θ_{ig3} 比较适当。因而，压力升高率不是过高，最高压力出现在上止点后合适的角度内。从图3.38(b)的比较也可以看出，示功图1比示功图3多做了一部分压缩功又减少了一部分膨胀功；示功图2的膨胀线虽然比示功图3的高些，但最高压力点低，只有示功图3的面积最大，完成的循环功最多，发动机的动力性、经济性最好。

综上所述，过大过小的点火提前角都不好，只有选择合适的点火提前角才能得到合适的最高压力及压力升高率，使最高压力出现在上止点后 $12°\sim15°$ 曲轴转角内，保证发动机运转平稳、功率大、油耗低，这种点火提前角称为最佳点火提前角。实际使用中随着发动机工况的变化，最佳点火提前角也应相应改变。

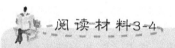

点火提前角的控制

影响最佳点火提前角的因素较多（如大气压力、温度、湿度、缸体温度、燃料辛烷值、空燃比、残余废气系数、排气再循环），传统的真空和离心调节装置只能随转速、负荷的变化对点火提前角作近似控制。为实现点火提前角的精确控制，近年来发展了一种点火时间的电子控制技术，它大体上分成两类：

一类是开环控制，它根据转速传感器和负荷传感器测得的信号，在存储器中预定的脉谱图上找出对应于该工况的近似最佳点火提前角来控制点火。预定脉谱图（图3.39）是事先通过实验得到的近似最佳点火提前角与转速和负荷的三维数据，存储在存储器中，若多加几个传感器还可监控更多一些参数。

另一类是闭环控制，它是一种自适应控制或反馈控制，可根据反馈信息确定下一次点火提前角的调节方向，目前作为反馈信息的参数采用转速较多，当负荷不变时，其调节点火提前角的控制逻辑为：

(1) 点火提前一个步长后，如转速增加，则点火再提前。
(2) 点火提前一个步长后，如转速下降，则点火推迟。
(3) 点火推迟一个步长后，如转速增加，则点火再推迟。
(4) 点火推迟一个步长后，如转速下降，则点火提前。

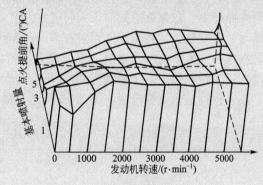

图3.39　点火提前角预定脉谱图

➡ 资料来源：孙军．汽车发动机原理．合肥：安徽科学技术出版社，2001．

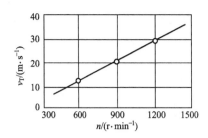

图 3.40　火焰传播速度随转速的变化

4. 发动机转速

在汽油机节气门开度一定时，随负荷的变化，转速相应变化。转速增加时，气缸中湍流增强，火焰传播速度加快。火焰传播速度随转速的变化如图 3.40 所示。因而，随转速增加压缩过程所用时间缩短，散热及漏气损失减少，压缩终了工质的温度和压力较高，使以秒计的燃烧过程缩短。但缩短程度不如转速增加的比例大，使与燃烧过程相当的曲轴转角增大，而以曲轴转角计的着火落后期增长。为此，汽油机装有离心提前调节装置，使得在转速增加时，自动增大点火提前角，以保证燃烧过程在上止点附近完成。

随转速增加，爆燃倾向减小。主要是转速的增加加速了火焰传播，使燃烧过程占用的时间缩短，未燃混合气受已燃部分压缩和热辐射作用减弱，不容易形成自燃点；转速增加，循环充量系数下降，残余废气相对增多，终燃混合气温度较低，对未燃部分的自燃起阻碍作用。因此，使用中若低速时发生爆燃，将转速提高后爆燃倾向可自行消失。

5. 发动机负荷

汽油机负荷的调节是量调节，即通过改变节气门开度，调节进入气缸的混合气数量达到不同的负荷要求。负荷减小时，节气门开度小，充量系数下降，进入气缸的混合气数量减少，但气缸内残余废气量不变，故残余废气系数增加，混合气稀释程度变大，滞燃期增加，火焰传播速度下降，P_z、T_z、$\Delta P/\Delta \varphi$ 均下降，但爆燃倾向减小。由于进气节流使泵气损失增加，冷却水散热损失也相应增加，因而 b_e 增大。

转速一定而负荷减小时，进入气缸的新鲜混合气量减少，而残余废气量基本不变，使残余废气所占比例相对增加。因为残余废气对燃烧反应起阻碍作用，使燃烧速度减慢。图 3.41 为发动机不同节气门开度时的示功图。为保证燃烧过程在上止点附近完成，需增大点火提前角，它靠真空提前点火装置来调节。低负荷时，爆燃倾向较小，主要原因是负荷低时，进气量少，残余废气相对较多，使燃烧最高温度和压力下降，阻止自燃产生。发动机在低转速大负荷时易爆燃，因此需要进行发动机点火提前角调整，可采用下述步骤：发动机急速运转状态下，突然将节气门开至最大，发动机自由加速，若能听到轻微的爆燃声，则点火提前角调整合适。图 3.42 所示为最佳点火提前角随负荷的变化关系。

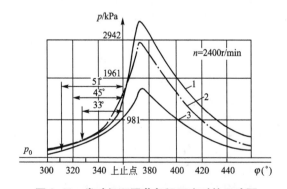

图 3.41　发动机不同节气门开度时的示功图
节气门开度：1—100%；2—40%；3—20%

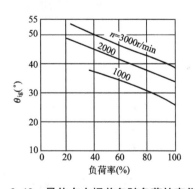

3.42　最佳点火提前角随负荷的变化

随着电子技术的发展，出现了微机控制的防爆燃控制系统。它可以根据爆燃信号自动调整点火提前角，使爆燃限制在很轻微的限度之内。使用该系统可在换用不同牌号汽油时省去调点火系统、供油系统的麻烦，汽油机的压缩比可适当提高，同时使热效率提高。经验表明，采用爆燃控制系统，除提高汽油机压缩比外，可使节油率达6%以上。

6. 冷却水温度

冷却水温度应控制在80～90℃（进口车90～100℃）。水温过高、过低均影响混合气的燃烧和发动机的正常使用，冷却水温不同时的示功图如图3.43所示。

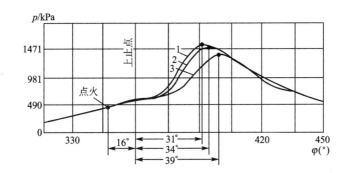

图3.43 不同冷却水温时的示功图
1—98℃；2—61℃；3—41℃

冷却水温度过高时，会使燃烧室壁及缸壁过热，爆燃及热面点火倾向增加。同时，进入气缸的混合气因温度升高，密度下降，充量减少，使发动机动力性、经济性下降。所以，在使用维护中，应注意及时清除水垢，使水流畅通；注意利用百叶窗调整发动机冷却水温度；经常检查水温表、节温器等装置，使其工作正常。

冷却水温度过低时，传给冷却水热量增多，发动机热效率降低，功率下降，油耗率增加；润滑油黏度增大，流动性差，润滑效果变差，摩擦损失及零件磨损加剧，容易使燃烧中的酸根和水蒸气结合成酸类物质，使气缸腐蚀磨损增加；不完全燃烧现象严重，使排放污染增多，易形成积炭。因此，使用中应注意控制好冷却水温，水温不能太低。

对于电控汽油喷射系统，应保证水温传感器工作正常，使发动机工作在正常水温范围内。

7. 燃烧室积炭

在发动机工作过程中，燃烧不完全的燃料和窜入燃烧室的机油因高温和氧化作用，其氧化聚合物凝聚在燃烧室壁面及活塞顶部，形成积炭，厚度可达几毫米。积炭不易传热，温度较高，在进气、压缩过程中不断加热混合气，使温度升高很快；积炭本身占有体积，减小了燃烧室容积，因而提高了压缩比，这些都促使爆燃倾向增加。积炭表面温度很高，形成炽热表面或炽热点，易引起热面点火。因此，使用维修中应注意及时清除积炭。

8. 压缩比

提高压缩比，可提高压缩行程终了工质的温度、压力，加快火焰传播速度。选择合适的点火提前角，可使燃烧在更小的容积下进行，使燃烧终了的工质温度、压力高。且燃气膨胀充分，热转变为功的量多，热效率提高，发动机功率、转矩大，有效耗油率降低。

但是，提高压缩比会增加未燃混合气自燃的倾向，容易产生爆燃。为此，要求改善燃烧室的设计，并提高汽油的辛烷值。随着燃烧室设计的改善和汽油辛烷值的提高，国内载货汽车压缩比为6.5～7.5；轿车为7.5～8.5。国外载货汽车压缩比为7～9；轿车为8～10。如果压缩比超过10以上，热效率提高程度减慢，机件的机械负荷过大，排放污染严重。因此，应注意选用合适的压缩比。

9. 燃烧室结构

气缸直径增大，火焰传播距离长，从火焰核心形成到火焰传播至末端混合气的时间增长；直径加大，面容比减小，传给冷却水的热量减少，从火焰核心形成到末端混合气自行发火的准备时间缩短。因而随气缸直径增大，爆燃倾向增加，所以无大缸径的汽油机，通常汽油机直径在100mm以下。此外，适当布置火花塞位置或采用多火花塞，可以缩短火焰传播距离，减少爆燃倾向。

10. 大气状况

当大气压力低时，将使气缸充气量减少，混合气变浓。同时压缩终点的压力也随之降低，故经济性和动力性下降；但爆燃倾向减小。

当大气温度高时，同样会造成充气量下降，经济性、动力性变差，而且容易发生爆燃和气阻。气阻是由于燃油蒸发在供油系管路中形成气泡，减少甚至中断供油的现象。因此，在炎热地区行车，应加强冷却系散热能力，采用供油量稍大的汽油泵。反之在寒冷地区行车要加强进气系统预热，增强火花能量，以保证燃油雾化、正常点火及起动。

3.5 汽油机的燃烧室

汽油机燃烧室结构直接影响到充气系数、火焰传播速度、燃烧放热率、散热损失、爆燃以及循环波动率等，因而对发动机的动力性、经济性、操作稳定及排放特性有很大影响。为此，燃烧室的结构设计应兼顾发动机的各项性能。常见汽油机燃烧室形状如图3.44所示。

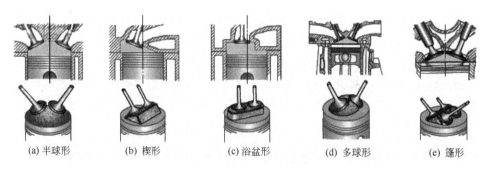

图 3.44 常见汽油机燃烧室形状

3.5.1 燃烧室设计要求

1. 燃烧室结构的紧凑性

燃烧室结构的紧凑性用燃烧室的面容比 A/V 来表征。燃烧室的面容比 A/V 即燃烧室的表面积与其容积之比。燃烧室面容比大小取决于气缸直径与燃烧室的形状。一般来说，A/V 小则燃烧室结构紧凑，火焰传播距离短，燃烧可在短时间内完成，使爆燃倾向减小，还可以提高发动机压缩比；同时，由于单位体积的表面积较小，相对散热面积小，热损失减少，发动机热效率高。侧置气门燃烧室的 A/V 大，因而只能在压缩比小于 7 的条件下正常工作，否则易发生爆燃，而顶置气门燃烧室的 A/V 较小，压缩比普遍达到 8～9 以上。另外 A/V 小，壁面淬熄效应减小，一般距壁面 0.05～0.5mm 处，火焰熄灭。HC 排放量减少（图 3.45），但结构过于紧凑又对减少 NO_x 排放和噪声等不利。

2. 火花塞位置和点火性能

火花塞的位置直接影响火焰传播距离的长短，从而影响抗爆性，也影响火焰面积扩展速率和燃烧速率。为此，确定火花塞位置时，应考虑以下几个方面：

（1）应使火焰传播距离短。如火花塞布置在燃烧室中央，使得在相同压缩比时爆燃可能性最小。

（2）使末端气体受热减少。如火花塞布置在排气门附近，避免末端混合气处温度过高而出现爆燃。

（3）减少各循环之间的燃烧变动，保证火花塞周围有足够的扫气气流。如火花塞布置在进、排气门之间，便于利用新鲜混合气扫除火花塞间隙处的残余废气，使混合气易于点燃，使冷起动和低速低负荷时的工作稳定性好，动力经济性和 HC 排放也会得到改善。

（4）确保发动机运转平稳。火花塞的位置应能使从火花塞传播开的火焰面逐渐扩大。

燃烧室中在同样的压缩比条件下，不同火花塞位置对燃料辛烷值要求也不同，顶置气门燃烧室火花塞位置对燃料辛烷值的要求如图 3.46 所示。

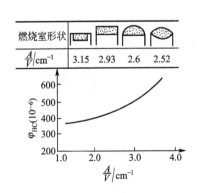

图 3.45 汽油机燃烧室的
A/V 与 HC 排放关系

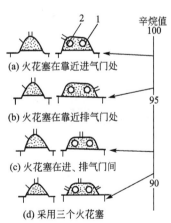

图 3.46 顶置气门燃烧室火花
塞位置对燃料辛烷值的要求
1—排气门；2—进气门

火花塞的点火性能对发动机性能与排放有重大影响。当火花塞间隙增加时,火焰核心形成的位置将离开壁面,可以避开停滞在壁面附近残余废气的影响,而且处于间隙内的混合气的绝对数量增加,着火的概率也增加。此外,火焰核心形成过程中,电极将从火焰核心中吸收能量,如果这部分热量吸收过大,则最终不能形成火焰核心,被称为电极的消焰作用。显然,当间隙增大时,消焰作用将减弱,因此,火花能点燃更稀的混合气。火花塞常用的间隙是0.5~0.8mm,超过1.1mm称为宽间隙火花塞。若采用更宽间隙如1.5~2mm,则火花塞要求的击穿电压高,一般点火系统由于不可能供给足够高的电压而引起熄火。

3. 燃烧室的容积分布

燃烧室的容积分布情况反映了混合气体的分布情况。燃烧室的容积分布应配合火花塞的位置统一考虑,最有利的分布是使燃烧过程初期压力升高率较小,发动机工作柔和,中期放热量最多,以获得较大的循环功;后期补燃较少,具有高的热效率。用不同形状的燃烧室试验结果如图3.47所示,圆锥形底部点火时,开始燃烧速率大,后期缓慢,如楔形燃烧室;圆锥形顶部点火时正好相反,开始缓慢,后期快速燃烧;圆柱形介于两者之间,如浴盆形燃烧室。另外,燃烧室廓线应尽可能圆滑,以避免凸出部产生局部热点。

4. 形成适当的湍流运动

燃烧室内形成适当强度的气体流动可以加快火焰传播;增加末端混合气的冷却作用;减少循环间燃烧变动,扩大混合气体着火界限,利于燃烧更稀混合气;减少壁面淬熄层厚度使HC排放量降低。但湍流过强,向气缸壁传热损失增加,还可能吹熄火焰核心而失火,反而使HC排放增多。汽油机产生湍流的方法有进气涡流和挤流两种。

1) 进气涡流

在进气过程中形成的绕气缸轴线有组织的气流运动,称为进气涡流。进气涡流是利用进气口和进气道的形状在进气过程中造成气流绕气缸中心线的旋转运动。进气涡流的形成加快了火焰传播速度,提高了燃烧速率,使热效率提高。但是,组织进气涡流的同时会使进气阻力增加,充量系数下降,而且在低速低负荷时难以获得良好的进气涡流。只依靠进气涡流的燃烧室非常少,通常配合组织压缩挤流。图3.48所示为天津7100轿车用发动机组织进气涡流的实例。

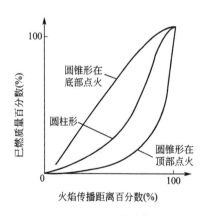

图 3.47 燃烧室形状对已燃质量百分数历程的影响

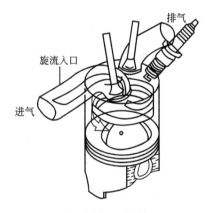

图 3.48 天津7100轿车用发动机组织进气涡流

2）挤流

在压缩过程后期，活塞表面的某一部分和气缸盖彼此靠近时所产生的径向或横向气流运动称为挤压流动，又称挤流。挤流强度主要由挤气面积和挤气间隙的大小决定。可利用燃烧室形状来控制挤流的大小和发生位置以及在燃烧室内扰动的形成及强度。图3.49所示为挤流式燃烧室。压缩挤流的最大速度出现在压缩行程上止点前，因而加快了急燃期内的火焰传播速度，使燃烧迅速。同时离火花塞最远的边缘气体因受两个冷表面的影响，容易散热，爆燃倾向减小。但挤气间隙过小时会增加HC排放量。一般挤气涡流不会引起充量系数下降，且可在节气门开度小时获得良好的湍流效果。

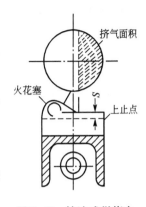

图3.49　挤流式燃烧室

5．有足够的进排气门流通截面

进排气门流通截面的增大，不仅使充气系数提高，还会使泵气损失下降。各种燃烧室中，两气门布置时，楔形和半球形燃烧室相对来说容易得到较高的进排气门流通截面，且气流也比较顺畅，阻力较小；四气门布置有最大的进排气流通截面。

3.5.2　燃烧室类型

1．楔形燃烧室

发动机楔形燃烧室，如图3.50所示，火花塞在楔形高侧的进排气门之间，可在火花塞附近形成较强的扫气气流，保证低速低负荷性能良好，结构紧凑，火焰传播距离短，挤气面积较大，对末端混合气冷却作用较强，使爆燃倾向减小。但同时由于挤气面积内的熄火区增大，HC排放量较多。气门斜置布置（6°～30°），有利于增大气门直径，流通截面较大，气道转弯较少，减小了进气阻力，提高充气性能，压缩比可达9～10。但因混合气过分集中于火花塞处，使燃烧初期压力升高率较大，工作粗暴，NO_x排放量较高。

2．浴盆形燃烧室

图3.51所示为发动机浴盆形燃烧室结构图，它具有以下特点：形状像椭圆形浴盆，

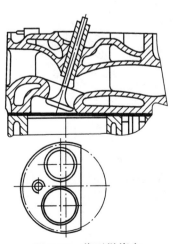

图3.50　楔形燃烧室

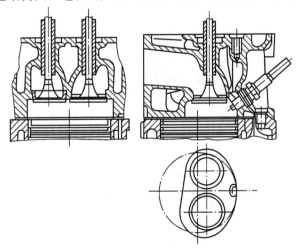

图3.51　浴盆形燃烧室

在双侧或单侧设置挤气面。高度相同,宽度略大于气缸范围,以便于加大气门直径。为防止壁面对气流的遮蔽作用,气门头部外形与燃烧室壁面之间需保持一定的距离(6~8mm),因而,气门尺寸受限制。挤气面积比楔形的小,挤流效果比较差,适当增加挤气面积可改善发动机性能。燃烧室的面容比 A/V 较大,火焰传播距离相对较长,压缩比一般不超过7.5,由于燃烧时间拖长,使压力升高率较低,动力性、经济性不高,HC 排放较多,但工作柔和,NO_x 排放较少。提高浴盆形燃烧室的挤流强度可改善发动机性能。

3. 半球形燃烧室

发动机半球形燃烧室的形状大致呈半球形或篷形,结构紧凑,如图 3.52 所示。与前两种燃烧室相比,面容比最小,加之火花塞布置于燃烧室中央,火焰传播距离最短。进排气门均斜置,两气门之间角度为 50°~75°,允许较大气门直径,气门双行排列,多采用双顶置凸轮轴,使配气机构结构复杂。进气道转弯最少,充量系数最高。火花塞附近容积较大,易使压力升高率过大,工作粗暴。湍流相对较弱,低速低负荷稳定性差。这种燃烧室没有挤气面,被压缩的混合气涡流较弱,易在低速大负荷时发生爆燃。

半球形燃烧室 A/V 值小,HC 排放低,但由于最高燃烧温度高,NO_x 排放较高。这种燃烧室由于其弧形气缸盖,特别适用于二冲程汽油机扫气气流的流动与扫气,最高转速在 6000r/min 以上的车用汽油机几乎都采用半球形燃烧室。

4. 碗形燃烧室

碗形燃烧室是布置在活塞中的一个回转体(图 3.53)。采用平底气缸盖,工艺性好。燃烧室全部机械加工而成,有精确的形状和容积,燃烧室表面光滑、紧凑、挤流效果好,压缩比可高达 11。燃烧室在活塞顶内使活塞的高度与质量增加,但与普通平顶活塞相比,增加量在 10% 以内,由于 A/V 较大,散热增加。碗形燃烧室的火花塞正好在挤气流入燃烧室的通道口上,而且点火瞬间正处在挤流流速急剧变化的时候。因此,点火时刻的微小变动,将引起该时刻火花塞间隙处的流速的较大变化。所以,点火时刻的选择应比其他燃烧室更为仔细,使在点火时流速不致过大或过小。

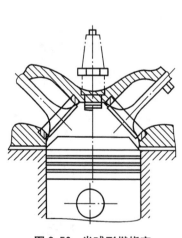

图 3.52 半球形燃烧室

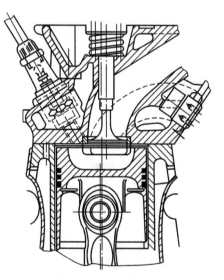

图 3.53 碗形燃烧室

5. 其他燃烧室

汽油机目前一个重要的研究方向是采用稀燃、速燃、层燃技术。采用稀薄混合气可以降低油耗，降低排放和提高压缩比。但采用稀燃技术会降低火焰传播速度，因此往往需要采取措施组织混合气的快速燃烧。

1) 带湍流罐的燃烧室

在燃烧室中设置副燃烧室，并在喷孔部位配置火花塞(图3.54)，混合气被点燃后流入副燃烧室。在压缩过程中，一边对火花塞间隙进行扫气，一边使混合气产生适当的流速。副燃烧室内的压力随着火焰传播而升高，然后喷入主燃烧室，产生湍流，促进主燃烧室的燃烧。

2) 双火花塞燃烧室

图 3.55 所示的半球形燃烧室中，相距 $D/2$ 对称布置两只火花塞，火焰传播距离缩短 1/2 左右，从而可推迟点火时刻，提高点火时混合气温度和压力，使着火性能改善，燃烧持续期缩短，提高发动机的性能。

3) 火球形燃烧室

图 3.56 所示为火球形燃烧室的结构图。燃烧室呈直径较小的盆形，位于缸盖的排气门下方，进气门下部有一浅凹坑，通过切向通道与燃烧室相连。进气过程形成的涡流在压缩过程中被挤入燃烧室中形成强烈的湍流，使火花塞点火后产生很高的湍流速度，这样可以大大提高燃烧速度。高速涡流加之紧凑的燃烧室允许使用高的压缩比而不引起热面点火或爆燃。它可以燃烧非常稀的混合气，空燃比可达 26，其压缩比一般可提高到 13.5～14.6，试验时可高达 16。因此，该燃烧室热效率高，燃油消耗低，排放量也有明显下降。

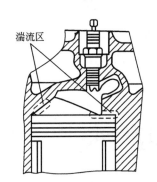

图 3.54 带湍流罐的燃烧室

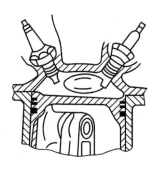

图 3.55 双火花塞燃烧室

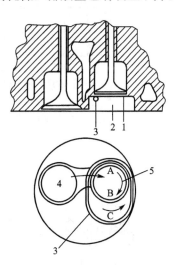

图 3.56 火球形燃烧室

1—排气门；2—燃烧室；3—火花塞；
4—进气门；5—涡流方向(A-B-C)

4) 分层燃烧室

为合理组织燃烧室内的混合气分布，即在火花间隙周围局部形成具有良好着火条件的较浓混合气，空燃比为 12～13.4，而在燃烧室的大部分区域是较稀的混合气。为了有利于火焰传播，混合气浓度从火花塞开始由浓到稀逐步过渡，这就是所谓的分层燃烧系统。实现汽油机分层燃烧有两种方式：进气道喷射的分层燃烧方式和缸内直喷分层燃烧方式。

（1）进气道喷射的分层燃烧方式。进气道喷射的分层燃烧方式有轴向分层燃烧系统和横向分层燃烧系统两种。轴向分层燃烧系统在进气阀导气屏的作用下造成强烈的进气涡流，进气过程后期进气门开启接近最大升程，进气道上的喷油器将燃料对准进气门喷入气缸内，燃料在涡流的作用下，使利于火花点火的较浓混合气留在气缸上部靠近火花塞处，气缸下部为稀混合气，形成轴向分层（图3.57），这种分层一直维持到压缩行程后期，其空燃比达到22，部分负荷时燃油消耗率降低12％。

横向分层燃烧系统是利用滚流来实现的，图3.58所示为四气门横向分层燃烧系统。在进气道中设置两块薄的垂直隔板，活塞顶做成有助于生成滚流的曲面，使进气在气缸内形成三股独立的滚流，在滚流的引导下经过设置在气缸中央的火花塞，在其两侧为纯空气，中间的一股是浓混合气，使燃料和空气在压缩过程中维持分层。此燃烧系统经济性比常规汽油机提高13％，NO_x含量（体积分数）下降80％。

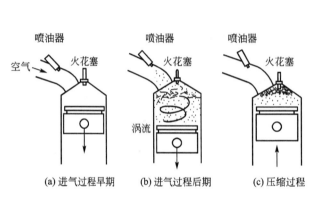

图3.57 轴向分层燃烧系统

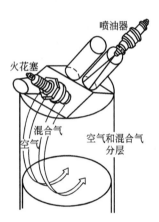

3.58 横向分层燃烧系统

① 美国德士古公司的TCCS燃烧系统。美国德士古公司的TCCS（Texaco controlled combustion system）也称可控燃烧系统。燃烧室结构如图3.59所示，其混合气形成过程如图3.60所示。

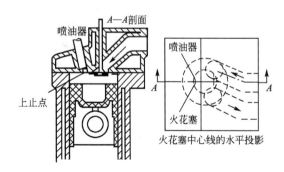

图3.59 TCCS燃烧室的结构

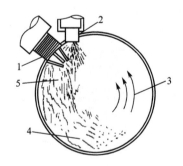

图3.60 TCCS燃烧系统混合气形成过程
1—火花塞；2—喷油器；3—涡流方向；
4—稀混合气；5—浓混合气

TCCS 的燃烧室布置于活塞顶内，呈直口深坑形。利用进气道和导气屏产生较强的进气涡流，在压缩过程中，由于活塞顶挤气面积产生的挤流，进一步加强了空气与燃油的混合，提高燃烧速度。火花塞布置在沿气流的喷油器下方（下风区），在火花塞电极附近的可燃混合气较浓，保证在各种转速、负荷下均能可靠地着火。着火后，火焰随气流和喷雾卷向下风区（较稀）及整个燃烧室。以后喷入的燃油是边喷射、边混合、边燃烧，直至燃烧过程结束。TCCS 燃烧系统平均有效压力高，采用稀混合气，使油耗较低，已接近于相同转速直喷式柴油机的水平。

② 日本三美公司的 MCP 燃烧系统。日本三美公司的 MCP（Misubishi combustion process）属分层充气燃烧系统，如图 3.61 所示。其火花塞位于喷油器的下风区，喷雾采用逆气流，即与空气涡流方向相反。在低负荷时，油束偏向下风区，使火花塞周围形成较浓混合气，着火可靠。高负荷时，油束密集，喷射较远，有利于充分利用气缸充量，空气利用率高。故其最低有效燃油消耗率比一般汽油机低 20%，同时，该系统总空燃比很大，使排污较少。

③ 德国波尔舍 SKS 燃烧系统。德国波尔舍公司的 SKS 分层充分燃烧系统如图 3.62 所示。它与本田公司 CVCC 燃烧系统的主要区别在于以副燃烧室中的汽油喷射代替了副进气门供给的浓混合气。副燃烧室中的可燃混合气浓度较高，并且扰动较强，燃烧速度快。副燃烧室中的浓混合气点燃后立即经过连接通道喷入主燃烧室。主燃烧室中的可燃混合气浓度较低，因此燃烧缓慢，最高温度较低，使 NO_x 排放较少。总空燃比大，有利于减少生成 CO 和 HC。该系统对汽油辛烷值要求较低，可采用较高压缩比，有利于燃油经济性的提高。

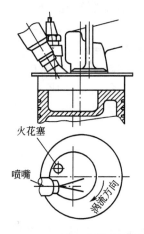

图 3.61 MCP 燃烧系统

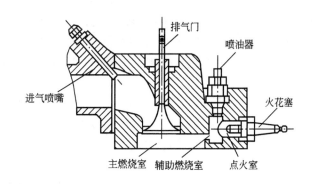

图 3.62 波尔舍 SKS 燃烧系统

（2）缸内直喷分层燃烧方式。汽油机缸内直喷（GDI）燃烧系统可实现均质混合气燃烧、分层混合气燃烧以及均质混合气压燃燃烧。

汽油机缸内直喷（GDI）发动机技术发展现状

对于汽油机缸内直喷的工作方式，20 世纪 50 年代德国的 Benz300SL 车型和 60 年代 MAN-FM 系统，70 年代美国 Texaco 的 TCCS 系统和 Ford 的 PROCO 系统就曾经采用过。这些早期的 GDI 发动机在大部分负荷范围实现了无节气门控制并且燃油经济性接近非直喷柴油机。其主要缺点是由于采用机械式供油系统,高负荷甚至全负荷时后喷时刻是固定的,燃烧产生的烟度值限制了空燃比不能超过 20∶1。

20 世纪 90 年代以后,由于发动机制造技术的迅速提高,制造精密、性能优良的内燃机部件的应用和精度高、响应快的电控汽油直喷系统的应用使得 GDI 发动机的研究与应用得到快速发展。GDI 发动机瞬态响应好,可以实现精确的空燃比控制,具有快速冷起动和减速断油能力及潜在的系统优化能力,这些都显示了它比进气道喷射汽油机更优越。

由于排放、燃烧稳定性、燃油品质、性能及可靠性等方面的问题限制了 GDI 发动机普遍应用,GDI 技术完全替代 PFI 技术目前仍然存在一些技术难题。国内外的公司和研究机构也都在积极地开发设计新型直喷发动机,如 AVL 公司正在开发基于喷射引导和激光点火系统的新一代分层稀燃直喷发动机技术。目前,国内一汽集团、华晨、奇瑞、长安和吉利等汽车企业联合高校正在开发理论空燃比混合气或多种燃烧模式相结合的 GDI 发动机。

> 资料来源:(1) ZHAO F. Automotive spark - ignited direct - injection gasoline engines. Progress in Energy and Combustion Science, 1999, 25(5).
> (2) 杨世春. 缸内直喷汽油机技术发展趋势分析. 车用发动机, 2007(5).

缸内直喷分层混合气燃烧主要依靠由火花塞处向外扩展的由浓到稀的混合气,目前实现方法有三种,即借助于燃烧室形状的壁面引导方式、依靠气流运动的气流引导方式和依靠燃油喷雾的喷雾控制方式。前两种方式都有可能形成壁面油膜,是造成 HC 排放高的主要原因;后一种方式与喷雾特性、喷射时刻关系密切,但控制起来比前两种要难。

GDI 发动机部分负荷时在压缩行程后期喷油,形成分层混合气,空燃比 A/F 为 25~40 或更大;高负荷时在进气行程早期喷油,形成均质混合气,A/F 为 20~25 或理论空燃比或最大功率空燃比。

① 缸内直喷轴向分层燃烧系统。在这种燃烧系统中,由进气形成较强的进气涡流,燃油是在进气行程的后期通过喷油器直接喷入气缸,在气缸上部形成易于点燃的浓混合气,由上至下形成由浓到稀的分层混合气。研究表明这种分层状态可一直维持到压缩行程的末期。

② 三菱缸内直喷分层充量燃烧系统。三菱缸内直喷分层充量燃烧系统(图 3.63)是采用纵向直进气道在缸内形成强烈的滚流,其滚流旋转方向为顺时针,与通常的缸内滚流方向正好相反,故称之为反向滚流。燃烧室为半球屋顶形,借助于滚流运动在火花塞周围形成浓混合气,火花塞至燃烧室空间形成由浓至稀的混合气分层现象。采用电磁式旋流喷油器,喷雾呈中空的伞状,喷雾锥角大(70°~80°)以保证充分的空间分布和油束扩散,贯穿距离短以减少燃

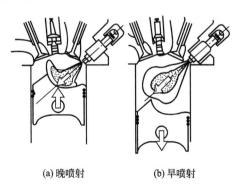

图 3.63 三菱缸内直喷分层充量燃烧系统
(a) 晚喷射　(b) 早喷射

油碰撞活塞顶面。喷射压力为5MPa以保证良好的燃油雾化。此燃烧系统在部分负荷时采用分层混合气燃烧以提高燃油经济性，全负荷时采用均质混合气以保证功率输出。

在部分负荷时，燃油在进气行程后期喷向半球形的活塞凹坑，喷到凹坑的燃油向火花塞方向运动，在缸内滚流的帮助下，在火花塞附近形成浓混合气。燃烧室内整体为较稀的分层混合气，稳定运转时的空燃比可达40，燃油消耗率大幅度降低。

在高负荷时，燃油在进气行程的早期喷入气缸，形成化学计量比或稍浓的均质混合气。油束不接触活塞顶面，燃油的蒸发将使缸内充量温度下降，充量系数提高，所需辛烷值下降，压缩比可达12∶1。

习题

一、填空题

1. 缸外喷射系统是将喷油器安装在_____或_____上，以0.20～0.35MPa的喷射压力将汽油喷入进气管或进气道内。

2. 电子控制汽油喷射系统主要由_____、_____和_____三部分组成。

3. 汽油机燃烧过程按其压力变化特点分成三个阶段，分别为：_____、_____和_____。

4. 汽油机在稳定的正常运转情况下，不同气缸的燃烧情况以及不同循环的燃烧情况很难保持稳定，会产生燃烧上的差异，这种循环之间和气缸之间的燃烧差异称为_____。

5. 汽油机燃烧过程中，如果火焰前锋未到达前，末端混合气温度达到了自燃温度，形成新的火焰核心，产生新的火焰快速传播，这种现象称为_____。

6. 点火提前角太小即燃烧过程过迟，则后燃_____，最高燃烧压力和温度都_____，排气温度_____，功率和经济性都下降。

7. 实现汽油机分层燃烧有两种方式：_____的分层燃烧方式和_____分层燃烧方式。

二、思考题

1. 电控汽油喷射系统如何实现对喷油量的控制？
2. 汽油机正常燃烧过程分哪些阶段？各阶段有何特点？
3. 何为汽油机的不规则燃烧？产生的原因是什么？对汽油机性能有什么影响？
4. 爆燃产生的机理是什么？影响爆燃的因素有哪些？
5. 什么是热面点火？防止热面点火的主要措施有哪些？
6. 影响燃烧过程的因素主要有哪些？分析点火提前角和混合气成分对燃烧过程的影响。
7. 汽油机燃烧室的设计要求有哪些？
8. 简述汽油机燃烧室的类型及各自的特点。

第 4 章
柴油机的雾化与燃烧

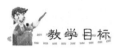
教学目标

了解柴油的雾化特性，柴油机燃烧室的分类、特点和对燃烧的影响，了解柴油机电控燃油喷射技术的特点；掌握柴油机混合气的形成过程和燃烧过程，柴油机的喷射，影响柴油机燃烧过程的因素和改善措施。

教学要点

知识要点	掌握程度	相关知识
柴油的雾化与混合气的形成方式	了解柴油的雾化特性；掌握柴油机混合气的形成方式	与汽油机混合气的形成作比较，分析柴油机混合气的雾化特点
柴油机的燃烧过程	掌握柴油机燃烧过程的四个阶段及其特点，柴油机燃烧过程存在的问题	与汽油机燃烧过程作比较分析，柴油机工作粗暴与汽油机爆燃的区别和联系
柴油机燃油系统工作特性	了解柴油机燃油喷射过程；掌握柴油机不正常喷射原因及危害	柴油机燃油喷射系统的组成；喷油规律及其测量方法；喷油泵速度特性及校正方法
柴油机的燃烧室	了解柴油机燃烧室的分类；掌握分割式燃烧室和直接喷射式燃烧室的结构特点	空气式室燃烧室，涡流室式燃烧室，开式、半开式燃烧室
柴油机电控燃油喷射技术	了解柴油机电控燃油喷射系统的发展现状；掌握其基本组成和工作原理	柴油机电控燃油喷射共轨技术，汽油机电控技术

导入案例

柴油发动机的燃烧方式是将燃油喷入燃烧室中,并与燃烧室中空气混合来产生自燃。因此,为达最大性能与平稳运行的情况,必须有适当的喷油量与喷油时机。同时,在喷入燃油时必须要让燃油以雾化形式来喷出以获取平顺的燃烧效果。也就是说,柴油发动机的供油系统必须在喷油量、喷油时间及燃油雾化三方面有准确的控制。只有保证这三方面的精确控制,柴油机的动力性、经济性、排放性才能达到最佳。

以柴油机冒黑烟为例说明柴油雾化不良对柴油机性能的影响,冒黑烟实例如图 4.1 所示。

图 4.1 柴油机排气冒黑烟

柴油机冒黑烟是柴油未充分燃烧,在高温情况下分解出炭质随废气排出的一种现象。排气冒黑烟,不但降低了发动机功率,增加了柴油消耗量,且易形成积炭,缩短发动机使用寿命。喷油器的雾化程度直接影响到柴油机气缸内的燃烧质量。如果喷入气缸的燃油雾粒大,那么燃烧所需的时间就长,结果没有完全燃烧的炭质被排出就变成黑烟。当喷射角度不对或有滴油情况时,也会使燃油雾化不良而冒黑烟。还有就是喷油压力没有达到出厂压力,也会引起柴油机燃烧不完全,产生冒黑烟现象。概括来讲引起柴油雾化不良的原因有:①喷油器压力调整过低;②喷油器调压弹簧折断或发卡;③喷油器针阀与阀座积炭,针阀卡滞或磨损过甚;④喷油泵出油阀减压环带磨损过甚,使喷油器滴油。

4.1 燃油雾化与混合气形成

柴油机使用的燃油是较难挥发而较易自燃的柴油,它的混合气形成和燃烧与汽油机相比有着本质的不同,柴油机燃油是通过供油喷射系统(机械喷射系统或电控喷射系统)将柴油雾化,其作用是按柴油机各种工况的需要,将定量柴油在适当的时间,以合理的空间形态喷入燃烧室,即对定量柴油的数量、喷油的时间和油束的空间形态三方面实行有效的控制。这对混合气的形成和燃烧过程的有效组织有着重要作用。在柴油机的工作过程中,混合气形成和燃烧是个主要过程,对柴油机的特性影响最大。在燃烧过程中,柴油的化学能经过燃烧产生热能,使气体膨胀做功,转变为机械能。燃烧过程的好坏,关系到能量转换效率的大小,从而直接影响柴油机的性能指标。柴油机混合气形成和燃烧牵涉面很广,影响因素很多，本章着重介绍混合气形成和燃烧的基本原理。

4.1.1 燃油雾化及油束特性

柴油机燃烧主要在气态下进行，因此液体柴油通过高压油泵的柱塞运动，将柴油压缩到一定高的压力并输送到喷油器，在喷孔前后形成较大的压力差，经喷孔而高速喷射雾化。由于要求必须在很短的时间内形成可燃混合气，所以雾化应具备以下的必要条件。

(1) 雾化：油滴尺寸小，可以大大增加燃油的蒸发表面积，增加燃油与空气的接触机会，使气化和燃烧进行得快。所以油滴必须粉碎得细小均匀。

(2) 贯穿力：如油滴静止不动，就会被燃气包围不能与空气接触而无法燃烧，所以直到燃烧终了为止，油滴必须具有在空气中突进的能力，使能达到一定的喷射距离。

(3) 分布：为了增加平均有效压力，气缸内的空气应全部用于燃烧。在燃烧室中，油滴没有达到的地方空气就不能全部利用，而油滴密集处又由于空气不足而出现不完全燃烧。因此柴油在燃烧室内的分布情况同燃烧时的空气利用率具有密切的关系。虽然分布度与燃烧室的大小和形状、喷油器、喷孔的数目和燃烧室内的气流运动有关，但喷雾本身的分散度也是至关重要的，尤其是那些主要靠喷雾形成混合气的柴油机。

将柴油分散成细粒的过程称为柴油的雾化或喷雾，其目的是大大增加柴油蒸发的表面积，增加柴油与氧接触的机会，以达到迅速混合的目的。

实际的雾化过程是流动的并且复杂的，所以从理论上要对它进行解析是极其困难的。对于实际的雾化大多数资料是以实验研究所得的结果为依据的。下面介绍柴油雾化的基本原理。

1. 柴油雾化及特性

柴油以很高的压力（10~20MPa）和很高的速度（100~300m/s）从喷油器的喷孔喷出，在高速流动时所产生的内部扰动及气缸中空气阻力的作用下，被粉碎成细小的油粒，即柴油被喷散雾化。这样可以大大增加其表面积，加速混合气形成。例如，如果将 130mm^3 的柴油形成一个油滴，表面积约为 124mm^2，而如果将其分散成直径为 $20\mu\text{m}$ 的油滴、个数可达 3.1×10^7，表面积总和为 39000mm^2，比仅形成一个油滴的表面积增加了 314 倍。

因此，雾化喷散得越细、越均匀，说明雾化质量越好。一般雾化质量是用喷散细度和喷散均匀度来评价的。喷散细度可以用油束中油粒的平均直径来表示，平均直径越小，则喷雾越细。油束中油粒直径常用下列四种平均直径来表示。

算数平均直径，即

$$\bar{d}=\sum n_i d_i/n \tag{4-1}$$

体积平均直径，即

$$\bar{d}=(\sum n_i d_i^3/n)^{1/3} \tag{4-2}$$

表面积平均直径，即

$$\bar{d}=(\sum n_i d_i^2/n)^{1/2} \tag{4-3}$$

总体积和表面积平均直径，即

$$\bar{d}=\sum n_i d_i^3/\sum n_i d_i^2 \tag{4-4}$$

式中：d_i 为油滴直径；n_i 为油滴数；n 为油滴的总数。

总体积和表面积平均直径表示法是目前最通用的描写喷雾油束雾化程度的表达式，称为沙特(Santer)平均直径，简写为 SMD。

四种表示方法是从不同角度说明实际喷射油束的雾化细度。对于柴油蒸发、混合和燃烧来说，油数中所含油滴的表面积大小直接关系到柴油蒸发速率的快慢，这又关系到混合气形成数量和燃烧反应的速率。因此，用总体积和表面积之比的方法所求出的液滴平均直径是最能反映实际油束滴群燃烧属性的。显然，沙特平均直径越小，表明实际油束雾化越细，越易受热蒸发形成可燃混合气，促使燃烧迅速进行。

理论上计算出沙特平均直径还不可能，但可通过激光全息照相或其他方法测出喷雾场的雾化油滴直径和个数，通过计算机识别统计，绘出沙特平均直径分布图。日本学者棚泽、丰田等人根据大量试验结果，绘出了求油滴平均直径的公式，即

$$\bar{d}=k\frac{D_n\times 10^3}{w_f}\left(\frac{0.1\times\sigma}{r_f}\right)^{0.25}\left(\frac{r_f}{r_a}\right)^{0.25}\sqrt{g}\left[1+3.31\frac{\nu\sqrt{g}}{\sqrt{\sigma r_f D_n}}\right] \quad (4-5)$$

式中：对于连续喷射 $k=47$，对间歇喷射 $k=70.5$(Bosch 单孔喷嘴)；D_n 为喷孔直径(m)；w_f 为喷出速度(m/s)；σ 为表面张力(kg/m)；r_f、r_a 为柴油和空气的密度(kg/m³)；ν 为柴油黏度(Pa·s)；g 为重力加速度(m/s²)。

从式中看出，当喷射压力差大使喷出速度 w_f 增加时，$\bar{d}$ 就减小；当黏度 ν 增大时，雾化质量变坏，$\bar{d}$ 就增大；当喷孔直径 D_n 增大时也引起液滴直径增大。

喷散均匀度可用油粒的最大直径与平均直径之差来表示，直径差越小则喷雾越均匀。同样也可以用实验的方法，把油束中的油粒直径测量出来后，画成曲线来表示油粒的细度和均匀度，这种曲线称为雾化特性曲线，如图 4.2 所示。横坐标是油滴直径，纵坐标是某一直径的油粒占全部油粒的百分数。曲线越窄，越靠近纵坐标轴，表示油粒越细，越均匀。

2. 油束的形成及特性

1) 油束的形成

高压油管以较高的喷射压力和较快的喷出速度从喷油器的喷孔喷射入燃烧室，形成一个由大小不同的油粒所组成的圆锥体称为油束，如图 4.3 所示。油束中间部分的柴油雾化

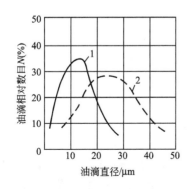

图 4.2 雾化特性曲线
1—喷油压力 34MPa；2—喷油压力 15MPa

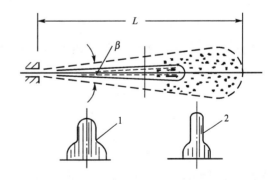

图 4.3 油束的形状
1—横截面油粒大小分布；2—横截面油粒速度分布

较差，油粒密集且直径较大，前进速度也较大。油束外部油粒分布较分散，且直径较小、外部细小油粒最先蒸发并与空气混合形成可燃混合气。

2）油束特性

一般油束本身的特性可用喷雾锥角、射程及雾化质量来描述。

（1）油束射程 L。油束射程又称贯穿距离，亦称贯穿力。L 大小对柴油在燃烧室中的分布有很大影响，如果燃烧室尺寸小，而射程大，就有较多的柴油喷到燃烧室壁上；反之如果 L 过小，则柴油不能很好地分布到燃烧室空间，燃烧室中空气得不到充分利用。因此油束射程必须根据混合气形成方式的不同要求与燃烧室相互配合。

（2）油束锥角 β。从喷油器喷孔画出的一对相切于油束外廓面的切线之间的夹角称为油束锥角 β。油束锥角数值大小与喷油器结构有很大的关系，对相同的喷油器结构，一般用 β 来标明油束的紧密程度，β 大说明油束松散，β 小说明油束紧密。

（3）雾化质量。前面以述，雾化质量表示柴油喷散雾化的程度，一般是指油束中油滴的细度和均匀度。油束中油滴越细、越均匀、雾化质量越好。需注意的是雾化质量是指单一的油束而言，至于多油束在燃烧室空间的分布对整个燃烧室内混合气形成的影响，乃是雾化质量的另个重要方面，这与喷油器喷孔的数目与分布、喷油器的安装位置等因素有关。

4.1.2 影响雾化与油束特性的因素

喷雾是由油滴群组成的。理论上讲，一个油滴在前进时受到与速度的 1.2～2 次方成正比的空气阻力作用。假设在一定条件下单个液滴在单位时间内能移动 25mm 左右，但实际上由于是很多的油滴同时前进，在喷雾中先行的液滴，一面减速，一面引起伴流，所以，整个喷雾的移动距离则可达 250mm。因此，油滴群对油束有很大影响。研究表明，对于大、中型柴油机来讲，油束射程 L、油束锥角 β、喷射压力与介质反压力 Δp 以及喷油器结构参数关系式为

$$L \approx (2c\Delta p/\gamma_a)^{1/4}\left(D_n t/t_g \frac{\beta}{2}\right)^{1/2} \quad (4-6)$$

式中：c 为收缩系数；w_f 为喷出速度（m/s）；t 为时间（s）。

从式（4-6）中可以看出，油束特性主要受以下因素影响：

1. 喷油嘴结构

喷油嘴的结构不同，引起油束形成的内部扰动也不同，从而就产生不同形式的油束，喷油嘴的主要结构形式如图 4.4 所示。油束要与燃烧室密切配合，不同的燃烧室要求不同形式的油束。图 4.4(a)所示为多孔喷油嘴，用于对雾化质量要求较高的直接喷射式柴油机。当喷油压力和介质反压力不变及喷孔总截面积不变的条件下，增加喷孔数目，则每个喷孔的直径减小，柴油流出喷孔时将受到更大的节流，在喷孔内扰动也就增加，因此雾化质量提高，如图 4.5 所示；如果喷孔长度和直径之比（L/d）大，则喷孔出口处的喷出速度增大，贯穿距离增大。图 4.4(b)所示为轴针式喷油嘴，其针阀头部升入喷孔中，针阀头部的形状为锥形，改变锥角的大小可控制油束锥角的变化。一般油束锥角为 0°、15°、30°、45°等。当喷孔的形状为最大时，则喷油速度也最大。

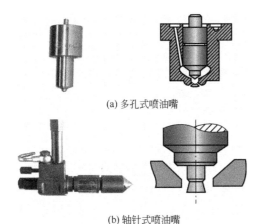

(a) 多孔式喷油嘴

(b) 轴针式喷油嘴

图 4.4 柴油机喷油嘴结构

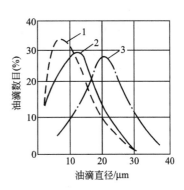

图 4.5 喷孔数目及直径对雾化质量的影响
1—喷孔直径 4×0.4mm；2—喷孔直径 2×0.57mm；
3—喷孔直径 1×0.57mm 喷射压力 27.4MPa，
背压 0.98MPa，喷油泵凸轮转速 90r/min

2. 喷油压力

柴油的喷油压力越大，则燃油流出的初速度就越大，在喷孔中柴油扰动程度及喷出喷孔后所受到的介质阻力也越大，从而使雾化的细度和均匀度提高，即雾化质量好，如图 4.6 所示；喷油压力增加，也使油束射程增加，如图 4.7 所示。喷油压力过高，则高压油管容易胀裂，喷油器容易磨损，对喷油管制造要求也较高。在喷油过程中，柴油的实际喷射压力是变化的，一般产品说明书上的喷油压力是指喷油器针阀开启压力；高速柴油机喷油器针阀开启压力一般为 10~20MPa。而在喷油过程中，高压油管中的最高压力对一般柴油机可达 50MPa，对高增压的中速柴油机甚至达 100MPa 以上。

图 4.6 喷油压力对雾化质量的影响
a—34.3MPa；b—14.7MPa

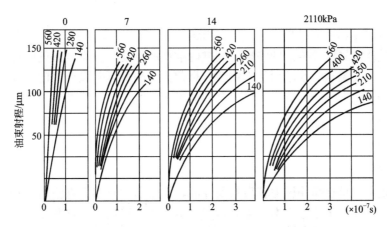

图 4.7 喷油压力、介质压力及油束射程随时间的变化关系

3. 燃烧室压力

柴油机燃烧室内工质压力相对喷油压力是工质反压力，工质反压力增加，使工质密度增大，引起作用在油束上的空气阻力增加，因此柴料雾化有所改善，喷雾锥角增加，使油束射程缩短，如图4.7所示。在非增压的柴油机中，工质反压力为3.5～4MPa，变化不大，所以对油束特性影响并不显著。

4. 气缸温度

柴油向气缸内喷射时，由于温度高，油粒在前进中将发生蒸发或燃烧，所以与向常温的压缩空气中喷射的情况不同。在高温空气中，由于空气的黏度增加和柴油的表面张力减小，雾化变好，但油粒由于蒸发而变小，速度很快降低，使油束射程小。因此，要想从油束在常温压缩空气中的状态来判断实际发动机中的燃烧是否良好很困难。

5. 喷油凸轮外形及转速

当凸轮形状较陡或凸轮转速较高时，喷油泵的柱塞供油速度加快，由于喷油器喷孔节流作用会使油管中的柴油压力增加，从而使喷油速度增大油束射程和喷雾锥角均有所增加，因此雾化变好。

4.1.3　柴油机可燃混合气的形成方式

柴油机所用的燃料是柴油，由于柴油的黏度较大、不容易挥发，所以柴油机必须借助喷油设备（喷油泵和喷油器等）将柴油在接近压缩行程终了的时刻，通过高压以细小的油滴形式（油滴直径为 $1\sim 50\mu m$）喷入气缸，柴油机是采用缸内混合的方式形成可燃混合气。这些细小油粒在气缸中与高温高压的热空气混合，经过一系列物理化学准备，然后着火燃烧。

柴油机可燃混合气的形成时间极为短促。一般全负荷时的供油持续时间只有15°～35°曲轴转角。这就给柴油机中柴油与空气的良好混合和完全燃烧带来了很大困难，想要获得良好的燃烧过程是不可能的。而且喷油与燃烧重叠，出现边燃烧、边喷油、边混合的情况，所以混合气形成过程很复杂。因此，必须采取措施来保证及时形成可以迅速燃烧的混合气。由于柴油机混合气的形成与燃烧是紧密联系的，所以混合气形成对燃烧过程有决定性的影响。

在柴油机研发和发展过程中，人们认识到柴油机要获得燃油与空气迅速、良好的混合，必须使燃烧室结构、柴油的喷雾、气缸内空气的运动三方面良好的匹配，而且还应避免柴油直接进入高温缺氧区域而引起裂解。目前，柴油机可燃混合气的形成方式有两种分类：①按柴油雾化方式分为空间雾化混合和油膜蒸发混合；②按雾化时序方式分为柴油预混合和燃烧热混合。

1. 按柴油雾化方式

1）空间雾化混合

空间雾化混合是在喷油压力较高的条件下，将柴油喷向燃烧室空间。利用油束与空气的相对运动及空气在压缩过程中产生的热能，实现破碎雾化、吸热蒸发并与空气混合形成可燃混合气。在气缸直径较大的直喷式燃烧室中，由于燃烧室的体积较大，这种空间雾化混合的形式可在无涡流或弱涡流的情况下,依靠喷油系统提供良好的喷雾条件来实现。对于气缸直径较小的分隔式燃烧室,只靠喷雾条件的改进还不行,还必须依靠燃烧室内组织强烈的涡流运动予以配合才能实现。一般来说,采用空间雾化混合形式的直喷式燃烧室,喷油器喷孔数较多、孔径相对来说较细,安装位置处于燃烧室的中间。

空间雾化混合是一种传统的混合气形成方式。它对供油系统和供油设备的技术和质量要求比较高,而对进气系统和燃烧室形状的要求相对来说较低。

空间雾化混合方式的优点是不必专门组织进气涡流,从而避免了复杂的进气道以及由此造成的充气系数的下降,因而柴油机的经济性较好。其缺点是供油设备的制造和调试水平要求高,供油系统的故障相对来说较多;且由于预混合燃烧阶段烧掉的柴油量较多,最高燃烧压力和最大压力升高率较高,柴油机工作粗暴,零件承受的热应力和机械应力较大;由于最高燃烧温度较高,一般 NO_2 的排放率较高。

总之,空间雾化混合是将柴油喷向燃烧室空间,形成空间雾化油滴并从高温空气中吸热蒸发并扩散,与空气形成混合气。为了使混合均匀,要求喷出的油雾外形基本上与燃烧室形状相配合,并利用燃烧室中的空气运动与其配合,如图 4.8 所示。

2) 油膜蒸发混合

油膜蒸发混合是将大部分柴油喷射到燃烧室壁面上,形成一层油膜,油膜受热蒸发汽化,在燃烧室中强烈的涡流作用下,柴油蒸气与空气形成均匀的可燃混合气,如图 4.9 所示。

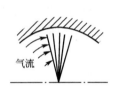
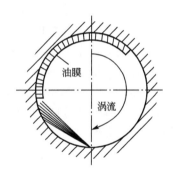

图 4.8　空间雾化混合方式　　图 4.9　油膜蒸发混合方式

在车用柴油机中,柴油或多或少地会喷到燃烧室壁上,所以两种混合方式兼而有之,只是多少、主次各有不同,目前多数车用柴油机仍以空间雾化混合为主,而有些车用球型燃烧室柴油机则以油膜蒸发混合为主。

柴油的喷雾是混合气形成的首要步骤,其次是如何使柴油和空气进行充分的混合。

一种方法是使柴油找空气,即利用多孔喷油器使油束的数目、形状、方向和燃烧室配合恰当,并利用高的喷油压力尽量地将柴油喷射雾化,使柴油和空气很好配合,如大缸径的直喷式燃烧室柴油机就采用这种方式。但是,喷孔数过多不仅因孔径小而难以加工,且喷孔易于堵塞。过高的喷油压力将对供油系统要求过高。

另一种方法是合理地组织气流运动,使空气去寻找柴油,以改善油、气混合。但气流运动将带来能量及传热损失,还将使充量系数下降。有组织的气流运动大致可分为进气涡流及挤压膨胀涡流(又称挤气涡流)。详细的介绍见 4.2 节。

综上所述,喷雾及气流运动对混合气形成起着关键作用。在小功率直喷式柴油机的发展过程中,早期是尽量使柴油喷得细而散,中期重视气流运动来改善混合和燃烧,末期改进喷雾质量又进一步受到重视。美国康明斯公司的无涡流(或微涡流)、高压、高速率喷油方式就是其中的一个典型。

2. 按雾化时序方式

1) 燃烧热混合

气流运动除使油、气混合均匀外,还可加快火焰传播,促使燃烧过程迅速进行。此外,绕气缸轴线运动还可使混合气中的油滴、油气、空气及燃气在离心力作用下有所分离。它们的密度是依次递减的,因而燃气总是聚向中心而驱使空气和油气在外壁处混合,从而促进了混合气的形成和燃烧,此现象称为燃烧热混合,简称热混合。

在柴油机中,由于喷射向着燃烧室的周边部分,喷射过程油雾受到涡流的作用,油滴开始聚集在燃烧室凹坑的周边部分,在此进行汽化与混合,一部分先行着火。其后轻的燃烧产物向中央部分移动,从而促进了混合,燃烧便急速展开,毕兴路(F. Pischinger)称为热混合。

毕兴路旋转气流运动规律的分析结果对于了解直喷式柴油机中热混合现象具有重要的意义。但是由于他在这个运动方程中根本没有考虑气流的黏度作用,并把空气运动视为势涡流,从而得出了质点运动只与其密度有关,而与其大小及涡流强度均无关系的结论。这与柴油机燃烧室中的实际情况相差甚远。

史绍熙等考虑缸内气流为近似强迫涡流,并考虑空气有黏性的条件求解了运动方程,获得了不同大小粒子在旋转气流中的运动规律,并在他们的实验中获得了验证。

研究表明,那些细小的油雾油滴会很好地随空气流一起运动,从而在燃烧室的空间逐渐蒸发燃烧掉,只有那些粗大的油滴才会在旋转气流的作用下比较迅速地甩向燃烧室壁面。如燃烧产物向燃烧室中心部分靠近的趋势,当这种轻物质的直径增大时(如燃烧产物所构成的火焰那样),其运动轨迹将迅速旋向燃烧室中心,表明热混合的强烈趋势。这种热混合气对研究涡流同火焰的关系是一个重要的概念。

若将柴油分布在燃烧室的外围,当其燃烧时,密度小的高温已燃气体由于流场作用,引起向心运动的趋势而被卷向中心,而内部的新鲜空气则供向外侧燃烧区。若将柴油分布在中心部,火焰就被涡流所束缚,密度大的外周空气同密度小的内部火焰就分离开而呈现稳定状态,其结果就是外周的空气不能用于燃烧,因而导致不完全燃烧。为了避免这一情况,在中央部分喷射时,要加强柴油的油束射程,务必使柴油到达外周部分,这一点很重要。这对涡流室式发动机也同样成立,柴油顺着外周空气流束喷射时,会得到最佳性能。上述这种高温气体被涡流束缚的现象,通常称为热箍缩效应(又称热锁现象)。

2) 燃烧预混合

一般的喷雾是油滴群同汽化柴油预混合气的混合体。需要研究的是,在喷射出来的柴油当中,气体预混合气以多大的程度来进行燃烧。佐藤等使用空气雾化式喷射器在细长的燃烧器中造成喷雾燃烧火焰来测得轴向气体温度分布。如果预混合汽化柴油已经着火,则一定会迅速燃烧。所以认为在刚刚着火之后的温度上升,主要是由于预混合汽化柴油的燃烧所造成的。

资料显示,滴径小的油滴在燃烧形式上与汽化柴油相同,所以刚着火后的温度上升,虽然还不能说完全是由于汽化柴油的燃烧所造成的,但是依据这温度上升,都大致可以求出汽化预混合气在多大程度上进行了燃烧。

在用空气雾化式的喷射器时,油滴同周围气体的相对速度是相当大的。燃烧缓慢的原因是因为大部分油滴的火焰已过浓,变为尾流火焰的缘故,这样考虑还是妥当的。

4.2 柴油机的燃烧过程

柴油机的燃烧过程,可以用高速摄影、光谱分析、抽气分析及示功图分析等各种研究方法进行分析与研究,但使用最多的方法是从展开示功图上分析燃烧过程。因为柴油着火燃烧后,使气缸内压力和温度不断升高,气缸中的压力和温度是反映燃烧进行情况的重要参数,典型的示功图如图 4.10 所示,曲线 $ABCDE$ 表示气缸中进行正常燃烧的压力曲线,ABF 表示气缸内不进行燃烧时压缩膨胀曲线。所以示功图真实反映了燃烧过程的进展情况。

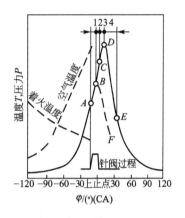

图 4.10 柴油机典型的燃烧过程示功图

柴油机的燃烧过程包括着火过程和燃烧过程,它是从压缩末期柴油开始喷入气缸到膨胀行程燃烧终点为止。在压缩过程末期,喷入气缸的柴油雾状细滴和高温高压空气产生相对运动,并被分散、加热、蒸发及扩散而与空气混合,进行着火燃烧前的一系列物理变化。同时,柴油蒸气和空气进行着分解、氧化等化学反应。当这一物理化学变化过程进行到适当时候,就自行着火燃烧。但混合气过浓及过稀都不能很好的着火,说明有一个着火范围(又称着火界限),着火范围随温度的升高、物理化学变化速度的加快而有所扩大。由此可见,离油滴一定距离的地方,必然有一混合气浓度在着火范围内的区域,当该区域中的混合气温度恰好达到着火要求时,着火就由此开始。

柴油机的燃烧过程所用的时间极短(一般小型柴油机只有 3~10ms)。着火的方式是压缩自燃和多源着火,燃烧反应物很不均匀,这使得柴油机的燃烧过程十分复杂,给研究带来很大的困难。

4.2.1 燃烧过程进行情况

1. 柴油机气缸内空气运动形成

柴油机气缸内空气运动对混合气的形成和燃烧过程有决定性影响,因而也影响着柴油机的动力性、经济性、燃烧噪声和有害废气的排放。组织良好的缸内空气运动对促进燃烧过程中空气与未燃燃油的混合(热混合作用)、提高燃烧速率有着重要意义。

1) 进气涡流

在进气过程中形成的绕气缸轴线有组织的气流运动,称为进气涡流。由于存在气流间的内摩擦和气流与气缸壁之间的耗损,将使进气涡流在压缩过程中逐渐衰减,一般情况下在压缩终了时初始动量矩有 1/4~1/3 损失掉。研究表明,进气过程所产生的涡流可以持续到燃烧膨胀行程。进气涡流的大小主要由进气道形状和发动机转速而决定。

(1) 进气涡流的组织方法：

① 带导气屏的进气门。图 4.11 所示为带导气屏的进气门。强制空气从导气屏的前面流出，依靠气缸壁面约束，产生旋转气流，导气屏占据的进气门周长范围内气流不进入气缸，增大了导气屏对面的气流速度，从而形成对气缸中心的动量矩。带导气屏进气门的缺点是：

a. 由于导气屏减小气流流通截面，使流动阻力增加，充量系数降低。

b. 进气门上有导气屏，为保证工作时气流的旋转方向和强度，进气门必须有导向装置，以防工作时转动，使结构复杂，制造成本增加。

c. 气门盘刚度不均匀，变形大，气门在工作时又不能转动，使进气门容易偏磨，对密封不利。

② 切向进气道。图 4.12 所示为柴油机切向进气道。其形状比较平直，在气门座前强烈收缩，引导气流以切线方向进入气缸，从而造成气门口速度分布的不均匀，相当于在均匀速度分布的基础上，增加一个沿切向气道方向的速度。切向气道的特点：结构简单，在进气涡流要求低时，流动阻力不大，但当涡流要求高时，由于气门口速度分布过于不均匀，气门流通面积得不到充分利用，气道阻力将很快增加，因此切向进气道仅适用于要求进气涡流强度不高的发动机上，切向进气道对进气口的位置较敏感，铸造进气道时砂芯的误差对进气道的质量影响较大。

③ 螺旋进气道。图 4.13 所示为柴油机螺旋进气道。把气门座上方的气门腔内做成螺旋形，使气流在螺旋进气道内就形成一定强度的旋转，其气门口处气流的情况相当于在均匀速度分布的基础上，增加一个切向速度，合成后的速度图是一个中心对称图形。因此，除了螺旋进气道本身形成的动量矩外，速度分布对气缸中心不再形成动量矩，这种气道称为纯螺旋进气道。由于在气缸盖上布置气道时，螺旋室高度值不能很大，气流流入气缸时必然会含有一部分切向气流的成分，因此实际使用的螺旋进气道中的空气旋转运动均由两部分组成。

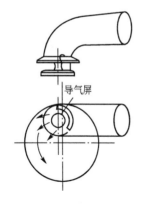
图 4.11　带导气屏进气门

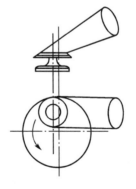
图 4.12　切向进气道

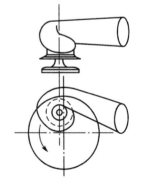
图 4.13　螺旋进气道

采用强涡流螺旋进气道燃烧室的性能与进气道质量的关系极为密切，因此就大大提高了对进气道铸造工艺和加工的要求，例如对进气道砂芯的变形、定位、进气道出口和气门座圈的同心度等必须严格控制。

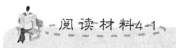

进气管形状影响发动机性能

　　柴油机在进气时，空气是有流动惯性的。在回旋进气道中，流动的空气能很容易的产生涡流，因为空气会随着管道形状产生与之接近的运动惯性，柴油和空气混合得越充分，燃烧效率越高，动力性和经济性也越高。一般柴油发动机的转速都不高，强调的是低转速时的动力表现，所以柴油发动机毫不例外的全是采用螺旋进气道。有的柴油机还刻意增加进气道末端的螺旋度数，以求产生最大限度的进气涡流，达到提高空气和柴油混合程度的目的。而当转速提升后，进气的速度快，这种空气流动惯性所产生的涡流却变成了一种降低进气效率的罪魁祸首。现在有不少厂家为了提高发动机在各个转速区间的性能，在进气管上做了很多文章，如可变进气截面积等、可变进气管长度等，当然，还有可变进气管歧管形状，其实也都很简单，都是通过增加阀门来控制管道的大小、长短或是形状。这样就做到了扬长避短，尽可能地适应发动机在不同工况下的需求。

　　　　　　　　　　　　　资料来源：http://www.aojauto.com/html/Beauty.

　　（2）进气道的评定方法。为了增加进气充量，进气道的流动阻力越小越好。进气道的质量指标主要有流动阻力和涡流强度，希望在尽可能小的阻力下有足够的涡流强度。一般的进气道稳流试验台如图 4.14 所示。评定涡流强度时，通常采用叶片风速仪测量模拟气缸内涡流的转速，或用角动量矩直接测出涡流的角动量，用流量计测定气体流量，测量方法一般采用定压差法。

　　在评定方法上我国普遍采用 Ricardo 方法，其流量系数 C_F 定义为流过气门座的实际空气流量与理论空气流量之比，即

$$C_F = \frac{Q}{A v_0} \quad (4-7)$$

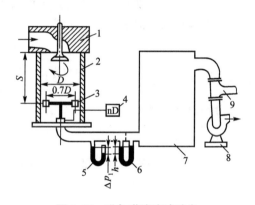

图 4.14　进气道稳流试验台
1—试验进气道；2—模拟气缸；3—叶片风速仪；
4—计数器；5—压差计；6—孔板流量计；
7—稳压箱；8—鼓风机；9—流量调节阀

式中：Q 为试验测得的实际空气流量（m³/s）；A 为气门座内截面面积（m²），$A = \dfrac{\pi d_v^2 n}{4}$，$d_V$ 是气门座内径，n 是进气门数目；v_0 为理论进气速度（m/s）。

　　2）挤流

　　在压缩过程后期，活塞表面的某一部分和气缸盖彼此靠近时所产生的径向或横向气流运动称为挤压流动，又称挤气涡流或挤流。挤流强度主要由挤气面积和挤气间隙的大小决定。当活塞下行时，燃烧室中的气体向外流到环形空间，产生膨胀流动，称为逆挤流（图 4.15）。逆挤流在柴油机上有助于将燃烧室内的混合气流出，使其进一步与气缸内的空气混合和燃烧，对改善燃烧和降低排放十分有利。缩口形燃烧室可充分利用较强的挤流和逆挤流来进行混合气的形成和燃烧。

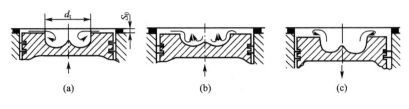

图 4.15 挤气涡流

在压缩过程中形成的有组织的空气旋转运动,称为压缩涡流。如涡流室柴油机在压缩过程中,气缸内的空气通过与涡流室相切的通道被压入涡流室中,形成有组织的旋流运动。这种压缩涡流可促进喷入涡流室中的柴油与空气的混合。涡流强弱由涡流室形状、通道尺寸、位置和角度决定。

3) 湍流

在气缸中形成的无规则的气流运动称为湍流,是一种不定常气流运动。湍流可分为两大类,即气流流过固体表面时产生的壁面湍流和同一流体不同流速层之间产生的自由湍流。柴油机中的湍流主要是自由湍流,其形成的方式很多,既可在进气过程中产生,也可在压缩过程中利用燃烧室形状产生,还可因燃烧而产生。由于不规则性和随机性是湍流量主要的特征,因此常常用统计的方法来描述湍流特性参数,在统计定常的湍流场中,某一方向上的当地瞬时流速 U 可以写为

$$U(t)=\overline{U}+u(t) \tag{4-8}$$

式中:$\overline{U}$ 为平均速度(m/s),$\overline{U} = \lim \dfrac{1}{\tau}\int_{t_0}^{t_0+\tau} u^2(t)\mathrm{d}t$,$\tau$ 为时间,t_0 为起始时间;$u(t)$ 为流速的脉动速度分量(m/s)。

2. 着火现象

柴油喷入燃烧室后,分散成许多细小油滴。图 4.16 所示为一个油滴置于静止热空气中的着火情况。空气的温度为 T_0,油滴受空气加热,温度升高,表面开始蒸发,并向四周扩散,与空气混合。经历一段时间,油粒变小,在油粒外形成一层柴油与空气的混合气,接近油粒表面的混合气浓度 C 较高,由于蒸发需要吸收汽化热,所以这里的温度也较低。随着离开油粒表面距离的增加,混合气的浓度降低,温度升高,C 和 T 曲线分别表示浓度和温度的变化情况。试验表明,着火点不在浓度较高的油粒表面附近,也不在远离油粒表面的稀混合气的地方,而是在离开油粒表面一定距离、混合气浓度适当而温度足够高的地方,这里的反应速率 W 较高,由此可知,着火需要具备以下两个条件:

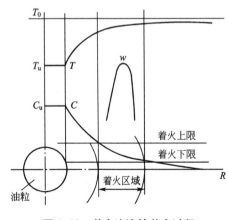

图 4.16 单个油滴的着火过程

(1) 在形成的可燃混合气中,柴油蒸气与空气的比例要在着火范围内。混合气过浓,氧分子少,混合气过稀,则柴油分子少,这两种情况的氧化反应速率都不够,不能着火。

着火范围不是一成不变的,随着温度的升高,分子运动速率增加,反应速率加快,将使着火范围扩大。

(2) 可燃混合气必须加热到某一临界温度,低于这一温度,柴油就不能着火,柴油不用外部点燃而能自己着火的最低温度称为着火温度或自燃温度。不同的柴油的自燃性能并不是柴油本身所固有的物理常数,它与介质压力、加热条件及测试方法等因素有关。例如,当压力升高时,着火温度会下降,如图 4.17 所示。

在实际的柴油机中,柴油着火比上述情况要复杂。因为柴油喷入气缸分散成大小不同的油粒群,油粒与空气有相对运动,而气缸中各点温度也有所差别,虽然每个油粒都要经历蒸发、混合及氧化等物理-化学准备阶段,但准备的时间有长有短,而且相邻油粒形成的混合气区域会相互干扰、相互渗透。油束着火情况如图 4.18 所示。在油束外围直径很小的油粒,很短时间就蒸发完毕,这时虽然可以形成一定浓度的混合气,但由于较稀,也难于着火。所以首先着火的地方不在油束外围油粒最小的地方,也不在油束核心部分(因为浓度过高),而在油束核心与外围之间混合气浓度和温度适当的地方。由于在气缸中形成合适浓度的混合气及温度条件相同的地方不止一个,因此首先着火的火焰核心,一般也不止一个,而是几处同时着火,而且柴油机各个循环中喷油情况与温度状况不可能完全相同,从而使各个循环的火焰核心形成地点也不一定相同。火焰核心形成后开始火焰传播,在火焰前锋面传播过程中如果遇不到合适的可燃混合气(过浓或过稀),火焰传播就会中断。同时,由于其他油粒混合气形成与准备的完成,又有新的火焰核心和火焰前锋面形成。

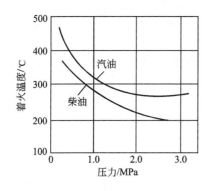

图 4.17 着火温度与压力的关系式

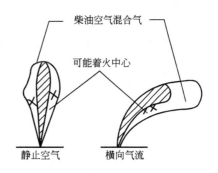

图 4.18 油束着火示意图

3. 燃烧过程的四个阶段

柴油机燃烧过程中的燃烧速度(即燃烧放热速度)极不均匀,呈现出明显的阶段性。正确地认识燃烧进程的全貌是有益的,按照燃烧速度的区别,柴油机的燃烧过程可划分为滞燃期 1、速燃期 2、缓燃期 3 和后燃期 4 等四个阶段,如图 4.10 所示。

1) 第 1 阶段——滞燃期

滞燃期(也称着火延迟期,如图 4.10 中的 $A \sim B$ 段)是从喷油开始(A 点)到压力线与纯压缩线的分离点(B 点)止,B 点视为柴油开始着火点。

在压缩过程中,气缸中空气压力和温度不断升高,柴油的着火温度因压力升高而不断下降;在上止点前 A 点喷油器针阀开启,向气缸喷入柴油,这时气缸中空气温度高达 600℃,远远高于柴油在当时压力下的着火温度,但柴油并不马上着火,而是稍有滞后,即到 B 点才开始着火燃烧,压力才开始急剧升高,气体压力曲线开始与纯压缩曲线分离。该时期经历柴油的雾化、加热、蒸发、扩散与空气混合等物理准备阶段以及着火前的化学准备阶段。滞燃期以时间 τ_i(s 或 ms)或曲轴转角 $\varphi_i[(°)(CA)]$ 表示,可以从示功图上直接测定。在柴油机中,一般 $\tau_i=0.7\sim3$ms,滞燃期 τ_i 直接影响到第 2 阶段的燃烧,对整个燃烧过程影响很大。

从上面对燃烧过程的进展情况分析中可以看出,滞燃期是燃烧过程的一个重要参数。滞燃期长,则在滞燃期内喷入燃烧室中的柴油就多,在着火前形成的可燃混合气也多,这些预混合柴油在第 2 阶段中几乎同时燃烧,使压力升高率和最高燃烧压力很高,运动零件受到强烈的冲击负荷,发动机运转粗暴,影响发动机的使用寿命。所以如果滞燃期过长,在滞燃期内已喷入过多燃油,那么随后的燃烧就难以控制,一般柴油机在高转速时有可能产生这种情况。图 4.19 所示为各种自然吸气高速直喷柴油机中最高燃烧压力和最大压力升高率随滞燃期的增加而增加的示意图,因此,为了能控制燃烧过程,降低柴油机的机械负荷并使之运转平稳,应设法缩短滞燃期。但是,若滞燃期过短,又对混合气形成不利,反过来又使柴油机性能恶化。

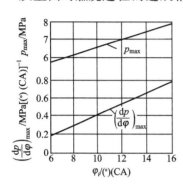

图 4.19 最高燃烧压力及最大压力升高率与滞燃期的关系

十六烷值=55,$n=2000$r/min,$\varepsilon_c=17$,$p_{mi}=$const

2) 第 2 阶段——速燃期

速燃期(也称急燃期,如图 4.10 中的 $B\sim C$ 段)是从气缸压力偏离纯压缩线(B 点)开始急剧上升,到压力急剧升高的终点(C 点)止。

在这一阶段中,由于在滞燃期内已混合好的可燃混合气几乎一起燃烧,而且是在活塞接近上止点、气缸容积较小的情况下燃烧,因此气缸中压力升高特别快。一般用平均压力升高率 $\Delta p/\Delta\varphi$ 来表示压力升高的急剧程度,即

$$\frac{\Delta p}{\Delta \varphi}=\frac{p_C-p_B}{\varphi_C-\varphi_B}$$

如果压力升高率太大,则柴油机工作粗暴,运动零件受到很大的冲击负荷,发动机寿命就要缩短。为了保证柴油机运转的平稳性,平均压力升高率不宜超过 0.6MPa/(°)(CA),例如,4135G 型柴油机压力升高率为 0.39MPa/(°)(CA)。

粗暴燃烧是柴油机燃烧过程中极为引人关心的问题。粗暴燃烧的原因是着火延迟期过长和速燃期内有过多的柴油同时参与着火。因此,缩短着火延迟期和限制参与着火的柴油数量是控制粗暴燃烧的两个重要措施。

3) 第 3 阶段——缓燃期

缓燃期(图 4.10 中的 $C\sim D$ 段)是从压力急剧升高的终点(C 点)到最高压力点(D 点)为止。这一阶段的燃烧是在气缸容积不断增加的情况下进行的,所以燃烧必须很快才能使气缸压力稍有上升或几乎保持不变。有些发动机在缓燃期内柴油仍在继续喷射,如果所喷入的柴油是处在高温废气区域,则柴油得不到氧气,容易裂解而形成炭烟;如果柴油喷到有氧气的地方,则此时由于气缸中温度很高,化学反应很快,滞燃期很短,喷入柴油很快着火燃烧,但如果氧气渗透不充分,过浓的混合气也容易裂解形成炭烟。目前柴油机均在 $\phi_a>1$ 的条件下工作,一般柴油机 $\phi_a=1.3$ 左右,即至少有 30% 的空气未被利用,这是

柴油机的容积利用率低和比质量、升功率不如汽油机的根本原因。因此，在缓燃期内加强空气运动，加速混合气形成，对保证混合气在上止点附近迅速和完全燃烧有重要作用。第3阶段结束时，燃气温度可高达1700~2000℃。

4) 第4阶段——后燃期

后燃期（图4.10中的$D\sim E$段）是从缓燃期的终点（D点）到柴油基本上燃烧完全时（E点）为止，又称补燃期。在柴油机中，由于燃烧时间短促，柴油和空气的混合又不均匀，总有一些柴油不能及时燃烧完，拖延到膨胀线上继续燃烧。特别是在高速、高负荷时，由于过量空气少，后燃现象比较严重，有时甚至一直继续到排气过程。在后燃期，因活塞下行，柴油在较低的膨胀比下放热，放出的热量不能有效利用，增加了传递到冷却水的热损失，使柴油机经济性下降。此外，后燃还增加了活塞组的热负荷使排气温度增高。总之，应尽量减少后燃。

根据柴油和空气混合气形成的特点，柴油机燃烧过程又可分成以下两个阶段：预混燃烧阶段和扩散燃烧阶段。在预混燃烧阶段，放热速率较快，其大小取决于着火延迟期中柴油与空气的混合数量。在扩散燃烧阶段，放热速率一般比预混燃烧阶段慢，这时燃烧放热速率由空气和柴油相互扩散形成可燃混合气的速率控制。

4. 燃烧放热规律

单位曲轴转角的放热量（或称放热速度）随曲轴转角的变化关系称为燃烧放热规律，图4.20所示为一典型直喷式燃烧室柴油机的燃烧放热规律，它决定了气缸中压力变化的过程，影响柴油机的热效率。不同类型柴油机其放热规律曲线形状不同。

实际柴油机的放热规律是很复杂的。为了便于分析，假定四个简单放热规律进行分析，如图4.21所示。四种放热规律都是在上止点开始放热，而在上止点后40°曲轴转角处终止，即燃烧持续时间为40°曲轴转角。图中曲线a初期放热多，压力迅速上升，最高燃烧压力为8MPa，此时热效率为52.9%；曲线d初期放热少，由于是在容积不断增大的情况下放热，放热使气体压力升高小于膨胀使气体压力下降，所以压力反而下降，此时热效率最小，为45.4%；曲线b、c则介于两者之间，如果燃烧放热规律相同，而放热开始的时刻或放热持续时间不同，那么分析表明，它们对工作过程的参数也有较大影响。如果燃烧持续时间为40°(CA)，而不论燃烧放热规律如何皆在其最有利的时刻开始放热，那么热效率差别很小，只有$\dfrac{\Delta p}{\Delta \varphi}$变化较大。

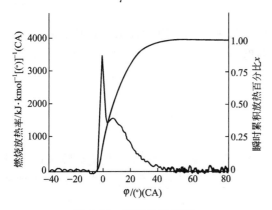

图4.20 燃烧放热规律

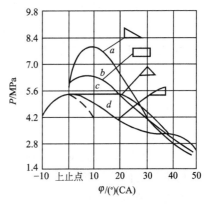

图4.21 不同放热规律对性能的影响

从以上分析的试验研究可知，开始放热的时刻、燃烧放热规律和放热持续时间是燃烧过程的三个主要要素，它们对性能的影响主要表现在循环热效率和最高燃烧压力两个方面。为了减少燃烧噪声及降低机械负荷，应降低压力升高率及最高燃烧压力；欲使柴油机有较高的热效率，应使柴油尽量在上止点附近燃烧。降低 $\Delta p/\Delta \varphi$，就意味着较多的柴油不在上止点附近燃烧，其结果使燃烧时间拉长，柴油机热效率下降，柴油消耗率增加。因而，降低燃烧噪声（使柴油机工作平稳）与提高经济性（使柴油机经济运行）之间往往发生矛盾。如何解决这个矛盾，保证柴油机既平稳运转又经济，是组织柴油机燃烧过程所要解决的主要问题之一。比较合适的燃烧放热规律是希望燃烧先缓后急，即开始放热要适中，压力升高率不超过 0.4~0.6MPa/(°)(CA)，以满足运转柔和的要求；随后燃烧要加快，使柴油尽量接近上止点附近燃烧，一般燃烧持续时间不应超过 40°(CA)，以满足经济运转的要求。这样的燃烧放热规律在一定程度上可通过控制喷油定时、喷油持续期和喷油规律来实现。

4.2.2 影响燃烧过程的因素

1. 燃料性质的影响

柴油是在 533~623K 内从石油中提炼出的碳氢化合物，碳、氢、氧的质量分数分别为 87%、12.6%、0.4%。影响燃烧过程的主要指标是柴油的着火性、蒸发性、黏度及凝点等。

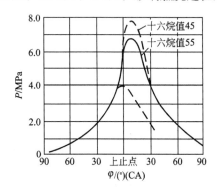

图 4.22 使用不同十六烷值的燃油时的气缸内压力曲线
$\varepsilon_c=17$，$n=2000r/min$

1) 柴油的着火性

着火性是指柴油的自燃能力。柴油机工作时，柴油从喷油器喷入燃烧室后，经过滞燃期，开始燃烧，气缸内的压力升高。注意：着火性好的柴油，滞燃期短，滞燃期期间积存在燃烧室内的柴油少，柴油机工作比较平稳，而且由于可在较低温度下着火，也有利于起动。

柴油的着火性用十六烷值表示，十六烷值越高，着火性越好。故通常汽车用柴油的十六烷值为 40~55。而且，十六烷值高，压力升高平缓，最高燃烧压力也低，如图 4.22 所示。

2) 柴油的蒸发性

柴油的蒸发性是由柴油的蒸馏试验确定的，需要测定的馏程是 50%馏出温度、90%馏出温度及 95%馏出温度，同一相对蒸发量的馏出温度越低，表明柴油蒸发性越好，越有利于可燃混合气的形成和燃烧。对蒸发性的要求是适中为好，过好的蒸发性会使柴油机工作粗暴；过差的蒸发性也会因液态油粒蒸发不良，与空气混合不匀，而使燃烧不完善。因此要求柴油中的轻重馏分都要少。

3) 柴油的黏度

黏度决定柴油的流动性。柴油的黏度低，流动性好，柴油从喷油器喷出时雾化性好。但黏度过低会使柴油失去必要的润滑性，而加剧喷油泵和喷油器中精密偶件的磨损，增大精密运动副的漏油量。柴油黏度过大时，造成滤清困难，喷雾不良，流动阻力大。

4) 柴油的凝点

柴油的凝点指柴油冷却到失去流动性的温度。柴油在接近凝点时，由于流动性差，导致供油困难，喷雾不良，柴油机无法正常工作。因此凝点的高低是选用柴油的主要依据，国产柴油的牌号就是依据柴油的凝点来确定的。

2. 滞燃期的影响

滞燃期对柴油机燃烧过程影响极大，影响滞燃期的因素很多，在正常运转情况下，压缩温度和压力、喷油提前角、转速等对滞燃期有较大影响。

1) 压缩温度和压力

压缩温度和压力对滞燃期影响的研究结果如图 4.23 所示，纵坐标为滞燃期的对数，横坐标是压缩温度。压缩温度和压力是影响滞燃期的直接因素，随着压缩温度和压力的提高，滞燃期减小。

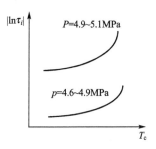

图 4.23　压缩温度和压力对滞燃期的影响

由于压缩温度和压力随曲轴转角而变化，如果喷油早，即柴油进入气缸时的空气温度和压力较低，使滞燃期长；如果喷油迟，虽然初始温度和压力升高，但作用的时间缩短，可能着火前活塞已开始下行，使空气温度和压力降低，也使滞燃期增加。

2) 喷油提前角

研究发现，喷油提前角对滞燃期有影响，如图 4.24 所示。在高转速时，对应于最短滞燃期的喷油提前角是在上止点前 10°～15°(CA) 之间，在怠速情况下为上止点前 5°～10°(CA)。为了保证有较好的功率和经济指标，一般希望在上止点前 10°～15°(CA) 开始着火燃烧，以保证燃烧在上止点附近完成。因此，获得较好功率和经济指标的最佳喷油提前角与对应于最短滞燃期的喷油提前角并不一致，通常最佳喷油提前角是根据功率和经济性能来调整的，它要大于最短滞燃期的喷油提前角。

3) 转速

转速对滞燃期的影响是通过压缩压力、温度、喷油压力以及空气扰动等因素起作用，如图 4.25 所示。转速升高时，通过活塞环的漏气损失及散热损失减小，使压缩温度、压力

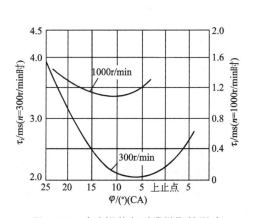

图 4.24　喷油提前角对滞燃期的影响

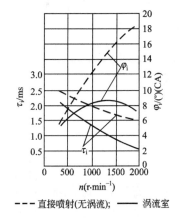

图 4.25　柴油机转速对滞燃期的影响

增高；转速升高会使喷油压力有所提高，使柴油雾化得到改善，促使着火准备过程加快；转速升高时燃烧室中空气扰动加强，促进柴油蒸发，不过在正常运转条件下，空气扰动对滞燃期只有次要的影响。上述这些因素都提高混合气形成的速度，使滞燃期缩短。随着转速增加，滞燃期 τ_i（以 s 计）缩短，如以曲轴转角计，则滞燃期 $\varphi_i = 6n\tau_i$，视 τ_i 减小的程度可能随转速升高而增加，也可能随转速的升高而减小。

4）柴油机增压

柴油机增压后，进入气缸的空气充量密度增加，而且随进气压力和温度的提高使压缩终了的压力和温度升高。进气压力和温度升高，滞燃期显著缩短，如图 4.26、图 4.27 所示。随着增压压力提高，当增压压比为 2 时，不使用中冷器，进气温度约为 100℃；但高增压一般采用中间冷却，将进气温度冷却到 40~60℃，在这个温度范围内，减缓初期燃烧速度，使压力升高率有所降低，但燃烧持续时间要拉长一些。例如，135 柴油机增压压力从 0.162MPa 增加到 0.225MPa 时，则于滞燃期缩短，使压力升高率由 0.332MPa/(°)(CA)下降到 0.216MPa/(°)(CA)。

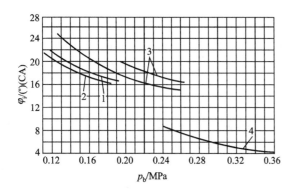

图 4.26　增压压力对滞燃期的影响
（n、t_b 及循环供油量不变）
1—$D×S=140mm×170mm$；2—$D×S=146mm×165mm$；
3—$D×S=180mm×200mm$；4—$D×S=160mm×170mm$

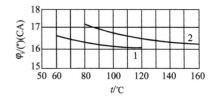

图 4.27　增压空气温度对滞燃期的影响
（n、p_b 及循环供油量不变）
1—$D×S=146mm×165mm$；$p_b=0.243MPa$；
2—$D×S=180mm×200mm$；$p_b=0.216MPa$

发动机起动时，由于转速及气缸中压力、温度较低，混合气形成的情况对滞燃期有较大的影响。因此，空气运动、喷油器结构、燃烧室壁温等因素在起动条件下成为影响滞燃期的重要因素。

3. 负荷的影响

当负荷增加时，循环供油量增加，由于转速不变，进入气缸的空气量基本不变，这使过量空气系数值减小，单位容积内混和气燃烧放出的热量增加，引起气缸内温度上升，缩短滞燃期，使柴油机工作柔和，图 4.28 所示为负荷对滞燃期的影响。但是，由于循环供油量加大，以及喷油延续角增加，使总的燃烧过程加长，并且过量空气系数值减少，不完全燃烧现象增加，均引起热效率降低。负荷过大，会使过量空气系数值过小，因空气不足，燃烧恶化，排气冒黑烟，柴油机经济性进一步下降。

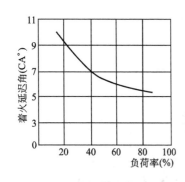

图 4.28　负荷对滞燃期的影响

4. 转速的影响

转速增加，使空气的涡流运动加强，有利于柴油蒸发、雾化和空气混合。但转速高，由于充量系数的下降和循环供油量增加，导致过量空气系数值减小，且燃烧过程所占曲轴转角可能加大，所以热效率下降。转速过低也会由于空气涡流减弱，使热效率降低。

5. 供油提前角的影响

供油提前角对燃烧过程有很大影响。不适宜地增加供油提前角，柴油将喷入压力和温度都不够高的压缩空气中，使滞燃期增大，故 $\frac{\Delta p}{\Delta \varphi}$ 及 P 值上升，柴油机工作粗暴，并且怠速不良，也难于起动。过大的供油提前角还会增加压缩负功，使油耗增高，功率下降。如果供油提前角太小，则柴油不能在上止点附近迅速燃烧，后燃期增加，虽然 $\frac{\Delta p}{\Delta \varphi}$ 及 P 值较低，但排气温度增加，冷却系热损失增加，热效率显著下降。

怎样检查柴油机供油提前角

一般可用溢油法来检查供油提前角，即将油泵一头的高压油管接头松开，将连接一头的接头拆下，把油管转向水平位置，然后拧紧油泵的高压油管接头，将节气门拉到最大位置，打开减压，摇车到高压油管出口处冒出几滴柴油时为止。擦净油管出口处的柴油，再慢慢转动飞轮，同时注意观察高压油管出口处的油面，在其开始上动的瞬间立即停止转动飞轮。此时散热器或机体上的刻线应对在飞轮上止点前16°～20°之间。如果两者在对齐以前就有油溢出，说明供油提前角太大，供油过早；如果错过了才有油溢出，说明供油提前角偏小，供油过晚。值得注意的是，对多缸柴油机，需安装专用玻璃管和指针，测量第一缸压缩上止点时与开始供油时风扇带轮上两记号之间的弧长，以确定供油提前角是否正确；同时还需要检查各个单体泵供油间隙是否相同，如果不同，可调节柱塞与挺杆之间的间隙或油泵与机体之间的垫片厚度，使供油间隙达到一致。

▲ 资料来源：http://nc.mofcom.gov.cn/news.

4.2.3 燃烧过程中存在的问题

1. 混合气形成困难及燃烧不完全

柴油机形成混合气的时间短促，燃烧非均质混合气，因而燃烧时缸内情况异常复杂：有的地方是燃烧生成的惰性气体；有的地方可能只有空气或过稀的混合气；有的地方则是过浓混合气；有的地方甚至是未蒸发完的油滴。因此，缸内空气和柴油混合极不均匀，一部分柴油在高温缺氧条件下不能完全燃烧，致使排气冒烟，经济性下降。目前，为了保证柴油燃烧完全，柴油机均在过量空气系数 $\phi_a > 1$ 的条件下工作。由此可见，更好地组织气缸内柴油与空气的混合而形成良好的混合气，是保证完全燃烧的先决条件。

2. 燃烧噪声

喷入气缸的柴油其滞燃期不一样，因气缸中空气压力、温度不断升高，先喷入的柴油滞燃期较长，随后喷入的柴油滞燃期较短，因此往往是多处着火。一旦着火，有较多的柴油参加燃烧，燃烧是冲击性的，使燃烧初期的压力急剧升高。急剧升高的压力使燃烧室壁面及活塞曲轴零件产生强烈振动，并通过气缸壁面传至外部，从而形成燃烧噪声。

燃烧噪声与平均压力升高率密切关系。若平均压力升高率 $\frac{\Delta p}{\Delta \theta}$ 值超过 $0.4\sim0.6\text{MPa}/(°)(\text{CA})$，就明显地感到强烈的振动和噪声，给人带来难受的感觉，称为柴油机工作粗暴。工作粗暴的柴油机不仅噪声大，而且零件受到较大的冲击载荷，从而降低使用寿命。为使柴油机工作柔和、平稳、控制平均压力升高率 $\frac{\Delta p}{\Delta \theta}$ 值在 $0.4\text{MPa}/(°)(\text{CA})$，以下为宜。此外，压力升高率过大，使柴油机运动零件受强烈的冲击负荷，从而降低使用寿命。

图 4.29 所示为车用柴油机噪声实测值的例子。由图可知，对中等排量(5L)的涡流式车用柴油机，燃烧噪声显著地表现在低速范围，在高速范围主要是机械噪声的影响，但对较大排量(13.5L)的直喷式柴油机，燃烧噪声的影响在整个转速范围内都是很大的。

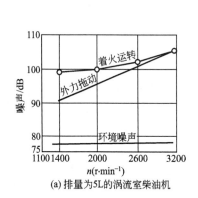
(a) 排量为5L的涡流室柴油机

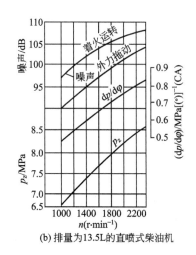
(b) 排量为13.5L的直喷式柴油机

图 4.29 车用柴油机的噪声

降低燃烧噪声的根本措施是适当降低压力升高率，而压力升高率取决于滞燃期长短和在滞燃期内形成的可燃混合气数量，因此降低燃烧噪声的主要途径是缩短滞燃期和减小滞燃期内的喷油量。

3. 排气冒烟

柴油机排气中的炭烟不仅降低了经济性，而且污染大气。

炭烟的形成是柴油在高温缺氧条件下燃烧所致。在速燃期中喷入气缸的柴油，受到高温燃气的包围，一部分裂解、聚合成炭粒。柴油的这种高温裂解反应是不可避免的，特别在空间雾化混合燃烧的柴油机中。但在一般情况下炭粒能够在随后的燃烧中遇到氧而完全燃烧。如果气缸内缺氧，则油粒不能燃烧完而随废气排出，形成黑烟，这往往在柴油机大负荷时发生，如汽车加速、爬坡等。因为此工况空气相对较少，加之燃烧室温度高，柴油易裂解。炭烟出现不仅说明燃烧不完全，柴油机经济性下降，同时炭粒附于燃烧室内壁成为积炭，引起活塞环卡住、气门咬死等故障。因此不允许柴油机长期在冒黑烟的状态下工作。

减少黑烟的主要措施是:增加过量空气系数值,但与提高柴油机的动力性相矛盾;改善混合气形成,如改善喷雾质量,适当增加空气涡流运动,但与改善柴油机工作的柔和性相矛盾。

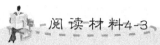

采用柴油电控高压喷射技术控制柴油机尾气排放

柴油电控技术已从第一代的位置控制、第二代的时间控制发展到今天的共轨式电控高压喷射。正在研制或装机的共轨式喷油系统,可在柴油机运转的整个特牲曲线范围内改变喷油过程。德国 Bosch 公司开发的共轨喷射系统,可自由选择喷油压力,高精度控制喷油量,灵活控制喷油定时,并可灵活进行预喷射和多级喷射,对颗粒和烟度的降低很有利。在采用共轨多级喷射系统和电控喷油器的柴油机试验中观察到,由于分段喷射加强了空气的卷吸和紊流,加强了柴油和空气的混合,可明显降低烟度。电子控制柴油机高压喷射技术(如电控高压共轨喷射)的应用可使柴油机通过最佳喷油定时、最佳喷油率和预喷射,与发动机转速、负荷之间的关系进行连续调节,使颗粒排放降低40%以上,并且发动机过渡工况的排放性能也可得到显著改善。电控高压喷射控制对喷油规律进行控制,能根据发动机运行工况实现最佳喷油,同时通过控制预混合燃烧与扩散燃烧的比例,可同时降低有害排放和控制发动机的空燃比,有利于实现有效的机外净化措施。

➡ 资料来源:汽车服务周讯,2008(117).

4.3 柴油机燃油系统的工作特性

4.3.1 燃油喷射

柴油机燃油喷射系统是柴油机的重要组成部分,其关键部分是喷油泵、高压油管和喷油器等组成的燃油喷射系统,如图 4.30 所示。燃油在喷油泵泵室中,受到柱塞压缩,压力升高,最终经喷油器喷孔喷出的过程,称为燃油喷射过程。根据柴油机工作的特点,一般对柴油机燃油喷射系统提出下列要求:

(1) 喷油时刻:在整个负荷和转速的变化范围内,应具有最佳的供油定时,包括最佳的喷油开始和喷油持续时间;不同时刻的喷油率(即喷油规律)应满足燃烧过程的要求。

(2) 喷油质量:燃油被喷入气缸时要具有高的喷射压力,以保证燃油的雾化质量、贯穿距离。同时油束形状应与燃烧室及其气体运动相配合,以利于可燃混合气的形成。

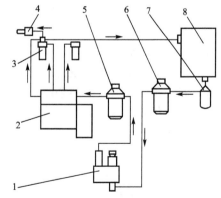

图 4.30 柴油机燃油喷射系统
1—输油泵;2—高压油泵;3—喷油泵;
4—预热器;5—二级滤清器;6—一级滤清器;7—沉淀杯;8—油箱

（3）喷油量：喷油量应与柴油机负荷及转速的变化相适应。负荷一定时，每循环的喷油量应保持相同，以便柴油机能稳定运转。对多缸柴油机，各气缸的喷油量应保持一致。

1. 喷油过程

为了解喷油过程，可以对图 4.31 所示的喷油器针阀升程、喷油泵端压力和喷油器端压力曲线进行分析。按照压力变化的特点，喷油过程大致可分为三个阶段：

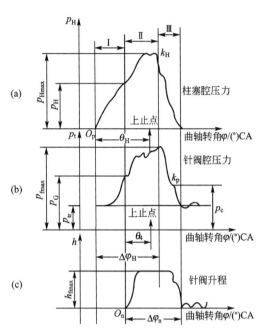

图 4.31 柴油机燃油喷射过程

第一阶段为喷油滞后阶段，即图 4.31 中Ⅰ所示的曲轴转角。它是从柱塞上控制边缘（或顶面）刚遮盖进油孔的供油始点 O_p，到针阀开启的喷油始点 O_n 的一段时间或曲轴转角。在该阶段，柱塞上升，泵室内燃油被压缩，燃油压力开始升高，直到油压升高超过高压油管中残余压力及出油阀弹簧压力后，燃油才进入高压油管中，使喷轴泵端的压力升高。但喷油器端的压力并未随之立即升高，而是经过短暂的时间后才升高并且出现压力波动，这是燃油的可压缩性及高压油管的弹性所致。当喷油器针阀处的压力超过针阀开启压力时，针阀才开始打开，将燃油喷入气缸。由于喷油器端的压力升高滞后于喷油泵端的压力升高，针阀开启压力远高于出油阀弹簧压力，使喷油器实际喷油始点落后于喷油泵的供油始点。

第二阶段为主喷射阶段，即图 4.31 中Ⅱ所示的曲轴转角。它是从喷油始点 O_n 到柱塞下控制边缘打开回油孔的供油终点 k_H 为止的一段时间或曲轴转角。针阀打开后，一部分燃油喷入气缸，喷油器端压力暂时下降。泵端因柱塞继续压油其压力还在升高，当柱塞斜轴打开回油孔时，最初开度小，因节流作用，泵端压力并不立刻下降，随柱塞运动，回油孔开大，泵端压力急剧下降，出油阀落座，因出油阀落座过程减压环带的减压作用，使高压油管压力迅速下降，并影响到喷油器端的压力。

第三阶段为自由膨胀阶段，即图 4.31 中Ⅲ所示的曲轴转角。这一阶段是从供油终点到针阀落座的喷油终点，喷油泵停止供油，柱塞腔压力下降，出油阀落座。此时高压油管中的燃油压力仍较高，喷射还会持续一段时间。该阶段压力下降快，将影响雾化，易产生异常喷油，解决的办法是设法减小高压容积。采用等容卸载出油阀等措施来缩短自由膨胀阶段，消除异常喷油现象。

2. 喷油规律及其测量

单位时间（或转角）的喷油量即喷油速度随时间（或曲轴转角）而变化的关系，称为喷油规律，单位为 (mm^3/s) 或 $[mm^3/(°)(CA)]$。

喷油规律可通过实验或模拟计算得到。对研究燃油喷射系统以及它与燃烧室有效配合极其有用。尤其对以空间混合为主的直喷式燃烧室，其喷油规律对气缸内平均压力升

高率 $\frac{\Delta p}{\Delta \theta}$ 和最高燃烧压力 p 起决定作用。

喷油规律取决于喷油泵、喷油器内有关零部件及高压油管等整个喷油系统的结构参数和调整参数。喷油规律对柴油机性能有很大影响，要实现平稳、有效的燃烧，比较理想的喷油规律是"先缓后急"，即在滞燃期内喷入气缸的油量不宜过多，以控制速燃期的最高燃烧压力和平均最大压力升高率，保证柴油机能平稳运转及较小的燃烧噪声；而滞燃期后，应以较高的喷油速率将燃油喷入气缸，停油时应干脆迅速，喷油延续角不宜过大，中小功率柴油机的喷油延续角，一般控制在15°～25°曲轴转角的范围内，目的是使燃烧过程尽量在上止点附近进行，以获得良好的性能。

图4.32给出几种典型喷油规律图。图4.32(a)所示喷油规律采用高速凸轮，喷油量大，曲线变化很陡，喷油延续时间短，柴油机经济性和动力性好；但工作粗暴、噪声大。图4.32(b)所示喷油规律，开始喷油速率大，曲线上升陡，柴油机工作粗暴；而后曲线下降平缓，后喷速率过小，喷油延续时间长，使燃烧时间拖长，补燃多，性能不好。图4.32(c)所示喷油规律，开始喷油速率较低，曲线变化平坦，柴油机工作柔和，接着加大喷油速率使喷油延续时间不致太长，保证燃烧效率，效果较好，为比较理想的喷油规律。

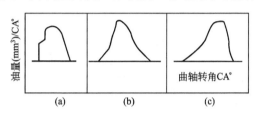

图4.32　几种典型喷油规律

确定喷油系统的喷油规律，合理选择喷油系统的参数，改善它与柴油机的匹配情况，是研究设计工作的重要组成部分。喷油规律除可用模拟计算确定外，还可利用测试设备进行测定。

阅读材料4-4

典型的喷油规律测定方法

动量法：在距喷油出口一定距离处垂直放置一块测量平板，油束撞击平板后，喷流作90°的转向，测量平板受力和喷流平均流速随时间改变的变化率，由此就可计算出喷油率和喷油规律。这种方法就称为动量法。

压力-升程法：测量喷油器针阀腔压力和针阀升程随时间的变化历程，或者将高压油管喷油器端测出的压力换算到针阀腔，再根据背压、针阀座面和喷孔的有效截面积等，计算出喷油规律。这种方法称为压力-升程法。

长管法：该测量方法比较简便，且有一定的精度，故较多采用。长管式喷油规律测量仪，如图4.33所示，喷油器下端连接一长的高压油管，油管尾端设置有节流孔，使用时先将油管充满燃油。测量时，在喷油持续期内，压力燃油经喷油器进入充满燃油的长油管，这时，长油管中的燃油将产生一个随时间改变而变化的流动速度和相应的压力脉冲，该压力脉冲以声速在燃油中传播，油管的长度足够长，在一次喷油持续期间内，压力波将单向传播，不产生反射。在长油管的外壁上贴上电阻应变片，用示波器观察并记录其压力波形，即可求得喷油规律。

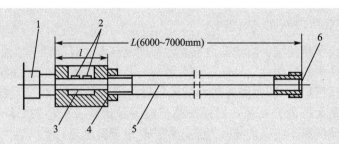

图 4.33 长管法测喷油规律示意图
1—喷油器；2—电阻应变片；3—感应管；4—传感器体；5—长管；6—节流孔

资料来源：http://www.wendang365.cn/new/28796.

3. 几何供油规律

由喷油泵进入高压油管的燃油质量随时间或凸轮轴转角变化而变化的规律称为供油规律。柱塞直径、柱塞套结构参数、喷油泵凸轮型线是影响供油规律的主要因素。已知喷油泵的结构和参数，即可按它们的几何关系计算出供油规律，因而有时又称它为几何供油规律。

4.3.2 喷油泵速度特性及其校正

目前柴油机上广泛应用柱塞式喷油泵。当喷油泵油量控制机构（齿条或拉杆）位置不变时，每循环供油量随转速的变化关系称为喷油泵的速度特性，每循环供油量随转速升高而增加，这是由于进、回油孔的节流作用而引起的。理论上当柱塞上端面关闭进油孔时，才开始压油，而实际上当柱塞上端面还未全关闭进油孔时，由于流通截面很小，时间极短，被柱塞挤压的燃油来不及通过油孔流出，压油已经开始使出油阀提早开启。同理供油终了时，在回油孔开启若干开度内，由于这种节流作用，泵油室中柴油不能立即流出，仍维持较高压力，油泵继续供油，出油口自发延迟关闭，转速增高，供油速度加大，使供油开始得更早而结束得更迟，因此供油时间随转速上升而增加，供油量也随转速上升而增加。

上述油泵特性并不符合发动机转矩曲线的要求，因为在不进行供油量调整的情况下，随着柴油机负荷增加，通常以转速降低来达到能量新的平衡，但当转速下降供油量也随之减少时，柴油机输出转矩也减少，就可能导致柴油机转速不断下降，以致熄火停车。此外，柴油机充量系数随转速降低而提高，如果供油量也随转速降低而提高，低转速就能供给足够的柴油使气缸中的空气得到充分利用，从而使柴油机的潜力充分发挥出来。因此，从使用要求和充分发挥柴油机潜力来看，都需要设法改变喷油泵固有的速度特性，即在喷油泵上采取校正措施，以实现最佳喷油泵速度特性，如图 4.34 所示，使喷油泵的速度特性与充量系数随转速而变化的曲线相适应，对一定转速范围（一般由标定功率时转速起，图中 BA 段），供油量随转速的降低而较快增加，以提高柴油机适应阻力变化的能力。为使现用柱塞式喷油泵的速度特性满足上述要求，必须附设校正装置。

喷油量校正装置的作用是当发动机在标定工况下工作时，如果转速因外界阻力矩不断增加而下降。喷油泵能自动增加循环供油量，以增大低速时转矩，提高转矩储备系数。

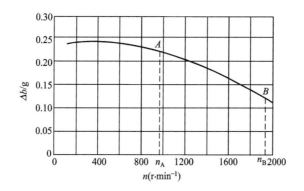

图 4.34 最佳喷油泵速度特性

目前,常用的校正方法有两类:一类是出油阀校正;另一类是在喷油泵或调速器上装校正弹簧机构。

1. 出油阀校正

出油阀校正目前常用的有三种形式:

1) 可变减压容积出油阀校正

在图 4.35 中,图 4.35(a)所示为没有校正作用的出油阀,在出油阀尾部开有四条直切槽,燃油流通截面上下不变,其减压容积$\left(\dfrac{\pi d^2}{4}h\right)$不随转速的变化而变化;图 4.35(b)所示为有校正作用的出油阀结构,这种出油阀尾部开有四条锥形切槽,燃油流通截面向上逐渐减小。

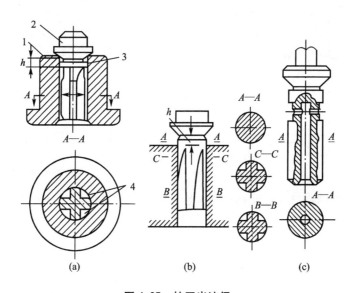

图 4.35 校正出油阀
1—出油阀座;2—出油阀;3—减压环带;4—切槽

当柴油机转速升高时,作用在出油阀下部的燃油压力及燃油流过通道时速度增大,使出油阀升程加大,在高压油管中所占体积也增加。供油终了出油阀落座时,由于变截面通道的节流作用，使出油阀尚未关闭就已开始减压，使实际减压行程加大，相当于高压油管中的减压容积增加。转速越高，节流作用越显著，减压作用越早，减压容积也越大。当出油阀落座后，高压油管中的残余压力较低。下一次供油时，必须以供油量中的一部分来填补此增加的减压容积所导致的压力降低，才能提高高压油管中的压力，使喷油器喷油，这样实际上就减少了喷油量。因此，随转速升高，喷油量减少。但这种校正出油阀的缺点是随转速的升高，喷油延迟比普通出油阀大，而且变化不规则，对选用供油提前角自动提前器不利，如图4.36所示。

2) 可变减压作用出油阀校正

可变减压作用出油阀除了增加减压环带凸缘与出油阀座内孔的间隙之外，与一般减压式出油阀相同，间隙在小油泵上为0.025～0.076mm，在大油泵上可达0.18mm。采取在减压环带凸缘上磨偏或钻出与上述流通截面相等的孔等方法，也能取得同样效果。该出油阀的升程在所有转速范围内接近常数，减压容积基本不变。当回油孔打开后，泵端压力迅速下降到油泵进油压力(即输油泵的出口压力)，在减压环带进入出油阀座孔后，即开始减压作用，把泵端压力抽成真空，这时喷油器端的柴油迅速回流填补。与此同时，由于减压环带与阀座孔之间存在间隙，低压油道内一些柴油也流回高压油管，从而使减压作用削弱。高速时，出油阀落座迅速，间隙的节流作用较大(亦即液体的动力阻力大，出油阀的上下压差大)，柴油流回高压油管的现象不明显，减压作用强；低速时，出油阀落座缓慢，节流作用相对较小，柴油流回高压油管的现象比较明显，减压效果减弱，从而使高压油管中的残余压力较高，每循环的喷油量增加，图4.37所示为这种校正出油阀的供油速度特性的一个实验结果。

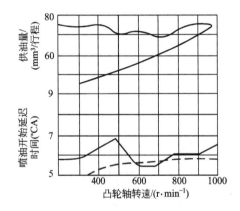

图4.36 可变减压容积出油阀的供油速度特性
——可变减压容积出油阀 -----标准出油阀

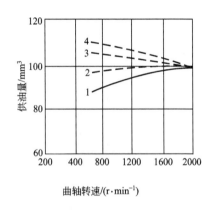

4.37 可变减压作用出油阀的供油速度特性
1—正常间隙；2—间隙$\delta=0.025$mm；
3—间隙$=2\delta$；4—间隙$=4\delta$

3) 节流式出油阀校正

如图4.35(c)所示，在出油阀中开节流小孔，若不计出油阀的惯性，出油阀处于某一升程时，应满足以下静力平衡的条件——出油阀弹簧力等于流体动力阻力，即

$$F_n + kh = \frac{1}{2}\xi\rho A v_h^2 \tag{4-9}$$

式中：F_n, k, h 为出油阀弹簧力(N)、弹簧刚度、升程(m)；v_h 为柴油自小孔中流出的速

度(m/s);ξ 为柴油在小孔中流动的局部阻力系数。

当转速增加后,流量增大,也就是 v_h 增大,方程式右边大于左边,因此出油阀升程 h 增大,从而达到新的平衡。这表明随着转速增高,使出油阀升程增高,从而增大了出油阀的回吸作用,因而使供油速度特性曲线变得平坦。

根据大量试验,总结出节流小孔面积 $S(mm^2)$ 的经验公式为

$$S = 0.2 + 39.2 \frac{\Delta b d^2 c_m}{F_n} \quad (4-10)$$

式中:Δb 为每循环供油量(g/循环);d 为柱塞直径(cm);c_m 为喷射期间柱塞的平均速度(m/s)。

总之,出油阀有中心通孔及横向小孔,所有进入高压油管的柴油必须通过横向小孔。转速升高时,由于横向小孔节流作用增强,对柴油进入高压油管起限制作用,使油泵柱塞上腔内柴油压力升高,这样不仅减少了供油后期流入高压油管的柴油量,同时还增加了柱塞偶件的泄漏量。因此,随转速的增加,喷油量下降。

2. 弹簧校正

如图 4.38 所示,螺钉右端加装校正弹簧 8,在原来固定螺母处,改用一个小的挡头 6。它不妨碍托板 3 的运动,但能挡住校正弹簧座 7 左移。

当调速器手柄放在靠近最大工作转速位置,油量调节机构也在最大供油量位置时,若外界阻力矩减小,柴油机转速增加,则离心力轴向分力大于弹簧力,使托板 3 的位置在挡头 6 左面,这时校正弹簧顶在挡头 6 上,不起作用。若外界阻力矩增加,柴油机转速降低,则离心力减少,托板 3 向右移,如果没有校正弹簧,托板 3 顶住固定螺母 5,供油量便不可能再增加。若有校正弹簧 8,托板 3 可越过挡头 6,压缩校正弹簧,使油量调节拉杆 1 继续右移一小段距离,供油量相应增加,直到校正弹簧座 7 顶住固定螺母 5 后,校正器就不再起作用,如图 4.39 所示。

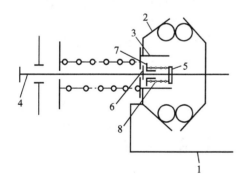

图 4.38 弹簧校正器工作原理
1—油量调节拉杆;2—推力盘;3—托板;
4—油量调整螺钉;5—固定螺母;6—挡头;
7—校正弹簧座;8—校正弹簧

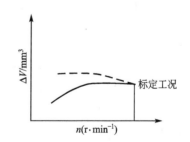

图 4.39 弹簧校正器作用
----- 装校正弹簧;—— 未装校正弹簧

4.3.3 不正常喷射

不正常喷射是指各循环喷油量不断变动的现象。若燃油喷射系统的参数选择不当时,可能会产生各种不正常喷射,使柴油机经济性下降、排气冒烟、喷油器积炭烧损、偶件和

油管零件的穴蚀破坏等不正常现象。常见的不正常喷射如图 4.40 所示。

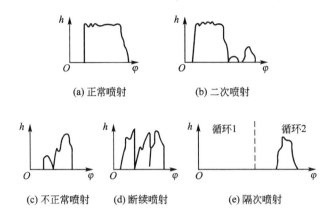

图 4.40 各种喷射情况的针阀升程

1. 二次喷射

所谓二次喷射是指在喷油终了针阀落座后又第二次升起形成再次喷射的现象。二次喷射的发生是由于在主喷射结束之后,高压油管内存在柴油的压力波动,当到达喷油器处的压力波波幅大于针阀开启压力时,针阀就再次打开形成二次喷射。二次喷射的出现将使整个喷射延续期拉长,过后燃烧严重,柴油机经济性下降,热负荷增加,应当力求消除二次喷射。消除二次喷射,关键在于减小喷油泵停止供油后高压油路中柴油的压力波动,常用以下措施:

(1) 减少高压油路中的容积(如减小出油阀接头内腔容积,减小高压油管长度和内径),增加高压油管的刚度(如适当增加管壁厚度),可以减小高压油管中柴油的压力波动。

(2) 适当加大喷油器的喷孔直径,用增加喷孔截面的方法来减小喷射期内高压油路中柴油的平均压力,这样可以降低针阀关闭后高压油路中压力波的强度。但是喷孔直径过大会影响雾化质量。

(3) 适当加大出油阀的减压容积,使供油结束时,高压油路中的柴油压力迅速下降到无法引起二次喷射。但是出油阀减压作用过度,则可能使高压油路中出现局部真空而产生气泡,引起穴蚀。一般采用等压阀或阻尼阀可以获得较好的效果。

2. 气泡、穴蚀

当油管压力局部突然降到相应温度时的饱和蒸气压力以下时,会有气泡产生。

在试验时油管压力出现为零时,即表明这个区域内有气泡产生。气泡产生后,在波动中的压力作用下,当压力升高至某一程度,气泡在高压作用下会破裂,这时局部油管压力急剧上升,气泡连续的产生和破裂会引起油管压力在主喷射后的高频波动,当这些压力波峰值超过一定数值时将会造成金属表面的损坏,即所谓的穴蚀现象。因此穴蚀是由气泡的产生和破裂引起的,但气泡的产生和破裂并不一定引起穴蚀损坏。

气泡的产生和破裂不但有可能引起穴蚀现象,而且会造成供油不稳定。因此应采取措施防止气泡产生,但在车用柴油机中完全消除气泡是不可能的,一般主要以控制不产生穴蚀损坏现象并尽量减少气泡产生为原则，把气泡破裂引起的峰值压力加以控制。据介绍日本 ZEXEL 公司在直喷式柴油机中控制主喷后油管压力峰值小于 15MPa。

消除气泡的办法：通常是使燃油系统在喷油结束后，高压油管内留有一定的剩余压力，这将有利于防止气泡的形成。例如，减小出油阀容积就有一定效果，但过高的剩余压力，又容易引起二次喷射。

喷油系统内剩余压力往往随着油泵转速的增高而加大，随着转速降低而减小，因此在高转速时要求有较大的减压效果，才能有效地防止二次喷射的产生。但当出油阀减压容积较大时，在低速、小油量时由于高压系统内剩余压力较小，只用较小的减压效果就已足够，如果仍有很大的减压容积则容易因减压过多而产生气泡。较小的减压容积虽在低速、小油量时较合适，但在高速大节气门时就容易产生二次喷射。

车用柴油机的特点是负荷、转速变化较大，选择能适合整个工作范围的减压容积较困难，尤其在高速直喷式车用柴油机中矛盾更为突出。一般采用阻尼出油阀、等压出油阀在有效地消除气泡的产生方面有较好的效果。

3. 滴油

滴油指的不是因喷油器针阀密封不良造成的滴漏，而是在针阀密封良好的情况下，喷油终了时，由于喷油压力小，喷油量少，速度较低，柴油以油滴的形式结集在喷孔处，称为滴油。这种现象在高压油管压力小、喷孔面积大、减压效果差、针阀关闭压力小时容易出现。由于滴油流出的柴油，流速很低，雾化不良，且柴油集结在喷孔处，容易结炭，使喷孔堵塞。此外，滴油现象的存在在针阀落座过程中当喷油器内的压力低于气缸压力时，有可能出现燃气挤开柴油倒窜进入喷油器内，导致烧坏针阀密封面，喷油器结焦等故障。

4. 断续喷射

断续喷射是指在低速、小负荷时，由于供油量较少，高压油管内较低的压力波及较小的供油率，使得在喷油阶段高压油管内的压力不足以保持抵消喷油器的针阀复位弹簧力，针阀时而打开，时而落座。它使针阀对阀座的撞击次数增多，容易产生过度磨损，降低针阀的使用寿命。

5. 不正常喷射

不正常喷射指各循环喷油量不断变动的现象，这会导致燃烧不稳定。在低负荷时，由于循环供油量较少，在高压油管内不易建立起高压，高压油管的压力波动作用明显，因而容易发生不正常喷射现象。

6. 隔次喷射

隔次喷射指的是当循环供油量过小，高压油管中的压力太低时，有可能在某循环的整个喷油过程中无法顶开针阀喷油，在下一个循环中，高压油管内有前一循环的油量积累，其压力才有可能使针阀开启，向缸内喷油。柴油机在怠速工况时容易发生隔次喷射，它使柴油机运转粗暴，怠速运转不稳定，油管中的压力波动明显，容易发生不正常喷射。

4.4 柴油机的燃烧室

燃烧室的造型和喷油器的布置确定了混合气的形成方式，根据这两个待征，柴油机的燃烧室基本上分为两类：

(1) 分隔式燃烧室。燃烧室分为主燃烧室和副燃烧室两部分，主燃烧室设在活塞顶部，副燃烧室设在气缸盖上，主副燃烧室用狭窄通道相连接，柴油直接喷入副燃烧室中。分隔式燃烧室常用的有涡流室和预燃室等类型。

(2) 直接喷射式燃烧室。燃烧室布置在活塞顶与缸盖之间所形成的一个统一空间内，柴油直接喷入这一空间，并进行混合燃烧。对于直接喷射式柴油机，按燃烧室深浅可分为浅盆形和深坑形两类；按气流运动则又可分为无涡流和有涡流两种。一般来说，气缸直径越大，燃烧室就越浅。浅盆形燃烧室不组织进气涡流或利用弱进气涡流，而深坑形燃烧室一般都组织比较强的进气涡流。

柴油机的燃烧室分类具体如图4.41所示。

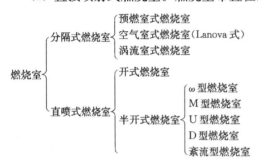

图 4.41 柴油机的燃烧室分类

4.4.1 分隔式燃烧室

分隔式燃烧室的一般性特征是：
(1) 燃烧室至少分成两个部分。
(2) 由各室之间的空气流动形成可燃混合气。

分隔式燃烧室一般有三种，即预燃室式燃烧室、空气室式燃烧室（Lanova式）和涡流室式燃烧室。

1. 预燃室式燃烧室

预燃室式燃烧室结构如图4.42所示，整个燃烧室由位于气缸盖的预燃室与活塞上方的主燃烧室两部分组成。两者之间由一个或数个通道相连，喷油器安装在预燃室中心线附近。由于连接通道不与预燃室相切，所以在压缩行程期间并不产生有组织的强烈涡流，但空气流过通道会产生强烈湍流，使一部分柴油雾化混合。当着火燃烧后，预燃室中的压力、温度迅速升高，利用这部分柴油燃烧的能量将预燃室中的混合气高速喷入主燃烧室，并在主燃烧室内形成燃烧涡流，促使大部分柴油在主燃烧室内混合燃烧。预燃室结构形式很多，常用长圆筒形或长阶梯形，一般它都是由耐热钢制成单独零件，装在缸盖上，并保持很高工作温度，在高速小型柴油机上，为保证

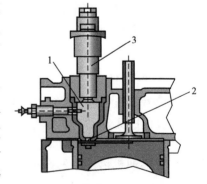

图 4.42 预燃室式燃烧室
1—预燃室；2—通道；3—喷油器

足够气阀通路面积,预燃室总是倾斜布置或偏向一旁。预燃烧室容积 V_A 仅占整个燃烧室容积 V 的 30%~40%。

1) 混合气形成

压缩过程中气缸内部分空气被压入预燃室,由于连接通道截面很小,且不与预燃室相切,所以在预燃室中形成强烈的无组织的紊流。柴油喷入预燃室中,为缩短燃烧时间,要求柴油喷到通道口附近,并避免与进入预燃室的气流正面相撞,气流只将一部分小细粒带向预燃室的上部空间,柴油的着火是发生在预燃室上部空间的,着火后,预燃室内压力、温度迅速上升,利用这部分柴油的燃烧能量,将集中于下部通道口附近已受预热的柴油高速喷向主燃烧室,这样不仅使柴油雾化良好,并且配合主燃烧室形状,能形成很强的涡流(称燃烧涡流),使大部分柴油在主燃烧室中迅速混合燃烧,由于通道小孔的节流,主燃烧室压力的上升比预燃室低且慢,其最大压差为 0.6~1MPa,最高流速达 500~600m/s。

2) 主要优缺点

由于预燃室与主燃烧室连接通道的截面小,气体二次通过产生强烈的节流。使主燃室压力上升缓慢,$\frac{\Delta p}{\Delta \varphi}$ 和 p 值低,非增压柴油机一般 p=4~6.5MPa,在相同功率下比直喷式小 25%~30%,所以工作柔和,噪声小。

预燃室式燃烧室混合气形成主要依靠燃烧涡流,故对燃油系统的要求低,对转速及柴油品质不敏感,均用轴针式单孔喷油器。所以燃油系统工作比较可靠,喷油器寿命较长,有适应多种燃料的能力。

主燃烧室内存在消耗能量较大的紊流运功。流动损失较之涡流室式燃烧室更大,而且燃烧室散热面积大,散热损失亦放大,经济性差,耗油率高是预燃室式燃烧室的严重缺点,冷起动困难,压缩比较高,一般为 18~22,需要起动辅助装置。

由于预燃室式柴油机起动性能与经济性差,在现代压燃式发动机中基本上已不被采用。

2. 空气室式燃烧室(Lanova 式)

空气室式燃烧室的喷油器安装在主燃烧室,且正对着副燃烧室,柴油喷入主燃烧室,油束指向副燃烧室口,压缩终了柴油与空气一起进入副燃烧室,在副燃烧室内首先着火、燃烧,向混合气提供喷向主燃烧室的能量。这种燃烧室由于强烈的分开式结构,如今很少采用。

3. 涡流室式燃烧室

涡流室式燃烧室的结构如图 4.43 所示,在气缸盖与活塞顶之间的空间是主燃烧室,在气缸盖中的容积 V_A 称为涡流室。一般涡流室占整个燃烧室容积的 50% 左右,涡流室与主燃烧室之间有一个或数个通道相连。通道截面约为活塞面积的 0.9%~3.5%,通道方向与活塞顶成一定的角度并与涡流室相切,柴油喷射到涡流室内,顺空气涡流方向喷射。

1) 混合气的形成

喷油器安装在涡流室内,柴油顺涡流方向喷射。在压缩过程中,气缸中的空气被活塞推挤,经过通道流入涡流室,形成强烈的有组织的旋转运动,促使喷

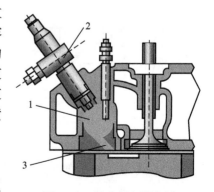

图 4.43 涡流室式燃烧室
1—涡流室;2—喷油器;3—通道

入涡流室中的柴油与空气的混合。当涡流室中着火燃烧后,涡流室中的气体压力、温度迅速升高,在膨胀行程期间涡流室中未燃烧的柴油、空气及燃气一起经过通道流入主燃烧室中(即形成所谓二次涡流),与主燃烧室的空气进一步混合燃烧。涡流室式柴油机目前仍在农用、高速车用柴油机中使用,但其存在起动性能和经济性差的缺点,应加以改进。

2)涡流室的设计要点

(1)涡流室的形状。涡流室的基本形状是球形或近似球形。它通常由两部分组成,其上部是在气缸盖上,而下部是带有通道的保温镶块,涡流室的内表面和通道都可以进行机械加工,涡流室的容积也较易精确控制。通过镶块形状和尺寸的变化,可以得到各种涡流室的变型。图4.44所示为三种有代表性的涡流室形状。图4.44(a)为球形,图4.44(b)为上半部是半球、下半部则为锥形平底,图4.44(c)为上半部是半球、下半部则为柱形平底。其中以圆柱平底形的镶块最简单,是一圆盘,最易加工。涡流室的形状和尺寸及连接通道的形状、尺寸和位置等影响涡流室中气流运动的形态和强度。不同形状的涡流室,所产生的压缩涡流强度不一样。

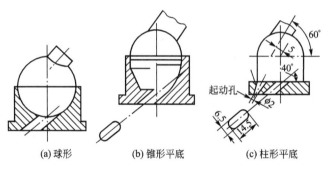

图4.44 涡流室形状

(2)连接通道的位置。连接通道的截面形状一般有长圆形、豆形和弯月形等,其中以长圆形应用较多。通道形状、尺寸和位置对涡流室中的气流运动影响也很大。图4.45所示是通道方向对涡流强度的影响,当通道位置与涡流室相切时,压缩涡流较强;而通道靠近涡流室中央布置时,涡流速度明显减小,但涡流室中气体容易流出。从加快主燃烧室的燃烧考虑,通道布置靠近涡流室中心附近往往获得较好的性能。通道的倾斜角一般为30°~50°。当柴油机转速较高时,长圆形通道的最佳长短比为2~2.5。

(3)涡流室的结构参数。涡流室的主要结构参数是涡流室容积与压缩容积之比V_A/V_C及通道截面积与活塞面积之比A_f/A_p,它们对压缩涡流影响很大,V_A/V_C越大或V_f/A_p越小,则压缩涡流越强。最初涡流室发动机的设计思想是希望喷入涡流室的燃油能在涡流室中完全燃烧,因此V_A/V_C较大,一般为70%~80%,此时通道面积比也相应较大,$A_f/A_p=$

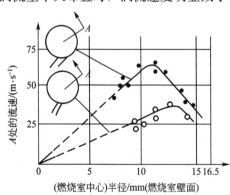

图4.45 通道方向对涡流速度的影响
上止点前3°,1500r/min

2%～3.5%，V_A/V_C大，进入涡流室的空气量多，压缩涡流强度高，混合能量大，对高负荷时的燃烧有利，可以提高输出功率；但是V_A/V_C增大，流动损失和散热损失也大，使经济性变差，起动困难。对于小缸径的发动机，当压缩比较高时，由于活塞顶隙的限制，也难以加大，为了减少流动损失和散热损失，提高经济性，改善起动性能，V_A/V_C限制在50%左右。V_A/V_C减小，进入涡流室中的空气量也随之减少，这样在涡流室中就不能使喷入的柴油完全燃烧，需要采取措施加强主燃烧室中的混合燃烧过程，才能获得良好的性能指标。当主燃烧室也组织涡流加强燃烧时，涡流室通道面积比偏小有利，一般A_f/A_p=1.2%～1.5%。涡流室混合气形成和燃烧要求合适的涡流强度，太强或太弱都会使性能下降。当燃烧室形状和V_A/V_C选定后，可由通道面积的大小来控制涡流强度，A_f/A_p是涡流室易于调试的一个参数，在涡流室设计中有重要意义。

（4）主燃烧室中的燃烧。当选用的V_A/V_C较小时，就有较多的空气集中在燃烧室里。为此，常在活塞顶上开导流槽和凹坑，使涡流室中的气流喷出时，在导流槽或凹坑的引导下形成二次涡流，促使未燃烧的柴油在主燃烧室内进一步混合燃烧，如图4.46所示。图4.46(a)所示为双涡流主燃烧室，即在活塞顶上开有两个凹坑，导流槽对准涡流室通道，当活塞在上止点附近时，从涡流室喷出的高温气体，经导流槽分成两股，在凹坑中形成两个强烈的涡流，随着活塞下行，两个涡流越出凹坑，扩展到整个主燃烧室，从而加强了主燃烧室的混合和燃烧。图4.46(b)所示的主燃烧室导流槽分布在两侧，气流从两侧再扩展到整个燃烧室，效果也很好。这两种形状的主燃烧室都可以使发动机的经济性有所改善。

（5）油束与空气涡流的配合。涡流室式发动机的喷油方向对性能影响很大，图4.47所示是球形涡流室的喷油方向对性能影响的试验结果。由图可见，随着喷油方向从逆气流变到顺气流喷射，燃油消耗率和烟色都显著地得到改善。当逆气流喷射时（图中的A、B）或指向涡流室中心喷射时（图中的C），从通道流入涡流室的空气冲击油束，使空间雾化柴油增多，所以初期放热率大，起动性能好。从高速摄影观察到，此时着火后火焰局限在涡流

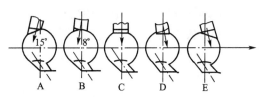

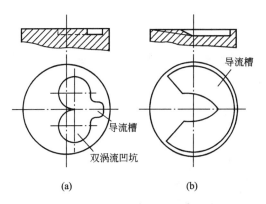

图4.46 柴油机主燃烧室的形状

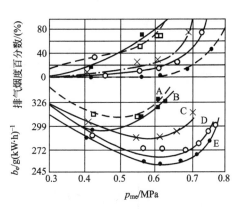

图4.47 喷油方向对涡流室发动机性能的影响
DN8S1喷油器，喷油压力12MPa，n=1500r/min

室中心，涡流室外围的空气与中央的燃气无从交换，难以形成热力混合，外围的新鲜空气未参与涡流室中的燃烧即首先被喷出，而在涡流室中则形成过浓的混合物，造成严重冒烟，经济性下降；当顺流喷射时(图中 D、E)，柴油被吹向壁面，部分柴油呈壁面分布，油束中的细小油雾顺着气流带到通道口附近，与流入的高温空气相遇，在靠近壁面处着火燃烧。在强烈的涡流作用下，火焰被卷入涡流室中央，而将中心部分的空气压向四周，形成良好的热力混合，而且壁面附近的过浓混合气首先从涡流室中喷出，在主燃烧室进一步混合燃烧，这就消除了涡流室中心混合气过浓的现象，其结果是经济性改善，冒烟减少。

(6) 主要优缺点。由于强烈的空气涡流运动保证了较好的混合气质量，空气得到较充分的利用，因此过量空气系数较小，一般 $\phi_a = 1.2 \sim 1.3$，平均有效压力较高。这种燃烧室对喷雾质量要求不高，可用单孔轴针式喷油器，孔径为 1mm 左右；针阀开启压力较低，为 12～14MPa，降低了对燃油供给系统的要求，减少喷油器堵塞现象。

对转速变化不敏感。转速升高，气流的涡流运动也加强，因此高速性好，最高转速可达 5000r/min，广泛应用于小型高速柴油机上。由于利用的是压缩涡流和二次涡流，故对进气道没有特殊要求与限制，对减小进气阻力，提高充量系数有利。

这种燃烧室的 $\frac{\Delta P}{\Delta \varphi}$ 和 p 较低，运转平稳；排气污染小；易于调试；使用性能稳定。

燃烧室相对散热表面积较大，而且直接与冷却水接触，致使散热损失较大。气体二次经过通道节流，流动损失也较大，因此耗油率较高，经济性不如直喷式燃烧室。

冷起动困难，除要求较高的压缩比外，还需要起动辅助装置，一般压缩比为 18～23，缸径越小，转速越高，选取的压缩比越大，涡流室通道经常有高温燃气流动，通道口热负荷很高易引起热裂等问题，影响柴油机工作可靠性。

4.4.2 直喷式燃烧室(统一式燃烧室)

直喷式燃烧室的一般性特征是：
(1) 燃烧室不分开，大都以凹坑形式出现在活塞或缸盖上。
(2) 通过喷射(油束)形成混合气。
(3) 在进气过程中通过切向气道、螺旋气道或导气屏产生的涡流运动促进混合气形成。

直喷式燃烧室混合气形成的方式分为空间雾化和油膜蒸发两种，按结构形式可分为开式燃烧室和半开式燃烧室两种。

1. 开式燃烧室

开式燃烧室又称浅盆形燃烧室，大型低速柴油机大都采用开式燃烧室。如图 4.48 所

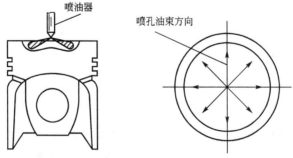

图 4.48 开式燃烧室

示，活塞上方是平坦的、宽开口的燃烧室凹型空间，在燃烧室中心安置有 6~8 个喷孔的多孔喷油器，喷孔数选取的原则是既要避免相邻油束之间存在无油区，又要避免油束相互干扰。喷孔的直径影响到油束的射程和油滴的直径。缸径越大，要求射程也越远，喷孔直径也越大。

利用油束的能量促使混合气形成，无空气涡流运动，让柴油找空气，因此，空气的利用率较低，要求空燃比大。通过高压喷射实现良好的雾化，通过尽可能多的油束以实现良好的燃油分布。这类燃烧室还容易出现燃烧室中部混合气过浓、外部过稀的现象。当燃烧过程组织得不好时，着火后继续喷入的柴油会被火焰区所包围，因高温缺氧而裂解成炭烟。

2. 半开式燃烧室

半开式燃烧室又称深坑形燃烧室，其包括以下几种：

1) ω 形燃烧室

小型高速直喷式柴油机大都采用 ω 型燃烧室，如图 4.49 所示。柴油在空间雾化，油束可减少到 3~4 个。多油束对混合气的形成当然有利，但是对于供油量一定的喷油器而言，多油束（喷孔）意味着喷孔的直径减小，这样就容易引起喷孔堵塞。另外，小的喷孔直径给加工带来一定的难度。

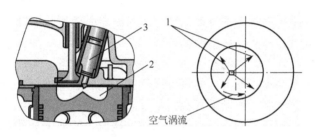

图 4.49　ω 形燃烧室

1—油束；2—活塞凹坑；3—喷油器

除了油束本身外，还利用空气的涡流运动来促进混合气的形成。空气涡流运动的形成方式有：由切向进气道或螺旋进气道产生涡流运动；通过气门上的导气屏；通过挤气运动产生涡流，即所谓的"二次涡流"。

空气涡流运动强度大小确定的依据是使油束受空气运动的作用而发生扭转后，相邻油束刚好相接，如图 4.50 所示。否则，太弱的涡流强度使得一些空气没有机会与柴油混合，而太强的涡流又使相邻油束在交界处重叠，混合气过浓。

ω 形燃烧室结构简单，相对散热面小，经济性较好，冷起动容易。但涡流强度对转速比较敏感，难以兼顾高、低速时的性能，充量系数相对较低，工作粗暴，对燃油喷射系统要求较高。要求空燃比最低达 1.3 左右，对转速变化较敏感，排放较严重。

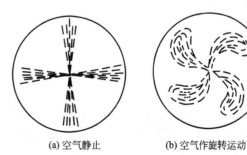

(a) 空气静止　　(b) 空气作旋转运动

图 4.50　多孔喷油器的混合气形成

燃烧过程及相关的参数随负荷和转速的变化关系,如图 4.51 所示。开始燃烧时,燃烧速度较快,压力升高率较大。

2) 球形油膜燃烧室

球形油膜燃烧室在活塞顶上有一较深的球形或椭球形凹坑,如图 4.52 所示。采用双孔喷油器(孔径为 0.3~0.5mm)或单孔喷油器(孔径为 0.5~0.7mm)。一般均配有螺旋气道产生强进气涡流,应用油膜蒸发方式形成混合气。

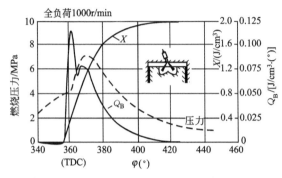

图 4.51 ω 形燃烧室燃烧过程及影响因素

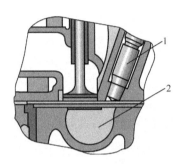

图 4.52 球形油膜燃烧室
1—喷油器;2—活塞球凹坑

油膜蒸发形成混合气是将大部分柴油顺气流方向喷向燃烧室壁面,在空气涡流的作用下柴油涂在燃烧室壁上,形成一层很薄的油膜,只有一小部分从油束中分散出来的柴油以油雾分散在燃烧室空间,在炽热的空气中,首先完成着火准备,形成火源。然后靠此火源点燃从壁面已蒸发出来并和空气混合的可燃混合气,随着燃烧进行,产生大量热,辐射在油膜上,又使油膜加速蒸发,不断地和室壁附近高速旋转气流混合,迅速燃烧。当活塞向下止点回行时,在燃烧室球口边缘又形成很强的反涡流,壁面上如残存有细油粒,可被气流卷起很快烧掉。

控制燃烧室壁温和喷在壁面上的油量,可以抑制燃烧前期的反应,控制燃烧过程的进度。这种燃烧过程打破了液态燃料碰到燃烧室壁会使燃烧不完全这种观念的束缚,而建立了一种新的概念——利用壁面来改善和控制燃烧过程。

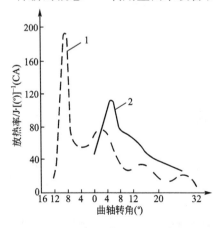

图 4.53 球形油膜燃烧过程放热率
1—直喷式燃烧室;2—球形油膜燃烧室

在这种燃烧过程中,由于只有少数柴油喷在空间作为引燃,而大部分柴油涂在温度较低的燃烧壁面上,一方面使着火延迟期中形成的可燃混合气数量减小,$\dfrac{\Delta p}{\Delta \varphi}$ 值较低,柴油机工作柔和噪声小;另一方面抑制了柴油在燃烧前的热裂解,减少黑烟形成。只要能控制好进气涡流、室壁温度、合理配置柴油喷注可以保证壁面柴油不断迅速蒸发,形成良好混合气,减少液体柴油在高温缺氧的条件下裂解成炭烟。图 4.53 所示给出球形油膜燃烧室燃烧放热规律与直喷式燃烧室的放热规律。比较可见,球形燃烧室燃烧过程燃烧初期的放热率较低,而燃烧后期放热率大,保证工作柔和及经济性好。

球形油膜燃烧室的缺点是对突变负荷及增压的适应能力较差；低速性能不太好，白烟多，因为转速低、负荷小时，壁温较低，涡流较弱，壁面上柴油蒸发困难；它还对进气道、燃油喷射系统和燃烧室结构参数之间的配合要求很高，制造工艺必须严格。

3）M形燃烧室

图4.54所示为M形燃烧室。混合气形成方式与油膜蒸发方式相对应。喷油器布置在一侧，采用二孔喷油器，一孔对着活塞上球形表面；另一孔直接喷入到燃烧室空间，由这部分柴油蒸发着火，这样可以加速燃烧，降低油耗，但噪声也随之增强。

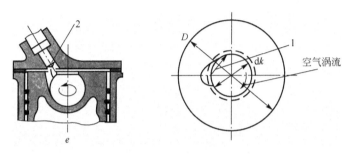

图4.54 M形燃烧室
1—油束；2—喷油嘴

着火后的高温燃气使得油膜的蒸发加快，与经过此处的空气强烈地混合后加速燃烧。活塞顶背部喷油冷却，控制燃烧室壁温度不超过350℃。

M形燃烧室燃烧开始时相对较柔和，然后快速燃烧，噪声相对较低。由于抑制了燃烧前的热裂解，减少了炭烟的形成，空气利用率较高，对多种燃料的适应性较好。但是冷起动需要采取特殊的措施，低速性能不好，对进气道、供油系统、壁温、燃烧室结构配合要求很高。燃料不均匀分布、沉积在壁面上容易产生炭烟，油耗较高，空燃比为1.1左右。M形燃烧室燃烧过程如图4.55所示。

4）U形燃烧室

U形燃烧室又称复合式燃烧室。这种燃烧室采用中等或强进气涡流及1~2孔的喷油器，将大部分柴油喷在壁面附近形成混合气层，为空间-油膜混合，如图4.56所示。燃烧室位于活塞顶上正中心，形状如"U"字形。采用轴针式喷油器，喷油方向基本上与空气涡流运动方向垂直，只有一个很小的角度(7°)的顺气流趋向，配有螺旋进气道。

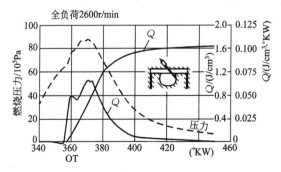

图4.55 M形燃烧室燃烧过程

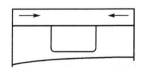

图4.56 U形燃烧室

当柴油机转速较高时，气流涡流运动较强，在气流带动下，沿壁面分布的柴油增多，具有油膜燃烧的特点；而在低速运转或起动时，进气涡流减弱，空间分布的柴油增多，就较多地具有空间燃烧过程的特点，改善了冷起动性能和低速烟度特性。

阅读材料4-5

柴油机油膜式和复合式燃烧室的历史

燃烧室的优劣对柴油机的性能有决定性的作用，因此是柴油机设计的关键。燃烧室按组织燃烧过程的特点和结构不同分为开式、半开式、预燃室式和涡流室式四类。前两类属于直接喷射式燃烧室；后两类属于分隔式燃烧室。

低速柴油机和部分中、高速柴油机主要用无涡流的开式燃烧室。燃烧室由气缸盖底面和活塞顶面形成，具有一定形状的整体空间。多孔喷油器（6～10孔）能使柴油雾化良好，并均匀分布在燃烧室空间。因此，开式燃烧室中的燃烧属于典型的空间式燃烧过程，要求燃烧室与油束形状和分布相配合。它的优点是燃料消耗率低，起动容易；缺点是燃料雾化要求高，难以适应变转速工作。

小型高速柴油机大多采用有涡流的半开式燃烧室。这种燃烧室又分为多种类型，主要有油膜式燃烧室和复合式燃烧室等。

油膜式燃烧室是1956年由德国的莫勒所发明。燃烧室位于活塞顶内，呈球形。柴油喷向燃烧室壁面，大部分柴油在强涡流作用下喷涂在燃烧室壁面上，形成很薄的油膜，小部分柴油雾化分布在燃烧室空间并首先着火，随后即引燃从壁面上蒸发的燃料。这种燃烧室可使工作过程柔和，燃烧完全，声轻无烟，并可使用轻质燃料；缺点是低温时起动较困难。

复合式燃烧室是1964年由中国的史绍熙等发明，燃烧室在活塞顶内呈深盆形，口部略有收缩，用特殊形状的进气道形成进气涡流，采用单孔轴针式喷油器。喷油器轴线与燃烧室壁面基本平行，柴油喷向燃烧室的周边空间。在涡流作用下，粗大的油粒散落在燃烧室壁面上形成油膜，细小的油粒在空间与空气混合。当转速较高时，燃烧室涡流速度高，壁面上的油膜柴油增多，具有油膜燃烧的特点；而在低转速和起动时，涡流速度低，空间混合的燃料量增多，具有空间式燃烧的特点，能改善冷起动性能。

复合式燃烧室把油膜蒸发混合燃烧与空间混合燃烧合理地结合起来，兼有两者的优点，故又称为复合式燃烧系统，其工作过程柔和，可燃用多种燃料，对喷油系统要求低，而且起动容易。缺点是低负荷排气中未燃的碳氢化物含量较高。

涡流式燃烧室由涡流室和主燃烧室组成。涡流室位于气缸盖上，呈球形或倒钟形，占总压缩容积的50～80%，有切向通道与主燃烧室相通。在压缩行程时，压入涡流室的空气产生强烈的涡流运动，促使喷入其中的柴油与空气混合。着火后混合物流入主燃烧室，形成二次流动，进一步与主燃烧室内的空气混合燃烧。

涡流室燃烧室和预燃室燃烧室都用轴针式喷油器，喷油压力较低，工作可靠；由于涡流室内涡流随转速增高而加强，柴油机高转速时柴油和空气仍能很好地混合。

涡流室式柴油机的转速可达4000转/分以上，工作过程柔和，排气中有害成分较少。但散热损失和气体流动损失大，而且后燃较严重，故燃料消耗率较高；冷车起动困难，往往需要加装预热塞。

➥ 资料来源：http://www.cndeser.com/jichuzhishi/.

5) 紊流型燃烧室

(1) 挤流口式燃烧室。燃烧室缩口较小，有强的挤流和逆挤流，大多采用多孔喷油器，为空间混合或空间-油膜混合。当推迟喷油时，降低了噪声和 NO_x 含量，烟度也有所改善，但燃烧过程也推迟。

挤流口式燃烧室的缸盖、活塞的热负荷高，喉口边缘容易烧损，喷孔易堵塞，高速经济性恶化，工艺条件要求高。

(2) 微涡流式燃烧室。微涡流式燃烧室采用一定强度的进气涡流和挤流，再配以特殊形状的燃烧室，如图 4.57 所示为花瓣形燃烧室。这样会使燃烧室内除了大涡流外，各处还充满微涡流，使空气运动十分充分，从而加快了混合气燃烧的速度。

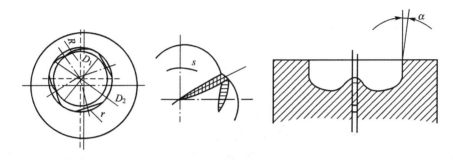

图 4.57　花瓣形燃烧室

(3) 湍流式燃烧室。柴油机燃烧室中的湍流对燃烧有很大的影响。典型的湍流式燃烧室是小松 MTCC 燃烧室，如图 4.58 所示。燃烧室凹坑的上部为四角形，下部为圆形，上下部连接处经切削加工，过渡圆滑。它是利用湍流来增加扩散燃烧阶段的混合速率，以便推迟喷油提前角，使预混合燃烧阶段的放热尖峰减小，NO_x 含量下降，缓和燃油消耗率和 NO_x 的矛盾。进气涡流在燃烧室上部和下部产生大涡流，在四角部分产生小涡流，小涡流的旋转方向与大涡流相反，因而在交界处存在速度差，这就是湍流源。

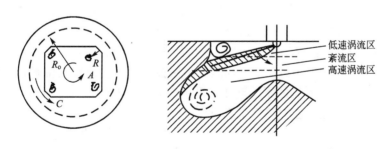

图 4.58　小松 MTCC 燃烧室结构示意图与空气运动

在燃烧室的纵剖面上，四角形凹坑和圆形凹坑的交界面上，一方面燃烧室底部的气流旋转速度高(原因是先进入气缸的空气流速最大，在压缩过程中来不及均匀化，使燃烧室上、下部存在速度差)；另一方面，燃烧室上部气流旋转受到四角形的阻碍，使旋转速度下降，因而在交界面上也存在着气流速度差，这又是一个湍流源。柴油油束对着交界面喷射，它最先通过低速大涡流区，然后通过湍流区，最后到达下部高速大涡流区。由于油束直接喷向交界面,所以通过湍流区的时间最长,油气混合最好,加上这种燃烧室内到处存在涡流,空气运动充分,能保证获得较高的燃烧效率。与常规深坑形燃烧室相比,柴油消耗率下降,烟度下降,在低速时性能的改善尤为显著。

4.5 柴油机电控燃油喷射系统

4.5.1 柴油机电控燃油喷射系统的发展与现状

传统柴油机的发展方向是电控柴油机。柴油机的电控喷射系统是在20世纪70年代开始发展的,现已在国外重型车用柴油机中得到普遍应用。主要原因是为满足各国日益严格的排放法规,美国国会通过的"大气污染防治法",要求将重型载货汽车柴油机的排放降低90%,美国西南研究所与美、日、欧等12家主要发动机厂和5家油泵厂正在研制低排放柴油机。在强烈要求降低排放指标的同时,始终存在着降低柴油机油耗的要求,为了满足这些要求,国外研究出了电控柴油机技术。

几十年来电子技术和电子计算机技术的迅速发展,使电子产品的可靠性、成本、体积等各方面都已有实际用于汽车柴油机控制的可能,这是发展柴油机电控技术的必要条件。

目前,不但重型汽车柴油机使用柴油机电控技术,而且轿车用柴油机也使用柴油机电控技术。当前轿车用柴油机主要用电控高压喷油技术。国外在研究电控高压喷油技术中有代表性的系统是高压共轨喷油系统,如意大利 Fiat 集团的 Unijet 系统、德国 RoberBosch 公司的 CR 系统和日本 NipponDesno 的 ECD-U2 系统。

国内对柴油机电控燃油喷射系统的研究起步较晚,在20世纪90年代才开始有几家单位研究,在控制理论、系统组成、关键零部件研究等方面取得了一些进展,但目前仍处在初步研究状态。

在共轨燃油系统的关键零部件研究方面,天津大学内燃机燃烧学国家重点试验室首创提出一种用于车用柴油机的新型共轨蓄压式电控燃油系统 PAIRCUI,填补了我国第三代电控燃油喷射系统的空白。该试验室后来还开发出一种灵活控制喷油规律的高压共轨喷油器 FIRCRI,它具有稳定的小量预喷射功能、多次控制喷射功能和喷油规律形状的剪裁功能,其与 Bosch 公司 CR 系统的不同点在于采用液力平衡式快速响应电磁阀,其他方面与 Bosch 公司类同,目前也正在对该系统进行硬件仿真和实机测试。浙江大学有开发高压共轨喷油器和高压油泵的论文发表,北京理工大学也进行了蓄压共轨燃油喷射系统的研究,自行研制了压力调节器和高速响应电磁阀。

目前,国内从事共轨燃油喷射系统研究的企业主要有:广西玉林柴油机厂,其与上海交通大学开发 GD-1 高压共轨系统,计划匹配到 YC6112 柴油机上,已经取得了阶段性的成果;无锡油泵油嘴研究所引进日本 HINO 公司的 J08C 柴油机,意图仿照其上的 ECD-U2 系统样品进行开发,并与无锡柴油机厂一起与国外合作,已经在 CA6110 增压中冷柴油机上成功进行了共轨式喷射系统的试验;山东潍坊柴油机厂、上海柴油机厂等都已经搭建共轨实验室,准备开发高压共轨燃油喷射系统。

阅读材料4-6

共轨技术意义和未来的发展

高压共轨电控燃油喷射技术的出现使得车用柴油机的发展获得了新生，它不仅保留了传统柴油机卓越的燃油经济性能，还进一步降低了颗粒物和炭烟的排放，使其更节能，排放更环保，在性能上已远远超过了传统柴油机。同时，该技术还具备很大的发展潜力，进一步的研究主要体现在以下几个方面：提高喷射压力；减小喷孔直径；增加喷孔数目；进一步开发压电喷油器；研制新型智能传感器；进一步解决共轨压力波动问题；加强控制模式与算法的研究；加强安全保护、故障诊断及紧急运行能力的研究；进一步优化系统匹配；不断提高系统可靠性和寿命；降低成本。总之，共轨电控燃油喷射系统的进一步发展与优化涉及执行器、传感器、计算机和控制技术，是一门综合性的新兴技术，只有在发展中不断完善。

资料来源：http://www.sycyx.com/5937.htm.

国内在自主开发的同时积极引进国外先进技术，2004年底威孚集团和Bosch公司联合组建了博世汽车柴油系统股份有限公司，该公司以Bosch公司技术为依托在无锡生产高压共轨系统，Bosch公司满足欧Ⅲ排放标准的高压共轨系统在国内市场开始有售。天津大学在龙口油泵油嘴股份有限公司全力配合下对共轨蓄压式电控喷油器的加工、工艺和检验上作了卓有成效的工作。无锡威孚集团和天津大学共同开发了高压共轨喷油器性能检测系统。贵航集团红林机械公司与美国BKM公司联合研制生产了HSV系列快速响应开关式数字阀和斜盘式柱塞泵，用于中压共轨系统。

随着电控技术的不断发展，从柴油机电控燃油喷射系统控制方式看，已经先后发展三代：

第一代为位置控制式电控喷油系统，即在不改变传统喷油系统结构的基础上，用电组件来代替原有的机械控制机制。其优点是可以提高控制精度和响应速度且无须对柴油机的结构进行改动，生产继承性好，便于对现有机型进行技术改造；缺点是控制自由度少，精度仍然不够高，喷油率和喷油压力难于控制，而且不能改变传统喷油系统固有的脉动喷射特性，因此很难较大幅度地提高喷射压力。

第二代为时间控制式电控喷油系统，它是在第一代位置控制式的基础上发展起来的。采用高速电磁阀喷油调节原理，柱塞只承担供油加压的功能，供油量、供油时刻则由高速电磁阀单独完成，因此供油加压与供油调节在结构上就相互独立。由于采用了高速电磁阀，其控制自由度较第一代有了跳跃式的提高。

第三代为时间-压力控制式电控喷油系统，利用高压共轨或共轨蓄压或液力增压的形式获得高压，采用时间-压力方式进行燃油计量控制。即高压油泵并不直接控制喷油，只是向公共控制油道（共轨）供油以维持所需的共轨压力，通过调节共轨压力来控制喷射压力，而电磁阀则控制喷射过程。

从发展中的第一代、第二代再到第三代，只有时间-压力控制式系统改变了原来喷射速率越来越小，喷油规律先急后缓，喷油率形状不理想的缺点。高压共轨系统能够在高压喷射的前提下根据工况需要实现喷油压力、喷油量、喷油定时和喷油速率的动态优化，可以实现灵活的预喷射、后喷射和多段喷射，以及△型和靴型喷油规律，使柴油机的有害成分排放、噪声和冷起动性能得到很大改善。因此，这一技术必将得以保持并提高，高压共轨系统将成为未来柴油机喷油系统的主要发展方向。

4.5.2 柴油机电控喷油系统的基本组成和工作原理

1. 位置控制式电控喷油系统

位置控制式电控喷油系统是在机械式 VE 型分配泵的基础上实施电子控制改造而成的位置控制式电控分配泵，其采用旋转电磁铁来直接控制泵油柱塞上的滑套（溢油环），电磁铁控制轴旋转改变了控制轴下端偏心轴的位置，直接控制滑套从而控制喷油量，如图 4.59 所示。

同时在旋转电磁铁上方有一个检测转子角度来控制滑套位置的无触点电感式角位移传感器，以实现闭环控制。一个可移动测量环与控制轴一起旋转，还有一个固定基准环，如图 4.60 所示，当电磁铁线圈通电后，测量环移动，铁心中磁通量产生变化，测量采用固定的和可移动的两个系统对比值。本系统放置电磁铁最大转动范围约为 60°，溢油环位移量为 1.5～2mm，线圈中电流为 4～5A，溢油环位移量的大小直接对应喷油量的多少。

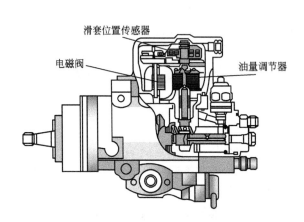

图 4.59 位置控制式电控分配泵

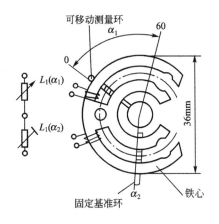

图 4.60 电感式位移传感器

日本电装公司的 ECD-V1 型分配泵是电控喷射系统中最早商品化的位置控制系统，采用比例电磁阀，通过一根杠杆来控制泵油柱塞上的滑套。英国 Lucas 公司的 EPIC 系统使用电子控制系统控制柱塞径向行程来控制喷油量，通过控制凸轮环位置来控制喷油定时。美国 Stanadyne 公司的 PCF 系统，用控制柱塞行程来代替计量阀使供油量稳定，用步进电动机通过液压伺服机构控制提前器活塞位置，从而控制凸轮环位置，以实现喷油定时控制。

2. 时间控制式电控喷油系统

日本电装公司的 ECD-V3 电控分配泵取消了 VE 泵上的溢油环，采用高频的电磁溢流阀作为执行器，其基本组成如图 4.61 所示。其工作原理是：电磁溢流阀通电时，切断溢油通路，燃油则由喷油器喷入燃烧室；电磁溢流阀断电时，溢油通路打开，高压燃油立即卸压，停止喷油。喷油始点并不取决于电磁溢流阀关闭的时刻，而取决于分配泵平面凸轮的行程始点,电磁溢流阀越晚打开,喷油量越多。

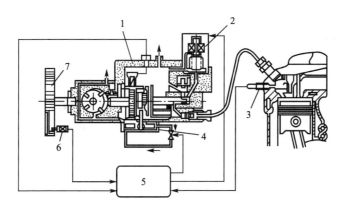

图 4.61 ECD-V3 系统

1—泵角度传感器;2—电磁溢流阀;3—喷油始点传感器;4—正时控制阀;
5—电控单元;6—曲轴转速与位置传感器;7—喷油泵驱动带轮

电磁溢流阀由一个小电磁阀(导向阀)和一个液压自动阀(主阀)组成,工作原理如图 4.62 所示。电磁溢流阀通电关闭时,高压燃油通过主阀上的小孔作用于主阀的背面,导向阀压在阀座上,由于主阀的密封截面大于主阀的直径,因此作用于主阀背面的力大于主阀正面的力,主阀压向阀座,此时高压燃油不溢流。电磁溢流阀断电,导向阀在弹簧作用力下开启,主阀背面燃油溢流,主阀正面的燃油压力由于小孔节流,下降比较慢,这样主阀自动开启,高压燃油卸压,停止供油。

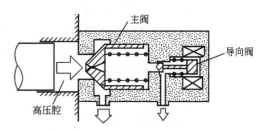

图 4.62 电磁溢流阀工作原理图

电控单体泵供油系统特别适合凸轮轴低位侧置于气缸体的发动机。每缸一泵,有侧置凸轮驱动,泵与喷油器间的高压油管短且各缸相同。喷油器由 ECU 体内的执行器控制。该供油系统利用两位两通敞开式高速电磁阀开关实现喷油量、喷油定时的联合控制。高速电磁阀通电,锥阀口关闭,柱塞上腔的油压向高压油管,使高压油管-喷油器中的油压上升实现喷油。

电控单体泵可承受很高的泵端压力,利于实现高压喷射,功率覆盖面大,柱塞直径选择范围大。但由于泵油柱塞由发动机曲轴通过凸轮轴来驱动,仍摆脱不了转速对喷油过程的影响。电控单体泵如图 4.63 所示。电控单体泵由于其强度好,适用于高压喷射,特别适用于缸心距较大的大型和重型柴油机。

电控泵喷油器是一种将喷油器、柱塞泵和电磁阀集成为一体的一种单体式燃油喷射系统,直接安装在发动机的气缸盖上,必须由顶置排气凸轮轴驱动,如图 4.64 所示。与一般柴油机常见的喷油泵-高压油管-喷油器相比,电控泵喷油器把连接喷油泵与喷油器间的高压油管省略了。

整个喷油系统采用两位两通高速电磁阀控制,电磁阀关闭时,将柱塞高压油腔与低压油路切断,燃油加压并开始喷油;电磁阀开启时,卸掉喷射压力,结束喷油,多余油量由

图 4.63　电控单体泵　　　　　图 4.64　电控泵喷油器

旁通阀流回。喷油持续时间就是电磁阀开启时间,由于每缸的燃油喷射是独立完成的,这样可以达到精确控制,使每循环喷油量和喷油时间控制在最佳水平。另外,通过电磁阀的多次动作产生多次喷射,实现对喷油速率的控制和柔和燃烧,可将传统柴油机的噪声减小到接近汽油机水平,消除柴油机给人造成的振动大、噪声大的印象,还使燃烧过程得以优化,可靠性和效率得到提高。

3. 压力控制式电控喷油系统

当今社会对柴油机的动力性、经济性、排放和噪声的要求越来越高,因此推动了柴油机燃油系统的改革。为了达到日益严格的排放法规的要求,必须改进燃油喷射系统。代表性方案就是采用更高的喷射压力,并采用预喷射以降低排放和噪声。电控高压共轨燃油喷射系统正是顺应以上要求而出现的,它是 20 世纪 90 年代后期开始推向市场的一种新型的柴油机电控喷射技术,与传统的燃油喷射系统相比具有以下优点:

(1) 高压喷射,喷油压力一般比直列泵系统高出一倍,最高可达 200MPa。
(2) 喷油压力独立于发动机转速,可以改善低速、低负荷性能。
(3) 可以实现预喷射和后喷射,调节喷油率形状,实现理想的喷油规律。
(4) 喷油定时和喷油量可自由控制。
(5) 具有良好的喷油特性,优化燃烧过程,使发动机油耗、烟度、噪声和排放等综合性能得到明显改善,有利于改进发动机转矩特性。
(6) 结构简单,可靠性好,适用性强,可以在新老发动机上应用。

高压共轨系统被世界内燃机行业公认为 20 世纪三大突破之一(另外两项是汽油直喷技术和二甲醚代用燃料),是 21 世纪柴油机燃油系统的主流,因此国内外很多内燃机专家和学者都在研究开发高压共轨系统及柴油机匹配技术。目前,德国的博世公司、Simense 公司和美国的 Caterpillar 公司、Delphi 公司以及日本 Denson 公司等公司在该技术上处于领先地位。

高压共轨系统是一种高度柔性的燃油喷射系统,会给柴油机的结构设计和性能优化带来巨大的自由空间,但是大量参数的可变性也会增加柴油机在废气排放、噪声水平、经济性和动力性等之间优化匹配的困难,而且高压共轨中的一些关键性参数对柴油机性能影响巨大,因此现在世界各大公司主要将研究工作集中于共轨蓄压式燃油系统的结构及性能优化、电控单元的开发、柴油机控制策略的制定方面,以便合理地控制大量的可变参数,以达到优化柴油机性能的目的。

1) 高压共轨系统基本组成

高压共轨系统主要由高压油泵总成、高压共轨总成、电控喷油器总成、高压管、控制单元等组成,如图4.65所示。

(1) 高压油泵。高压泵为双柱塞泵,如图4.66所示。油泵轴上有两个三作用凸轮。高压泵具体工作过程如下:

① 吸油过程,如图4.66(b)所示,柱塞下行,柱塞工作腔增大,燃油压力减小,当小

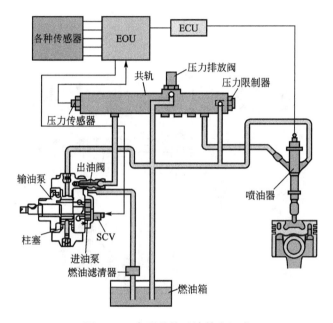

图 4.65 高压共轨系统基本组成

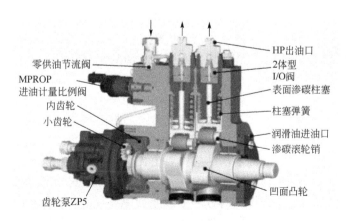

图 4.66 高压油泵及工作过程

于输油泵输出的燃油压力时,进油阀打开,燃油经过比例节流阀进入柱塞腔。

② 压油过程,如图4.66(c)所示,随着油泵凸轮转动(转过基圆),使得柱塞上行,柱塞工作腔变小,燃油被压缩,压力升高,进油阀关闭,低压回路关闭,柱塞腔就形成密闭空间,随着凸轮的转动,柱塞进一步上行,燃油进一步被压缩增压,当燃油的压力超过出油阀弹簧力与背压之和时,出油阀打开,燃油从柱塞腔进入燃油管道,再进入共轨管。当柱塞升程到达最大值后凸轮继续转动,柱塞腔变大,燃油压力下降,出油阀关闭。

(2) 共轨管。共轨管将高压油泵提供的高压燃油分配到各喷油器中,起蓄压器的作用,其实物图和剖面结构图如图4.67所示。共轨管上安装有压力传感器、液流缓冲器和压力限制器。压力传感器监测共轨管内的燃油压力并提供给ECU。液流缓冲器和高压油管相连,可抑制共轨内和高压管路内的压力波动,以稳定的压力将高压燃油送入喷油器;在喷油器出现燃油漏泄故障时将燃油通路切断,停止供油,避免损坏发动机。压力限制器相连的油管可使燃油流回油箱,在共轨管中出现异常高压时,压力限制器开启,迅速将共轨管中的压力进行泄放。

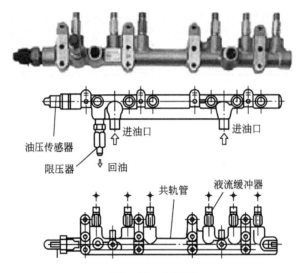

图4.67 共轨管

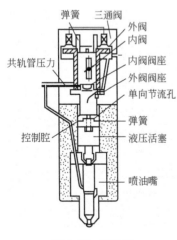

图4.68 喷油器

(3) 喷油器。根据ECU传送的电子控制信号,将共轨管内的高压燃油以最佳的喷油定时、喷油量、喷油率和喷雾状态喷入发动机燃烧室中。

喷油器的外观和结构示意如图4.68所示,其主要零件是喷嘴、控制喷油率的量孔、油压活塞和三通电磁阀TWV(简称三通阀,图4.69)。系统的喷油过程是通过三通阀TWV对喷油器控制腔中油压的控制来实现的。三通阀结构主要由内阀、外阀和阀体组成,阀的开启和关闭响应很快(0.4ms以下)。三个部件相互配合度很高,同时分别形成座面A、B。外阀为电磁阀,作垂直运动,随着外阀运动,座面A、B交替关闭,三个油孔1、2、3交替接通。喷油定时由TWV的通电时刻决定,喷油量由喷油压力和 TWV 的通电持续时间共同确定。当三通阀未通电时，外阀在弹簧力作用下压向下方，其阀座关闭，切断回油道；内阀受到共轨压力作用而向上移动，内阀阀座开启，共轨管内高压燃油经内阀阀座进入控制腔施加在针阀尾部，关闭喷嘴。当三通阀通电被激励时，外阀在电磁力作用下克服弹簧力向上运动直到内阀阀座关闭，外阀阀座开启，控制腔和回油通道接通，控制腔中的高压燃油经单向节流孔缓慢流出，与液压活塞连锁的喷嘴针阀缓慢抬起，产生喷油率逐步增大的△形喷射。喷嘴针阀达到全升程时喷油率最大。供油结束时切断三通阀电流，外阀再度下行，关闭回油道；内阀开启，共轨管油压迅速加到液压活塞上方(此时单向节流孔不起阻尼作用)，由于液压活塞面积比针阀面积大得多，因此喷油结束时很大的液压作用会使针阀急速落座，实现喷射过程的快速切断。可见，△形喷油是利用设在三通阀和液压活塞之间的单向节流孔阻尼控制腔中的压力下降过程来实现的。单向节流孔仅在释放控制腔压力时才具有节流作用，而加压过程不起阻尼作用。

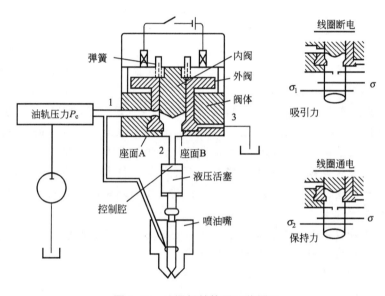

图 4.69　三通阀结构及工作原理

（4）传感器。传感器是用于感知和检测发动机及车辆运行状态的元件和装置，电控柴油机系统采用的传感器主要有发动机转速(即曲轴飞轮齿盘脉冲)传感器、气缸判别(即高压油泵凸轮轴齿盘脉冲)传感器、节气门踏板传感器、共轨压力传感器、增压压力传感器、进气压力传感器、进气温度传感器、机油压力传感器、机油温度传感器、燃油温度传感器、冷却水温传感器等，以及一些控制开关。传感器把柴油机和车辆运行时的各种参数转换为便于输送、转换和测量的电信号，传给电控单元，经电控单元信号采集模块处理后提供给发动机管理系统，作为发动机控制的基本依据。

2）工作原理

如图 4.65 所示，低压燃油泵将燃油输入高压油泵，高压油泵将低压燃油加压成高压燃油，并将高压燃油供入共轨管之中。燃油压力是由通过调节供入共轨管中的燃油量来控制的。油泵内设有压力控制阀(PCV)，它根据 ECU 的控制信号，在适当的时刻开启和关闭来控制供油量，最终控制共轨管内的压力。供油泵产生的高压燃油由共轨管分配到各个气缸的喷油器中。燃油压力由设置在共轨管内的压力传感器测出，并由反馈控制系统控制，使根据发动机转速和发动机负荷设定的压力值和实际压力值始终一致。共轨管内的高压燃油经高压油管输送到安装在气缸盖上的喷油器内，经喷油器内的喷嘴将燃油喷入燃烧室内。喷油器控制喷油定时和喷油量，是通过开启（通电）或关闭（断电）三通阀（TWV）来实现的，三通阀的通电时刻确定喷油始点，三通阀的通电持续时间和共轨压力确定喷油量。喷油器中泄漏出来的燃油经回油管流回燃油箱中。

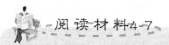 阅读材料4-7

柴油机共轨式电控燃油喷射技术

柴油机高速运转时，柴油喷射过程的时间只有千分之几秒。实验证明，喷射过程中，高压油管各处的压力是随时间和位置的不同而变化的。柴油的可压缩性质和高压油管中柴油的压力波动，使实际的喷油状态与喷油泵所规定的柱塞供油规律有较大的差异。油管内的压力波动有时还会在喷射之后，使高压油管内的压力再次上升，达到令喷油器针阀开启的压力，将已经关闭的针阀又重新打开产生二次喷油现象。由于二次喷油不可能完全燃烧，于是增加了烟度和碳氢化合物（HC）的排放量，并使油耗增加。此外，每次喷射循环后高压油管内的残压都会发生变化，随之引起不稳定的喷射，尤其在低速区域容易产生上述现象。严重时不仅喷油不均匀，而且会发生间歇性不喷射现象。为了解决柴油机燃油压力变化所造成的缺陷，现代柴油机采用了一种称之为"共轨"的电喷技术。

一般认为，柴油机喷油技术经历了传统纯机械操纵式喷油和现代电控操纵式喷油两个发展阶段。而现代电控喷油技术的崛起，则是计算机技术和传感检测技术迅猛发展的结果。目前，电控喷油技术已从初期的位置控制式发展到时间控制式。共轨式电控燃油喷射技术正是属于后者。

共轨电控喷油技术是指在高压油泵、压力传感器和电子控制装置（ECU）组成的闭环系统中，将喷射压力的产生和喷射过程彼此完全分开的一种供油方式。它是由高压油泵将高压燃油输送到公共供油管，通过公共供油管内的油压实现精确控制，使高压油管压力大小与发动机的转速无关，可以大幅度减小柴油机供油压力随发动机转速变化的程度，因此，也就减少了传统柴油机的缺陷。ECU控制喷油器的喷油量，其大小取决于燃油轨道（公共供油管）压力和电磁阀开启时间的长短。该技术不再采用传统的柱塞泵脉动供油的原理，而是通过供轨直接或间接地形成恒定的高压燃油，分送到每个喷油器，并借助于集成在每个喷油器上的高速三通电磁阀的启闭，定时定量地控制喷油器喷射至柴油机燃烧室的油量，从而使燃油能良好地雾化，保证柴油机达到最佳的燃烧比以及最佳的发火时间、足够的能量和最少的污染排放。

柴油机共轨式电控燃油喷射技术集计算机控制技术、现代传感检测技术以及先进的喷油器结构于一身。它不仅能达到较高的喷射压力、实现喷射压力和喷油量的控制，而且还能实现预喷射和后喷，从而优化喷油特性、降低柴油机噪声和大大减少废气的排放量，其特点为：

（1）采用先进的电子控制装置及配有高速三通电磁阀，使得喷油过程的控制十分方便，并且可控参数多，利于柴油机燃烧过程的全程优化。

（2）采用共轨方式供油，喷油系统压力波动小，各喷油器间相互影响小，喷射压力控制精度较高，喷油量控制较准确。

（3）高速三通电磁阀频率高，控制灵活，使得喷油系统的喷射压力可调范围大，并且能方便地实现预喷射、后喷等功能，为优化柴油机喷油规律、改善其性能和降低废气排放提供了有效手段。

（4）系统结构移植方便，适应范围广，不像其他的几种电控喷油系统，对柴油机的结构形式有专门要求；尤其是高压共轨系统，与目前的小、中型及重型柴油机均能很好匹配，因而市场前景看好。

➡ 资料来源：http://www.21-sun.com/knowhow/.

4.5.3 柴油机电控技术发展趋势与展望

自20世纪80年代开始进入市场的现代汽车柴油机电控系统随着控制项目的不断增多，经历了控制任务从简单到复杂，从局部到全方位的过程。在20世纪90年代中期，一种新型的电控共轨式燃油喷射系统问世，抛弃了传统的脉冲高压供油原理，采用"时间-压力控制"式燃油计量原理，通过对公共油轨中油压的连续控制和各缸喷油过程的三通电磁阀控制相结合的方式实现对循环供（喷）油量的控制，使柴油机的电控燃油喷射技术进入了一个新的发展阶段。

随着世界各国城市交通运输车辆、船舶的急剧增加，柴油机排放的尾气已经成为地球环境的主要污染源。世界各国也已开始寻找和采取有效的技术措施主动地减少和控制污染物的排放。柴油机共轨式电控燃油喷射技术就是一项较为成功的控制污染排放的新技术。因为它集成了计算机控制技术、现代传感检测技术以及先进的喷油结构于一身。这项技术有助于减少柴油机的尾气排放量，以及改善噪声、燃油消耗等方面的综合性能；它在有利于地球环境保护的同时，也必将促进柴油机工业、汽车工业及与之相关工业的发展。

柴油机轿车在欧洲比较普遍，奔驰、大众、宝马、雷诺、沃尔沃等欧洲名牌车都有采用柴油发动机的车型。经过多年的研究和应用，现代先进的汽车柴油机一般采用电控喷射、共轨、涡轮增压中冷等技术手段，在重量、噪声、烟度等方面已取得重大突破，达到了汽油机的水平。

现在该项新技术已开始在国外以柴油机提供动力的汽车上投入使用。在我国，随着汽车产业的高速发展，对空气质量的要求的提高，提高此项技术势在必行。这也是世界汽车工业为满足日益严格的废气排放标准的必然趋势。柴油机电控技术与汽油机电控技术有相似之处，都是由传感器、电控单元和执行器三大部分组成。在传感器中，大多数传感器如转速、压力、温度传感器、加速踏板位置传感器等都是一样的。电控单元在硬件方面相似，在整车管理系统的软件方面也很近似。电控单元都在朝着集成化、智能化、综合控制化方向发展。国外汽油机电控技术已经成熟，商品化程度很高，因此大部分传感器和电控单元已不是难点，但是柴油机的燃油喷射具有高压、高频、脉动等特点，其喷射压力为汽油喷射压力的几百倍甚至近千倍，要求有很好的可靠性和耐久性，而且柴油喷射对喷射正时的精度要求很高，相对于上止点的角度位置要求很准确，这就导致了柴油喷射的执行器复杂得多。

从控制对象来看,从机械控制时机械调速器控制喷油量、机械式提前器控制喷射正时,到电子控制正时,不仅控制喷油量、喷射正时,而且控制喷射速率、喷射压力,所感应的工况由单一的转速工况发展到感应整个发动机运行工况和环境条件,这样势必带来了控制的复杂性。因此柴油机电控技术的关键是执行器,即电控柴油喷射机构,各个国家都在致力于开发研制各种类型的电控柴油喷射机构,以寻求最佳方案,这也是柴油机电控技术的难点所在。

由于柴油机在工作中对高压喷油的特殊要求,在某种程度上制约了柴油机电控技术的发展。尽管到目前为止柴油机的电控技术还不如汽油机那样成熟,但是由于柴油机特有的经济性、耐久性和良好的排放性能,除了应用在大中型货车上,各种轿车也逐渐推广和选用电喷柴油机,意大利菲亚特集团研制的尔法-罗密欧156型轿车选用的FIAT119FID柴油机就配置了共轨式电喷系统。近20年来,轿车和客车上选用高速轻型电喷柴油机呈快速发展趋势,如德国大众公司高尔夫(GOIF)轿车中就有两种首选电喷柴油机,以其动力强劲,每100km油耗仅5.2L(汽油机为8.7L)的优良经济性能使世人瞩目。除此之外,日本小松公司、德国宝马公司及法国标致-雪铁龙集团等相继推出电喷柴油机系列,其应用范围也越来越广泛。

柴油机电控技术在我国的研究虽然起步较晚,但目前已取得可喜的成果。例如,天津大学已开发出一种共轨蓄压式电控柴油喷射系统(1997年专利);上海船舶研究所、北京理工大学等单位也相继研究出节流式电控喷油器和喷油定时电子控制系统,已经应用到汽车上;无锡市油泵油嘴研究所也在电子调速器方面取得较大进展,并于2000年在常州市举办的国际中小企业产品博览会上亮相。从总体上讲,我国的柴油机电控喷油技术现在仍滞后于世界上许多发达国家,主要在四个方面急需加强:

(1) 高速高压电磁阀是关键部件,国外已达0.27ms的开闭周期,而我国仍处于研制阶段,所涉及电工材料、微电子技术方面的问题较难解决。

(2) 在共轨式喷油系统中,供油泵的供油量控制尚缺少灵敏的控制机构,因此在供油过程中油压与油量的脉动变化仍制约着供油量的准确性。

(3) 在执行机构的开发研制上,仍限于传统的机械装置,未能从根本上向机电一体化和微电子化方向发展。

(4) 共轨油道中的控制油多以中、高压为主,因此许多工作部件因为润滑不当使磨损加剧,影响密封而泄漏增加,在产生泄漏后降压不可避免。今后对加强密封,防止泄漏最佳材料的研究有待于加强。

一、选择题

1. 在其他条件不变的情况下,采取下列哪种措施可能明显提高柴油机油束雾化质量?( )

   A. 适当降低喷油泵凸轮转速

   B. 适当减小喷油压力

   C. 保持喷孔总截面不变,增加喷孔数目

   D. 采用形状较平坦的喷油泵凸轮

2. 柴油的什么成分太低时，使柴油机工作粗暴，起动困难？（　　）
   A. 凝点　　　　　B. 十六烷值　　　C. 辛烷值　　　　D. 黏度
3. 柴油机在形成可燃混合气过程中，只有少数柴油喷在空间作为引燃，大部分柴油顺气流喷向燃烧室壁面的方式称为（　　）。
   A. 热混合　　　　B. 油膜蒸发　　　C. 预燃　　　　　D. 复合
4. 柴油机燃烧室中，混合气形成以油膜蒸发混合为主的燃烧室是（　　）。
   A. ω形　　　　　B. 球形　　　　　C. 浅盆形　　　　D. 预燃室式
5. 柴油机燃烧过程的缓燃期接近于（　　）。
   A. 等容燃烧　　　B. 等温燃烧　　　C. 绝热燃烧　　　D. 等压燃烧
6. 当发动机压缩比增加时（　　）。
   A. 汽油机爆燃倾向增加，柴油机工作粗暴倾向增加
   B. 汽油机爆燃倾向减小，柴油机工作粗暴倾向增加
   C. 汽油机爆燃倾向增加，柴油机工作粗暴倾向减小
   D. 汽油机爆燃倾向减小，柴油机工作粗暴倾向减小
7. 当发动机燃料的自燃温度增加时（　　）。
   A. 汽油机爆燃倾向增加，柴油机工作粗暴倾向增加
   B. 汽油机爆燃倾向增加，柴油机工作粗暴倾向减小
   C. 汽油机爆燃倾向减小，柴油机工作粗暴倾向增加
   D. 汽油机爆燃倾向减小，柴油机工作粗暴倾向减小
8. 当发动机的点火提前角或喷油提前角增加时（　　）。
   A. 汽油机爆燃倾向增加，柴油机工作粗暴倾向增加
   B. 汽油机爆燃倾向增加，柴油机工作粗暴倾向减小
   C. 汽油机爆燃倾向减小，柴油机工作粗暴倾向增加
   D. 汽油机爆燃倾向减小，柴油机工作粗暴倾向减小
9. 与柴油机喷雾、雾化质量有关的柴油性能是（　　）。
   A. 低温流动性　　　　　　　　　B. 柴油黏度
   C. 柴油的挥发性　　　　　　　　D. 柴油的十六烷值
10. 柴油机排气冒烟的工况是（　　）。
    A. 急速工况　　　　　　　　　　B. 小负荷稳定工况
    C. 加速工况　　　　　　　　　　D. 减速工况
11. 合适的柴油机放热规律是（　　）。
    A. 燃烧要先急后缓　　　　　　　B. 燃烧要先缓后急
    C. 燃烧要一直平缓　　　　　　　D. 燃烧要一直迅速
12. 柴油机排放物中的主要有害颗粒是（　　）。
    A. HC　　　　　B. NO_x　　　　C. 炭烟　　　　　D. 铅化物

二、填空题
1. 分隔式燃烧室分为_____燃烧室和_____燃烧室。
2. 从喷油器喷出的柴油油束特征可用三个参数_____、_____和_____表示。
3. 柴油机的燃烧过程可以人为地分为四个阶段，它们分别是_____、_____、

_____和_____。

4. 柴油机的燃烧室造型对混合气的形成方式有影响，因此柴油机的燃烧室基本分为两类，分别是_____和_____。

三、判断题

1. 柴油机的燃烧过程可分为着火延迟阶段、速燃期、缓燃期和后燃期四个阶段。（   ）
2. 废气再循环（EGR）可以同时降低 NO_x、HC 和 CO 的排放。（   ）
3. 柴油机直喷式燃烧室的结构特点是主燃烧室设于活塞顶上，副燃烧室在气缸内，其间用通道相连。（   ）
4. 为了减少柴油机燃烧噪声，应尽量减少其滞燃期中的喷油量。（   ）
5. 球型燃烧室燃烧过程初期的放热率较低，而燃烧后期放热率大，工作柔和性及经济性好。（   ）
6. 减少柴油机滞燃期内的喷油量，抑制此阶段混合气的形成，可减小燃烧噪声，提高动力性。（   ）
7. 柴油机燃烧过程中，气缸内的最高压力点基本与最高温度点重合。（   ）
8. 高速小缸径柴油机多采用直喷式燃烧室。（   ）
9. 柴油机燃油喷射过程中，可能会产生二次喷射现象，这是由于喷油泵停止供油后，高压油路中柴油的压力波动过高造成的。（   ）

四、简答与分析题

1. 影响柴油雾化质量与油束特性的因素有哪些，分别是如何影响的？
2. 什么是空间雾化混合、油膜蒸发混合？
3. 为提高柴油机气缸内混合气的形成质量，如何组织好气缸内空气的运动？
4. 柴油机的燃烧过程分哪几个阶段？是怎样划分的？
5. 柴油机的燃烧过程存在哪些问题？如何解决？
6. 什么是放热规律？理想的放热规律是什么？
7. 影响柴油机燃烧过程的因素有哪些，如何改善其燃烧过程？
8. 画图说明柱塞式喷油泵的燃油喷射过程。
9. 什么是喷油规律？它对燃烧过程有哪些影响？理想的喷油规律是什么？
10. 什么是喷油泵速度特性？其校正方法有哪两类？
11. 柴油不正常喷射有哪几种？各有何危害？
12. ω 形燃烧室、球形燃烧室、涡流室式燃烧室对发动机性能有何影响？
13. 直喷式燃烧室产生进气涡流的方式有哪些？如何产生进气涡流？
14. 压缩比对柴油机的燃烧有何影响？
15. 简要叙述柴油机电控燃油喷射系统的组成和工作原理。

第 5 章 发动机排放污染与控制

教学目标

掌握发动机尾气排放有害成分组成；理解这些有害成分的危害方式，主要有害物的物理化学变化；了解汽油机、柴油机排放特性；理解有害排放控制具体措施；掌握国内排放标准的具体内容。

教学要点

知识要点	掌握程度	相关知识
大气污染及发动机排放	掌握发动机尾气排放有害成分组成 理解这些有害成分的危害方式，主要有害物的物理化学变化 了解排气净化技术的发展	发动机尾气排放污染物组成及对人类的危害 发动机排放指标 发动机尾气排放物的物理化学变化 排气净化技术
污染物生成机理及影响因素	掌握 CO、NO_x、HC 及微粒的生成机理 理解汽油机、柴油机污染物各自排放的特点及区别	CO 生成机理 汽油机 HC 排放生成机理 捷尔杜维奇机理 炭烟生成过程
污染物排放控制	了解汽油机、柴油机排放特性 理解有害排放控制具体措施	排放控制：曲轴箱排放物控制、蒸发排放物、排气再循环、低排放考虑、燃烧室形状、供油系统、多气门技术、增压、催化剂等措施
排放法规	掌握国内排放标准 了解欧美排放标准 理解排放测量的具体方法	国外排放法规发展历史 国内排放法规发展 排放污染物的检测

现代汽车发动机原理

导入案例

在人类活动及自然过程的影响下,大气成分会发生变化,当有些物质在空气中的浓度达到一定值时,对人体或环境就有损害。例如,一氧化碳含量增加,尘埃、硫化物及各种有害气体也在增加,这时大气就被污染了。图5.1所示为2007年2月某天上午9点在乌鲁木齐拍摄到的污染画面。随着汽车在全球的普及,其尾气排放污染物对大气的影响愈来愈严重,已引起世界各国的广泛重视。发动机尾气排放法规的制定随时间推移,也趋于更加严格,为适应排放法规的要求,对发动机尾气排放污染及控制的研究势在必行。

图5.1 乌鲁木齐大气污染

5.1 大气污染及发动机排放

5.1.1 大气污染

大气就是通常讲的空气。人类赖以生存的环境,主要由大气、水和土壤组成。大气是人类和一切生物必不可少的环境要素之一,它由空气、水蒸气和悬浮微粒组成。在正常情况下,空气中氧气(O_2)占20.95%,氮气(N_2)占78.09%,氩(Ar)占0.932%,二氧化碳(CO_2)占0.027%,另外还有氖(Ne)、氦(He)、甲烷(CH_4)等微量气体。在人类活动及自然过程的影响下,都会使大气成分有所变化,当有些物质在空气中的浓度达到一定值时,就会对人体或环境产生损害。例如,一氧化碳含量增加,尘埃、硫化物及各种有害气体也在增加,这时大气就被污染了。

国际标准化组织(ISO)对大气污染的定义为:空气污染通常指人类活动及自然过程引起某些物质介入大气中,呈现出足够的浓度,在大气中保留了足够的时间,并因此而危害了人体的舒适、健康和福利或危害了环境。所谓自然过程是指森林火灾、岩石风化、火山活动等,而福利指自然资源、生物、建筑物等。自然过程造成的大气污染是在特殊条件下,在一定的时间内发生的,通过自然环境本身的物理、化学和生物机能的自净作用,经过一定时间后会自动消除,达到新的生态平衡。而人类活动如交通运输车辆排放出的污染物则是不断产生的,在一段时间内难以消除。

大气污染的来源与各个国家能源的利用、工业生产及交通运输等的差异有所不同,一个国家不同区域的主要污染物来源也会不同。依照我国对污染物来源的统计表明:燃料燃烧、工业生产、机动车辆这三种方式是我国的主要污染源,污染程度依次递减。我国机动车辆保有量日益增加,发动机对大气的污染也必然越来越严重,这在城市里最为明显。

大气污染物的种类很多,可概括为气溶胶状态污染物和气体状态污染物两大类,所谓气溶胶是指沉降速度可以忽略不计的固体粒子、液体粒子或固体和液体粒子在气体介质中的悬浮体。发动机排放中的烟、微粒及油雾等均属于气溶胶。

气体污染物可分为五大类见表 5-1。发动机排放中，除第五类较少外，其他含量均较多。

表 5-1 气体状态污染物（M——金属离子）

污染物分类	一次污染物	二次污染物
第一类硫化物	SO_2、H_2S	SO_2、H_2SO_4、MSO_4
第二类氧化物	CO、CO_2	O_3
第三类氮化物	NO_x、NH_3	NO_2、HNO_3、MNO_3
第四类碳氢化合物	未燃烃、醛	醛、酮、过氧酰基硝酸酯（PAN）
第五类卤化物	HF、HCl	无

大气污染物若按其生成方式分类，可分为一次污染物和二次污染物两大类。一次污染物是直接从污染源排出的；二次污染物是一次污染物与大气中原有成分或其他一次污染物经过化学反应生成的新污染物。从表 5-1 中可以看出：CO、CO_2、NO_x 及 SO_2 等是一次污染物；O_3、PAN 等是二次污染物，NO_2、醛在发动机排放中可以找到，也可以在光化学反应中生成，因此，可以同时归入这两类中。

5.1.2 发动机排放的污染物及其危害

发动机是当今世界上应用最为广泛的动力机械，按燃料种类可分为汽油机、柴油机、煤气机、醇类燃料发动机等。燃料的种类和成分以及为改善燃烧产物的成分而加入的添加物，基本上决定了发动机的燃烧产物，发动机的燃烧系统匹配和运转条件又对发动机排气中各种成分的含量起很大影响。总的来说，排放成分可分为有害物质和无害物质两大类。

发动机使用传统的碳氢化合物燃料与过量空气完全燃烧时，主要排除二氧化碳、水蒸气、多余的氧以及不参与燃烧的氮，这些物质不对大气构成危害，故称为无害物质。需要说明的是二氧化碳对人类没有直接危害，过去并不认为是大气污染物，近来，由于化石燃料的大量应用，大气中二氧化碳的含量快速增长，从而带来的温室效应已引起全人类的关注。含氢燃料燃烧产生的 H_2O，一般不认为是大气污染物，因为大气中本身就含有大量的 H_2O，且是地壳的主要成分。

发动机燃烧过程占用的时间极短，可燃混合气不是完全均匀，燃料的氧化不可能完全，排气中必然会产生有害物质。排气中的有害物质包括：一氧化碳（CO）、氮氧化合物（NO_x）、未燃烃（C_nH_m，一般简写为 HC）、醛类（RCHO）、多环芳香烃（PAH）以及炭烟微粒等。

所用燃料及燃烧方式的不同，上述各种有害成分在汽油机和柴油机排气中的含量及其相对重要性也不同。汽油机的大部或全部属预混合，采用火花塞点火引燃，且空燃比接近理论空燃比，因而排放的有害成分中 CO、HC、NO_x 最为突出，微粒排放及二氧化硫则不多。对柴油机而言，拥有较大的过量空气系数和较高的压缩比，喷入燃烧室的雾状柴油在高压、高温的空气中蒸发、混合、自燃，属扩散燃烧，这种以扩散为主的喷雾燃烧方式，使柴油机的炭烟微粒排放相当严重，而 CO 和 HC 排放量居次要地位，NO_x 排放量与汽油机接近。

此外,当使用含硫燃料时,排气中还有二氧化硫(SO_2)及硫化氢(H_2S)等;若使用含铅汽油时,铅化物的排放量也应予以重视。

发动机排放的主要污染物对人体和环境的影响简述如下。

1. 一氧化碳(CO)

一氧化碳是无色无味的气体,对人体血液中输送氧的载体血红蛋白(Hb)的亲和力是氧的200~250倍,氧与Hb化合生成氧血红蛋白(O_2Hb),CO与Hb化合生成羰血红蛋白(COHb)。当人体暴露于含CO的空气中足够长的时间后,一氧化碳会阻碍血液向心、脑等器官输送氧气,这时人会发生恶心、头晕、疲劳等缺氧症状。

严重时会窒息死亡。长时间处在CO浓度较高的环境中,会促使动脉硬化发展,加重心肌梗塞症状,故患有心血管病或冠心病的病人对CO尤为敏感。CO与血红蛋白的结合是可逆的,因此一旦羰血红蛋白消失,急性症状也随之消失,但仍存在慢性中毒的问题,主要表现在中枢神经受损、记忆力衰退等症状。

对静止人体而言,COHb的平衡浓度(即饱和浓度)大约在8h后达到,对重体力劳动者只需3h左右,血液中COHb的出现相对减少了O_2Hb,损害了Hb对人体的供氧能力。血液中$COHb/O_2Hb$的平衡浓度比值对人体的危害见表5-2。

表5-2 CO对人体的毒害

$COHb/O_2Hb$	症　状	$COHb/O_2Hb$	症　状
<0.1	无症状	0.3~0.45	呕吐、虚脱
0.1~0.2	头痛、注意力下降、心慌	0.45~0.6	昏迷
0.2~0.3	剧烈头痛、头晕、无力	>0.6	死亡

2. 碳氢化合物(HC)

碳氢化合物包括未燃烧和未完全燃烧的燃油、润滑油及其裂解产物和部分氧化产物,如多环芳香族、醛、酮、酸等数百种成分,有时也称为未燃烃。人体内吸入较多的未燃烃,会破坏造血机能,引起贫血、神经衰弱,并降低肺对病菌的抵抗能力。

未燃烃对人类的危害,不取决于其总量的浓度,而取决于其有毒成分的浓度和毒性。例如,烷烃基本无味,对人体健康不产生直接影响;烯烃略带甜味、有麻醉作用,对黏膜有刺激作用,是光化烟雾的主要产生源;芳香烃对血液和神经系统有害,特别是多环芳香烃(PAH)及其衍生物有致癌作用;醛类是刺激性物质,对眼、呼吸道、血液有毒害。

3. 氮氧化物(NO_x)

NO_x是氮氧化物的总称,包括NO、NO_2、N_2O_3、N_2O_4等,发动机排放中的NO_x主要是NO、NO_2,其中NO占总量的90%~95%。NO是无色、无刺激、不活泼的气体,其在排入大气中与氧作用生成NO_2,NO的毒性比NO_2的小,其毒性仅为NO_2的1/5,只有在高浓度情况下,吸入较多的NO才会造成人中枢神经的障碍。NO_2是一种赤褐色、带刺激性气味的气体,NO_2被人体吸收后变为硝酸,硝酸与血红蛋白结合生成变性血红蛋白,因而降低了血液的输氧能力,这对心、肝、肾都有不良影响。NO_2的质量分数在

5mg/m³ 时，就能被感知到，在 10～20mg/m³ 时，有强烈的刺鼻味，在 50～300mg/m³ 时，会头痛出汗，在 300～500mg/m³ 时，气管会发炎，大于 500mg/m³ 时，几分钟内就会出现肺浮肿而死亡。

氮氧化物的另一个危害是参与光化学反应会生成臭氧、醛和 PAN。臭氧有一种独特的臭味，味觉阈值在 0.02mg/m³ 以下，臭氧氧化力极强，会使植物变黑，橡胶发裂，同时也是森林病害的主要因素之一。动物在臭氧含量为 1mg/m³ 的环境中呆 4h，就会出现轻微肺肿现象，PAN 的危害低于臭氧，但高于 NO_2。

4. 微粒

发动机排出的烟主要有白烟、蓝烟、黑烟。白烟、蓝烟主要是液相颗粒，由高沸点的未燃烃和水组成；黑烟主要由炭烟粒子形成。微粒的危害性与微粒粒径大小及其组成有关。大气中小于 5～10μm 的微粒可以直接深入呼吸道及肺叶组织并在其中沉积，造成机械性超负荷，从而引起肺部组织病变。发动机排出的微粒粒径一般都在 1μm 以下，汽油机排出的微粒粒径分布峰值一般在 0.02μm 左右；柴油机排除的微粒粒径分布峰值一般在 0.1μm 左右。这些微粒都处于在大气中能长期悬浮的范围内，在其表面上通常还附有多种有机物质，其中包含的 PAH 具有不同程度的诱变和致癌作用，因而对人体有直接威胁。

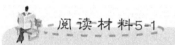
阅读材料5-1

排放污染物

汽车作为代步工具进入市场以来，刚开始排放污染物并没有引起人们的注意，慢慢地汽车成为主要的运输和代步工具，在提高社会生产效率，改善人们生活质量的同时，也消耗了大量的能源，排放的尾气也成了主要的交通污染源，产生了诸多不良后果，如严重的尾气排放污染。

汽车排放的氮氧化物、一氧化碳和碳氢化合物排放总量逐年上升，排放污染物对人类的威胁越来越大。由于城市人口密集，交通运输量相对大，机动车排气污染在城市大气污染中所占比例也不断上升。因此限制排放污染物数量已成为各国必须考虑的事情。一些发达国家从20世纪60年代开始制定排放法规。

截至 2009 年年底，我国机动车保有量从 1998 年不足 1500 万辆，上升为 18658 多万辆。其中，汽车 7620 万辆，摩托车 9453 万辆，上道路行驶的拖拉机 1464 万辆，其他机动车 2.2 万辆。因此汽车排放污染物对我国的影响也日益加剧。我国排放法规的制定开始于 1981 年。各种排放成分的限制标准逐年愈来愈严格。

➡ 资料来源：http://forum.10jqka.com.cn/html/43,6024/5727,1.html.
http://zhidao.baidu.com/question/17094893.html.

5. 其他排放物

二氧化碳过去一般不认为是大气污染物，随着科学技术的发展，化石燃料的大量应用，其温室效应愈来愈引起重视。

醛类（RCHO）是燃料未完全氧化的产物，主要包括甲醛（HCHO）、乙醛（CH_3CHO）、丙醛（C_2H_5CHO）、丙烯醛（C_2H_3CHO）、丁醛（C_3H_7CHO），其中主要成分是甲醛、丙烯醛，其会使排气产生臭味和具有较强的刺激性，长时间受浓度较大的甲醛的影响，眼睛、上呼吸道和中枢神经会受到危害。

发动机燃料中的硫燃烧后生成二氧化硫（SO_2），在空气中会缓慢地转化成 SO_3，若在氧化催化剂作用下，则可快速转化成 SO_3，它对人的呼吸系统有很强的刺激作用。SO_2 是一种无色气体，对呼吸系统具有刺激性，当 SO_2 质量分数达到 $8mg/m^3$ 时，人开始感到难受，它使呼吸道内腔缩小，阻力增加，呼吸量减小，并刺激鼻喉，引起咳嗽。若浓度进一步增大，则会引起呼吸困难，形成支气管炎、哮喘，甚至肺肿，直至死亡。

发动机排出的二氧化硫一般在大气中停留时间在一星期左右，但当它遇到水汽，变成硫酸烟雾后，就能长时间停留在大气中，这对人和环境有极大危害。虽然硫化物对环境的影响不容忽视，但发动机中排出的硫化物对全球环境的危害作用很小。

燃烧含铅汽油的发动机会排放含铅微粒，会对血液、骨骼和神经细胞有损害作用，对生长发育的儿童影响尤其严重。燃烧重油会排出含有金属成分的微粒，不同的金属对人类的损伤是不一样的，就不一一赘述了。

大气污染物不仅对人类健康有不良影响，而且还影响到大气可见度、植物的生长和建筑物的外观及寿命。在柴油车较多的城市中，柴油机排放的微粒可使市内光线严重折射，造成大气可见度下降；排放的 NO_x、硫化物等进入植物组织可以干扰酶的作用及代谢机能，酸雨可使土壤酸化，这些都能造成植物抵抗力降低，带来产量下降的后果；大气中的硫酸、硝酸、臭氧等能使建筑的金属结构及生活用品受到腐蚀，进而影响到其外观及寿命。

5.1.3 发动机的排放指标

为了评定发动机对环境的污染程度或排放特性，常采用下列指标：

1. 排放物浓度 C

在一定排气容积中，有害排放物质所占的容积（或质量）比例，称为排放物的体积（或质量）分数，本书中简称浓度（注意：不是指物质的量浓度）。质量浓度一般用于表征固态污染物的排放。通常表示浓度的方法有 ppm、%、$\mu g/l$、mg/m^3，浓度较大时用%，浓度较小时用 ppm 或 $\mu g/l$。为了数据的通用性，气体的体积一般都要转换成标准大气状态下（压力为 0.1MPa，温度为 20℃）。

发动机测量气态排放物数量的仪器，都是基于物理或化学原理并用标准大气状态下进行标定的流程式仪器。测量结果用摩尔分数 χ 来表示。物质 B 的摩尔分数 χ_B 定义为物质 B 的物质的量与混合物的物质的量之比，属于无量纲量。

一般情况下，发动机的气体排放物都可以作为理想气体处理。理想气体混合物在相同的压力和温度下，摩尔分数在数值上与体积分数相等。

规定的有害排放物的限制浓度，称为有害排放物的容许浓度 $[C]$，国家对作业场所空气中有害排放物的容许浓度都有具体的规定。

2. 质量排放量 G

排气中有害排放物的浓度，只能表示发动机在某工况下排放的严重程度，还不能表示其对空气污染的严重程度。例如发动机空转时排出的 CO 浓度大，但因排气总量不大，所以有害物质的排出总量相应也不大。因此还需要用单位时间内有害排放物的质量排放量来

衡量，即

$$G = CQ_t \tag{5-1}$$

式中：C 为排气中排放物的质量浓度(g/m^3)；Q_t 为发动机排出的废气量(m^3/h)。

3. 排放物的比排放量 g 及排放率 g_T

每千瓦时($kW \cdot h$)排出的污染物的质量(g)称为比排放量，即

$$g = \frac{G}{N_e} = \frac{CQ_t}{N_e} \tag{5-2}$$

循环比排放量(如十三工况循环)为

$$g = \frac{\sum_{i=1}^{m}(G_i \times k_{Ni})}{\sum_{i=1}^{n}(N_i \times k_{Ni})} \tag{5-3}$$

式中：i 为工况顺序号；N 为发动机某工况的功率；k_N 为负荷系数(或称负荷加权系数)。

燃烧 1kg 燃料排放出的污染物的质量(g)称为该污染物的排放率(g_T)，即

$$g_T = \frac{G}{G_T} = \frac{CQ_t}{G_T} \tag{5-4}$$

式中：G_T 为每小时燃料消耗量；g_T 是从排放方面评价燃烧过程的完善程度的指标。

4. 浓度指数 Kp

排气中排放物的浓度 C 与排放物的允许浓度 $[C]$ 的比值，称为浓度指数。对于某一种排放物，其浓度指数 $Kp=C/[C]$，如果排放中有 n 种排放物，则总浓度指数为

$$(Kp)_\Sigma = \sum_{i=1}^{n}(Kp)_i$$

5. 定额容积和比定额容积

在单位时间内，排气中的有害排放物用纯空气稀释到允许浓度时，稀释的空气和排气的总容积称为定额容积，它是有害排污量(G)与有害排放物容许浓度 $[C]$ 的比值，即

$$Q_N = G/[C] = CQ_t/[C] \tag{5-5}$$

当浓度指数足够大时，可以认为定额容积就等于稀释该有害排放物的纯空气容积，如果排气中含有 n 种有害排放物，则定额容积

$$(Q_N)_\Sigma = \sum_{i=1}^{n}(CQ_N)_i \tag{5-6}$$

比定额容积 q_N $[m^3/(kW \cdot h)]$ 表示发动机在单位时间、每单位功率内排出的有害物，稀释至容许浓度所要求的纯空气容积，即

$$q_N = \frac{Q_N}{N_e} = \frac{CQ_t}{[C]N_e} = \frac{g}{[C]} \tag{5-7}$$

当排气中含有 n 种有害排放物，则比定额容积为

$$(q_N)_\Sigma = \sum_{i=1}^{n}(q_N)_i \tag{5-8}$$

6. 行驶里程排放量 Q_v

行驶里程排放量 Q_v(g/km)是表示汽车行驶每公里排出的有害排放物量，即

$$Q_v = \frac{G}{v_a} \tag{5-9}$$

式中：v_a 为汽车行驶速度(km/h)。

上述排放指标有其各自的适用范围，例如在研究对比不同因素对排放的影响时，可用质量排放量 G；在按最少有害排放物排放条件选择发动机时，可采用比排放量 g；在进行作业区通风计算时，可用比定额容积 q_N 等。

5.1.4 主要有害物的物理化学变化

发动机排放物进入大气后，将继续进行若干物理、化学变化。物理变化有气相排放物的扩散、高沸点成分的冷凝、可溶物质在雨雪中的溶解、气相物质被固相物质吸附、微粒物质的飘散和积聚及沉降等，而化学变化可使一些污染物变成无害的，也可使一些一次污染物变成二次污染物。因此有必要对发动机排放物在大气中的化学变化进行介绍。

1. CO 的化学变化

当不完全燃烧时，发动机排气中会有大量的 CO，由于 CO 的碳氧键是三键(C≡O)，因此，CO 在大气中氧化变成 CO_2 的过程是十分缓慢的，即

$$2CO + O_2 \longrightarrow 2CO_2$$

CO 在大气中的消散途径还有土壤吸收，CO 在土壤中一些细菌的作用下，转化为 CO_2 及 CH_4，即

$$CO + \frac{1}{2}O_2 \longrightarrow CO_2$$

$$CO + 3H_2 \longrightarrow CH_4 + H_2O$$

与氢氧根反应生成 CO_2，其反应速率取决于大气中 OH^- 的浓度，即

$$CO + OH^- \longrightarrow CO_2 + H^+$$

2. NO_x 的化学变化

虽然发动机排放中的氮氧化合物主要是 NO，NO_2 的含量极少，然而 NO 在一定条件下还是可以转化为 NO_2 的，并进一步转化为硝酸。

臭氧能将 NO 转化为 NO_2，其反应较迅速，即

$$NO + O_3 \longrightarrow NO_2 + O_2$$

一些自由基如 OH·、HO_2· 等也能使 NO 转化为 NO_2，即

$$OH· + CO \longrightarrow CO_2 + H·$$

$$H· + O_2 \longrightarrow HO_2·$$

$$HO_2· + NO \longrightarrow NO_2 + OH·$$

大气中 NO_2 转变为硝酸的途径有：NO_2 和自由基 OH· 相作用，即

$$OH· + NO_2 \longrightarrow HNO_3$$

NO_2 经臭氧氧化后，经过若干反应生成硝酸，即

$$NO_2 + O_3 \longrightarrow NO_3^- + O_2$$

$$NO_3^- + NO_2 \longrightarrow N_2O_5$$

$$N_2O_5 + H_2O \longrightarrow 2HNO_3$$

大气中的硝酸与氨作用又生成硝酸铵,即

$$HNO_3 + NH_3 \longrightarrow NH_4NO_3$$

硝酸和硝酸铵都对环境有一定的危害,其中硝酸会慢慢被土壤、植物、水等吸收。

3. SO_2 的化学变化

发动机排气中的 SO_2 在太阳光照射下,吸收波长 200~400nm 的紫外线光能 h_v,发生光氧化作用而产生 SO_3,然后与水蒸气化合形成硫酸,即

$$2SO_2 + O_2 \xrightarrow{h_v} 2SO_3$$
$$SO_3 + H_2O \longrightarrow H_2SO_4$$

空气中的水滴及某些固体微粒表面附着的微量金属盐或 NH_3,对 SO_2 的氧化能起催化作用,使 SO_2 氧化成 SO_3,进而遇水生成 H_2SO_4,吸附于微粒表面,被人体吸入后,构成粉尘与 SO_2 对人体的协同作用,具有更大的危害性。

4. 温室效应

温室气体通过吸收地球反射的一部分红外线能量,再发射到地面,使地球表面变暖的现象就称为温室效应。CO_2 可以吸收波长为 $15\mu m$ 左右的红外线,这个波长是靠近地球反射能量最大的波长,故 CO_2 也称为温室气体。由于地球上森林资源日益减少,而燃料燃烧后排入大气的 CO_2 不断增多,所以温室效应愈来愈显著。

近百年来,由于化石燃料的大量燃烧及森林的砍伐,作为主要温室气体的二氧化碳(CO_2)体积分数从工业时代开始的 280×10^{-6} 增加到现在的 360×10^{-6},目前正以每年 0.4% 的速率不断增加。温室气体的增加能打乱地球的热平衡,导致严重后果。

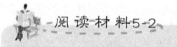
阅读材料5-2

洛杉矶光化学烟雾事件

洛杉矶市一面临海,四面环山,一年约有300天出现逆温层。进入20世纪40年代后,每当夏季和早秋,只要是晴朗的日子,城市上空就会出现一种浅蓝色烟雾,使整座城市上空变得浑浊不清。这种烟雾使人眼睛发红、咽喉疼痛、呼吸憋闷、头昏、头痛。1943年以后,烟雾更加肆虐,致使远离城市100km以外的海拔2000m高山上的大片松林也因此枯死,柑橘减产。仅1950~1951年,因大气污染造成的损失就达15亿美元。1955年,因呼吸系统衰竭死亡的65岁以上的老人达400多人;1970年,约有75%以上的市民患上了红眼病。这就是最早出现的光化学烟雾污染事件。

起初,人们以为这种烟雾是由化学工厂排放的废气造成的。经过七八年的研究才弄清楚,造成这种浅蓝色烟雾的根源是该市的数百万辆汽车排出的废气在光照作用下发生化学反应生成的。

洛杉矶在20世纪40年代就拥有250万辆汽车,每天大约消耗1100吨汽油,排出1000多吨碳氢化合物,300多吨氮氧(NO_x)化合物,700多吨一氧化碳(CO),另外,还有炼油厂、供油站等其他石油燃烧排放。这些化合物被排放到阳光明媚的洛杉矶上空,就相当于制造了一座毒烟雾工厂。

资料来源:http://baike.baidu.com/new/107103.htm.

5. 光化学烟雾的生成

发动机和其他污染源排放到大气中的碳氢化合物(HC)和氮氧化合物(主要是 NO_x),在太阳光的作用下,经过一系列的化学反应,生成以臭氧、醛、过氧酰基硝酸酯为主的光化学烟雾,这种烟雾是浅蓝色的刺激性烟雾。

光化学反应烟雾反应路线如下:

(1) $2NO + O_2 \xrightarrow{h_v} 2NO_2$

(2) $NO_2 \xrightarrow{h_v} NO + O$

(3) $O + O_2 \longrightarrow O_3$

(4) $O_3 + NO \longrightarrow NO_2 + O_2$

(5) $O + NO_2 \longrightarrow NO + O_2$

(6) $O + HC \longrightarrow RCHO + R^-$

(7) $R^- + O_2 \longrightarrow RO_2^-$

(8) $RO_2^- + NO \longrightarrow NO_2 + RO^-$

(9) $RO^- \longrightarrow R^- + O$

(10) $RO^- + NO_2 \longrightarrow RNO_3$

(11) $O \cdot + HC \longrightarrow RCHO + RCO_2^-$

(12) $RCO_2^- + NO \longrightarrow NO_2 + RCO^-$

(13) $RCO^- + NO_2 + O_2 \longrightarrow RCO_3NO_2$

整个光化学反应链从反应(1)开始的,当没有日光时,这个反应过程十分缓慢。在日光作用下,这个过程 NO 转变为 NO_2 的速度很快,在太阳光紫外线作用下,光化分解反应分解出原子态氧,然后进行反应(3)生成 O_3,从而大气中的 O_3 浓度迅速增加,进而导致一系列的进一步反应,但 NO_2 与氧烷基 RO 反应生成烷基硝酸酯,又使反应链终止。

原子态氧与氧分子反应生成的 O_3,对人体有很大的危害。

光化学烟雾生成的基本原理得到烟雾室试验结果的证明,烟雾室在可控条件下,模拟大气状态及烟雾生成条件,得到在大气中难以得到的数据。典型的试验结果如图 5.2 所示。开始试验时,烟雾室内充入 $1mg/m^3$ 丙烯和 $0.4mg/m^3$ NO,在无日光或灯光照射的条件下,NO 转变为 NO_2 的速度非常缓慢,经 24h 转变量仅有 2%。但在灯光照射下,NO 迅速消耗,而 NO_2 浓度很快上升,丙烯浓度也开始下降,同时生成 O_3。氧化能力增强,生成醛与 PAN,同时 NO_2 浓度降低,最后达到平衡值,上述整个过程的反应大约需要 3h。

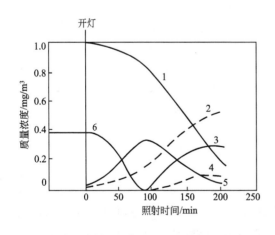

图 5.2 典型的光化学烟雾反应中各种成分的浓度变化
1—丙烯;2—醛;3—臭氧;4—过氧酰基硝酸酯;
5—二氧化碳;6—氮氧化合物

5.1.5 发动机排气净化技术的发展

众所周知,发动机排气净化技术的研究愈来愈引起人类的重视,并取得了一些进展,其具体表现有以下几个方面。

(1) 从研究污染物的现象到研究生成机理:现象规律的研究,为分析污染物在发动机中生成特征提供了基础数据,从中能够看到影响污染物排放的敏感因素,如空燃比、点火、供油提前角、混合气形成等,为制定净化措施提供依据。虽然如此,但现象规律的研究只能从表面了解排放物生成的局部因素,因此所采取的措施往往带有片面性,且效果也不佳。为了治本,必须研究排放物的生成机理,随着测试技术的快速发展和化学反应动力学研究的深入,污染物生成机理的研究已愈来愈活跃。

(2) 从调整部分参数到发动机性能的全面优化:先期的研究工作重点都放在对发动机参数调整和单一净化措施上,这在当时有一定的成效,但随着发动机数量不断增大且排放法规愈来愈严格,单一调整参数的做法已无法满足要求,因此对发动机性能全面优化的研究已显得必不可少,这样即考虑到排放的净化,同时也考虑到尽可能避免因排气净化措施而损失发动机的其他性能。

(3) 从稳态常用工况控制到全工况范围的微机控制:发动机从一个工况到另一个工况过渡时,其污染物排放比稳定工况时更为严重,此外,车用发动机工况变动范围很大,故只控制常用工况下的排放是远远不够的。近来,由于计算机的普及,微机控制系统的快速发展,为实现最佳排气净化的要求,利用微机控制系统实现发动机全工况排放控制成为可能。

(4) 从燃用常规燃料的排放研究到燃用代用燃料的排放研究:为满足对排放要求越来越严格的状况,研究工作者不再局限在常规燃料上,对代用燃料的研究也渐渐被研究者所重视。代用燃料的使用使一些常规有害排放物得到明显降低,但同时也会产生一些新的排放问题。

(5) 从预测排放的简单模型到更为全面准确的预测模型的研究:发动机预测排放模型在一定程度上,能够预测 NO_x、CO 的浓度,但若全面准确的预测这些污染物的浓度,还需要燃烧模型提供燃烧室内更为准确的信息。随着科学技术的发展,多维模型、应用随机模型的建立已成为可能。

5.2 污染物生成机理及影响因素

为降低发动机排气的污染物,首先要弄清有害成分是如何形成并存留在排气中的,也就是要弄清污染物生成机理,虽然科技工作者围绕着这个问题开展了不少研究工作,但是仍有许多问题未完全弄清楚。硫化物、醛类等有害排放物因排放量浓度很低,本节将不在讨论。

5.2.1 CO 生成机理

一氧化碳是碳氢化合物燃料在燃烧过程中生成的重要中间产物,碳氢化合物经高温氧化过程最后生成 CO,主要经历如下步骤:

$$RH \rightarrow R \cdot \rightarrow RO \cdot \rightarrow RCHO \rightarrow RCO \cdot \rightarrow CO$$

式中:R 代表烃基,RCO·自由基生成 CO 通过热分解或通过下列方式实现:

$$RCHO + \begin{Bmatrix} O_2 \\ OH\cdot \\ O\cdot \\ H\cdot \end{Bmatrix} \longrightarrow CO + \cdots$$

生成的 CO 接着通过下面速率较低的反应氧化成 CO_2，即

$$CO + OH\cdot \Leftrightarrow CO_2 + H\cdot$$

燃料的氧化速率取决于可用的氧浓度、反应气的温度以及化学反应所占有的时间，后者取决于发动机的转速。这一反应的正向反应速率和逆向反应速率均较大，可考虑为瞬时平衡。因而 CO 和 CO_2 浓度可用平衡常数 k 来表示，即

$$(CO)/(CO_2) = (1/k)[(H\cdot)/(OH\cdot)]$$

CO 氧化为 CO_2 的过程是放热反应，放热反应的平衡常数 k 随温度降低而增大，故在发动机膨胀过程中 k 将随温度降低而增大。也就是说，只要自由基 $OH\cdot$ 供应成分，高温中形成的 CO 在温度下降时很快就会转变为 CO_2，但若混合物过浓，自由基 $OH\cdot$ 主要与自由基 $H\cdot$ 反应而生成 H_2O，从而使 CO 将很难被氧化，留在燃气中而排出气缸。

汽油机可燃混合气基本上是均匀的，在这种情况下，影响 CO 排放量的主要因素是可燃混合气的过量空气系数 ϕ_a。当空气不足时，燃料燃烧生成大量 CO；当空气过量时，排气时似乎不应该有 CO，实际上仍然有少量的 CO 排出。

CO 在燃烧室内的生成量总是要大于化学反应动力学模型的预测值。这时因为膨胀行程初期，从燃烧室沉积物和润滑油膜解析出来的或从燃烧室各缝隙中流出的未燃 HC 化合物在膨胀行程中后期的不完全氧化所致。因一部分 CO 在膨胀和排气行程阶段中发生补燃而被消耗掉一部分，故排气中的 CO 排放量总是低于在燃烧室出现的最高值。

汽油机急速运转时，缸内残余废气较多，混合也不充分，为保证可燃混合气稳定燃烧，需加浓混合气，因而 CO 排放量会大增。为提高汽油机全负荷运转时功率的输出，往往采取加浓混合气的办法，这势必也增大了 CO 的排放量，全负荷不加浓或少加浓可降低 CO 的排放量，但势必影响到动力性。汽油机加速时，为保证加速平稳，要在短时间内加浓混合气，这也会导致 CO 排放量增大，因此，有必要更精确地控制加速燃油量，降低 CO 排量是降排的实用措施。发动机急减速不降油，不仅增加 HC 化合物排量，而且也增加了 CO 排量。

柴油机 CO 排放量要比汽油机低得多，只有在负荷很大接近冒烟界限时才开始急剧增加，如图 5.3 所示。柴油机的特点是燃料与空气混合不均匀，燃烧空间中总有局部缺氧、温度低的地方，以及反应物在燃烧区停留时间不足以彻底完全燃烧，生成最终产物 CO_2，造成 CO 排放。

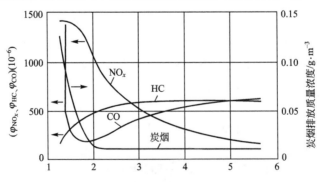

图 5.3 典型的车用直喷式柴油机
过量空气系数 ϕ_a

5.2.2 未燃烃生成机理

一般情况下，人们把发动机逸出物中没有燃烧的和部分燃烧的碳氢化合物称为未燃烃。除排气中的未燃烃外，还有燃油系统蒸发逸出的以及由气缸内经过活塞、活塞环、气门导杆等处漏出并散入大气的未燃烃。

汽油发动机燃烧室中未燃 HC 的生成与排放主要来源有三个渠道：

(1) 气缸内的燃烧过程中生成并随排气排出。
(2) 燃烧室通过活塞与气缸间各间隙漏入曲轴箱的窜气。
(3) 燃油系统由于蒸发产生的汽油蒸气。

柴油机排放的未燃 HC 则完全由燃烧过程产生。

碳氢化合物氧化到 CO_2 和 H_2O 需要一系列基元化学反应步骤，它们涉及很多由碳氢化合物和氧产生的基，生成多种不完全氧化产物。在自由基链传播中起重要作用的烷基（R^-）是由碳氢化合物的 C—H 键和 C—C 键断裂生成的。其稳定产物，主要是醛类和烯烃，反应首先从燃料分子和氧分子开始，即

$$R-H+O-O \longrightarrow R+HO_2 \cdot$$

烷基（R^-）很容易与氧反应生成过氧化物基（RO_2），即

$$R+O_2 \longrightarrow RO_2$$

这是碳氢化合物与氧之间形成化学键的最初步骤，接下来就是一系列的反复进行的续链和支链反应，最终生成各种形式的含氧有机物。

无论是低温燃烧还是高温燃烧，燃料的氧化都可以认为是不可逆的。两者的差别在于低温燃烧时，燃料分子大部分转化为烯烃，而高温燃烧时，燃料很快被氧化为最终产物。

1. 汽油发动机

汽油与空气的均匀混合气在过量空气系数 $\phi_a=1$ 的条件下燃烧时，似乎不应产生未燃 HC，但在实际汽油机中，不管过量空气系数多大，都会有未燃 HC 排出（图 5.4）。一般在混合气略稀（$\phi_a=1.1 \sim 1.2$）时，未燃 HC 体积分数最小，随着 ϕ_a 的减少，未燃 HC 迅速增加。当混合气过稀（$\phi_a > 1.2$）时，由于燃烧恶化，甚至有些循环缺火，导致未燃 HC 排放急剧增加。当混合气逐渐变浓（$\phi_a < 1.1$）时，未燃 HC 随着 ϕ_a 的减少而快速增加。

1）冷激效应影响

缝隙效应是冷激效应的主要表现。压缩过程期间气缸内压力升高时，可燃混合气挤入各缝隙中。这些缝隙具有很大的面容比，进入其中的气体通过与温度相对较低的壁面的热交换很快被冷却。燃烧期间，气缸内压力继续升高，又有一部分未燃的混合气进入各缝隙，当火焰前锋面到达各缝隙所在地时，火焰可能钻入缝隙区把那里的混合气全部烧掉或烧掉一部分，可能在缝隙入口处被淬熄。淬熄可能性取决于缝隙入口的几何形状和尺寸、未燃混合气的组成及其热力状

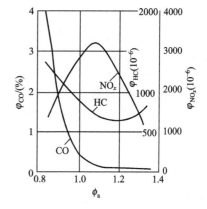

图 5.4 汽油机的排气污染物与过量空气系数 ϕ_a 的关系

（发动机排量 1.6L，压缩比 9.4，转速 3000r/min，平均有效压力 0.4MPa）

态。在火焰到达缝隙口并被淬熄后，一部分已燃气本身也会挤入缝隙，直到气缸内压力开始下降为止。当缝隙中的压力高于气缸内压力时，陷入缝隙中的气体逐渐流回气缸，但这时气缸内温度已下降，氧浓度也很低，流回的可燃混合气再氧化的比例很低，大部分原封不动地排出气缸外。

发动机燃烧室各缝隙中，以活塞、活塞环、气缸壁之间的缝隙是最为主要的（也称火力岸缝隙容积）。它能占到燃烧室总容积的1%～2%，缝隙中藏匿的气体压力高于压缩终点的压力，且温度低于压缩终点的温度，所以密度大。若把第一道活塞环提高，尽可能靠近活塞顶，可以大大降低未燃HC排放。但活塞环因受高温高压，有粘接的危险。缝隙效应产生的未燃HC排放量占总量的50%～70%。

2) 润滑油膜的吸附和解析

在进气期间，覆盖在气缸壁面和活塞顶面上的润滑油膜在环境压力下被来自燃油的碳氢化合物蒸气所饱和。这种溶解吸收过程在压缩和燃烧过程期间较高压力下继续进行。当燃烧室燃气中的HC浓度由于燃烧几乎降到零时，油膜中的HC向已燃气解析的过程就开始了，并持续到膨胀和排气行程。一部分解析的燃油蒸气与高温的燃烧产物相混合，而后被氧化；剩余部分与温度较低的燃气相混合，因而不被氧化，称为HC排放源。

就气体燃料而言，实际上不存在这种影响，因为气体燃料是不溶于润滑油的。润滑油温度提高也使燃油在其中的溶解度下降，从而降低润滑油在未燃HC排放中占的比重。这也是为什么发动机在冷启动时能够观测到较多未燃HC排放量的原因。润滑油吸附和解析机理产生的未燃HC排放物占总量的25%左右。

3) 燃烧室中沉积物的影响

发动机运行一段时间后，会在燃烧室壁面、活塞顶、进排气门形成沉积物。例如，用含铅或其他金属添加剂的汽油形成的金属氧化物或用过浓混合气时形成的含碳沉积物，均能增加未燃HC的排放，因此清除沉积物，能使未燃HC排量出现短暂下降。

沉积物的多孔结构和固液多相性质，使沉积物的作用机理复杂化。缝隙中有沉积物能够减少可燃混合气的挤入量，从而降低未燃HC排放量；但同时又减少缝隙的尺寸促进淬熄，从而增加未燃HC排放量。因这种机理而产生的未燃HC排放量占总量的10%左右。

4) 体积淬熄

发动机在冷启动和暖机工况下，因发动机温度较低，使燃油雾化、蒸发和混合气形成变差，从而导致燃烧变慢或不稳定。火焰前峰面到燃烧室壁面前，燃烧室中的火焰就有可能熄灭，从而发生火焰的大体积淬熄，这是产生未燃HC的一个来源。产生的原因有：①怠速时混合气过浓；②突变工况过渡过程中造成的混合气过浓或过稀；③低负荷时燃烧室某些区域的参与废气过多，混合气无法引燃；④排气再循环率（EGR）过大或混合气过稀；⑤发动机工作出现缺火造成直接把吸入气缸的可燃混合气排出。

5) 碳氢化合物后期氧化

发动机主要燃烧过程中未燃烧的碳氢化合物，会重新扩散到高温的已燃气体中，很快被氧化，至少部分氧化。所以，排放的HC是未燃的燃油及其部分氧化产物的混合物，前者占40%左右。排出的碳氢化合物在排气管路中会被部分氧化。发动机产生最高排气温度（高转速、迟点火、大负荷）和最长停留时间（低转速）的运转工况，使未燃HC排放降低最多。推迟点火能提高排气温度，将有助于未燃HC后期氧化。促进这种后期氧化的另一途径是降低排气歧管处的热损失，如增大横断面积，对壁面进行绝热等。

2. 柴油发动机

由于柴油机在接近压缩终了时才喷射燃油,燃油、空气混合不均匀,因此缝隙容积内和气缸壁附近多为新鲜空气。且燃油在燃烧室内停留的时间亦比汽油机短得多,因而受壁面冷激效应、润滑油膜、沉积物的吸附作用很小。这也是柴油机未燃 HC 排放浓度比汽油机低很多的原因。

柴油中含有沸点较高、分子量较大的碳氢化合物,当柴油被喷油器雾化时已经发生某种程度的热解。这使得柴油机排气中出现的未燃的或部分燃烧的碳氢化合物十分复杂,且较重的碳氢化合物都被炭烟微粒所吸附,构成微粒的有机可溶部分。

柴油机未燃 HC 排放量主要来自柴油喷注的外缘混合过度造成的过稀混合气地区,结果是怠速或小负荷运转时,未燃 HC 排放量高于全负荷工况(见图 5.3)。负荷的急剧变化会引起燃烧的很大变化,可能会出现不燃烧的循环使未燃 HC 排放增加。

柴油的喷射、蒸发与混合对未燃碳氢化合物的排放影响最大。柴油机的燃烧是非常复杂的过程,其特征是燃油的蒸发、空气与燃油和已燃物与未燃物的混合以及燃烧本身同时发生。在喷油始点与燃烧之间的滞燃期中,碳氢过氧化物和醛类等初步的氧化物已开始形成。滞燃期内,燃油的燃烧速率取决于它与空气的相互扩散形成可燃混合气的混合速率。

燃油与空气形成的混合气若过浓或过稀,则不能自燃或火焰不能传播。燃油若在后续膨胀行程中与空气进一步混合,通过热氧化反应消耗掉一部分,其余未燃部分则排出。

在正常喷射时,若混合速率很大,则着火时部分燃料与空气的混合比会低于稀薄可燃界限,这部分燃料除非再卷入燃烧区,否则很难经历高温燃烧阶段。若油束贯穿度过大,则会有油滴碰壁。若壁温和气流的运动不足以使这些油滴快速蒸发,后蒸发的燃油会因燃烧室内温度下降而无法充分燃烧,这些都造成了未燃 HC 的生成。

若燃油在滞燃期内喷入燃烧室,所得到的混合气因为与燃烧室中的空气混合太快而过稀或因混合太慢而过浓,过稀混合气造成未燃 HC 的生成,而过浓混合气在随后与空气的混合中被燃烧掉。

若燃油在滞燃期后喷入燃烧室,在燃油喷注射入温度已很高的空气中时,会发生燃油或其热解产物的快速氧化。不过混合不充分,也可能导致混合气过浓或燃烧的淬熄而产生未完全燃烧 HC 化合物排出。

5.2.3 氮氧化合物的生成机理

发动机排放的氮氧化合物中,对环境影响最大的就是 NO 和 NO_2。通常所指的 NO_x 污染,即指 NO、NO_2 污染。发动机排放中 NO_2 的浓度远低于 NO。氮氧化合物的主要来源是参与燃烧的空气中的 N_2。

NO 的生成主要产生在焰后区,导致 NO 产生的主要反应式为

$$O_2 \rightleftharpoons 2O$$
$$O + N_2 \rightleftharpoons NO + N$$
$$N + O_2 \rightleftharpoons NO + O$$
$$N + OH \cdot \rightleftharpoons NO + H$$

高温分解产生的氧原子引发了生成 NO 的连锁反应。随后氧原子先与空气中的氮气反应生成 NO 和 N 原子,接着氮原子与空气中的氧气反应,生成 NO 和 O 原子。另外,

OH·自由基对氮原子的氧化也生成 NO,其主要发生在非常浓的混合气中。上述反应式统称为捷尔杜维奇(Zeldovich)机理。

在发动机中,燃烧是在高压下发生的,火焰面很薄。燃烧期间气缸内压力不断提高,结果是已燃气体温度能够提高到刚结束燃烧的火焰带中达到的温度。这说明燃烧过程和 NO 生成过程是彼此独立的,且后者比前者慢。所以,除非混合气浓度很稀,要不然可以忽略火焰中 NO 的生成,而主要考虑已燃气体中 NO 的生成。

发动机排气中的 NO 主要靠热反应生成,决定 NO 在热反应中生成速率的主要因素是氧原子浓度和温度。在一定的氧原子浓度和反应温度下,若反应时间足够长,NO 浓度可达到相应的平衡浓度。在同一初始温度和压力下,可燃混合气燃烧后,NO 平衡浓度随空燃比 $1/\alpha$ 的不同而变化(图 5.5)。对于稀混合气($1/\alpha<1$),氧原子充足,故 NO 的平衡浓度主要取决于气体温度,在稀混合气一侧,$1/\alpha$ 愈接近 1,气体温度愈高,NO 平衡浓度就愈大。但当 $1/\alpha$ 趋近 1 时,氧开始不足,这时 NO 平衡浓度开始下降。所以 NO 平衡浓度最大值不在 $1/\alpha=1$ 处,而是在接近 1 的稀混合气一侧。在浓混合气一侧,随着 $1/\alpha$ 增加,气体温度降低,氧原子急剧减少,因此 NO 浓度随 $1/\alpha$ 的增加而急剧下降。

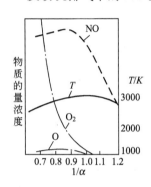

图 5.5 NO 平衡浓度与 $1/\alpha$ 的关系

在发动机中,焰后区生成 NO 的时间非常短暂,因此生成 NO 的浓度低于燃烧温度所对应的平衡浓度。当膨胀行程气缸内气体温度不断下降时,虽然相应温度的 NO 平衡浓度迅速下降,但气缸内 NO 的实际浓度却由于逆向反应速率很低而几乎不下降。这种现象使发动机 NO 排放浓度大大高于排放温度相应的平衡浓度。这说明,发动机中 NO 生成具有非平衡过程的特征,对于这个非平衡过程,反应时间、温度、氧原子浓度一起,对 NO 的排放浓度起着重要作用。

在汽油机中,一般火焰温度下,已燃气中 NO_2 浓度远低于 NO 浓度,故可忽略不计。但在柴油机中,NO_2 占排气中 NO_x 总量的 10%~30%。排气中存留 NO_2 的机理是,在火焰中生成的 NO 可以通过下述反应迅速转变为 NO_2,即

$$NO + HO_2 \cdot \longrightarrow NO_2 + OH \cdot$$

火焰中生成的 NO_2 除遇到较冷的气体相混合而被抑制以外,NO_2 会通过下述反应式重新转变为 NO,即

$$NO_2 + O \cdot \longrightarrow NO + O_2$$

因此,汽油机长期怠速会产生大量 NO_2,这也发生在小负荷柴油机中,燃烧室中存在很多低温区域,可以抑制 NO_2 向 NO 的转化。NO_2 也会在低速下在排气管中生成。

1. 汽油机

生成的 NO 主要来自首先进行燃烧的那部分燃油,在没有强烈湍流时,火花塞处的微元混合气体具有最长的焰后反应时间及最高可达到的温度,因此生成的 NO 浓度最高。相反,末端微元混合气体焰后反应时间最短,能达到的温度也最低,因此生成的 NO 浓度也最低。在燃烧室中,可以检测到与温度梯度相对应的 NO 浓度梯度。

根据 NO 的生成特点,可知:

（1）降低汽油机 NO 排放浓度与提高燃油经济性是有矛盾的。从提高燃油经济性角度看，要求加快火焰传播速度并使放热集中在上止点附近，但加快火焰传播速度使更多的微元混合气体有较长的焰后反应时间，同时放热集中在上止点附近，还造成较高的缸内温度，这又不利于降低 NO 的排放浓度。

（2）降低 NO 排放浓度与防止不正常燃烧——爆燃是一致的。爆燃时，火焰传播速度超过声速，能量急剧释放，不仅造成振动、噪声和冲击波，而且使气体温度比正常燃烧时更高，焰后反应时间更长，因此，爆燃使 NO 排放量相应增多，抑制了爆燃，也有利于防止过高的 NO 排放。

控制汽油发动机 NO 排放量的主要因素是空燃比、气缸内未燃混合气中已燃气体量以及点火正时。

1）空燃比的影响

图 5.4 已表示了过量空气系数的变化对 NO 排量的影响。已燃气体的最高温度对应于 $\phi_a \approx 0.9$ 的略浓混合气。不过这时氧浓度低，抑制了 NO 的生成。当 ϕ_a 提高时，氧增加的效果抵消燃气温度下降，使 NO 生成减少。因此，NO 排放量峰值出现在 $\phi_a = 1.1$ 左右的略稀混合气中。若 ϕ_a 进一步增加，温度下降的效果占优势，导致 NO 下降。

2）已燃气体的影响

汽油机燃烧室中的混合气由空气、已蒸发的燃油蒸气和已燃气体组成。后者是前一循环留下的残余废气，或加上采用排气再循环（EGR）时回流的废气。

引入进气管的废气可大大增加新鲜混合气中的已燃气体比例。当已燃气体比例增大时，一方面减少可燃气体的发热量，另一方面增大了混合气的热容，均使最高燃烧温度下降，从而使 NO_x 排放量下降。

3）点火正时的影响

增大点火提前角，引起燃烧过程在工作循环中提前，增加最高燃烧压力值。这是因为大部分燃料都在上止点前燃烧，最高燃烧压力值出现在靠近上止点附近气缸容积比较小的位置。最高燃烧压力导致较高的燃烧温度，已燃气体停留在高温环境中时间较长，也就是说焰后反应时间延长，从而使 NO 排放浓度增加。反之，减小点火提前角，可降低气缸内最高燃烧压力值，这是因为大部分燃料在上止点以后燃烧所致。压力较低的气缸内最高燃烧压力值，能有效地使 NO 排放浓度降低。

2. 柴油机

柴油机内达到的最高燃烧温度也有控制 NO 生成的作用。在燃烧过程中最先燃烧的混合气量对生成 NO 数量有很大影响，因为这部分混合气随后被压缩，温度会升到较高的值，从而增加 NO 的生成量，进入膨胀行程后，与空气或温度较低的燃气相混合，会冻结已生成的 NO。

柴油机中直喷式燃烧室的 NO 排放量远远大于分隔式燃烧室，这是由于两种燃烧室不同的燃烧特点决定的。首先，分隔式燃烧室主副室连接通道会导致强烈的气体运动，使燃料与空气的混合速率大大提高，因此分隔式柴油机的喷油定时比直喷式柴油机的迟。直喷式柴油机，若喷油定时不是相当早的话，就不能实现低的油耗率和低的烟度，而早的喷油定时意味着较长的滞燃期和较大的预混燃烧量，这势必造成高的 NO 排放。其次，分隔式柴油机中燃料先喷入副室，这使副室的混合气在中等负荷就处于过浓状态，抑制了 NO 的生成反应，而当部分燃烧的混合物喷入主室继续燃烧时，极快的稀释速率使燃气在高温富氧状态下的停留时间很短，故主室内 NO 的生成量也不多。

5.2.4 炭烟粒子生成机理

在大区污染领域研究中，微粒被定义为除纯水以外的，单个颗粒直径大于 $0.002\mu m$ 的任何固体或液体微颗粒或亚微颗粒。发动机排除的颗粒主要有炭、碳氢化合物、硫化物、含金属成分的灰分等组成。在通常情况下，讨论发动机的微粒排放主要是炭烟排放。柴油发动机排出的微粒远远高于汽油发动机。

炭烟粒子通常呈黑色，主要由碳元素组成。发动机排气中出现的炭烟粒子是燃料在燃烧过程中经历了一系列物理化学变化后形成的，主要经历裂解、成核、表面增长和凝聚、集聚等阶段。炭烟氧化过程伴随炭烟粒子生成的全过程存在。炭烟粒子生成过程如图 5.6 所示。

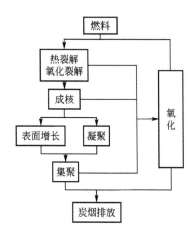

图 5.6 燃烧系统中炭烟粒子的生成过程

1. 裂解

极大多数碳氢燃料在生成炭烟之前，就发生燃料分子的大量分解及反应物原子的重新排列。典型的热裂解反应按自由基链反应机理进行，少量 O·、OH·自由基或 O_2 可通过支链反应加速裂解。

在预混火焰的预热区，温度较高，并有较大温度的氧，燃料很快就氧化裂解为乙炔。乙炔是炭烟生成过程中重要的中间产物，燃料分解为乙炔的难易程度影响着预混火焰中的炭烟生成。燃料结构对预混火焰中炭烟的生成影响较小。

在扩散火焰中，燃料在低温缺氧区滞留时间较长，因此某些燃料，特别是芳香族燃料的裂解产物有所变化。例如，苯在大于 1800K 时，裂解产物为乙炔，而小于 1800K 时，裂解主要为联二苯。也可以说明燃料结构对在扩散火焰中炭烟的生成影响较大。

2. 成核

能成为炭烟粒子胚芽的物质，其成长应比分解或氧化反应快。它应当具有足够的稳定性以便抵御高温下的分解，同时又应具有足够的化学活性，以便能以一定的速率与其他基团和离子快速反应。研究者认为，具备上述要求的胚芽物质具有极性共轭结构。共轭结构物质的共轭稳定性能抗御高温分解，而其极性特征又能使其与其他基团和离子快速反应。

裂解反应生成的乙炔并不具有共轭结构，其稳定性来自高的化学键能，但乙炔可通过某些反应生成丁二烯、乙烯基乙炔、联乙炔等极性共轭物。

非共轭的脂肪族燃料经热裂解或氧化裂解生成乙炔，如果这时有大量 O·或 OH·自由基存在，则大部分乙炔可氧化为活性差的产物。剩下的乙炔通过反应生成丁二烯、乙烯基乙炔、联乙炔等极性共轭脂肪族化合物，这些正是炭烟粒子核心的先兆物。炭烟先兆物在高温下环化、脱氢、聚合，最后成为多环结构的炭烟核心。

能直接生成极性共轭物的脂肪族燃料可作为成核的另一渠道。芳香族燃料通过环的断裂很快就生成乙炔，或在较低温度下形成苯基，苯基与乙炔或乙烯基乙炔反应，很容易生成炭烟核心。因此燃料中芳香族成分含量高，燃烧时炭烟生成量就多。

3. 表面增长和凝聚

炭烟粒子通过与气相物质做表面反应使粒子质量增加的过程称为表面增长。与成核过程类似，表面增长反应的气相物质主要是乙炔及其聚合物。其中大的聚合物比小的聚合物更容易结合到炭烟粒子表面，这是因为当炭烟粒子刚成核时，n_H/n_c（n_H 为氢原子数、n_c 为碳原子数）约为 0.4，到其充分长大时，该比值下降到 0.1 左右。经历表面增长过程的炭烟粒子的表面活性很强，在粒子增长后期，即使在火焰区有大量乙炔或聚乙炔存在，炭烟粒子表面增长率也会急剧下降，其电子自旋共振动信号也很弱。这说明，此时的炭烟粒子已丧失了自由基或离子的特征。

炭烟粒子在与气相物质作表面反应的同时，还因粒子间的相互碰撞而凝聚，凝聚是指两个小的球状炭烟粒子经碰撞形成一个大的球状炭烟粒子的过程。关于球状形成的原因目前有三种观点。

观点一：初期的炭烟粒子由于氢成分多而黏性较低，类似于半流体，因而粒子相撞后能融合一体并通过变成球形使表面能最低。

观点二：炭烟形成初期，粒子直径小，相撞时原子力会起作用，造成能量的重新调整，使粒子形状趋于球形。

观点三：由于碰撞发生在表面高速增长的较小粒子之间，因此，粘合在一起的颗粒尽管当时未马上形成球形，也会很快的因表面增长重新获得原有的球体形状。

4. 集聚

凝聚使炭烟核心的数密度下降，当炭烟核心数下降到一个程度后，随着基本炭烟粒子的形成，球形粒子相互碰撞将不再融合成球形，而是粘结为链状，这称之为集聚。集聚不仅在排气系统或取样系统中存在，而且在气缸内工作过程中也存在。

当柴油机燃烧进行到膨胀行程时，随着气缸内温度的下降，低分子量的未完全燃烧的碳氢化合物会凝结在炭烟微粒粒子上，凝结量的大小与许多因素有关，目前尚难以定量化，有待科研工作者的进一步研究。

5. 炭烟氧化

自炭烟生成开始，就伴随着成核先兆物、炭烟核心、炭烟粒子的氧化反应。氧化在炭烟存在期间的相对作用是随时间而变的。在扩散火焰炭烟生成区，炭烟生成率相当高，而氧化剂缺乏，炭烟氧化率相对于生成率很小。随着炭烟粒子向空气区扩散，炭烟粒子的数密度基本上不再增加，且粒子尺寸和增长也渐渐由表面增长转为凝聚或集聚。这时，炭烟的质量生成率已降得很低，氧化剂却很充足，因而炭烟氧化的作用突出了。

通常汽油机气缸内混合比处于理论混合比附近，因而炭烟排放很少。当混合气过浓时，虽然排烟量有所增加，但在一般工况下，也只有柴油机的几十分之一。汽油机排烟粒子主要是由于抗爆添加剂四乙基铅造成的，在燃烧过程中，抗爆添加剂生成的含铅化合物往往沉积在燃烧室壁上，然后在发动机高速运转下，这些沉积的碎片被卷起，破碎成小的颗粒随废气排出。

柴油机排放的炭烟粒子（particulate，缩写 PT）的组成取决于柴油机的运转工况，尤其是排气温度。当排气温度超过 500℃时，排气微粒基本上是很多炭质微球的聚集体，称为炭烟或烟粒（soot）。当排气温度低于 500℃时，烟粒会吸附和凝聚多种有机物，称为有机可溶成分(soluble orgasmic fraction，SOF)。

柴油机炭烟粒子的排放是相当严重的问题，尽管在调整较好或运行较好时，柴油机排气烟色清淡，但炭烟粒子排放问题仍不可忽视，这是因为柴油机，特别是直喷式柴油机的扩散燃烧方式决定了炭烟粒子的生成是不可避免的，只要这些炭烟粒子在燃烧室内不能及时被氧化，就会随排气排到大气中。

前面提到的裂解、成核、表面增长和凝聚、积聚、氧化等过程在柴油机每一循环的短暂燃烧期内都会出现。图5.7描述了这些过程在柴油机燃烧中所占的时间间隔。可以看到，柴油分子裂解或与空气不完全燃烧形成微粒先兆物的时间才几微秒。炭烟核心出现后，通过表面增长和凝聚形成直径约为20nm的基本炭烟粒子所需的时间仅为0.05ms。这与柴油机中燃油与空气混合达到能够燃烧所需时间(约1ms)相比要短得多。因此，对扩散燃烧来说，想借助提高混合速率来消除炭烟核心的形成是难以实现的。基本炭烟粒子通过表面增长和凝聚进一步增大粒子尺寸的时间将持续几毫秒。从燃烧开始就发生的炭烟氧化过程可一直持续到排气阶段。

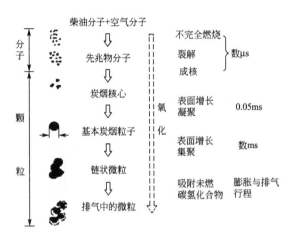

图5.7 柴油机炭烟生成的时间

柴油机各运行参数，如燃油种类、供油及喷雾参数、气缸内流场特征及流动强度、压缩比与燃烧室形状、进气温度及压力、转速、负荷等都会对炭烟粒子的生成产生影响。这些影响是通过燃烧室内炭烟生成和氧化基本过程的控制参数起作用的。

运行参数对直喷式柴油机炭烟排放的影响如图5.8所示。由图可看出：①直喷式柴油机炭烟排放浓度取决于炭烟生成和氧化两者的总效果；②影响炭烟生成的基本参量是扩散燃烧量、扩散燃烧速率及扩散火焰温度；③已生成的炭烟在循环中能否充分燃烧掉，主要取决于气缸内气体温度、氧浓度和滞留时间。

例如，提高喷油压力、改善燃油雾化能促进燃油与空气的混合，减少燃油的扩散燃烧量，增加微粒物质在富氧区的滞留时间，从而降低炭烟粒子的排放；保证余隙容积尽可能小，压缩比就得到了提高，从而提高了气缸内空气利用率，也就意味着在同样强化程度下，有较大的实际过量燃烧空气系数，能有效地促使炭烟粒子排放的下降；喷孔直径过大，会使过浓区增大，液滴直径相应的也加大，进而导致炭烟粒子上升；喷孔过小或过多，又会使喷雾过于分散，贯穿不足，影响空气利用，导致炭烟粒子排放上升；还有其他很多因素，就不一一叙述了。

在分隔式柴油机中，燃料在副燃烧室首先着火。由于副燃烧室中燃料的裂解可在整个容积内进行，因此室内一定量的氧化介质使这种裂解表现为氧化裂解。此外，在副燃烧室中还发生炭烟成核、表面增长和凝聚，因副燃烧室中氧浓度着火后迅速下降，故中等负荷以上工况下，副燃烧室中炭烟粒子的微粒先兆物、炭烟核心、炭烟粒子等氧化速率很低，可以忽略。在主燃烧室内，因氧化过程占主导地位，故主燃烧室内的炭烟粒子直径要小于副燃烧室。分隔式柴油机的混合特点和燃烧特点使其微粒排放浓度低于直喷式柴油机。

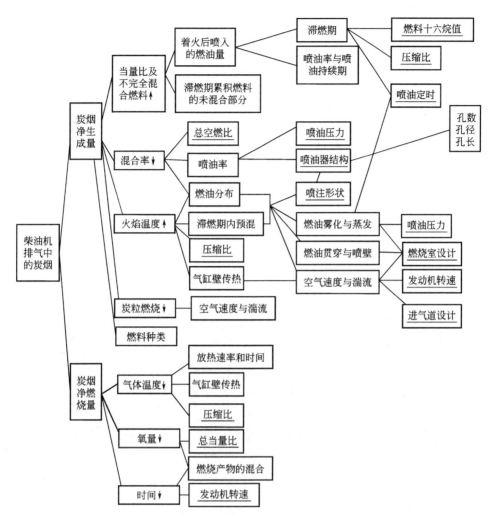

图 5.8 影响直喷式柴油机炭烟排放的各种参量
(参量下划线表示直接可控参量，↑变量表示增加排烟，↓变量表示降低排烟)

5.3 污染物排放控制

5.3.1 排放特性

发动机各种排放污染物的排放量随运转工况参数如转速 n、平均有效压力 p_{me} 等的变化规律，称为发动机的排放特性。掌握发动机的排放特性，有助于按低排放要求正确使用发动机。根据排放特性可以找出排放最严重的工况区，从而为低排放改造指出方向，由于发动机排气污染物生成机理十分复杂，影响因素众多，排放污染的理论预测尚未成熟，所以主要还得依靠试验测定。排放测试需要昂贵的测试设备，同时排放特性对发动机的使用并无直接制约作用(并不直接受法规排放限值的制约)，所以已发表的试验数据相对较少。

下面针对一些典型车用发动机列出某些试验结果,并给出简短的讨论。

1. 点燃式发动机

1) 稳态排放特性

图 5.9 所示为一台具有代表性的 2L 排量四气门现代车用进气道喷射汽油机的 CO、HC 和 NO_x 排放特性图。各种排放都用比排放量表示。由图 5.9(a)可见,现代车用汽油机在常用的部分负荷区,为了满足三效催化转化器高效工作的要求,将过量空气系数 ϕ_a 控制在 1 左右,所以 CO 排放较低。图 5.9(b)表示了汽油机未燃 HC 排放量的变化趋势,可见 HC 的变化趋势与 CO 有些类似,都是中等负荷时比排放量较小,大负荷时对未燃 HC 不能因后期氧化而减少。汽油机 NO_x 的排放规律与 CO、HC 排放规律截然不同。如图 5.9(c)所示,当转速一定时,NO_x 随负荷增大而不断下降,而且当接近全负荷时下降更快。实际上,在中等负荷区域,NO_x 的绝对排放量是随负荷增大而增加的,原因是燃烧温度提高了,但 NO_x 的增加未与负荷成正比,所以比排放量 NO_x 逐渐下降。当负荷接近全负荷时,因混合气加浓,氧不足,NO_x 生成受阻,NO_x 绝对生成量开始下降,导致比排放量更快下降。

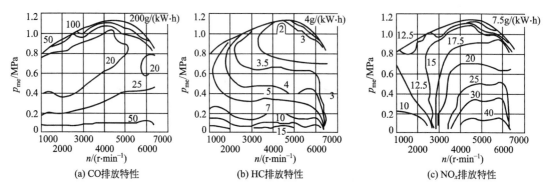

图 5.9 一台 2L 排量四气门现代车用进气道喷射汽油机的排放特性图

总之,从图 5.9 所示的车用汽油机 CO、HC 和 NO_x 排放特性可得出结论:为使车用汽油机排放较少的有害污染物,应尽可能在中等负荷下运行。

2) 瞬态排放特性

车用发动机在实际使用中常出现瞬态运转状态,如起动、加速、减速等工况;转速和负荷不断变化;零部件的温度以及工作循环参数不断变化等。所以,这时发动机排放量与稳定工况往往有很大不同。

(1) 冷起动。汽油机冷起动时,由于进气系统和气缸温度很低,汽油蒸发不好,较多的汽油沉积在进气管壁上,流速低造成油气混合不好,因此需要增加供油量,以便使汽油机能正常起动。汽油机冷起动时,混合气的 $\phi_a<1$。混合气中的汽油以部分蒸气状态、部分液体状态进入气缸。很浓的混合气导致较高的 CO 排放。部分液态汽油在燃烧结束后从壁面上蒸发,没有完全燃烧就被排出气缸,造成 HC 的大量排放。由于温度低及混合气过浓,冷起动时的 NO_x 排放量很低。

(2) 暖机过程。汽油机起动以后,冷却系统和润滑系统以及主要零部件仍未达到正常的温度水平,需要一个暖机过程。这时仍需要 $\phi_a<1$ 的浓混合气,以弥补燃油在气缸壁和

进气管壁上的冷凝。这时 CO 和 HC 的排放仍然很高，NO_x 的排放随着温度的提高逐渐增大。

(3) 加速。在加速工况下，用化油器的汽油机这时往往供给很浓的混合气，造成较高的 CO 和 HC 排放。汽油喷射的汽油机不产生过浓的混合气，其排放值与相应的各稳定工况点相似。图 5.10 所示为这两种汽油机在加速过程中排气中 CO 的变化历程。

(4) 减速。车用汽油机减速工况就是节气门关闭处于怠速状态，发动机由汽车反拖，在较高转速下空转。化油器式发动机如果没有特殊措施，将由于进气管中突然的高真空状态，使进气管壁上的液态燃油蒸发，形成过浓混合气而造成较高的 HC 和 CO 排放(图 5.11)。

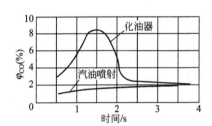

图 5.10 汽油机加速时排气中 φ_{CO} 的变化历程

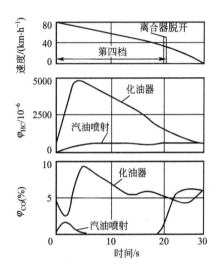

图 5.11 减速时汽油机排气中 CO、HC 的含量变化历程

汽油喷射式发动机在减速时不再供油，且进气管中液态油膜少，因此排放污染物较少。新型化油器在减速时不再供油，情况也有改善。

2. 压燃式发动机

1) 稳定运转状态

图 5.12 所示为一台具有代表性的 1.9L 排量二气门涡轮增压中冷直接喷射式车用柴油机的 CO、HC、NO_x 和烟度的排放特性图。

2) 瞬态运转状态

柴油机冷起动时，燃油喷注中有部分燃油以液态分布在燃烧室壁上。在燃油自燃之前，喷入缸内的燃油就会以未燃 HC 形式直接排出气缸。喷入燃油开始燃烧以后，吸附在壁面上的燃油也不能完全燃烧，有一部分在蒸发后被排出。柴油冷起动时排放的高浓度 HC 表现为白烟。

加速过程对柴油机工作过程的影响小于汽油机，非增压柴油机的正常加速几乎是各稳定工况点的连续。涡轮增压柴油机突加负荷时，涡轮增压器需要一段时间才能达到高负荷所对应的增压器转速和增压压力。如果未采取专门措施，增压柴油机加速常会冒黑烟。

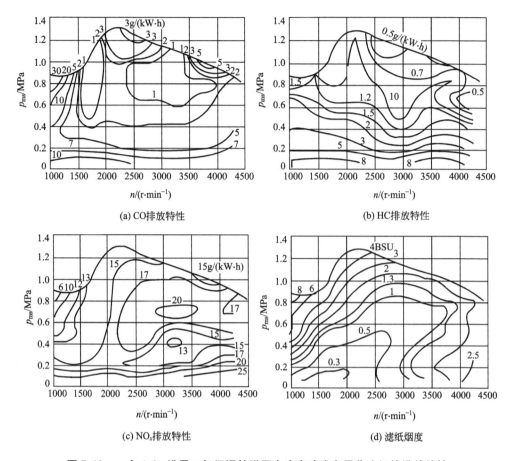

图 5.12 一台 1.9L 排量二气门涡轮增压中冷直喷式车用柴油机的排放特性

柴油机减速时不喷油或只喷怠速所需的油量,排放问题不大。

5.3.2 排放控制

1. 点燃式发动机

1) 曲轴箱排放物控制

汽油机运转时,燃烧室中的高压可燃混合气和已燃气体,或多或少会通过活塞组与气缸之间的间隙漏入曲轴箱。为防止曲轴箱压力过高,发动机一般都通过机油加油口让曲轴箱与大气相通而进行"呼吸"。但因为曲轴箱的窜气中含有大量未燃碳氢化合物及不完全燃烧产物,直接排入大气会引起污染。

为防止曲轴箱排放物的危害,曲轴箱强制通风装置已被广泛采用。曲轴箱强制通风计量阀(又称 PCV 阀)实际上是一个流通断面随阀两端压差变化而变化的单向阀(图 5.13)。它根据弹簧力和进气管真空度的平衡情况开闭气体通路。进气管真空度大时,就把阀芯吸向右方 [图 5.13(a)],气体流通断面变小,反之则变大,不过到阀芯接近全闭时,由于受到左侧阀座的作用而变小。

曲轴箱强制通风系统现已成为排放法规规定的汽油机必须采用的系统,该系统应保证曲轴箱中的压力永远不超过大气压力。

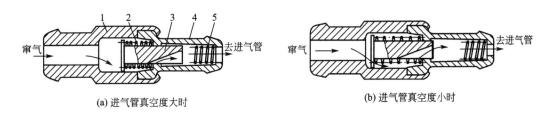

(a) 进气管真空度大时   (b) 进气管真空度小时

图 5.13 曲轴箱强制通风计量阀(PCV)阀

1—阀座；2—回位弹簧；3—阀芯；4—阀体；5—缓冲弹簧

2) 蒸发排放物控制

为防止汽油机排放的燃油蒸气扩散到空气中，常用活性炭罐作为汽油蒸气的暂存空间，实现对汽油蒸发排放物的控制。当发动机不运转时，来自供油系统的汽油蒸气进入活性炭罐中被吸附在活性炭上；当发动机运转时，利用进气管真空度将吸附在活性炭上的汽油蒸气与进入活性炭罐的新鲜空气(清除空气)一起吸入发动机燃烧室烧掉。

在现代电控车用汽油机中应用的是电控蒸发排放物控制系统，其框图如图 5.14 所示。系统中电磁式清除阀 4 的开启时间和开度由电控单元 1 通过脉宽调制电流控制。耐油橡胶阀具有柔性密封唇，用来消除工作中的噪声。泄漏检测泵 5 用来进行系统密封性的车载诊断。它是一个由电控单元 1 驱动的膜片泵。如果蒸发控制系统不泄漏，检测泵工作将引起系统压力提高，使膜片脉动周期延长，直至超过某一规定值。如果系统有泄漏，脉动周期将不会超过此规定值，借此进行泄漏诊断。

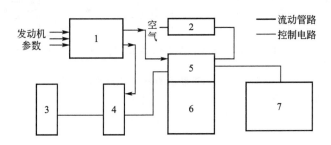

图 5.14 车用汽油机电控蒸发排放物控制系统框图

1—电控单元；2—清除空气滤清器；3—发动机进气歧管；4—电磁式清除阀；
5—泄露检测泵；6—活性炭罐；7—燃油箱曲轴箱强制通风计量阀(PCV)阀

3) 排气再循环

采用排气再循环(EGR)能有效地降低点燃式发动机 NO_x 排放，但全负荷用 EGR 会使最大功率降低；中等负荷用较大的 EGR 会使燃油消耗率增大，HC 排放上升；小负荷特别是急速用 EGR 会使燃烧不稳定，甚至导致缺火。所以应用 EGR 控制 NO 排放技术的关键是控制 EGR，使之在各种不同工况下，得到各种性能的最佳折中，实现 NO_x 的控制目标。

对 EGR 系统的大致控制要求是：

(1) 由于 NO_x 排放量随负荷增大而增大，因此废气回流量应随负荷而增大。

(2) 暖机过程中，冷却水温度和进气温度均较低，NO_x 排放不高。为防止废气回流破坏燃烧的稳定性，一般在发动机冷却水温度低于 50℃时，不进行 EGR。

(3)急速和小负荷时，NO_x 排放也不高，也不进行 EGR。

(4)接近全负荷时，为使发动机保持足够的动力性，即使 NO_x 排放很高，也不允许进行 EGR。

此外，要保证再循环的废气在各缸之间分配均匀。

车用汽油机常用三种 EGR 控制系统，如图 5.15 所示。图 5.15(a)所示为由进气管 4 的真空度驱动 EGR 阀 1 的机械式 EGR 系统。在这种系统中，除低温切断 EGR 靠温度控制阀 5 实现外，其余的控制规律全靠进气管节气门后的真空度和真空驱动 EGR 阀 1 的构造保证。这种 EGR 阀一般是靠弹簧回位的膜片阀，作用在膜片上的真空度越大，EGR 阀的开度也越大。由于进气管节气门后的真空度将随着节气门开度的减小(即发动机负荷的减小)而加大，因而 EGR 阀的开度也将随负荷减小而增大，这显然不符合 EGR 的控制要求。为了修正这种特性，在 EGR 阀的具体设计上想了很多办法，如图 5.16 所示的双膜片阀就是一例。主膜片保证最大负荷下驱动真空度小时 EGR 阀关闭。当发动机负荷和转速降低时，排气背压降低，副膜片在小弹簧作用下下移，打开控制阀，使主膜片室内的真空度流失，EGR 阀开度减小。

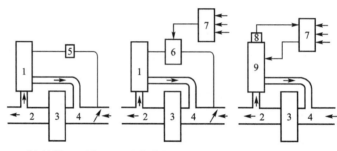

图 5.15　车用汽油机的 EGR 控制系统框图

1—真空驱动 EGR 阀；2—排气管；3—发动机；4—进气管；5—温度控制阀；
6—电控真空调节器；7—电控单元；8—EGR 阀位置传感器；9—电磁阀 EGR 阀

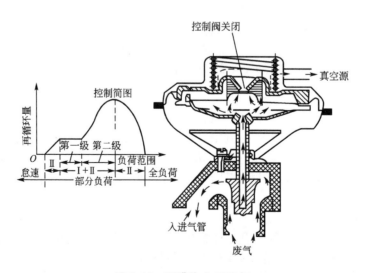

图 5.16　双膜片式 EGR 阀

若全靠真空控制,即使 EGR 阀设计巧妙,也不可能得出理想的控制规律。图 5.15(b)所示的电控系统用预先标定的脉谱通过电控真空调节器 6 控制 EGR 阀 1 的开度,显然大大提高了控制的自由度。图 5.15(c)所示的闭环全电控系统应用了带阀位传感器 8 的线性位移电磁式 EGR 阀 9,进一步提高了控制精度。

4) 发动机设计的低排放考虑

(1) 冷起动、暖机和怠速排放控制。汽油机在冷起动时,由于转速低、温度低,空气流动速度也低,导致汽油雾化差、蒸发慢,混合气质量不良,燃油壁流现象严重。在低温下,汽油的饱和蒸气压力下降,各缸混合气分配不均匀,难以形成在着火界限可燃的混合气。因此,为了顺利起动,不得不显著增加燃油供给量。浓混合气、低的压缩温度及壁温等,都使燃烧不完善。过浓混合气燃烧排放大量 CO,较重质的燃油组分以未燃 HC 形式大量排出。所以,汽油机冷起动时 CO 和 HC 排放显著高于正常运转。为了改善冷起动排放问题,应增大起动机功率,提高起动转速,增大点火能量,以尽量缩短起动时间。为此要提高点火能量,增大起动机的功率。另一方面,由于起动时混合气过浓及气体温度低,NO_x 排放浓度很低。

用高压将汽油直接喷入气缸内就可从原则上解决冷起动时油气混合不足的问题,这是因为缸内直喷时油气混合主要依靠燃油喷雾能量和缸内空气湍流动能,与温度高低关系不大,无须过量供油。

暖机期间要使可燃混合气、冷却水和机油尽快热起来。如采用进气自动加热系统,有助于改善暖机和寒冷天气运转时的混合气形成。发动机润滑系统和冷却系统的设计要保证起动后尽快达到正常运转温度,例如,机油冷却器应有自动控制温度的装置,既保证大负荷下机油得到足够的冷却,又保证暖机时使机油很快热起来。

汽油机怠速运转的特点是转速低,在实际使用中怠速工况占很大比例,怠速运转时,进气系统节气门关得很小,气缸内残余废气量很大,发动机转速很低,气体流动缓慢,混合气形成不均,因此不得不使用表观很浓的混合气,导致 CO 和 HC 排放很高。不过,由于燃烧温度很低、怠速时 NO_x 的排放很少。

降低怠速时的 CO 和 HC 排放,首先要精确调整怠速的混合比。一般当混合气很浓时,CO 排放高,HC 相对较低;反之调稀时,CO 大幅度下降,但 HC 上升。怠速转速对怠速排放有很大影响。传统的观点是怠速转速应尽可能低,以节约燃油消耗,怠速转速多为 400~500r/min。在这样的转速下,降低排放很困难。现代高速车用汽油机怠速转速多为 800~1000r/min,使怠速排放大大下降。

(2) 混合气形成和空燃比。混合气形成的空燃比特性是决定汽油机性能和排放的关键因素。传统化油器小负荷时,根据燃烧稳定性要求提供浓混合气;在常用的中等负荷时,根据燃料经济性要求提供略稀混合气;在大负荷时,根据动力性的要求提供浓混合气。但化油器是根据流体动力学原理设计的,精度不高,影响因素很多,根本不能满足现代低排放的要求,其应用将会越来越窄,从而将很快被淘汰。

随着排放法规的逐步严格,汽油喷射发动机的应用势在必行,再加上三效催化转化器的应用,对降低汽油机的排放效果非常明显,这种转化器只有在 $\phi_a=1$ 时才能有效地同时转化 CO、HC 和 NO_x 三种污染物。用排气管中的氧传感器监测 ϕ_a 并进行反馈控制的电控汽油喷射系统能达到 ϕ_a 的控制要求。

但是带氧传感器的汽油喷射发动机仍有均匀混合气点燃机的固有缺点:进气节流损失

大，影响经济性；压缩比受限制；NO_x 排放高，必须使用三效催化转化器；在冷起动及暖机时期，因为催化剂温度不够高，净化效率很低，造成大量排放。因此，最近对分层充量的稀燃发动机的研究越来越重视。

目前，汽油喷射泵的供油压力已达 5~10MPa，采用单孔涡流喷油器(用喷油器轴针锥面上的斜槽产生涡流)，可达到很大的喷雾锥角(50~100℃)和贯穿距离(常压下 100mm 左右)，促进油气的宏观分布均匀性。喷雾的平均油滴直径可小到 $20\mu m$ 左右，这样的油滴在 200℃空气中仅需 3ms 左右就能完全蒸发，如发动机转速为 1500r/min，这段时间对应 30°CA，所以，油气混合可以主要依靠喷雾来实现。

汽油喷射是用喷油器将汽油直接喷入进气总管、进气道或气缸内。汽油喷射分单点喷射和多点喷射两种。单点喷射是用一个喷油器将汽油喷入进气总管；多点喷射则是每缸都用一个喷油器。汽油喷射可根据汽油机的使用条件及工况，提供较精确的混合气成分，将各缸混合气的过量空气系数 ϕ_a 控制在 1~1.1 内，此时 HC 及 CO 浓度都较低，如果同时再使用三元催化器，则 NO_x 也会下降。由于汽油的雾化是由喷油器特性所决定，而与转速无关，所以，汽油喷射在冷起动时仍可保持良好的喷雾特性。汽油喷射，特别是多点喷射能大大改善混合气在各缸的分配均匀性，并能使用较稀的混合气。此外，汽油喷射没有化油器的喉口节流损失，因此可减少泵气损失，提高全负荷功率，降低油耗。当采用多点喷射时，进气歧管的设计可以更符合空气动力学的要求，因此具有较高的充气系数。多点喷射可将汽油喷到温度较高的进气门处或者气缸内，一般不需要预热进气，这有利于提高功率及热效率，而且只要牺牲一点动力性就能达到排气净化要求。

(3) 燃烧系统。不论是从改善动力性、经济性出发，还是从降低排放出发，对汽油机燃烧系统的要求都是一致的，即应尽可能使燃烧系统紧凑。

进气系统：改进进气系统的目的在于提高混合气雾化质量以及改善各缸分配的不均匀性等，其措施有：利用废气、冷却水的热量或者采用正温度效应(PTC)元件，提高混合气温度；二次补充进气；加强进气涡流以及其他改善各缸混合气分配不均匀性的措施。这些措施不仅有利于排气净化，而且还节能。

燃烧室形状：点燃式发动机要提高动力性，改善燃料经济性，燃烧室构造就要尽可能紧凑，即燃烧室的面容比(S/V)尽可能小。紧凑的燃烧室散热损失小，火焰传播距离短，燃烧速率高，所以热效率高且燃烧过程完成得快。燃烧的改善，使不完全燃烧产物 CO 排放下降，S/V 的下降使表面冷激淬熄效应减小，使未燃 HC 排放下降。

另一方面，燃烧快导致燃烧温度升高，可能使 NO_x 生成量增加。但是，快速燃烧又是采取用 EGR 和推迟点火等降低 NO_x 措施获得成功的必要前提。紧凑燃烧室、快速燃烧加上优化的 EGR 率和点火定时，可能给出动力性、经济性、NO_x 排放之间的最佳折中。

因此，圆盘形、浴盆形、楔形燃烧室越来越让位于半球形、帐篷形等面容比小的紧凑型燃烧室。

采用每缸三、四、或五气门，用涡轮增压代替自然吸气，不仅可以通过增加气缸充量密度、减小泵气损失、机械损失和增大发动机功率密度来改善动力性和经济性，而且也降低 CO_2 和污染物的比排放量。

在活塞平均速度 v_m 受限制的前提下，为了提高发动机的比功率，曾经广泛采用 $S/D<1$

的短行程发动机,使发动机可以以较高的转速运转。但是短行程发动机的余隙容积变得扁平,难以设计出紧凑的燃烧室。因此,现代高性能低排放汽油机大多是 $S/D=1.0\sim1.1$ 的稍长行程结构。当每缸四气门时,S/D 还可以再大些。

压缩比:从提高功率和经济性考虑,提高压缩比是有利的,但过高的压缩比将使压力升高比增加,发动机的噪声与振动较大,这是不允许的,此外提高压缩比对大气污染也是不利的,因为:

① 压缩比增加,燃烧室的狭缝、润滑油膜和沉积物处生成的未燃 HC 增加。

② 压缩比增加,燃烧室表面积与体积之比即面容比增加,相对增加了激冷面积,增加未燃 HC 排放量。此因素在发动机稳定工况时对未燃 HC 排放影响较小,在冷起动、怠速和暖机时对未燃 HC 排放影响较大。

③ 压缩比高,膨胀比也大,膨胀后期燃气温度下降,HC 氧化速率下降,使更多的燃料以未燃 HC 的形式排出[图 5.17(a)]。

④ 压缩比高,排气温度低,使壁面温度降低[图 5.17(b)],黏附在壁面上的液态燃料难以汽化,增加了未燃 HC 排放[图 5.17(c)],但过高的壁面温度会加热终燃混合气,诱发爆燃,也是不利的。

⑤ 压缩比高,使最高燃烧温度增加,NO_x 增加。

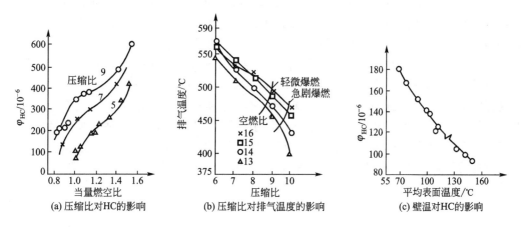

图 5.17 压缩比对 HC 排放的影响

火花塞位置:每缸二气门的汽油机只能把火花塞布置在燃烧室的一侧,使燃烧过程拖得较长。每缸四、五气门的汽油机可把火花塞布置在气缸中央,缩短火焰传播路程,加速燃烧过程,带来与紧凑燃烧室同样的优点。

活塞组设计:活塞、活塞环与气缸壁之间形成的间隙,对汽油机的 HC 排放有很大影响,因此要在工作可靠的前提下尽量缩小活塞头部(火力岸)与气缸的间隙,尽量缩小顶环到活塞顶的距离,即减小火力岸高度。为此,要寻找热膨胀更小的活塞材料(如碳纤维复合材料)和耐热性更好的活塞环材料以及合理的结构。

(4) 配气机构。

多气门技术:近年来高速车用汽油机越来越多采用每缸二进气门二排气门结构(少数发动机采用每缸二进气门一排气门或三进气门二排气门结构)。当发动机高速运行时,每缸四气门工作保证了较大的换气流通面积,可减少泵气损失,增大充量系数。多气门发动机可以把火花塞布置在气缸轴线上或接近这一位置，保证较高的质量燃烧速率。发动机低速运行时，可通过电控系统关闭二进气门之一，使气缸内进气涡流加强，燃烧改善。较完全的燃烧有助于降低 CO 和 HC 排放，而快速燃烧有利于降低 NO_x。

可变进气系统：利用进气管中的压力波动可以提高发动机的充量系数，但一定的管长只对某一很小的转速范围有效。利用电控系统随发动机转速改变进气管的长度，即可实现在很大转速范围内（或两个甚至三个转速工况区内）充量系数的提高。利用进气系统中空气的谐振可以提高谐振转速下的充量系数。利用电控系统随发动机转速适当改变进气系统的结构和尺寸参数，可以拓宽谐振的转速范围，从而优化发动机的性能。

2. 压燃式发动机

压燃式柴油机由于所用燃料及其燃烧方式的特征，排放的 CO 和 HC 相对汽油机来说要少得多，排放的 NO_x 与汽油机在同一数量级，微粒和炭烟的排放要比汽油机大几十倍甚至更多。因此柴油机的排放控制，重点是 NO_x 与微粒（包括炭烟），其次是 HC。降低柴油机微粒排放与要求改善柴油机的混合气形成和燃烧过程是完全一致的。但是，柴油机燃烧过程的改善往往引起 NO_x 排放增加，这就为柴油机的排放控制造成特殊的困难。汽油机排放的 NO_x 可以通过三效催化剂来有效地降低或通过稀燃来解决；而柴油机排气中富氧条件下的 NO_x 尚无高效、耐久的催化剂可成功地加以净化。如何在保持柴油机良好性能的同时减少燃烧过程中 NO_x 的生成，是目前面临的重大技术挑战。

柴油机造成污染物排放的根本原因在于燃油与空气混合不好。柴油机运转时，平均过量空气系数 ϕ_a 即使在全负荷时一般也都在 1.3 以上，在通常负荷下，一般在 2.0 以上。在这样的 ϕ_a 下，若达到理想的混合，炭烟是不可能生成的，NO_x 的生成也不会很多。但在实际柴油机中，由于燃油与空气混合不均匀而导致多处局部缺氧，使炭烟大量生成，同时存在很多 $\phi_a=1.0\sim1.1$ 的高 NO_x 生成区。所以，柴油机的低排放设计要围绕改善燃油与空气的混合这一中心任务，防止局部 ϕ_a 超过 0.9（这有利于 NO_x 生成）和低于 0.6（这有利于炭烟生成）。

1) 燃烧方式和燃烧室形状

重型车用柴油机和其他大型柴油机大多采取直接喷射燃烧方式，而轿车和轻型车要求转速高，小型农业机械为使用方便多用非直喷式燃烧方式。由于直喷技术的进步（喷油系统的小型化、高压化和高速化）以及降低油耗和 CO_2 排放的要求，高速的轿车柴油机也开始使用直喷式，并有逐步增长的趋势。

非直喷式柴油机（非直喷机）炭烟排放大于轻型高速直喷式柴油机（直喷机），而轻型高速直喷机的炭烟排放又大于重型车用直喷机 [图 5.18(a)]。这是因为副燃烧室混合气很浓，易生成炭烟，主燃烧室中温度较低，已生成的炭烟后期氧化较差。特别在小负荷时，由于主燃烧室中温度较低、炭烟氧化更慢。所以非直喷机在小负荷时的炭烟排放更大于直喷式柴油机。直喷式柴油机的 HC 排放量大于非直喷机 [图 5.18(b)]。就包括炭烟和 SOF 在内的微粒排放量来说，直喷式柴油机与非直喷式相差不大。直喷式柴油机的 NO_x 排放量一般要比非直喷机大 40%～50% [图 5.18(c)]。这是因为非直喷机的初期燃烧发生在混合气极浓的副燃烧室里，由于缺氧，NO_x 生成少，而主燃烧室中的燃烧在已开始膨胀下进行，NO_x 也不易生成。

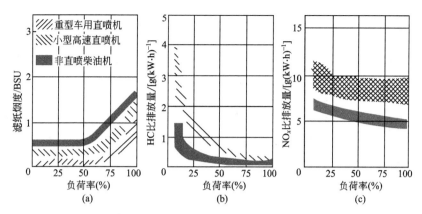

图 5.18 现代车用增压柴油机不同燃烧方式排放的复合特性的对比

(1) 非直喷式柴油机。非直喷式柴油机排气污染物主要在副燃烧室内生成,所以改善其排放的重点也在副燃烧室。副燃烧室相对容积增大,炭烟生成减少,但 NO_x 生成量增加。一项研究表明,涡流室相对容积在 50% 左右得出炭烟与 NO_x 之间的最佳折中。预燃室容积过大,会使流动损失增大,降低预燃室中燃气的能量,影响预燃室中不完全燃烧的燃气与主燃烧室中空气的混合。一般情况下,预燃室的相对容积为 25%~30%。

涡流室中的气体流动应尽可能加强,因此应尽可能避免涡流室中的流动死区,如安装喷油器的孔端的流动死区应尽可能小。研究表明,此死区从占涡流室容积的 10% 降到 5% 可使冒烟界限的平均有效压力 p_{me} 上升 10%,涡流室中的起动电热塞对气流的干扰应尽量小。用顺气流安装的电热塞代替垂直气流安装可使冒烟界限 p_{me} 上升 5%。把电热塞加热头的直径从 6mm 减小到 3.5mm,可使燃油消耗率下降 5~10g/kW·h,全负荷烟度下降 0.5~1.0BSU。

(2) 直喷式柴油机。直喷式柴油机中燃烧室形状与喷油系统的配合、喷入燃烧室中的燃油油雾与空气的混合,对于高性能、低排放具有决定性的意义。

对高速直喷式柴油机的混合气形成和燃烧有下列要求:

① 在滞燃期和燃烧前期,喷入燃烧室的燃油量应尽可能少,以免预混合燃烧过多,使压力上升太剧烈,引起强烈的噪声,并控制 NO_x 的生成量。

② 在燃烧后期即扩散燃烧期,喷入燃油与空气混合以减少炭烟的生成,这就需要有很高的喷油压力。

③ 在喷油结束后,剩余空气仍能与燃气强烈混合,促进炭烟的氧化。

基于这些要求,直喷式柴油机喷油系统的发展有下列趋势:

① 提高喷油压力,从一般的不到 100MPa 提高到 150MPa 甚至 200MPa,特别是低转速的喷油压力要保证。

② 增加喷油器的喷孔数,减小孔径。前者对改善宏观燃油分布均匀性很关键,而后者在小缸径柴油机中为避免过多燃油碰壁是十分必要的。目前,小型柴油机的喷孔直径已减小到 0.2mm 左右,重型车用柴油机的喷孔数已增加到 8~9 个。

③ 可控的燃油喷射率变化历程,如靴形喷射、二次喷射(预喷射加主喷射)。

在直喷式柴油机中,燃烧室形状与喷油系统的配合、喷入燃烧室中的燃油油雾与空气的混合对于柴油机性能与排放具有决定性的意义。燃烧室的设计对室中的气体流动、燃油与空气的混合及混合气的燃烧有很大影响。从高性能、低排放的全面要求出发,可总结出下列设计要点。

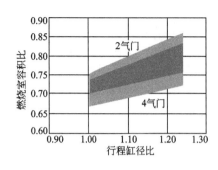

图 5.19 直喷式柴油机燃烧室容积比

① 燃烧室容积比。燃烧室容积中的空气能有效地参与燃烧，而活塞顶隙或气缸余隙范围内的空气，则往往错过有效燃烧期。燃烧室容积对气缸余隙容积（或压缩室容积）之比称为燃烧室容积比，不同结构柴油机的燃烧室容积比的变化范围如图 5.19 所示。应力求提高此容积比，以提高柴油机的冒烟界限，降低柴油机的炭烟和微粒排放。为此，要避免采用短行程柴油机。现已证明，长行程、低转速、高增压度的柴油机，其综合性能比短行程、高转速的柴油机好。

② 燃烧室口径比。燃烧室口径比是柴油机直接喷射式燃烧室的重要结构参数，它是指燃烧室直径 d_c 与深度 h（或缸径 D 的比值），即口径比 d_c/h 或 d_c/D（图 5.20）。小的口径比燃烧室可在室中产生较强的涡流，因而可采用孔数较少的喷油器而获得满意的性能。但涡流要造成能量损失，降低柴油机充量系数，且如果在中高速时涡流足够，则在低转速运行时往往显得涡流强度不足。同时，燃烧室口径小增加喷雾碰壁量，造成 HC 排放增加。现在的趋势是除了缸径很小的柴油机用较小口径比的燃烧室外，尽量用口径比较大的浅平燃烧室（$d_c/D=0.6\sim0.8$），配合小孔径的多喷孔喷油器，实施高压喷射。由于不需要强烈的涡流辅助混合，燃烧过程对转速敏感性较低。

(a) 实物图

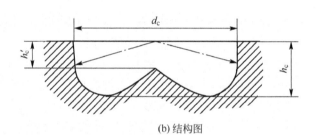
(b) 结构图

图 5.20 直接喷射式柴油机 ω 形燃烧室结构参数

在小缸径的轿车柴油机中，即使燃烧室的口径比较大，实际绝对直径也很小。为了减少燃油喷雾碰壁量，改善混合气形成，必须采用非常小的喷孔，相应增加孔数，同时提高喷油压力，这样才能缩短喷雾的贯穿距离，减小雾粒平均直径，从而改善油雾宏观分布的均匀性。

③ 燃烧室形状。现在应用最广泛的仍是直边不缩口的 ω 形燃烧室，它的发展动向为：

a. 用缩口燃烧室加强燃烧室口部的气体湍流，促进扩散混合和燃烧。

b. 燃烧室底部中央的凸起适当加大，以进一步提高空气的利用率，这是因为底部中央气流运动较弱，燃料喷注也不能到达，空气不易被利用。

c. 用带圆角的方形或五瓣梅花形（分别配四孔和五孔喷嘴）代替圆形燃烧室，加强燃烧室中的微观湍流，加速燃烧，减少炭烟生成。

d. 压缩比传统的观点是根据冷起动条件选择压缩比，压缩比过高导致机械负荷过高。最近研究表明，适当提高柴油机压缩比可降低 HC 和 CO 排放，并结合推迟喷油获得动力

经济性能与 NO_x 排放之间较好的折中。

2) 供油系统

(1) 延迟喷油时间。喷油正时对柴油机燃烧过程有很大影响。延迟喷油时间是降低 NO_x 排放量的主要措施之一。图 5.21 表示现代车用柴油机喷油正时 θ_{inj} 从上止点前 8°(CA)到后 4°(CA)范围内变化时，柴油机性能和排放的变化趋势，可见，喷油推迟 2°(CA)就能使 NO_x 排放下降约 20%，但同时导致油耗 b_e 上升 5% 左右。与此同时 CO、HC 排放略有上升，排气温度和烟度也上升。所以，在利用推迟喷油降低 NO_x 排放时，必须同时优化燃烧过程，以加速燃烧，并使燃烧更安全。

延迟喷油时间可使主燃阶段向膨胀行程推移，降低火焰温度，而且推迟喷油后，开始喷油时气缸压力和温度都要高些，缩短了滞燃期，使初期放热率低而后期高，因此，NO_x 排放量减少。为了推迟喷油时燃烧结束不会过晚，应在延迟喷油时间的同时，增强气缸内气体涡流、紊流运动，提高喷雾质量，加速燃油与空气的均匀混合，实现快速燃烧，以达到既降低 NO_x 排放量，而又不会使燃油经济性恶化的目的。

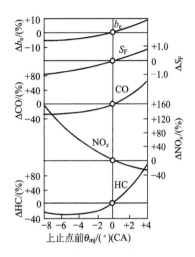

图 5.21 喷油定时与排放的关系

过分推迟喷油时间，会使比油耗、烟度、CO 及 HC 排放量增加，特别是在低负荷及急速时，HC 量增加较多。解决的办法是采用电控供油系统，使喷油时间随柴油机的转速及负荷的变化而变化，实现最佳控制。

(2) 提高喷油速率。喷油速率对有害物排放有一定的影响。研究结果表明：在各种工况下，NO_x 排放浓度都随供油速率的增加而降低。CO 的浓度亦随供油速率的增加而降低，HC 的生成则变化不大。在延迟喷油的同时，提高喷油速率，要比单纯延迟喷油定时的效果好。

(3) 喷油器。高性能、低排放的高速柴油机所用的喷油器尺寸越来越小，为气缸盖的优化布置创造了更大的余地。喷油器从 $\phi25mm$、$\phi21mm$ 的 S 形喷油器，到 $\phi17mm$ 的 P 形喷油器，发展到最小的 $\phi9mm$ 的铅笔形喷油器。

喷嘴压力室容积中的燃油在燃烧后期，受热膨胀后，有可能滴漏进入燃烧室中，此时油滴不能完全燃烧，其容积对柴油机的 HC 排放影响很大，因此应尽可能减少这一容积。标准结构 [图 5.22(a)] 压力室容积为 $0.6\sim1.0mm^3$，油孔容积 $\approx 0.3mm^3$。小压力室容积 [图 5.22(b)] 可缩减到 $0.3mm^3$ 左右（油孔容积不变）。无压力室喷油器（又称 VCO 喷油器）[图 5.22(c)] 的压力室容积可缩到极限尺寸，约 $0.1mm^3$。试验表明，VCO 喷油器与标准喷油器相比，HC 排放可下降一半，而 CO 与 NO_x 排放几乎不变。

(4) 提高喷油压力。柴油机燃油喷射系统喷入燃烧室的燃油喷雾细度取决于很多因素，如用喷孔前后的压力差定义的喷油压力、喷油器的喷嘴部分的结构和几何特性、燃油的黏度和表面张力等物性参数、燃油喷入空间的空气密度等。燃油的喷雾特性通常用不同直径的油滴数目占总油滴数的分数表示。当被喷射的燃油物性不变时，喷射背压越大，喷雾越细；喷孔直径越小，喷雾也越细。实际应用中的柴油机，燃油物性、喷射背压和喷孔

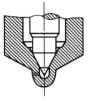 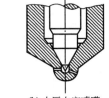 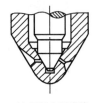

(a) 标准压力室喷嘴　　(b) 小压力室喷嘴　　(c) 无压力室喷嘴

图 5.22　压力室结构不同的喷嘴

直径等参数很难随意改变,改善喷雾细度的最有效手段是提高喷油压力。当喷油压力提高时,不仅油滴直径的分布范围向小直径方向移动,而且平均直径也变小了。

(5) 电控技术在喷油系统的应用。电控技术的应用使喷油定时的控制得心应手。电控直列泵可得出各种随心所欲的调速特性,特别在冷起动和突然加速的瞬态运行工况下,可优化油量控制,不仅改善柴油机调速性能和燃油经济性,而且降低排放。

在最新式的电控喷油系统中,如在电控泵喷嘴和电控共轨喷油系统中,一般均采用高速电磁阀对喷油定时和循环喷油量进行控制,控制更加精确、灵活,功能更加完善。

3) 气流组织和多气门技术

柴油机技术的发展趋势是提高喷油压力,降低进气涡流强度,以减小进气(压力)损失,配合多孔数、小孔径喷油器来获得良好的混合气。

每缸四气门的结构过去常用于缸径 130～150mm 的柴油机,现在,为了高性能、低油耗、低排放,连缸径 80mm 左右的直喷式柴油机也开始用四气门结构。

四气门柴油机的主要优点是扩大进、排气门的总流通面积,一般可比二气门柴油机大 15%～20%,从而降低进排气流动阻力,提高充量系数,其喷油器可垂直布置在气缸轴线上,这就为喷嘴油孔的均匀分布、改善燃烧室内的空气利用,提供了很大的潜力。

由于这些原因,在同样的 NO_x 排放条件下,四气门柴油机的排气烟度、微粒排放和 HC 排放都低于二气门柴油机。此外,四气门柴油机喷油器的冷却情况与二气门柴油机相比得到改善,燃烧室在活塞头部中心布置消除了温度场的不均匀,降低了活塞的热应力和热变形。

图 5.23 所示为一台典型六缸、10L 排量、四气门增压重型车用柴油机实现低排放和高经济性的技术措施。可以看出,燃烧室形状由缩口深坑到敞口浅平形,喷孔数由五到七再到八,最大喷油压力(喷嘴端)由 135MPa 到 150MPa 再到 180MPa,进气涡流下降 60% 再到无涡流的排放与油耗率的改善情况。

4) 柴油机的排气再循环

通过排气再循环(EGR)柴油机也可以降低 NO_x 排放。由于柴油机排气中氧含量比汽油机高,故柴油机允许并需较大 EGR 率来降低 NO_x 排放。直喷式柴油机 EGR 率可超过 40%,非直喷式柴油机可达 25%。为防止产生较多的微粒,一般在中、低负荷时用较大 EGR 率,全负荷时不用,以保证性能。当转速提高时,降低 EGR 率,以保证较多的新鲜空气充量。最佳 EGR 脉谱用试验标定法制取。

柴油机所用 EGR 系统与汽油机类似。在增压柴油机中,再循环废气一般流到增压器后的进气管中,以免玷污增压器叶轮。这时,为防止增压压力大于排气压力时,再循环废气的倒流,要在 EGR 阀前加一个单向阀,以便利用排气脉冲进行 EGR。

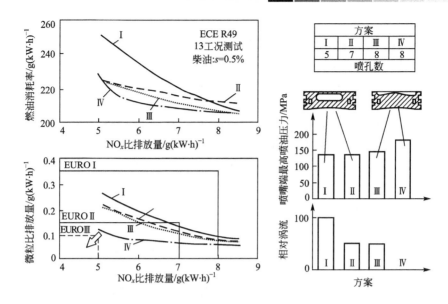

图 5.23 重型车用柴油机各种燃烧系统燃料经济性和排放性的比较

六缸，排量 10L，每缸四气门，增压中冷

方案Ⅰ：缩口深坑燃烧室，五孔喷油气 $p_{\text{ing,max}}=135\text{MPa}$，有进气涡流

方案Ⅱ：缩口深坑燃烧室，七孔喷油气 $p_{\text{ing,max}}=135\text{MPa}$，进气涡流减半

方案Ⅲ：敞口浅平燃烧室，八孔喷油气 $p_{\text{ing,max}}=150\text{MPa}$，进气涡流减半

方案Ⅳ：敞口浅平燃烧室，八孔喷油气 $p_{\text{ing,max}}=180\text{MPa}$，零涡流

试验证明，把再循环的废气加以冷却，采用所谓冷 EGR，可以提高降低 NO_x 排放效果。

为防止柴油机采用 EGR 后磨损加剧，应选用高质量润滑油和低硫柴油。柴油机的 EGR 控制比较复杂，尤其是增压柴油机，一般都采用电子控制。

5）增压

近年来，为了降低运转噪声和减小磨损，柴油机的转速有下降趋势，而通过增压来弥补功率损失。

提高涡轮增压器的效率可增大空气供给量，用比较大的过量空气系数组织燃烧，使尽可能少的燃料缺氧裂解，降低炭烟排放，同时使最高燃烧温度不致过高，抑制 NO_x 的增加。广泛应用空-空中冷器把增压空气温度降到 50℃ 左右，可以有效地抑制 NO_x 排放。

6）排气后处理

现在最成功的排气后处理装置是汽油机用的三效催化转化器（three-way catalgtic converter，TWC）。它能在化学计量比等于 1 的情况下使车用汽油机的 CO、HC 和 NO_x 排放量削减 80%～90%。旨在降低柴油机 PM 排放的微粒捕集器（diesel particulate trap，DPT）或微粒滤清器（diesel particulate filter，DPF）正在开发和试用之中，已研制的样品可降低车用柴油机 PM 排放 50%～80%，但由于技术上和经济上尚有问题，目前尚未大量推广。

近年来，为进一步改善汽油机的性能和排放，气缸内直接喷射分层稀燃汽油机已成为研究和开发的热点，同时正在大力开发能在富氧气氛下还原 NO_x 的催化技术。这种技术对于降低柴油机的 NO_x 排放也很有用处。

7) 三效催化转化器

催化作用的核心是催化剂。催化剂是一种能改变化学反应速率而本身质量和组成在化学反应前后保持不变的物质。催化剂不能影响化学反应的平衡位置，也不能影响热力学受阻的化学反应。催化剂可使热力学允许的反应在适当的化学条件下具有较低的活化能，从而加速反应的进展。

三效催化剂主要活性材料是金属铂 Pt 和铑 Rh，Pt 主要催化 CO 和 HC 的氧化反应，Rh 催化 NO_x 的还原反应。一般 Pt 和 Rh 的用量为每升载体 1～2g，Pt/Rh 比为 5∶1 左右。由于 Pt 很贵，也有研究用钯 Pd 部分或全部代替 Pt。Pd 的氧化活性不错，但其晶体结构容易容纳杂质，易杂质中毒。为进一步降低成本，正在大力研究用钙钛矿型稀土催化剂（或加上过渡金属氧化物催化剂）代替贵金属的可能性，尚未大量用于汽车发动机。

三效催化剂是一种需要使用氧气探测器、反馈控制机构、电子控制的燃料喷射装置，并将可燃混合气的空燃比始终控制在理论空燃比附近，以一级催化方式同时净化汽油机排气中的三种主要污染物 CO、HC 和 NO_x 的方法。

(1) CO 催化氧化机理。当排气中有自由氧时，氧化催化剂促进如下的总量反应：

$$2CO + O_2 \longrightarrow 2CO_2$$

部分 CO 可通过水煤气反应：

$$2CO + H_2O(g) \longrightarrow 2CO_2 + H_2$$

铂（Pt）可促进此反应。H_2 很容易氧化成水，即

$$H_2 + \frac{1}{2}O_2 \longrightarrow H_2O$$

(2) 碳氢化合物氧化机理。有多余的氧和氧化催化剂时，会发生如下的总量氧化反应：

$$2C_xH_y + (2x+0.5y)O_2 \longrightarrow yH_2O + 2xCO_2$$

NO 和 CO 对碳氢化合物的氧化反应起抑制作用。

(3) NO 还原机理。导致 NO 消失的总量反应如下：

$$2NO + 2CO \longrightarrow 2CO_2 + N_2$$
$$2NO + 2H_2 \longrightarrow 2H_2O + N_2$$
$$C_xH_y + (2x+0.5y)NO \longrightarrow 0.5yH_2O + xCO_2 + (x+0.25y)N_2$$
$$NO + 2.5H_2 \longrightarrow NH_3 + H_2O$$

上面最后一个反应生成氨是不希望的，应通过催化剂材料的合理选择加以避免。

三效催化转换器同时净化三种排放物的效果，只有在化学计量燃烧，也就是过量空气系数 $\phi_a = 1$ 时才能实现，因为 NO_x 在催化剂上还原需要 H_2、CO 和 HC 等作为还原剂。当空气过量（$\phi_a > 1$）时，这些还原剂首先与氧反应，NO_x 的还原反应就不能进行；当空气不足（$\phi_a < 1$）时，CO 和 HC 则不能被完全氧化。三效催化剂对 CO、HC 和 NO_x 的转化效率与汽油机 ϕ_a 的关系如图 5.24 所示。因此，三效催化转换器只能与用排气管中的 ϕ_a 传感器反馈控制

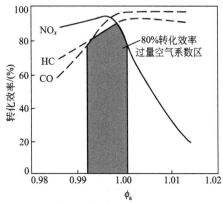

图 5.24 过量空气系数 ϕ_a 对三效催化转换器效能的影响

的汽油喷射发动机相配才能很好起作用。

三效催化剂能理想工作的过量空气系数 ϕ_a "窗口"很窄，宽度只有 $0.01\sim0.02$（对应空燃比 α "窗口"宽度为 $0.15\sim0.3$），且并不以 $\phi_a=1$ 对称，而是偏向浓的一方。在这个"窗口"工作，CO、HC 和 NO_x 的净化效率均可在 80% 以上。

为与三效催化剂相配，现代汽油机均采用由排气氧传感器反馈控制空燃比的电控汽油喷射系统。但闭环空燃比调节系统中加速和减速响应的滞后所引起的实际 ϕ_a 相对目标值 1.00 上下波动。波动频率为 $0.5\sim1.5Hz$，波动幅度 $\Delta\phi_a=\pm0.1$。试验表明，这种实际 ϕ_a 围绕 1.0 的波动不仅没有害处，反而能加宽三效催化的范围。

对车用三效催化剂的要求为：起燃温度低；有较高的储氧能力，以补偿 ϕ_a 的波动；耐高温，不易热老化；对杂质不敏感，不易中毒；尽量不产生 H_2S、NH_3 等物质；成本合理。

三效催化转换器由外壳和芯子构成（图 5.25）。芯子是浸渍催化剂的载体。现在几乎全部应用整体式陶瓷载体，其寿命在 10 万公里以上。催化剂报废后，贵金属可以回收再用。

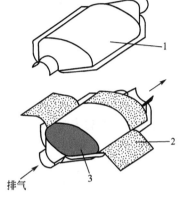

图 5.25 三效催化转换器的构造
1—外壳；2—减振密封衬垫；3—催化剂

目前，也有用金属作为催化剂的载体材料。一般用厚度不超过 0.1mm 的极薄不锈钢带，一层带波纹一层不带波纹地交替叠合，卷成螺线形或 S 形，焊装在金属圆筒内。这种载体的优点是结构紧凑，热容量小，有利于提高发动机冷起动时的净化效果，机械强度和热强度高，工作可靠；缺点是质量大，成本高，涂敷活性层困难。它一般做成小的，安装在陶瓷主催化转化器前，用来改善冷起动净化性能，或用于振动较大的场合，如摩托车。

催化转换器在使用中会逐渐老化，表现在催化剂起燃温度提高，转化效率下降。老化的原因为过热和中毒。热老化是由于温度过高造成活性涂层和催化剂表面烧结、晶粒长大，导致活性表面损失。一般催化转换器的温度不宜超过 900℃，因此如汽油机工作不好排放过多 CO 和 HC，就可能使催化转换器迅速老化甚至烧坏。化学中毒是燃油和润滑油中的铅、磷、硫等元素与催化剂活性成分反应，或覆盖堵塞催化剂，使其活性下降。因此，配三效催化转换器的汽油机必须使用无铅汽油。催化转换器的应用也对润滑油添加剂成分提出了新要求。

稀燃汽油机，特别是分层充量高度稀燃的汽油机，可提高燃料经济性，同时减少 CO_2 排放。NO_x 排放在 $\phi_a=1.1\sim1.2$ 达到极大值，此后逐渐减少，但仍不能满足法规要求。由于稀燃汽油机排气中氧含量很高，一般三效催化剂还原 NO_x 的效率大为降低。利用吸附还原法的催化器（ARC）有可能解决稀燃汽油机的 NO_x 排放问题。促进反应的催化剂一般为贵金属，吸附储存剂一般为碱金属或碱土金属的氧化物。

由于碱土金属很容易受硫毒化，所以应用 ARC 时必须降低汽油的含硫量。为保证 ARC 有足够的耐久性，汽油的含硫量（质量分数）应控制在 200×10^{-6} 甚至 30×10^{-6}

以下。

以氨为还原剂的选择性催化还原(selective catalytic reduction,SCR)系统已开始成功地用于柴油机 NO_x 的清除。使用 SCR 技术降低 NO_x 也要求柴油含硫量尽可能少,因为硫会生成硫酸铵或硫酸氢铵,沉积在催化剂表面上使其失活。

8) 柴油机排气微粒过滤器

微粒过滤器通常设计成体积不大的圆筒形,直接串联在排气管路中,排气微粒经过滤芯被收集。随运行时间的增加,过滤效率会降低,排气背压由于过滤器的阻塞而上升,因此,在经过一段时间后要对其进行再生处理。最可靠的再生方法是定期(一般为每工作 10h 左右)从柴油机排气管上将微粒过滤器拆下来,放在通风的控温电炉里将沉积的微粒烧掉。其缺点是使用麻烦,增加了操作人员的劳动强度,且过滤器要有备份以供轮流工作。将微粒燃烧掉,这样才能反复使用微粒过滤器。要在柴油机上实现微粒过滤器的再生,一般需要附加能源,如用燃烧器加热、电阻加热或微波加热。

对微粒过滤器的主要要求:

(1) 高的过滤效率 η。微粒过滤器的过滤效率为

$$\eta = \frac{W_r}{W_E} = \frac{W_E - W_L}{W_E} \tag{5-10}$$

式中:W_r 为车辆行驶每单位里程或单位时间在过滤器中收集到的微粒质量;W_E 为车辆行驶每单位里程或单位时间进入过滤器的微粒质量;W_L 为车辆行驶每单位里程或单位时间离开过滤器的微粒质量。

一般微粒过滤器的过滤效率为 50%~80%。陶瓷载体孔径的大小、壁厚、壁孔的密度及过滤器的外形尺寸是影响过滤效率的主要因素。为了使过滤器的效率较高、排气流动阻力小,而外形尺寸又不大,则必须研究它们之间的关系及对主要结构尺寸进行优选。在设计过滤器时,还应考虑车型和应达到的排放法规的标准。

(2) 低的流动阻力。排气流经过过滤器时会受到一定的阻力,这造成排气背压增加。随着运行时间增加,过滤器中微粒存贮量增多,背压也增加。排气背压的增加将导致发动机功率下降,比油耗增加,排放进一步恶化。因此要求设计的过滤器应有低的初始流动阻力和在宽的负荷范围内有自行再生的能力。在这些范围内,在排气温度和催化剂的作用下,微粒能够烧掉,而不在过滤器中积累,从而保持低的流动阻力。

(3) 耐高温的滤芯材料。微粒过滤器不仅经常处于温度变化的排气中,而且在进行再生处理时,微粒的燃烧,要释放出大量热量,温度可高达 1000℃以上,因此,滤芯材料应能承受高温及热冲击,应具有足够的强度、化学稳定性、抗热裂及熔融等性能。滤芯损坏的主要形式是材料软化、局部因高温熔粘及产生裂纹等。

(4) 外形尺寸小、通用性好。增加过滤器容积可以提高过滤效率,减低压力降,但其外形尺寸的增加,需不妨碍在排气管路中安装,因此,在保证过滤效率和低阻力的前提下,应尽可能减小外形尺寸,并且应具有一定的通用性。

(5) 可靠性好、寿命长。过滤器在排气管路中,要受到热胀、振动及由此产生的机械应力和热应力作用,因此它应有足够的可靠性。过滤器的成本较高,应有足够的寿命及较好的再生技术措施,在长期使用后,仍能保持较好的过滤效率。

5.4 排放法规

5.4.1 国外排放法规发展

发动机排放是指从废气中排出的 CO(一氧化碳)、$HC+NO_x$(碳氢化合物和氮氧化物)、PM(微粒、炭烟)等有害物质，它们都是发动机在燃烧做功过程中产生的。为了抑制这些有害物质的产生，促使汽车生产厂家改进产品以降低这些有害物质的产生源头，欧洲和美国都制定了相关的汽车排放标准，我国借鉴的是欧洲汽车排放标准。

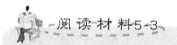
阅读材料5-3

排放法规的发展

今天，汽车在给人们生活带来巨大便利的同时，也产生了许多负面效应，其中汽车尾气排放已成了环境的最大污染源之一。自美国加利福尼亚州空气资源委员会从20世纪50年代开始，为限制汽车废气对环境的污染制订并公布了有关法规以来，他们制订的标准除在美国贯彻执行外，通常还被全世界的法规制订者采用。下面是美国汽车排放法规的历史进程：

- 1955年美国联邦大气污染控制法授权调查大气污染产生的原因和引起的后果。
- 1959年加利福尼亚州(以下简称加州)通过法律规定车辆排放控制和大气质量标准。
- 1961年加州强制执行第一项排放控制办法。
- 1963年第一部联邦清洁空气法根据科学研究定义了大气质量评判标准。
- 1965年增补后的清洁空气法纳入了汽车排放标准。
- 1966年加州首次制订了有关碳氢化合物和一氧化碳的尾气标准。
- 1967年联邦法律允许加州执行自订的排放标准。
- 1970年美国环保署成立，清洁空气法增补有关一氧化碳、碳氢化合物和氮氧化物的标准。
- 1971年美国环保署为主要污染物制订国家环境大气质量标准。
- 1975年第一个催化转换器在加州使用。
- 1977年清洁空气法增补了更严格的氮氧化物标准，该标准1988年起执行。
- 1980年汽车制造商开始使用三元催化转换器，它能同时控制碳氢化合物、一氧化碳和氮氧化物。
- 1988年加州要求从1994年开始装备车上诊断仪。
- 1990年加州提出低排放和零排放车辆的要求，联邦清洁空气法进一步修改，要求1994年达到一级标准，2004年达到二级标准。
- 1998年汽车制造商同意在1999年先在东北部自愿制造低排放车辆，在2001年扩大到49个州。

现代汽车发动机原理

- 1999年美国环保署提出二级法规。第二阶段标准将在2004年到2009年之间逐步引入。
- 2007年美国环保署颁布了新的排放标准，其目的是减少来自于汽油、冷天行驶机动车以及便携式气罐产生的致癌物的排放。这一新的条例要求降低汽油中的苯含量，减少冷天机动车的尾气排放以及严格限制气罐产生的有害气体排放。
- 2009年颁布的汽车排放法规，限制全球温室效应气体排放（Greenhouse gas：二氧化碳、甲烷等导致温室效应的气体）和燃油经济性。法规要求从2012年到2016年，每年都要求在燃油经济性方面改善5%，力争在2016年完成平均每加仑［1gal(UK)=4.546dm³，1gal(US)=3.785dm³］行驶35.5英里（1mile=1609.344m）的燃油经济标准。

纵观美国汽车排放控制法规制订的历程。可见汽车排放控制的法规制订确实是个没完没了的过程。它不能一劳永逸，即使像美国这么发达的国家也仍在不断的完善和改进。另外，法规还有先导的作用，它能带动技术进步，有利人类。我国北京、上海也相继提高了汽车的排放标准，经济型环保车越来越受到人们的普遍关注，我国的汽车也在越变越干净。

➡ 资料来源：http：//www.people.com.cn/GB/paper1668/4404/499427.html。

汽车排放的欧洲法规标准从1992年起开始实施欧Ⅰ（欧Ⅰ形式认证排放限值）、1995年起开始实施欧Ⅱ（欧Ⅱ形式认证和生产一致性排放限值）、2000年起开始实施欧Ⅲ（欧Ⅲ形式认证和生产一致性排放限值）、2005年起开始实施欧Ⅳ（欧Ⅳ形式认证和生产一致性排放限值）、2008年起开始实施欧Ⅴ（欧Ⅴ形式认证和生产一致性排放限值）、2012年年底开始执行欧Ⅵ。这意味着欧盟将进一步提高对重型卡车和公共汽车排放标准的要求，特别是限制氮氧化物和粉尘颗粒的排放，与欧Ⅴ标准相比分别要求降低80%和66%。

欧洲实施的轻型车排放标准、重型车用柴油机各阶段排放限值分别见表5-3、表5-4。可以看出，排放标准随时间推移愈来愈严格。

表5-3 欧洲轻型汽车排放限值　　　　　　单位：g/km

排放标准	实施年份	汽油车					柴油机				
		CO	CH+NO$_x$	HC	NO$_x$	PM	CO	CH+NO$_x$	HC	NO$_x$	PM
欧Ⅰ	1992	2.72	0.97		0.15		2.72	0.97			0.14
欧Ⅱ	1995	2.2	0.5		0.08 0.06		2.2① 1.0②	0.50① 0.90②			0.08 0.10
欧Ⅲ	2000	2.3③			0.20		0.64		0.56	0.50	0.05
欧Ⅳ	2005	1.0			0.10		0.50		0.30	0.25	0.025
欧Ⅴ	2008	1.0			0.10	0.005	0.50	0.23		0.18	0.005④
欧Ⅵ	2012	1.0			0.10		0.50	0.17		0.08	0.005④

① 非直喷式柴油机。
② 直喷式柴油机。
③ 实施欧Ⅲ以后，冷起动后马上测排放，而不是实施欧Ⅱ有40s的滞后，所以欧Ⅲ的CO限值虽高于欧Ⅱ，但实际上更严了。
④ 带进气歧管加温器测量程序的发动机应改为0.003。

表 5-4 欧洲重型车用柴油机排放限值　　　　单位：g/(kW·h)

排放标准	测试循环	实施年份	CO	HC	NMHC	CH₄	NOₓ	PM	k①
欧Ⅰ	ECE R49	1992	4.5	1.1			8.0	0.36 0.61	
欧Ⅱ	ECE R49	1995	4.0	1.1			7.0	0.51 0.25	
欧Ⅲ	ESC EAR ETC	2000 2000 2000	2.1 5.45	0.66	 0.78	 1.6	5.0 5.0	0.10 0.13 0.16	0.8
欧Ⅳ	ESC ETC	2005	1.5 4.0	0.46	 0.66	 1.1	3.5 3.5	0.21 0.02	0.5 0.03
欧Ⅴ	ESC ETC	2008	1.5 4.0	0.46	 0.55	 1.1	2.0 2.0	0.02 0.03	0.5 0.03
欧Ⅵ②	WHTC	2012					0.4	0.01	

① 动态消光烟度单位为 m^{-1}。

② 欧Ⅵ尚未完全确定。

5.4.2 国内排放法规发展

与国外先进国家相比，我国汽车尾气排放法规起步较晚、水平较低，根据我国的实际情况，从 20 世纪 80 年代初期开始颁布尾气排放的标准。

1983 年颁布了第一批机动车尾气污染控制排放标准，这一批标准的制定和实施，标志着我国汽车尾气法规从无到有，并逐步走向法制治理汽车尾气污染的道路。随后颁布了一系列标准，我国 1993 年颁布的《轻型汽车排气污染物测量方法》采用了 ECE R15—04 的测量方法，而测量限值《轻型汽车排气污染物排放标准》则采用了 ECE R15—03 限值标准，该限值标准只相当于欧洲 20 世纪 70 年代末的水平(欧洲在 1979 年实施 ECE R15—03 标准)。

20 世纪 90 年代末，以北京市 DB 11/105—1998《轻型汽车排气污染物排放标准》的出台和实施，拉开了我国新一轮尾气排放法规制订和实施的序曲。国家先后制定了相当于欧Ⅰ和欧Ⅱ排放法规的国家第 1、2 阶段轻型汽车和重型车用压燃式发动机排气污染物排放标准，使我国汽车尾气排放标准达到国外 20 世纪 90 年代初的水平。

2005 年发布了轻型汽车Ⅲ、Ⅳ阶段排放标准、重型汽车Ⅲ、Ⅳ、Ⅴ阶段排放标准、点燃式发动机汽车双怠速和简易工况法排放标准、摩托车和轻便摩托车排气烟度和噪声排放标准、农用运输车排气污染物和噪声排放标准、重型汽车发动机曲轴箱和燃油蒸发污染物排放标准、压燃式发动机汽车排气烟度排放标准等 11 项国家机动车排放标准，使我国机动车污染防治工作又向前迈出了关键的一步。

表 5-5 所示为我国最新汽车排放限值标准体系。

表 5-5　我国汽车排放限值标准体系

序号	标准项目	标准编号	标准适用范围	实施日期
1	车用压燃式、气体燃料点燃式发动机与汽车排气污染物排放限值及测量方法(中国Ⅲ、Ⅳ、Ⅴ阶段)	GB 17691—2005	设计车速>25km/h 压燃式(含气体燃料点燃式)发动机	2007-07-01
2	车用压燃式发动机和压燃式发动机汽车排气烟度排放限值及测量方法	GB 3847—2005	压燃式发动机	2005-07-01
3	点燃式发动机汽车排气污染物排放限值及测量方法(双怠速法及简易工况法)	GB 18285—2005	点燃式发动机(新生产汽车和在用汽车)	2005-07-01
4	轻型汽车污染物排放限值及测量方法(中国Ⅲ、Ⅳ阶段)	GB 18352.3—2005	点燃式、压燃式发动机,最大设计车速≥50km/h 轻型汽车	2007-07-01
5	装用点燃式发动机重型汽车燃油蒸发污染物排放限值及测量方法(收集法)	GB 14763—2005	点燃式发动机重型汽车	2005-07-01
6	装用点燃式发动机重型汽车曲轴箱污染物排放限值	GB 11340—2005	—	2005-07-01
7	摩托车和轻便摩托车排气烟度排放限值及测量方法	GB 19758—2005	—	2005-07-01
8	摩托车和轻便摩托车燃油蒸发污染物排放限值及测量方法	GB 20998—2007	—	2008-07-01
9	重型车用汽油发动机与汽车排气污染物排放限值及测量方法(中国Ⅲ、Ⅳ阶段)	GB 14762—2008	设计车速>25km/h 汽油发动机	2009-07-01

表 5-6～表 5-9 列出了国Ⅳ(中国Ⅳ阶段)与欧Ⅴ排放法规的对比,可以看出国Ⅳ标准与欧Ⅴ标准已非常接近,这表明我国对汽车尾气排放法规的制定已和国际接轨。

国Ⅳ与欧Ⅴ排放限值对比

M1 类车(乘用车):

表 5-6　柴油机排放限值　　　　　　　　　　　　　　　　单位:g/km

排放标准	实施日期	CO 限值	HC+NO$_x$ 限值	NO$_x$ 限值	PM 限值
国Ⅳ	2010.7.1	0.50	0.30	0.25	0.025
欧Ⅴ	2009.9	0.50	0.23	0.18	0.005①

① 带进气歧管加温器测量程序的发动机应改为 0.003。

表 5-7　汽油机排放限值　　　　　　　　　　　　　　　　　单位：g/km

排放标准	实施日期	CO 限值	HC 限值	NO$_x$ 限值	PM 限值
国Ⅳ	2010.7.1	1.0	0.10	0.08	—
欧Ⅴ	2009.9	1.0	0.10	0.06	0.005①

① 仅适用于直喷发动机，带进气歧管加温器测量程序的发动机应改为 0.003。

N1 类车（商用车或货车）：

表 5-8　柴油机排放限值　　　　　　　　　　　　　　　　　单位：g/km

分类	排放标准	实施日期	CO 限值	HC+NO$_x$ 限值	NO$_x$ 限值	PM 限值
N$_1$，整车基准质量 RM ≤1305kg	国Ⅳ	2010.7.1	0.50	0.30	0.25	0.025
	欧Ⅴ	2009.9	0.50	0.23	0.18	0.005①
N$_1$，整车基准质量 1305kg< RM≤1760kg	国Ⅳ	2010.7.1	0.63	0.39	0.33	0.04
	欧Ⅴ	2010.9	0.63	0.295	0.235	0.005①
N$_1$，整车基准质量 RM >1760kg	国Ⅳ	2010.7.1	0.74	0.46	0.39	0.06
	欧Ⅴ	2010.9	0.74	0.350	0.280	0.005①

① 带进气歧管加温器测量程序的发动机应改为 0.003。

表 5-9　汽油机排放限值　　　　　　　　　　　　　　　　　单位：g/km

分类	排放标准	实施日期	CO 限值	HC 限值	NO$_x$ 限值	PM 限值
N$_1$，整车基准质量 RM ≤1305kg	国Ⅳ	2010.7.1	1.0	0.10	0.08	—
	欧Ⅴ	2009.9	1.0	0.10	0.06	0.005①
N$_1$，整车基准质量 1305kg< RM≤1760kg	国Ⅳ	2010.7.1	1.81	0.13	0.10	—
	欧Ⅴ	2010.9	1.81	0.13	0.075	0.005①
N$_1$，整车基准质量 RM >1760kg	国Ⅳ	2010.7.1	2.27	0.16	0.11	—
	欧Ⅴ	2010.9	2.27	0.16	0.082	0.005①

① 仅适用于直喷发动机，带进气歧管加温器测量程序的发动机应改为 0.003。

5.4.3　我国最新的发动机排放法规

GB 14762—2008《重型车用汽油发动机与汽车排气污染物排放限值及测量方法（中国Ⅲ、Ⅳ阶段）》（代替 GB 14762—2002）；

GB 20998—2007《摩托车和轻便摩托车燃油蒸发污染物排放限值及测量方法》;

GB 18176—2007《轻便摩托车污染物排放限值及测量方法(工况法,中国第Ⅲ阶段)》(代替 GB 18176—2002);

GB 14622—2007《摩托车污染物排放限值及测量方法(工况法,中国第Ⅲ阶段)》(代替 GB 14622—2002);

GB 20891—2007《非道路移动机械用柴油机排气污染物排放限值及测量方法(中国Ⅰ、Ⅱ阶段)》;

GB 3847—2005《车用压燃式发动机和压燃式发动机汽车排气烟度排放限值及测量方法》;

GB 19758—2005《摩托车和轻便摩托车排气烟度排放限值及测量方法》;

GB 18285—2005《点燃式发动机汽车排气污染物排放限值及测量方法(双怠速法及简易工况法)》;

GB 19756—2005《三轮汽车和低速货车用柴油机排气污染物排放限值及测量方法(中国Ⅰ、Ⅱ阶段)》;

GB 17691—2005《车用压燃式、气体燃料点燃式发动机与汽车排气污染物排放限值及测量方法(中国Ⅲ、Ⅳ、Ⅴ阶段)》;

GB 14763—2005《装用点燃式发动机重型汽车燃油蒸发污染物排放限值及测量方法(收集法)》;

GB 11340—2005《装用点燃式发动机重型汽车曲轴箱污染物排放限值及测量方法》;

GB 18352.3—2005《轻型汽车污染物排放限值及测量方法(中国Ⅲ、Ⅳ阶段)》;

GB 14762—2008《重型车用汽油发动机与汽车排气污染物排放限值及测量方法(中国Ⅲ、Ⅳ阶段)》;

GB 14621—2002《摩托车和轻便摩托车排气污染物排放限值及测量方法(怠速法)》;

GB 18322—2002《农用运输车自由加速烟度排放限值及测量方法》;

GB 17691—2005《车用压燃式、气体燃料点燃式发动机与汽车排气污染物排放限值及测量方法(中国Ⅲ、Ⅳ、Ⅴ阶段)》;

GB 18352.3—2005《轻型汽车污染物排放限值及测量方法(中国Ⅲ、Ⅳ阶段)》。

这些标准从 2005 年开始陆续实施。

5.4.4 我国现行的汽车排放污染物控制标准简析

我国现行的汽车排放标准已形成一个完整的系列,等效采用欧洲的体系。

1. GB 18285—2005《点燃式发动机汽车排气污染物排放限值及测量方法(双怠速法及简易工况法)》

该标准是对 GB 14761.5—1993《汽油车怠速污染物排放标准》和 GB/T 3845—1993《汽油车排气污染物的测量怠速法》的修订与合并。

本标准规定了点燃式发动机汽车怠速和高怠速工况排气污染物排放限值及测量方法。表 5-10 所示为装用点燃式发动机的新生产汽车、形式核准和生产一致性检查的排气污染物排放限值。

表 5-10 新生产汽车排气污染物排放限值

车 型	类 别			
	怠速		高怠速	
	CO/(%)	HC(10×10^{-6})	CO/(%)	HC(10×10^{-6})
2005 年 7 月 1 日起生产的第一类轻型汽车	0.5	100	0.3	100
2005 年 7 月 1 日起新生产的第二类轻型汽车	0.8	150	0.5	150
2005 年 7 月 1 日起新生产的重型汽车	1.0	200	0.7	200

2. GB 17691—2005《车用压燃式、气体燃料点燃式发动机与汽车排气污染物排放限值及测量方法(中国Ⅲ、Ⅳ、Ⅴ阶段)》

本标准规定 ESC 试验测得的一氧化碳、碳氢化合物、氮氧化物和颗粒物的比质量，以及 ELR 试验测得的不透光烟度，都不应超出表 5-11 中给出的数值。

表 5-11 ESC 和 ELR 试验限值

阶段	一氧化碳(CO)/ [g·(kW·h)$^{-1}$]	碳氢化合物(HC)/ [g·(kW·h)$^{-1}$]	氮氧化物(NO$_x$)/ [g·(kW·h)$^{-1}$]	颗粒物(PM)/ [g·(kW·h)$^{-1}$]	烟度/ m^{-1}
Ⅲ	2.1	0.66	5.0	0.10(0.13①)	0.80
Ⅳ	1.5	0.46	3.5	0.02	0.50
Ⅴ	1.5	0.46	2.0	0.02	0.50
EEV	1.5	0.25	2.0	0.02	0.15

① 对每缸排量低于 0.75dm³ 及额定功率转速超过 3000r/min 的发动机。

对于需进行 ETC 附加试验的柴油机和必须进行 ETC 试验的燃气发动机，其一氧化碳、非甲烷碳氢化合物、甲烷(如适用)、氮氧化物和颗粒物(如适用)的比质量，都不应超出表 5-12 给出的数值。

表 5-12 ETC 试验限值

阶段	一氧化碳(CO)/ [g·(kW·h)$^{-1}$]	非甲烷碳氢化合物 (NMHC)/ [g·(kW·h)$^{-1}$]	甲烷(CH$_4$)①/ [g·(kW·h)$^{-1}$]	氮氧化物(NO$_x$)/ [g·(kW·h)$^{-1}$]	颗粒物(PM)②/ [g·(kW·h)$^{-1}$]
Ⅲ	5.45	0.78	1.60	5.0	0.80(0.13①)
Ⅳ	4.00	0.55	1.10	3.5	0.50
Ⅴ	4.00	0.55	1.10	2.0	0.50
EEV	3.00	0.40	0.65	2.0	0.15

① 仅对 NG 发动机。
② 不适用于第Ⅲ、Ⅳ和Ⅴ阶段的燃气发动机。

新执行的标准很多，限于篇幅，就不详细讲解了。

5.4.5 排放测量

发动机及装用发动机车辆的排放测试应该在尽可能接近实际使用条件下进行，使测试结果符合实际。轻型汽车(指小轿车、小型客车、小型客货两用车和轻型货车)用的发动机，因运行工况变化频繁，影响因素复杂，一般都在底盘测功机上测量排放，测量结果以 g/km 计；而重型车(指重型货车和大客车等)用的发动机功率很大，而工况变化比较平稳，则把发动机装在发动机测功机上测量排放，测量结果以 g/(kW·h) 计。轻型车的排放测试循环实质上是由一系列怠速、加速、等速和减速等行驶工况组成；重型车发动机的排放测试循环由 13 个稳态工况组成，加权累计各工况的排放量算出最后的结果。

世界各国的排放法规都规定用定容取样(CVS)系统取样。

一般排气成分分析仪都是测量该成分在排气中的体积分数，然后根据内燃机的排气总流量算出该成分的总排放量。这在内燃机以稳定工况运转时比较容易实现。当内燃机变工况运转时，理论上可先测出成分体积分数和排气流量随时间的变化，然后把它们对时间积分计算总量；但实际上由于排气管压力随工况变化复杂，取样系统和测量仪器动态响应不同，以及在气流输送过程中各工况的气样部分混合，使体积分数曲线不能再现发动机排放的时间历程，造成很大误差。于是各国排放法规都推荐采用测量排放平均值的方法来确定排放总量。例如，把一个规定测试循环中的所有排气都收集到气袋里，然后测量气袋的总体积和各组分体积分数，就可算出该循环的总排放量。但这种方法需要用很大气袋来收集排气，很不方便，同时不能保证在取样过程中高温气样不发生物理和化学变化，导致测量结果的失真。所以，现在世界各国一致规定对内燃机排气先用干净空气进行稀释，然后用定容取样(con-stant volume sampling, CVS)系统取样。

CVS 系统中稀释排气的总流量常用容积泵(positive displacement pump, PDP)或临界文丘里管(critical flow venturi, CFV)确定。PDP 每转的抽气体积是一定的，所以只要用累积转数计记录泵的转数，就可测得稀释排气的总体积。CFV 利用临界流动状态下喉口气流速度等于当地音速保持体积流量恒定，不但精度高，而且结构比 PDP 简单，因而应用更广泛。

用稳定工况法测量重型柴油机的废气排放时，也可以采用直接取样法，因为未经稀释的排气其污染物的浓度较高，保证有较高的测量精度。但是测量柴油机 PM 排放质量时，还是要用稀释取样系统，使样气温度不高于法规规定的 52℃，以免 PM 中的 SOF 挥发。

稀释排气取样袋 SB 的材料应保证排气各成分在放置 20min 后浓度变化不超过 2%，一般用聚乙烯/聚酰胺塑料或聚碳氟塑料薄膜制成。

测试柴油机时，因为较重的 HC 有可能在样气袋中冷凝，需要对 HC 进行连续分析。因此，稀释排气用加热到 190℃ 的管路输送到分析器，并用积分器计算测试循环时间内的累计排放量。柴油机的测试还包括微粒排放量的测量，所以还需要一个由流量控制器 FC、微粒过滤取样器 SF、取样泵 SP、积累流量计 CF 组成的微粒取样系统。

1. 气体污染物的检测

排放法规规定，发动机排气中的 CO 和 CO_2 用不分光红外线吸收型分析仪(nondispersive infrared analyzer，NDIR)测量，NO_x 用化学发光分析仪(chemiluminescent detector or analyzer，CLD 或 CLA)或加热型 CLD(heated CLD，HCLD)测量，HC 用氢火焰离子化分析仪(flame ionization detector，FID)或加热型氢火焰离子化分析仪 (heated FID，HFID)测量。当需要从总碳氢 THC 中分出甲烷 CH_4 和非甲烷碳氢化合物 NMHC 时，一般用气相色谱仪(gas chromatograph，GC)进行分离。

进行发动机排气分析时常要测量排气中氧的含量，常用仪器为顺磁分析仪(paramagnetic analyzer，PMA)。

2. 微粒的测量和分析

排放法规只规定 PM 排放的质量限值，所以 PM 排放质量的精确测定是首要的任务。用符合要求的取样系统把 PM 收集在取样滤纸上，精确测定滤纸在收集 PM 前后的质量差，就可得到 PM 排放的质量。

PM 中 SOF 的化学成分对 PM 形成机理、氧化过程、后处理技术研究以及环境效应评估都有重要意义。从 PM 中分离 SOF 的方法有热重分析法、真空挥发和溶剂萃取法等，分离出来的 SOF 可以通过 GC 或色质联机(GC-MS)进行进一步分析，以阐明其组成成分的相对比例，推断其来源，拟定降低 SOF 的措施。

3. 排气可见污染物测量

排气可见污染物用滤纸烟度和消光度表示，前者用博世(Bosch)烟度计或滤纸式烟度计测定，后者用消光式烟度计或消光度计测定。

4. 曲轴箱排放物和蒸发排放物的测量

现代发动机不允许出现曲轴箱排放物。可在常用工况下测量曲轴箱内压力，不得超过当时的大气压力，或用气袋测量曲轴箱唯一通气孔处的漏气情况，不得有任何漏气。

蒸发排放物可以用收集法测量，即用活性炭罐收集燃油系统与大气连接界面处的蒸发燃油量。随着汽油机蒸发排放量的减少，收集法已被更精确的密闭室测定蒸发排放物法(sealed housing for evaporative emission determination，SHED)所代替。

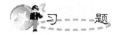

习 题

1. 发动机 CO、HC 和 NO_x 排放物对环境和人体的危害作用是什么？它们的危害性各自有何特殊性？
2. 柴油机排放的微粒有什么危害性？
3. 点燃式与压燃式发动机之间在 CO、HC 和 NO_x 生成机理方面有何异同？
4. EGR 降低发动机 NO_x 排放的原因何在？
5. 针对 NO_x 排放优化点火和喷油正时，要对燃烧系统进行怎样的调整和改进？
6. 柴油机炭烟排放与微粒排放之间有什么关系？
7. 如何缓解柴油机微粒与 NO_x 排放之间的矛盾关系？
8. 试评述高能点火对汽油机排放的影响。
9. 请分析 S/D 对汽油机和柴油机排放的影响。
10. 如何降低汽油机在冷起动和暖机时期的排放？

11. 汽油机燃烧室紧凑性对降低排放有什么意义？
12. 为降低柴油机的排放，燃油喷射系统应如何改进？
13. 合理应用三效催化转化器的前提是什么？请分析催化转化器对汽油机怠速排放的效果？
14. 如何改善带催化转化器的汽油机的冷起动和暖机时期的排放情况？
15. 柴油机排气微粒过滤器的技术关键是什么？试评价其发展和应用前景。

第 6 章 发动机特性

教学目标

掌握发动机特性的概念及其分析方法,并通过教学试验,使学生了解发动机台架测试设备、数据采集系统;掌握进行发动机特性试验的方法,初步具备组织发动机某些专项性能试验以及处理数据的能力。

教学要点

知识要点	掌握程度	相关知识
发动机工况	掌握发动机特性和特性曲线的概念 理解发动机的工况分类 了解发动机的有效指标与工作过程参数之间的函数关系	发动机特性、特性曲线概念 发动机工况分类 发动机的有效指标与工作过程参数之间的函数关系
发动机的负荷特性	掌握汽油机和柴油机负荷特性的概念及其分析方法	汽油机负荷特性 柴油机负荷特性
发动机的速度特性	掌握汽油机和柴油机速度特性的概念及其分析方法	汽油机速度特性 柴油机速度特性
发动机的万有特性	了解万有特性的制作 理解汽油机和柴油机万有特性的特点	万有特性的制作 汽油机和柴油机万有特性的特点
发动机的转矩特性	掌握衡量转矩特性的参数 了解柴油机的转矩校正	转矩适应性系数和转矩储备系数 转速适应性系数 柴油机的转矩校正
柴油机的调速特性	理解柴油机的调速特性 了解柴油机的调速模式和调速器的工作指标	柴油机调速特性 柴油机调速模式 调速器的工作指标
发动机功率标定及大气修正	理解发动机的功率标定 了解发动机功率和燃油消耗率的大气修正	发动机的功率标定 发动机功率和燃油消耗率的大气修正

现代汽车发动机原理

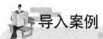

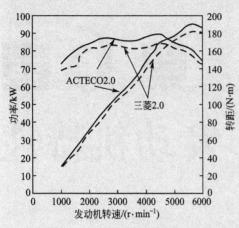

图 6.1 奇瑞 ACTECO 2.0 与三菱 2.0 发动机的特性曲线图

在各种汽车杂志和厂商的宣传资料中，常常见到发动机特性曲线（或发动机工况图）。在汽车产品介绍书上，也都标有"最高输出功率"和"最高输出转矩"等参数和指标，并用曲线图来反映。图 6.1 是奇瑞 ACTECO 2.0 汽油机和三菱 2.0 汽油机的发动机特性曲线，你能读懂这些曲线、参数和指标吗？

汽车的效率很大程度上取决于发动机的性能。如果说发动机是汽车的心脏，那么发动机特性曲线则是这颗心脏的"心电图"，读懂这份"心电图"才能对一款发动机的性能有更为清楚、客观的认识。本章我们来学习发动机特性曲线及相关知识。

发动机特性是指发动机性能指标或工作过程参数随着调整情况或使用工况的变化而变化的关系。它反映了发动机的综合性能。通常，此特性用曲线表示，称为发动机特性曲线。

发动机性能指标随着调整情况变化的关系，称为调整特性，如汽油机点火提前角调整特性、汽油机燃料调整特性、柴油机喷油提前角调整特性、柴油机循环喷油量调整特性等。发动机性能指标随着使用工况变化的关系，称为使用特性，如发动机负荷特性、速度特性、万有特性以及柴油机调速特性等。

发动机特性通常是在发动机试验台架上按规定的试验方法测定的结果。通过对发动机特性曲线进行分析，可以评价发动机不同工况下的动力性、经济性及其他性能，为合理选择并有效使用发动机提供依据。另一方面，利用发动机特性曲线来分析影响特性的因素，寻求改进发动机特性的途径，进一步提高发动机的性能。

6.1 发动机工况

6.1.1 发动机工况分类

发动机的工况就是指发动机实际运行的工作状况，简称为发动机工况。表征发动机运行工况的参数可由下式给出，即

$$P_e \propto T_{tq} \cdot n$$

上式中的三个参数中，只有两个是独立变量，即当任意两个参数确定后，第三个参数就可以通过该式求出。通常用发动机输出转矩 T_{tq} 与转速 n 或功率 P_e 与转速 n 来表征发动机的工况。因此，一个确定的转速和确定的输出转矩（负荷）就形成一个发动机工况。发动

机稳定运行时,转速和输出转矩保持不变,称为稳定工况。发动机变转速、变负荷动态运行时,称为动态工况,如起动、加速、减速等,工况随时间而变化。

实际运行中,发动机经常处于变转速、变转矩状态,其变化规律取决于发动机的用途。根据发动机的用途不同,发动机工况具有以下三种情况:

第一类工况,其特点是发动机的功率变化时,转速几乎保持不变,所以该工况又被称为恒速工况。例如,发电用发动机,其负荷呈阶跃式突变,并没有一定的规律,然而发动机的转速必须保持稳定,以保证输送电压和频率的恒定,反映在工况图上就是一条近似垂直线(图6.2中的曲线②),称为线工况。灌溉用发动机,除了起动和过渡工况外,在运行过程中负荷与转速均保持不变,称为点工况(图6.2中的A点)。

第二类工况,其特点是发动机的功率与转速接近于幂函数关系,如图6.2中的曲线③所示的三次幂函数($P_e \propto n^3$)。当发动机作为船用主发动机驱动螺旋桨时,发动机所发出的功率必须与螺旋桨吸收的功率相等,而吸收功率又取决于螺旋桨转速的高低,且与转速成幂函数关系,这样,发动机功率就呈现一种十分有规律的变化。该类工况常被称为螺旋桨工况或推进工况,也属于线工况。

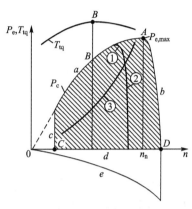

图6.2 发动机的各种工况

第三类工况,其特点是发动机功率与转速之间没有一定的函数关系,且功率与转速都独立地在很大范围内变化。如驱动汽车及其他陆地运输车辆的发动机,都属于这种工况。此时,发动机的转速取决于行驶速度,可以从最低稳定转速一直变到最高转速;发动机的负荷取决于行驶阻力,在同一转速下,可以从零变到全负荷。发动机可能的工作区域就是该种类型发动机的实际工作区域,相应的工况区域称为面工况。当汽车下坡采用发动机制动时,发动机由汽车传动装置倒拖而做负功。

应用案例6-1

图6.2中的阴影面积为一般汽车发动机的工作区域,它由下述各条曲线所界定:

(1) 上限a曲线,是各转速下最大功率(或转矩)的限制线,到标定点A为止。

(2) 右侧b曲线,是各负荷条件下的最高转速限制线。a、b曲线都是在驾驶员最大加速踏板位置条件下获得的。对于汽油机,a、b曲线都在节气门全开时获得,称为汽油机外特性线;对于柴油机,a曲线为校正外特性线,b曲线则是调速器起作用的调速特性线。

(3) 左侧c曲线是发动机最低稳定工作转速限制线。低于此转速时,由于燃烧波动和运动件惯性过小的影响,发动机无法稳定工作。

(4) 横坐标上的d曲线是各个加速踏板位置下的空转急速线。此时动力输出为零。

(5) 输出功率为负值的e曲线是发动机灭火,外力倒拖时的工况线。此时倒拖功率与灭火后空转的机械损失功率相平衡。e曲线不属于正常工作范围,它只是在汽车挂挡下长坡时起制动作用,以维持汽车不再加速而具有某一稳定速度。发动机台架反拖测试机械损失功率时,也属此种工况。

汽车发动机工况范围很广,常选用几个典型工况点的性能指标来近似反映全工况面的情况。常用的典型工况为图6.2中的标定工况A、最大转矩工况B、最低稳定怠速工况C和最高空转转速工况D。汽车发动机铭牌和说明书上一般标出的就是上述各点的指标。

> 资料来源：刘峥. 汽车发动机原理教程. 清华大学出版社.

6.1.2 发动机的有效指标与工作过程参数之间的函数关系

发动机有效性能指标与工作过程参数之间的函数关系，是分析发动机特性的主要基础，也是解释发动机特性曲线的依据。发动机的有效性能指标包括平均有效压力 p_{me}、有效转矩 T_{tq}、有效功率 P_e、有效燃油消耗率 b_e 以及每小时燃油消耗量 B。这些指标与发动机工作过程参数的关系推导如下。

每循环加热量 Q 为

$$Q = \frac{\phi_c \cdot V_s \cdot \rho_0 \cdot H_u}{\phi_a \cdot l_0} \tag{6-1}$$

式中：ϕ_c 为充量系数；V_s 为气缸工作容积（m^3）；ρ_0 为大气状态下的空气密度（kg/m^3）；H_u 为燃料低热值（kJ/kg）；ϕ_a 为过量空气系数；l_0 为化学计量空燃比（kg/kg）。

根据平均有效压力 p_{me} 的定义得

$$p_{me} = \frac{W_e}{V_s} = \frac{\eta_{et} \cdot Q}{V_s} \tag{6-2}$$

式中：W_e 为每循环有效功（kJ）；η_{et} 为有效热效率。

将式(6-1)代入式(6-2)，得

$$p_{me} = \frac{\eta_{et} \cdot \phi_c \cdot \rho_0 \cdot H_u}{\phi_a \cdot l_0} = \frac{H_u \cdot \rho_0}{l_0} \cdot \frac{\phi_c}{\phi_a} \cdot \eta_{it} \cdot \eta_m = K \cdot \frac{\phi_c}{\phi_a} \cdot \eta_{it} \cdot \eta_m \tag{6-3}$$

式中：η_{it} 为指示热效率；η_m 为机械效率；K 为比例常数。

同理，根据式(1-39)、式(1-41)、式(1-43)、式(1-44)可以推导出：

$$P_e = \frac{p_{me} \cdot V_s \cdot n \cdot i}{120} \times 10^{-3} = K_1 \cdot \frac{\phi_c}{\phi_a} \cdot \eta_{it} \cdot \eta_m \cdot n \tag{6-4}$$

$$T_{tq} = \frac{i \cdot p_{me} \cdot V_s}{3.14\tau} = K_2 \cdot \frac{\phi_c}{\phi_a} \cdot \eta_{it} \cdot \eta_m \tag{6-5}$$

$$b_e = \frac{3.6}{\eta_{et} \cdot H_u} \times 10^6 = \frac{K_3}{\eta_{it} \cdot \eta_m} \tag{6-6}$$

$$B = b_e \cdot P_e = K_4 \cdot \frac{\phi_c}{\phi_a} \cdot n \tag{6-7}$$

上述各式中 K_1、K_2、K_3、K_4 都是比例常数。要了解发动机有效指标 p_{me}、T_{tq}、P_e、b_e、B 随工况的变化情况，就必须分析 ϕ_c、ϕ_a、η_{it}、η_m 随工况的变化情况。这种分析方法称为间接分析法。

6.2 发动机的负荷特性

当发动机转速一定时,其经济性指标随负荷变化的关系,称为负荷特性。表示负荷特性的曲线,一般以发动机的负荷(有效功率 P_e、有效转矩 T_{tq}、平均有效压力 p_{me})作为横坐标,纵坐标主要是经济性指标,如每小时燃油消耗量 B 和有效燃油消耗率 b_e,根据需要还可以是排气温度 t_r、机械效率 η_m 等。利用负荷特性,可以分析各种负荷下发动机的经济性和最低燃油消耗率下发动机的负荷状态。

6.2.1 汽油机负荷特性

当汽油机保持某一转速不变,而逐渐改变节气门开度时,有效燃油消耗率 b_e 和每小时燃油消耗量 B 随负荷(P_e、T_{tq} 或 p_{me})的变化关系,称为汽油机的负荷特性。

汽油机是通过改变节气门开度,进而改变进入气缸的混合气数量来实现负荷调节的。汽油机的这种负荷调节方式称为量调节,汽油机负荷特性又称节流特性。测取前应将汽油机的点火系统和燃料供给系统调整好。测取时应按规定保持冷却水温、润滑油温度在最佳状态。不同转速下有不同的负荷特性曲线,但各转速下的负荷特性曲线相似。图 6.3 所示为汽油机某一转速下的负荷特性曲线。

1. 有效燃油消耗率 b_e 曲线

由式(6-6) $b_e = K_3/(\eta_{it} \cdot \eta_m)$ 可知,有效燃油消耗率 b_e 与指示热效率 η_{it} 和机械效率 η_m 的乘积成反比关系,因此 b_e 随负荷的变化规律取决于 η_{it} 和 η_m 随负荷的变化规律。

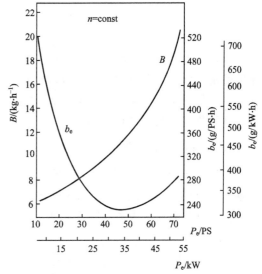

图 6.3 25Y-6100Q 型汽油机负荷特性曲线
(PS 为德国制马力,1PS=735.49875W)

随着负荷增加,节气门开度加大,进入气缸的新鲜混合气量增加,残余废气量相对减少;发动机负荷增加使燃烧室的工作温度提高,燃料雾化条件改善,燃烧速度加快;散热损失及泵气损失相对减少。因此,指示热效率 η_{it} 随负荷增加而上升,故 b_e 迅速下降,直至降低至最低值。当节气门开度增大到最大开度的 80% 左右时,为保证获得最大功率,燃料供给系统供给发动机较浓的功率混合气($\phi_a = 0.8 \sim 0.9$),燃烧不完全,η_{it} 下降,导致 b_e 又有所上升。

由于 $\eta_m = 1 - \dfrac{P_m}{P_e + P_m}$,当转速一定,负荷增加时,机械损失功率 P_m 变化不大,而指示功率 P_i 随负荷成比例加大,因此 η_m 随负荷增加而迅速增加。

当汽油机怠速运转时,其指示功率完全用来克服机械损失功率,即 $P_i = P_m$,此时机械效率 η_m 为零,因此 b_e 为无穷大。然后,η_m 随着负荷的增加而上升,到中等负荷后渐趋平坦。η_{it} 和 η_m 随负荷的变化规律如图 6.4 所示。

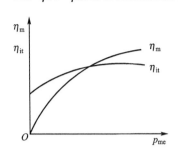

图 6.4 汽油机 η_{it} 和 η_m 随负荷的变化关系

从上面分析可以看出，在中等负荷以下，η_m 的变化是主要影响；而在高负荷时，机械效率 η_m 增加平缓，η_{it} 下降，导致 b_e 的上升。

2. 每小时燃油消耗量 B 曲线

当发动机转速一定时，每小时燃油消耗量 B 主要取决于节气门开度和混合气成分。节气门开度逐渐增大时，进入气缸的混合气数量逐渐增加，B 随之上升。当节气门开度达到全开时的 80% 以后，加浓装置开始工作，混合气逐渐变浓，B 上升的速度加快，曲线变陡。

6.2.2 柴油机负荷特性

当柴油机保持某一转速不变，移动喷油泵齿条或拉杆位置，改变每循环供油量时，b_e 和 B 随负荷（P_e、T_{tq} 或 p_{me}）的变化关系，称为柴油机的负荷特性。

柴油机通过改变喷油量，进而改变混合气成分来调节负荷，因此柴油机负荷特性又称燃油调整特性。当柴油机转速一定时，充入气缸的空气量基本不变，调节负荷只改变每循环供油量，即改变混合气浓度，这种负荷调节方式称为质调节。测取时应将柴油机供油提前角、冷却水温度、润滑油温度等调整在最佳状态。图 6.5 所示为柴油机的负荷特性曲线，其变化趋势与汽油机类似。

1. 有效燃油消耗率 b_e 曲线

由式 (6-6) $b_e = K_3/(\eta_{it} \cdot \eta_m)$ 可知，有效燃油消耗率 b_e 与指示热效率 η_{it} 和机械效率 η_m 的乘积成反比关系，因此 b_e 随负荷的变化规律取决于 η_{it} 和 η_m 随负荷的变化规律。柴油机 η_{it}、η_m 随负荷的变化关系如图 6.6 所示。

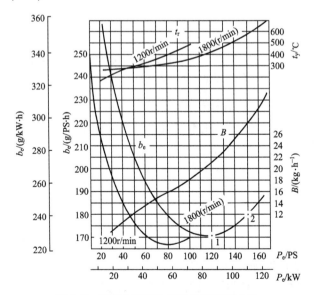

图 6.5 6135Q 型柴油机的负荷特性曲线

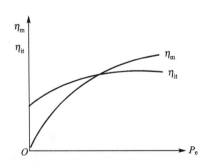

6.6 柴油机 η_{it}、η_m 随负荷的变化关系

随着负荷增加，由于每循环供油量 Δb 增加，ϕ_a 值减小，混合气由稀向浓变化。小负荷区 ϕ_a 值大，燃烧速度慢，传热损失大，η_{it} 较低；随着负荷增加，不利因素逐渐好转，η_{it} 呈上升趋势，当混合气浓度为最佳时，η_{it} 达到最大值。然后随负荷增加，混合气浓度过大，燃烧不完全，导致指示热效率 η_{it} 逐渐下降，且负荷越大，η_{it} 下降速度越快。

机械效率 η_m 随负荷的增加而增大。当柴油机负荷为零时，指示功率完全用来克服机械损失功率，即 $P_i=P_m$，此时，η_m 为零，有效燃料消耗率 b_e 趋于无穷大。随着负荷增加，η_m 增大，但增长速度逐渐减慢。

综合 η_{it} 和 η_m 两方面的影响，有效燃料消耗率 b_e 的变化规律是：怠速时，由于 η_m 为零，b_e 趋于无穷大；在小负荷区域，随着负荷增加，η_{it}、η_m 同时增大，故 b_e 降低；直到中等负荷 η_{it} 与 η_m 的乘积最大时，b_e 降低到最小；负荷再增加，由于 η_m 的增大缓慢而 η_{it} 减小，使 b_e 开始增加；当负荷增加到图 6.5 中的 2 点时，由于混合气过浓，不完全燃烧显著增加，柴油机排气开始冒黑烟，达到国家法规规定的烟度限值；负荷再继续增加，由于燃烧条件极度恶化，柴油机大量冒黑烟，活塞、燃烧室会积炭，柴油机过热，容易引起故障，影响使用寿命。因此，非增压高速柴油机使用中的最大功率受到排放法规所规定烟度值的限制，用于汽车时最大功率标定在烟度限值点 2，用于拖拉机时标定在烟度限值点 2 之内。

一般发动机只测标定转速下的负荷特性，对于汽车发动机，由于工作时其转速经常变化，需要测定不同转速下的负荷特性，以得到不同转速下的经济负荷区。

负荷特性是发动机的基本特性，用以评价发动机工作的经济性。特别对于柴油机，负荷特性容易测定，在结构改进、性能调试过程中，如选择气道、选择燃烧室结构、调整燃油喷射系统时，常采用负荷特性作为比较标准。

在负荷特性曲线上，最低燃油消耗率越小，低油耗区的 b_e 曲线越平坦，经济性越好。燃油消耗率 b_e 是随负荷增加而降低，在接近全负荷（常在 80% 负荷左右）时，b_e 达到最小。而且在低负荷区，b_e 曲线变化得更快一些。与汽油机相比，柴油机的最低燃油消耗率低，且在低油耗区 b_e 曲线更平坦，部分负荷时低油耗区更宽。

选配汽车发动机时，在满足其动力性的前提下，不宜装载功率过大的发动机，以提高功率的利用率；同时，载重汽车的柴油机化是发展的趋势，并向轿车发展。

应用案例6-2

将标定功率及转速相接近的某汽油机和某柴油机的负荷特性曲线进行对比如图 6.7 所示，其主要差别为：

（1）汽油机有效燃油消耗率 b_e 都比同负荷的柴油机高，这是两种机型的混合气形成、着火燃烧以及负荷调节方式的不同造成的。

（2）中、低负荷处 b_e 的差值比最低油耗点和标定功率处大，图上 $\Delta b_{e1} > \Delta b_{e2} > \Delta b_{emin}$。这是因为汽油机 b_e 线过于陡尖而柴油机有较宽的平坦段的缘故。统计资料表明，柴油机 b_{emin} 比汽油机低 10%～30%，而综合油耗的差值可达 25%～45%，就是由于汽车大多在中、低负荷条件下运行所导致的。

由以上两点可知，若单纯从燃油经济性角度出发选

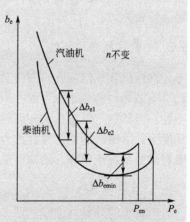

图 6.7 汽油机和柴油机负荷特性曲线对比

择汽车动力,自然是柴油机优于汽油机,这是柴油机最明显的优势。但是,实际选用时不可能只考虑这一因素。需要注意的是,无论汽油机还是柴油机都希望尽可能提高负荷利用率,使其经常接近最经济的80%~90%负荷左右工作。这一点对汽油机十分重要,已成为改善发动机燃油经济性,降低实际使用油耗的一个极为重要的原则。

➡ 资料来源:刘峥. 汽车发动机原理教程. 清华大学出版社.

2. 每小时燃油消耗量 B 曲线

转速一定时,柴油机每小时燃油消耗量 B 主要取决于每循环供油量 Δb。当负荷小于85%时,随着负荷增加,Δb 增加,B 随之也近似成正比增大;当负荷继续增大超过85%后,随着负荷增加,Δb 过多,使混合气过浓,燃烧条件恶化,B 迅速增大,而有效功率增加缓慢,甚至下降。

6.3 发动机的速度特性

发动机固定油量调节机构位置,其性能指标随转速变化的规律,称为发动机的速度特性。每一个油量调节机构位置都对应一个速度特性。油量调节机构位置固定在最大位置(节气门全开或标定油量位置)时对应的是全负荷速度特性,又称外特性;其余位置时对应的是部分负荷速度特性,又称部分速度特性。

为了便于分析发动机的速度特性,通常由发动机台架试验测取一系列数据,以发动机转速 n 为横坐标,发动机有效转矩 T_{tq}、有效功率 P_e、有效燃油消耗率 b_e(或每小时燃油消耗量 B)为纵坐标,绘制成速度特性曲线。通过分析发动机的速度特性,可以找出发动机不同转速工作时,其动力性和经济性的变化规律,以及最大功率、最大转矩和最小燃油消耗率时所对应的转速,确定发动机工作时最有利的转速范围。

例如,外特性曲线表示了发动机各转速对应的最大功率和最大转矩,决定了发动机的最大动力性能。柴油机的速度特性曲线,特别是外特性曲线,不仅受柴油机的动力性能影响,还与柴油机能否安全运转密切相关;而柴油机怠速的部分特性曲线则与柴油机能否稳定运转相关。

6.3.1 汽油机速度特性

汽油机节气门(油门)开度固定不变时,其性能指标(主要是有效转矩 T_{tq}、有效功率 P_e、有效燃料消耗率 b_e、每小时燃料消耗量 B)随转速 n 变化的规律,称为汽油机的速度特性。当节气门保持最大开度时,所测得的速度特性称为汽油机的外特性;节气门在部分开度下,所测得的速度特性称为汽油机的部分速度特性。测取前应将汽油机的点火系统和燃料供给系统调整好。测取时应按规定保持冷却水温、润滑油温度在最佳状态。

1. 外特性曲线分析

汽油机的外特性曲线如图6.8所示。

1) 有效转矩 T_{tq} 曲线

由式(6-5)$T_{tq}=K_2 \cdot \phi_c \cdot \eta_{it} \cdot \eta_m / \phi_a$ 可知,T_{tq} 曲线取决于 η_{it}、η_m、ϕ_c、ϕ_a 随 n 的变化

规律。当节气门开度一定时,过量空气系数 ϕ_a 基本不随 n 变化,可视为常数,因此 T_{tq} 曲线取决于 η_{it}、η_m、ϕ_c 随 n 的变化趋势。η_{it}、η_m、ϕ_c 随 n 的变化趋势如图 6.9 所示。

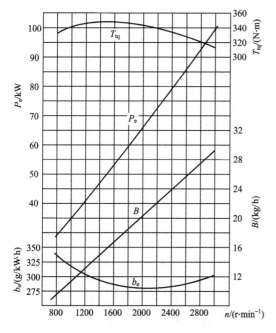

图 6.8 汽油机的外特性曲线

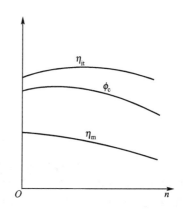

图 6.9 汽油机 η_{it}、η_m、ϕ_c 随转速的变化趋势

指示热效率 η_{it} 在某一中间转速时最大;在转速较低时,因气缸内气流扰动较弱,火焰传播速度较慢,散热损失增加,漏气增多,使得 η_{it} 较低;在转速较高时,燃烧所占的曲轴转角大,传热损失增加,热利用率低,导致 η_{it} 也较低。不过 η_{it} 的变化比较平坦,对 T_{tq} 的影响不大。

机械效率 η_m 随着转速的升高明显下降,这是因为随着转速升高,机械损失功率增加。

充量系数 ϕ_c 在某一中间转速时最大,这是因为一定的配气相位只适应此转速,低于或高于此转速时,ϕ_c 均下降。

综合而言,在转速较低时,随着转速的升高,由于 η_{it}、ϕ_c 提高,且其对 T_{tq} 的影响超过了 η_m 下降对 T_{tq} 的影响,因此 T_{tq} 逐渐增大;对应于某一转速下 T_{tq} 达到最大值;当转速继续升高时,η_{it}、η_m、ϕ_c 均下降,T_{tq} 迅速下降,曲线变化较陡(相对于柴油机转矩曲线而言)。

2) 有效功率 P_e 曲线

由于 $P_e = T_{tq} \cdot n / 9550$,因此在 T_{tq} 小于其最大值的范围内,随着 n 升高,T_{tq} 增大,则 P_e 迅速增加;此后随着 n 继续升高,T_{tq} 下降,故 P_e 的增加速度有所减慢,直到某一转速下,n 与 T_{tq} 的乘积达到最大,此时 P_e 达到最大值;若 n 再升高,P_e 反而下降。

3) 有效燃油消耗率 b_e 曲线

由式(6-6) $b_e = K_3 / (\eta_{it} \cdot \eta_m)$ 可知,综合 η_{it} 和 η_m 随转速的变化关系,在某一中间转速时 b_e 最低;当转速高于此转速时,因 η_{it} 和 η_m 同时下降,则 b_e 上升;当转速低于此转速时,因 η_{it} 的增加弥补不了 η_m 的下降,则 b_e 也上升。

汽油机外特性反映了汽油机所能达到的最高性能,确定了最大功率、最大转矩及对应的转速,因此十分重要,所有汽油机出厂时都必须提供该特性。一般汽油机铭牌上标明的

T_{tq}、P_e 及相应的 n，也都是以外特性为依据的。根据试验条件的不同，外特性有两种：

（1）汽油机仅带维持运转所必需的附件时输出的校正有效功率，称为总功率，如试验时不装风扇、压力泵、空滤罐、消声器等附件。我国发动机特性数据多属于这一种。

（2）汽油机带全套附件时输出的校正有效功率，称为净功率。这种情况下得到的外特性曲线被称为使用外特性曲线。两种外特性相比较，后者的有效功率低而有效燃油消耗率高。

应用案例6-3

发动机外特性曲线反映了转矩和功率随转速的变化关系，转矩决定汽车的起步、爬坡、超车能力，功率决定着最高车速和载重量。汽车产品介绍书给出的发动机工况图，其实就是发动机外特性曲线。那么这些曲线有什么含义？分析如下。

1）起步加速能力

某发动机工况图如图 6.10 所示。在转速为 2000r/min 时，转矩达到 100N·m；转速升至 3500r/min 的过程中是一个快速的提升过程。如果此过程的斜线斜率越大、越平滑，则说明发动机可以用较短的时间达到转矩峰值，并且加速平稳、线性。同时，功率也随转速的增加而增加。在实际驾驶中，当开始踩加速踏板，汽车克服地面摩擦力，开始起步，随着发动机转速提高，汽车的转矩会快速提升，一般的发动机在 3000r/min 左右达到较高的转矩。人们经常提及的"3000转换挡"的操作，目的就是为了保持这个较大的牵引力，通过换挡，使发动机保持在高转矩附近，这样就可以用更短的时间来提高车速。

2）超车能力

图 6.11 中，转速在 2000～4600r/min 时，发动机转矩输出为 320N·m，与图 6.10 中转矩曲线只有一个峰值的抛物线相比，图 6.11 中转矩曲线中有一段"平顺"工况，整体更近似一个"梯形"。这种形状表示发动机不仅具有良好的低转速高转矩输出能力，更凭借转矩峰值在中高转速的持续输出，具备较强的超车加速性能。实际驾驶中，这种性能的发动机，高速时加速性能十分显著。

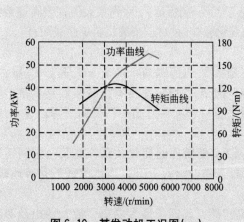

图 6.10 某发动机工况图（一）

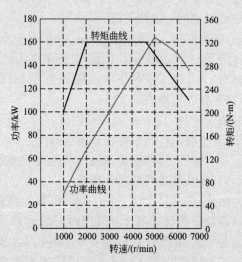

图 6.11 某发动机工况图（二）

3) 最高车速

转矩决定用多长时间可以达到目标,而功率决定可以达到多高的目标,也就是人们常说的车可以跑多快,拉多少人。通常在车速提高的过程中,功率一直在增加,直到转速到达一个特定点之后,无论再怎么加大节气门,车子也开不快,这个点所达到的速度就是汽车的最高车速。一般,判断一款车后劲足不足,最高车速是多少,只需观察它的发动机功率曲线的最高功率值。最高功率越高,说明其动力越充沛,最高车速值也相应会较高。以上分析的发动机性能与实际驾驶是否基本吻合?请你感受一下吧。

资料来源:车168-我的专业汽车导购平台,http://www.che168.com/.

2. 部分负荷速度特性曲线

图6.12所示为EQ6100型汽油机分别在全负荷、75%负荷、50%负荷、25%负荷时的速度特性曲线。由于汽油机节气门经常处于部分开启状态下工作,因此部分速度特性曲线对实际使用中的汽油机动力性、经济性更有重要意义。

节气门部分开启时,由于进气阻力增加,进气终了压力下降,从而引起充量系数 ϕ_c 下降,而且随着 n 提高,ϕ_c 下降得更快。因此,节气门开度越小,节流损失越大,T_{tq} 随转速 n 提高下降的越快,最大转矩和最大功率所对应的转速值越小。

当节气门全开时,b_e 曲线的位置并不是最低,这是由于节气门全开时混合气过浓,存在燃烧不完全的现象。当节气门开

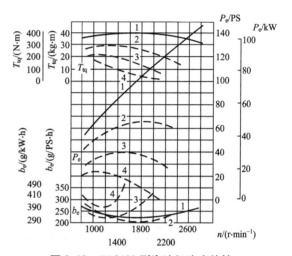

图6.12 EQ6100型汽油机速度特性
1—全负荷;2—75%负荷;3—50%负荷;
4—25%负荷

度从100%逐渐减小时,混合气加浓逐渐减轻,b_e 曲线的位置降低。当节气门开度为80%左右时,混合气加浓装置停止工作,b_e 曲线的位置最低。此后,若节气门开度减小,由于残余废气相对增多,燃烧速度下降使得 η_{it} 下降,燃油消耗率增加,b_e 曲线的位置又逐渐升高。

6.3.2 柴油机速度特性

当喷油泵油量调节机构位置一定时(说明调速器不参与工作),柴油机性能指标(主要是有效转矩 T_{tq}、有效功率 P_e、有效燃料消耗率 b_e、每小时燃料消耗量 B)随转速 n 变化的规律,称为柴油机的速度特性。

当油量调节机构限定在标定功率的循环供油量位置时,所测得的速度特性称为柴油机的外特性(或称标定功率速度特性),它表明柴油机可能达到的最高性能;当油量调节机构固定在小于标定功率循环供油量的各个位置时,所测得的速度特性称为柴油机的部分速度特性。测取前应将柴油机的供油提前角和燃料供给系统调整好。测取时应按规定保持冷却水温、润滑油温度在最佳状态。

1. 外特性曲线分析

柴油机的外特性曲线,如图 6.13 所示。

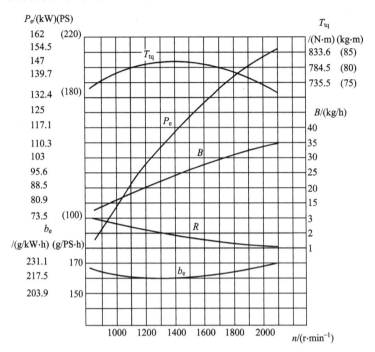

图 6.13 柴油机的外特性曲线

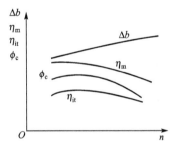

图 6.14 柴油机 Δb、η_m、ϕ_c、η_{it} 随转速的变化趋势

1) 有效转矩 T_{tq} 曲线

对于汽油机,$T_{tq}=K_2 \dfrac{\phi_c}{\phi_a} \eta_{it} \eta_m$。在柴油机中,各种转速下有效转矩 T_{tq} 的大小主要取决于每循环供油量 Δb、指示热效率 η_{it} 和机械效率 η_m,上式可以定性写成 $T_{tq}=K_2 \eta_{it} \eta_m \Delta b$。$\eta_m$、$\phi_c$、$\eta_{it}$、$\Delta b$ 随转速的变化趋势如图 6.14 所示。

当喷油泵油量调节机构位置固定且无特殊的油量校正装置时,每循环供油量 Δb 由喷油泵的速度特性决定,由于进油孔处的节流作用,Δb 随转速 n 的提高而增加。

指示热效率 η_{it} 的变化是在某一中间转速时稍有凸起。在转速过低时,由于空气涡流减弱,混合气形成和燃烧不良,同时传热、漏气损失增加,使 η_{it} 降低;而在较高转速下,会由于 ϕ_c 的降低和 Δb 的增加,使过量空气系数 ϕ_a 下降,加上燃烧过程经历时间缩短,混合气形成条件恶化,不完全燃烧现象增加,致使 η_{it} 有些下降。但 η_{it} 曲线变化趋势比较平坦。η_m 随转速的上升而下降。

综合而言,在转速较低时,随着 n 的增加,Δb、η_{it} 增加,η_m 下降,故 T_{tq} 增加。在转速较高时,随着 n 的增加,Δb 的增加抵消了 η_{it}、η_m 下降的影响,故随着转速 n 的增加,T_{tq} 下降不明显。因此,T_{tq} 曲线变化平缓,有的甚至一直是微微上倾的。

2) 有效功率 P_e 曲线

由于 $P_e=T_{tq} \cdot n/9550$,而 T_{tq} 变化平缓,所以 P_e 主要取决于转速的变化。当转速 n

提高时，有效转矩 T_{tq} 增加，有效功率 P_e 迅速上升，直到 T_{tq} 达到最大值以后，有效功率 P_e 上升变得平缓；当 $T_{tq} \cdot n$ 达到最大值时，有效功率 P_e 达到最大值。

3）有效燃料消耗率 b_e 曲线

柴油机外特性 b_e 曲线与汽油机相似，是一条下凹的曲线，只是凹度较小。由于柴油机的压缩比高，最低燃油消耗率比汽油机的低 20%～30%。

2. 部分负荷速度特性曲线

当油量调节机构固定在低于标定功率循环供油量位置时，循环供油量减少，但 Δb 随 n 的变化趋势基本相似，亦是随 n 的升高而增加。因此，柴油机部分速度特性曲线与外特性曲线相似，但比外特性曲线低。

图 6.15 所示为柴油机部分负荷速度特性曲线，其中 t_r 为排气温度。

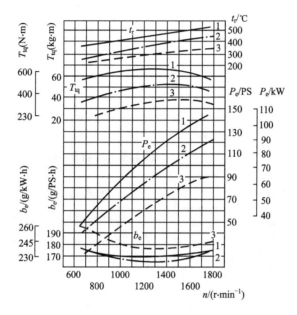

图 6.15　柴油机部分负荷速度特性
1—90%负荷；2—75%负荷；3—55%负荷

6.4　发动机的万有特性

发动机负荷特性和速度特性只能反映某一转速或某一油量调节机构位置时，发动机的性能参数之间的变化规律，而对于工况变化范围大的汽车、拖拉机发动机，分析各种工况下的性能时，就需要在一张图上全面表示发动机性能的特性曲线，这种能够表达发动机多参数的特性称为万有特性。应用较为广泛的万有特性曲线是以转速 n 为横坐标，以平均有效压力 p_{me}（或有效转矩 T_{tq}）为纵坐标，在图上画出许多等燃油消耗率 b_e 曲线和等功率曲线。根据需要还可以画出等过量空气系数曲线、等进气管真空度曲线、冒烟极限等。图 6.16 和图 6.17 分别为汽油机和柴油机万有特性。

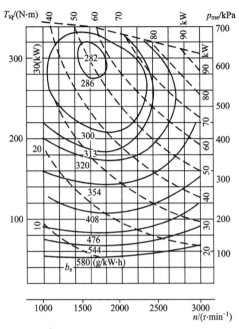

图 6.16 汽油机万有特性

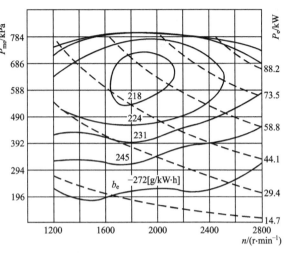

图 6.17 柴油机万有特性

6.4.1 万有特性的制作

1. 等燃油消耗率曲线

等燃油消耗率 b_e 曲线可以根据各种转速下的负荷特性曲线用作图法得到,具体方法如图 6.18 所示。

(1) 将各转速的负荷特性曲线用同一比例尺,集中画在 b_e-p_{me} 坐标图上,见图 6.18 的上方。

(2) 此图下方以相同 p_{me} 比例尺布置 n-p_{me} 坐标系。

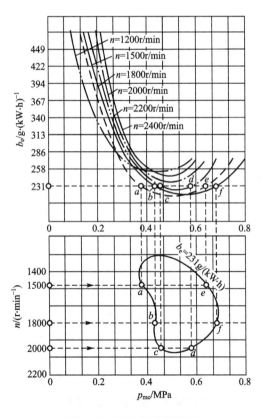

图 6.18 万有特性的做法

(3) 在 n-p_{me} 坐标系上,作等燃油消耗率 b_e 曲线。

以 $b_e = 231 \text{g}/(\text{kW} \cdot \text{h})$ 为例:先在上方图上作 $b_e = 231 \text{g}/(\text{kW} \cdot \text{h})$ 的水平线,与各负荷特性曲线交于 a、b、c、d、e、f 六点;再将此六点移到 n-p_{me} 坐标系上;连接各点所形成的封闭曲线,就是所求的等燃油消耗率 b_e 曲线。

(4) 同理可以做出各等燃油消耗率 b_e 曲线族。为观察方便,把 n-p_{me} 图转为 p_{me}-n 图,就是图 6.18 所示的燃油消耗率 b_e 万有特性曲线。

2. 等功率曲线

根据 $P_e = \dfrac{p_{me}V_s ni}{30\tau} \times 10^3 = K p_{me} n$ 的关系，做出等功率曲线，在 p_{me}-n 坐标中，等功率曲线是一组双曲线，如图 6.16 和图 6.17 中的虚线。

3. 边界线

将外特性（或标定功率速度特性）中的 $p_{me} = f(n)$ 曲线画在万有特性图上，构成上边界线，如图 6.16 和图 6.17 中的上边界。

6.4.2 汽油机和柴油机万有特性的特点

1. 汽油机万有特性特点

与柴油机相比，汽油机万有特性有如下特点：最低燃油消耗率偏高，经济区域偏小；等燃油消耗曲线在低转速区向大负荷收敛，说明汽油机低转速低负荷工作时燃油消耗率较高；等功率曲线随转速升高而斜穿等燃油消耗曲线，当功率一定时，转速越高越费油。故使用中应尽量使用高速挡。

2. 柴油机万有特性特点

与汽油机相比，柴油机万有特性有如下特点：最低燃油消耗偏低，经济区域较宽；等燃油消耗曲线在高低转速均不收敛，变化比较平坦，其变速工况的适应性相对汽油机较好。

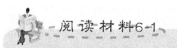
阅读材料6-1

万有特性的应用

（1）由万有特性可以方便地查到发动机在任何点（T_{tq}、n）工作时的 P_e、b_e、p_{me}，以及发动机最经济的负荷和转速。

（2）等燃油消耗率曲线的形状及分布情况，对发动机使用经济性有很大影响。等燃油消耗率曲线最内层为最经济区，曲线越向外，经济性越差。如果等燃油消耗率曲线横向较长，表示发动机在负荷变化不大而转速变化较大的情况下油耗较小。如果等燃油消耗率曲线纵向较长，表示发动机在负荷变化较大而转速变化较小的情况下的燃油消耗率较小。对于常用中等负荷、中等转速工况的车用发动机，希望其最经济区处于万有特性中部，等燃油消耗率曲线横向较长；对于转速范围变化较小而负荷变化范围较大的工程机械用发动机，希望最经济区在标定转速附近，等燃油消耗率曲线纵向较长。

（3）某些改进与研究性试验时，为保证发动机传动系的合理匹配，将常用挡位下常遇阻力曲线（折算成 P_e、b_e、p_{me} 值）绘于万有特性上，可以一目了然地看出汽车的常用工作区是否与发动机的经济油耗区接近，以判断改进的效果。

（4）根据等转矩 T_{tq}、等排烟温度 T_r、等最高爆发压力 p_z 曲线，可以确定的发动机允许使用的最高和最低负荷限制线。

（5）可以结合传动系参数绘制整车万有特性。由此可以确定各挡位、各种坡度、不同车速下的经济性和动力性。

资料来源：徐安. 汽车发动机原理网络课程，http://video.sdjtu.edu.cn/.

6.5 发动机的转矩特性

汽车行驶中，经常会遇到阻力突然增大的情况，为减少换挡次数，要求发动机的转矩随转速的降低而增加。例如，汽车上坡时，若油量调节机构已达到最大位置，但发动机转矩仍感不足，车速就要降低，此时需要发动机能随车速降低而发出更大的转矩，以克服短暂爬坡阻力。为表明汽车发动机的这一性能，引入转矩储备系数、转矩适应性系数和转速适应性系数的概念。

6.5.1 衡量转矩特性的参数

1. 转矩适应性系数和转矩储备系数

发动机外特性有效转矩曲线上，最大转矩 $T_{tq,max}$ 与标定工况时的转矩 $T_{tq,n}$ 之比称为转矩适应性系数，用符号 K_T 来表示，即

$$K_T = \frac{T_{tq,max}}{T_{tq,n}} \tag{6-8}$$

K_T 越大，表明两转矩之差 $(T_{tq,max} - T_{tq,n})$ 越大，即随着转速的降低，有效转矩 T_{tq} 增加较快，在不换挡的情况下，爬坡能力和克服短期超负荷的能力强。

有时也用转矩储备系数 ϕ_{tq} 来表示这一能力，即

$$\phi_{tq} = \frac{(T_{tq,max} - T_{tq,H})}{T_{tq,H}} = K_T - 1 \tag{6-9}$$

对于一般汽油机，$K_T = 1.1 \sim 1.4$，$\phi_{tq} = 0.1 \sim 0.4$，外特性有效转矩曲线的弯曲度大，随转速的下降，有效转矩增加较快。当汽车行驶阻力增加而迫使车速降低时，汽油机能自动提高转矩，以减少换挡次数。

柴油机外特性有效转矩曲线较平坦，其 K_T 在 1.05 左右，ϕ_{tq} 在 0.05～0.1。若不予以校正，则难以满足汽车使用要求。

2. 转速适应性系数

发动机标定转速 n_n 与外特性的最大转矩点对应转速 n_{tq} 的比值 K_n，称为转速适应性系数，即

$$K_n = n_n / n_{tq} \tag{6-10}$$

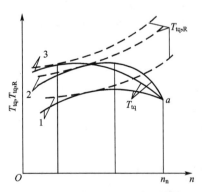

图 6.19 不同 K_T、K_n 外特性曲线克服阻力能力的对比

实际使用中，当汽车突然遇到比较大的阻力时，发动机转速 n 由于外界的阻力增加而降低，若 n_{tq} 较小，则发动机能以较低的转速稳定工作，并能充分运用整车运动部件的动能克服短期超载。因此，n_{tq} 越低，K_n 值越大，在汽车不换挡的情况下，发动机克服阻力的潜力越大。一般汽油机的 K_n 值介于 1.6～2.5，柴油机的 K_n 值(未校正)为 1.4～2.0。

图 6.19 所示为具有不同 K_T、K_n 值的三台发动机的外特性曲线。图上过同一标定功率点 a 的三条外特性线

中,曲线1、2具有相同的K_n值,但曲线2的K_T值较大;曲线2、3具有相同的K_T值,但曲线3的K_n值较大。显然,克服阻力的能力(用和外特性线相切的坡度阻力矩曲线$T_{tq,R}$表示)以曲线3为最高,曲线1为最低。这表明,发动机的K_T越大(即$T_{tq,max}$越大)而K_n也越大(即n_{tq}越低)时,克服阻力的能力越强。

6.5.2 柴油机的转矩校正

柴油机的外特性转矩曲线过于平缓,转矩储备系数ϕ_{tq}小,转速适应性系数K_n又偏低,从而在不换挡情况下,爬坡能力和克服短暂超负荷的能力不强。因此,需对柴油机的转矩特性进行校正,改造外特性转矩曲线,以提高转矩储备系数。在柴油机中一般都采用油量校正装置来实现。油量校正通常有两种方法,一种是出油阀式校正机构,另一种是附加在调速器上的弹簧校正机构。

油量校正装置的作用是:当柴油机在标定工况下工作时,若外界阻力矩增大,则迫使柴油机转速下降,随着转速的下降,喷油泵能自动增加循环供油量,以增大低速时的转矩,改造外特性转矩曲线,提高转矩储备系数。

> **应用案例6-4**
>
> 柴油机转矩外特性曲线过于平缓的主要原因是其对应的供油速度特性$\Delta b - n$具有随转速增大而上升的特性。因此校正的关键就是把$\Delta b - n$供油线中、低转速段的Δb值加大,使上升趋势被校正下来。
>
> 在图6.20上,先用实线作出原有的$T_{tq}-n$、$\Delta b-n$外特性曲线。为便于分析同时作出充量系数ϕ_c-n和过量空气系数ϕ_a-n曲线。如果加大外特性上每一个工况点的供油量Δb,那么烟度会加大,因此存在一个烟度限制点。于是在图上可以作出虚线所示的烟度限制线$T_{tqs}-n$、Δb_s-n、$\phi_{as}-n$。柴油机工作时,各转速的工况点均不能超过烟度限制线。图上斜线标出的面积就是可以让外特性曲线进行校正而不使烟度超标的空间。斜线中的点划线就是校正的一例。

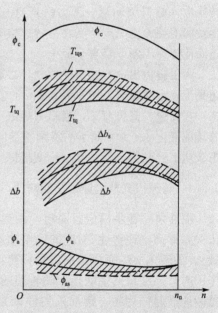

图6.20 柴油机外特性线校正分析

> 资料来源:刘峥. 汽车发动机原理教程. 清华大学出版社.

6.6 柴油机的调速特性

柴油机速度特性中的转矩曲线是在油量调节机构位置不变时获得的,它受循环供油量速度特性的控制。如图6.21所示,实线为转矩曲线,其变化平缓,在低速和小油量位置时呈上升状。如果只靠驾驶员通过加速踏板直接控制油量调节杆，则会出现以下两个问题。

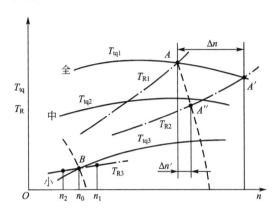

图 6.21 柴油机的调节性能

（实线为柴油机转矩线；点划线为阻力矩线；虚线为调速特性线）

（1）当油量调节机构固定在较大油量位置时，理论上柴油机虽能稳定在某一工况运行，但因曲线较平坦，较小的负荷变化就会导致转速大幅度的改变。其后果是转速不稳定，有时会因转速过高而出现"飞车"现象。如图 6.21 所示，在外特性 T_{tq1} 曲线上工作时，若阻力矩突然由 T_{R1} 减为 T_{R2}，而驾驶员未能及时放松加速踏板，则柴油机工况将由点 A 变到点 A'，出现了较大的转速增量 Δn，导致超速过多而"飞车"。

（2）当油量调节机构固定在较小油量位置时，将无法稳定运行。如图 6.21 下方，部分速度特性 T_{tq3} 曲线与阻力矩 T_{R3} 曲线的理论平衡工况点为 B。若负荷少许变化，使转速由 n_0 略升为 n_1 后，阻力恢复到正常值，由于此时的转矩大于阻力矩，转速还要上升，导致回不到原工况点；反之，转速略降为 n_2 后，阻力恢复正常，则因此时的转矩小于阻力矩而使转速不断下降直至熄火。

为了避免出现上述两种现象，必须加装调速器，使得当加速踏板位置不变而发动机转速高于一定转速时，转矩 T_{tq} 随 n 的上升而自动下降，如图 6.21 中的两条虚线所示。这样，在高速、高负荷下，当阻力矩由 T_{R1} 突降到 T_{R2} 时，工况点相应由 A 变到 A''，所引起的转速变化 $\Delta n'$ 大大低于不装调速器时的 Δn 值；在低速、低负荷下的工况点 B，由于转矩线从上升改为下降，其运行变得稳定。

6.6.1 调速模式及调速器性能对比

喷油泵调速手柄位置固定，调速器起作用时，柴油机的性能指标随转速或负荷的变化关系称为调速特性（对应的油泵油量调节机构位置 R 随转速 n 的变化关系和每循环油量 Δb 随转速 n 的变化关系也是调速特性）调速特性的表达方式有两种，一种是调速器起作用时，柴油机的性能指标随转速的变化关系，称为速度特性形式的调速特性；另一种是调速器起作用时，柴油机的性能指标随负荷变化的关系，称为负荷特性形式的调速特性。

根据调速特性的特点，有两种基本的调速模式，对应的有两种调速器。调速器的基本功能就是保证柴油机高速时不超速"飞车"而低速时能稳定运行。

1. 两极调速模式

若调速器只在标定转速以及某一低速时起调速作用，而其他中间转速不起作用（中间转速仍由驾驶员通过加速踏板直接操纵油量调节杆），这就是两极调速，相应的装置就是两极调速器，或称为两速调速器、双速调速器。

两极调速器的 $R\text{-}n$ 和 $T_{tq}\text{-}n$ 调速特性曲线如图 6.22 所示。曲线具有阶梯状变化特点，在每一个加速踏板位置，两极调速器只在低速 n_1 和标定转速 n_n 时进行调速。随着加速踏板位置的加大，调速曲线的位置也相应升高。

两极调速器可以满足高速时限速和低、怠速时稳速的两项基本要求，在中间转速时由驾驶员直接控制油量。因此，两极调速器具有操纵轻便、加速灵活等特点，为大多数中、小型车用柴油机所采用。

2. 全程调速模式

调速器在任何转速均能起调速作用的模式，称为全程调速模式。相应的装置为全程调速器。

使用全程调速器时，加速踏板并不直接控制油量调节杆。此时，每一个踏板位置只对应一条调速特性曲线，R-n 和 T_{tq}-n 调速特性曲线如图 6.23 所示。图中每一个踏板位置所对应的曲线都是从低转速时的外特性曲线开始，到了各自的调速转速后才变为下降的调速特性曲线。加速踏板位置越大，调速转速越高。

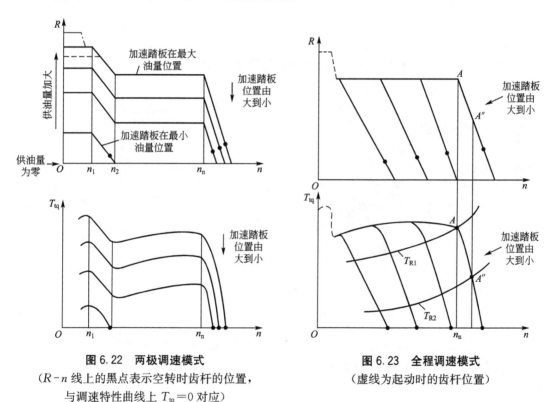

图 6.22 两极调速模式
(R-n 线上的黑点表示空转时齿杆的位置，与调速特性曲线上 $T_{tq}=0$ 对应)

图 6.23 全程调速模式
(虚线为起动时的齿杆位置)

全程调速器在加速踏板位置不动时，会因外界负荷的变化而自动调节供油量。如图 6.23 所示，当加速踏板在最大位置而阻力矩由 T_{R1} 变为 T_{R2} 时，全程调速器使工况由 A 自动变到 A''，对应的油量调节杆位置曲线 R 也由 A 降到 A''，即油量自动减小。但是此时的转速并没有较大改变。

全程调速器适用于拖拉机、工程机械等要求转速稳定工作的柴油机中。在重型载货汽车上也常使用。

阅读材料6-2

调速器工作原理

1. 全程调速器工作原理

图6.24所示为常用的RSV离心式全程调速器的结构简图。柴油机工作时，装在油泵凸轮轴1轴端的飞锤支架2带着飞锤3旋转，飞锤的离心力使飞锤杠杆的另一端对滑套4施压，滑套又推摆杆9并与调速弹簧19的弹力相平衡。调速器起作用时，每一个转速对应一个确定的摆杆位置。以上各件组成调速器的感应机构。这里暂不考虑校正机构6、7的作用，认为校正簧7是刚性的。

滑套右移使摆杆9摆动时，通过牵引杆10带动从动杆11，使油量调节杆17向右移动减少供油；反之则增加供油。以上各件组成调速器的传动及执行机构。这就实现了随着转速上升而使油量、转矩急速下降的调速功能。

2. 两极调速器工作原理

图6.25所示为两极调速器原理简图，调速弹簧由事先调好的急速弹簧5和高速弹簧6组成。两极调速时，滑套4直接通过摇杆8操纵油量调节杆9。在中间转速时，操纵杆7可以通过改变A点的位置来控制油量调节杆9，以实现加油和减油。

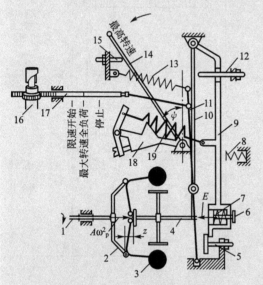

图6.24　RSV离心式全程调速器

1—凸轮轴；2—支架；3—飞锤组件；4—滑套顶销；5—全负荷油量调节螺钉；6—校正簧顶杆；7—校正弹簧；8—稳定弹簧；9—支撑摆杆；10—牵引杆；11—从动杆；12—急速限位螺钉；13—起动弹簧；14—操纵杆；15—高速限位螺钉；16—油泵柱塞组件；17—油量调节杆；18—弹簧摇臂；19—调速弹簧

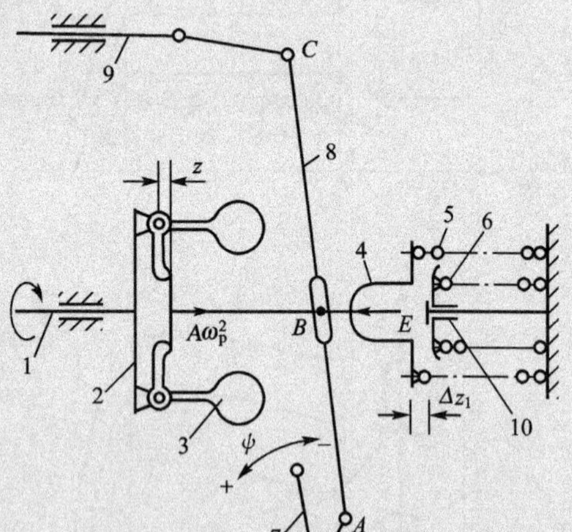

图6.25　两极调速器

1—凸轮轴；2—支架；3—飞锤组件；4—滑套；5—急速弹簧；6—高速弹簧；7—操纵杆；8—从动杆；9—油量调节杆；10—弹簧座

➡ 资料来源：刘峥. 汽车发动机原理教程. 清华大学出版社.

3. 全程与两极调速器性能对比

全程调速器与两极调速器的性能对比见表6-1。

表6-1 全程调速器与两极调速器的性能对比

性能	全程调速器	两极调速器
转速控制性能	各工况均可控制转速在较小范围内变动	除高速及怠速可控制转速在较小范围内变动外,其他工况的转速控制取决于驾驶员的操作,转速变化较大
过度控制性能	加速性好,但加、减速时常有不平稳及前后颠簸的感觉	加速踏板踩到底时,加速性与全程调速器相同,其余情况下过渡平稳,无强烈颠簸感
操作性能	驾驶员直接控制调速弹簧,费力,易疲劳,但由于负荷变化时转速变动小,故不必经常变换加速踏板位置	操作轻便,但因转速随负荷变化较大,故经常要变换加速踏板位置
排放情况	加速时易冒黑烟	除全负荷加速外,其余工况加速时,可控制烟度在较小范围内变化
工作效率	满负荷减速行驶时,只需减小加速踏板位置即可,不必频繁换挡	由于减小加速踏板位置也使油量和转矩下降,因此只能换低挡运行,工作效率下降

使用全程调速器加速时,过渡工况点都要绕经外特性曲线,而两极调速器则无此要求。图 6.26 中,$R_f = f(n_p)$ 线是在一定路况和挡位下,由克服汽车总阻力换算而得的油量调节杆位置(循环油量)随油泵轴转速的变化曲线。当使用全程调速时,加速踏板位置由①加到②时,工况由 A 变到 B 的路径是 $A-C-D-B$;而使用两极调速时,加速踏板位置由①'加到②'时,相应路径为 $A-C'-B$。由于全程调速必须途经外特性 CD 段,此时油量过大,加速过猛,烟度也大;且由 AC 转到 CD 以及由 CD 转到 DB 时,转速突然上升之后又下降,形成前后颠簸的感觉。

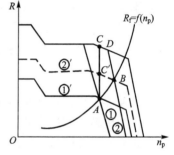

图 6.26 全程与两极调速器加速过渡工况路线

由表6-1可知,工程机械及拖拉机等所用柴油机由于作业要求稳速行驶,并强调提高功效,少换挡,必然要选用全程调速器;而汽车用柴油机为了运行舒适,减少冒烟,避免驾驶员踩踏板过于疲劳,所以选用两极调速器较多。但由于习惯、传统以及使用条件不同等方面的原因,也有不少车用柴油机,特别是重型车的柴油机选用全程调速器。

6.6.2 调速器的工作指标

1. 调速率

调速器工作的好坏,通常用调速率来评定,调速率可通过柴油机突变负荷试验测定,试验时先让柴油机在标定工况下运转,然后突然卸掉全部负荷,测定突变前后的转速。根据测定条件不同,调速率可分稳定调速率和瞬时调速率两种。

1) 瞬时调速率 δ_1

瞬时调速率是评定调速器过渡过程的指标。柴油机在标定工况下运转,然后突然卸去全部负荷,转速瞬时高达 n_2,再经过数次波动后,稳定在 n_3 继续运转,瞬时调速率 δ_1 为

$$\delta_1 = \frac{n_2 - n_1}{n_n} \times 100\% \qquad (6-11)$$

式中：n_2 为突然卸去负荷后柴油机的瞬时最高转速（r/min）；n_1 为突然卸去负荷前柴油机的转速（r/min）；n_n 为柴油机的标定转速（r/min）。

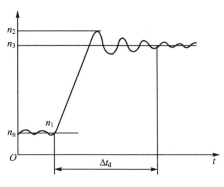

图 6.27 突然卸去负荷时标定工况的转速波动曲线

图 6.27 说明了这一过渡过程，Δt_d 为过渡时间，一般柴油机 $\delta_1 \leqslant 12\%$，对发电用的柴油机则要求 $\delta_1 \leqslant 8\%$。

2）稳定调速率 δ_2

稳定调速率的计算公式为

$$\delta_2 = \frac{n_3 - n_1}{n_n} \times 100\% \qquad (6-12)$$

式中：n_3 为突然卸去负荷后柴油机的稳定转速（r/min）；n_1 为突然卸去负荷前柴油机的转速（r/min）；n_n 为柴油机的标定转速（r/min）。

在计算 δ_1、δ_2 时，若不考虑转速的波动率，可取 $n_1 = n_n$。

柴油机在标定工况时，如果稳定调速率 δ_2 太大，表明柴油机工作不稳定，转速波动大，不仅对工作机械的稳定工作不利，而且对于空转速时柴油机零件的磨损也是有害的。一般规定，农业排灌及工程机械用的柴油机 $\delta_2 < 8\%$，对于汽车、拖拉机用的柴油机 $\delta_2 \leqslant 10\%$，对于交流发电机组用的柴油机要求高一些，$\delta_2 < 5\%$。

2. 不灵敏度

调速器工作时，调速系统中有摩擦存在，同时调速器中传动零件之间存在配合间隙，不论柴油机转速增加或减少，调速器都不会立即得到反应以改变供油量，这就需要有一定的力来克服摩擦阻力，才能移动调整油量的机构。例如，柴油机转速为 2860r/min 时，调速器可能对转速为 2830~2770r/min 的变动都不起作用，这种现象称为调速器的不灵敏性，通常用不灵敏度来表示不灵敏区域（即调速器不起作用的区域）的大小，这样两个起作用的极限转速之差对柴油机平均平衡转速之比就称为调速器的不灵敏度，用符号 ε 表示，即

$$\varepsilon = \frac{n_2' - n_1'}{n} \times 100\% \qquad (6-13)$$

式中：n_2' 为当柴油机负荷减小时，调速器开始起作用时的曲轴转速（r/min）；n_1' 为当柴油机负荷增大时，调速器开始起作用时的曲轴转速（r/min）；n 为柴油机的平均平衡转速（r/min）。

由于不灵敏度 ε 主要是由于调速系统中存在摩擦力所引起的，因此它还可用下式表示，即

$$\varepsilon = \frac{R}{E} \times 100\% \qquad (6-14)$$

式中：R 为调速器推力盘移动时所受的摩擦阻力；E 为调速器起作用时，作用在推力盘上的推动力。

从式（6-14）可以看出，摩擦阻力 R 越小，ε 就越小，调速器越灵敏。不灵敏度过大时，会引起柴油机转速不稳，严重时会明显感到转速忽高忽低（俗称"游车"现象）。在极

端的情况下,甚至会导致调速器失去作用,使柴油机产生高速时飞车和怠速时熄火的危险。一般规定 ε 在标定转速时不应超过 1.2%~2%,在最低转速时不超过 10%~13%。减少不灵敏度的主要措施是改进调速器结构和调速器的润滑,提高运动零件的加工精度以及减少传动零件的配合间隙等。

6.7 发动机功率标定及大气修正

6.7.1 发动机的功率标定

发动机铭牌上规定的最大输出功率 $P_{e,max}$ 及其对应的转速 n_n 所确定的工况称为发动机的标定工况。标定工况并不是发动机所能达到的极限最大功率点,而是根据发动机用途、使用特点,综合考虑其各种性能要求和使用寿命,人为规定的一个限制使用的最大功率点。按国家标准 GB/T 6072.1—2008《往复式内燃机 性能 第 1 部分:功率、燃料消耗和机油消耗的标定及试验方法 通用发动机的附加要求》的规定,确定标定功率时需要考虑以下内容。

1. 表示功率的目的

有下列两种主要目的需要表示功率。
(1) 功率值的标定。
(2) 通过测量验证发动机在相同环境状况下已达到按照(1)标定的功率,或在不同环境状况下所发出的功率亦在合适的允许范围内进行适当修正后。

为了规定达到标定功率值时的环境状况,标定时应说明以下四点:
(1) 功率表示的类型,必要时还有环境和运转状况。
(2) 功率使用的类型。
(3) 功率的类型。
(4) 发动机标定转速。

发动机的功率的表示方法可按照上述(1)、(2)、(3)进行,如图 6.28 所示。

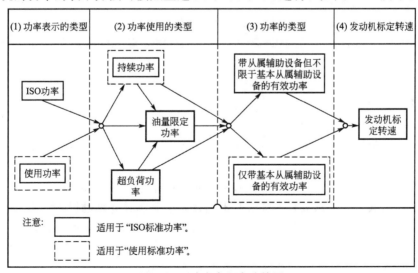

图 6.28 功率表示方法简图

此外，还需注意：(1)、(2)、(3)中的术语可以联合使用，如油量限定的持续有效使用功率。在相应的发动机用途和制造方法下，发动机达到的功率可以距标定功率有一定的允差，制造厂应标明所存在的这种允差及大小。

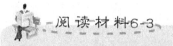

术语和定义

根据按国家标准 GB/T 6072.1—2008《往复式内燃机 性能 第1部分：功率、燃料消耗和机油消耗的标定及试验方法 通用发动机的附加要求》和国家标准 GB/T 21404—2008《内燃机 发动机功率的确定和测量方法 一般要求》的规定，图 6.28 中及本节采用下列术语和定义：

ISO 功率——在制造厂试验台的运转工况下，按制造厂规定调整或修正到标准基准状况下所测得的功率。

使用功率——在发动机使用的环境和运转工况下所发出的功率。

持续功率——在制造厂规定的正常的维护保养周期内，在规定的转速和环境状况下，按照制造厂规定，进行维护保养，发动机能够持续发出的功率。

超负荷功率——在规定的环境状况下，在按持续功率运行后，立即根据使用情况，以一定的使用持续时间和使用频次，按照每 12h 运行 1h 的运行条件，可以允许发动机发出的功率。

油量限定功率——在对应于发动机用途的规定时期内，在规定的转速和环境状况下，限定发动机油量，使其功率不能再超出时所能发出的功率。

从属辅助设备——装或不装将影响发动机终端轴功率输出的装备件。

基本从属辅助设备——发动机持续或重复使用所必需的装备件。

非基本从属辅助设备——发动机持续或重复使用并非必需的装备件。

基本独立辅助设备——由发动机以外能源提供动力的装备件。

有效功率——当装有相关"卫星"标准所需设备和辅助装置时，在曲轴或其相当零件端部所输出的功率或功率之和。

发动机标定转速——相应于标定功率的发动机转速。

➡ 资料来源：国家标准 GB/T 21404—2008《内燃机-发动机功率的确定和测量方法——一般要求》.

2. 功率的类型

(1) 功率有指示功率和有效功率两种类型。

(2) 除 ISO 标准功率和使用标准功率外，在表示任何有效功率时均应说明下列辅助设备：

① GB/T 21404—2008(3.1.1 和 3.1.3)所规定的基本从属辅助设备。

② GB/T 21404—2008(3.1.2 和 3.1.3)所规定的基本独立辅助设备。

③ GB/T 21404—2008(3.1.1 和 3.1.4)所规定的非基本从属辅助设备。

其中，②和③中所列辅助设备吸收的功率可能很重要。在这种情况下，应标明其功率要求。本节末尾 6.7.3 中列出了部分典型辅助设备示例。

3. 功率使用的类型

功率使用的类型有持续功率、超负荷功率和油量限定功率。

超负荷功率允许使用的持续时间和频次取决于使用情况,但在调定发动机油量限制器时应有足够的余量,使之能满意地发出允许的超负荷功率。超负荷功率应按持续功率的百分数表示,同时需注明允许运行的持续时间和频次及相应的发动机转速。

除非另有说明,在相应的发动机转速下,110%持续功率的超负荷功率,允许在 12h 运行期内,间断或不间断地运行 1h。

注意:船用主机的功率通常限定在持续功率,因此在使用中不给出超负荷功率。但是对特殊用途的船用主机,在使用中可发出超负荷功率。对发电用发动机,应遵循 GB/T 2820.1—2009《往复式内燃机驱动的交流发电机组第 1 部分:用途、定额和性能》中 13.3 的规定。

4. 功率表示的类型

功率表示有 ISO 功率和使用功率两种类型。

确定使用功率时应考虑下列条件:

(1) 环境状况或根据检测和(或)立法机构和(或)船级社要求的标称环境状况。一般由客户规定。

例如,国际船级社协会(QACS)对无限航区使用的船用主机和船上往复式发动机辅机,应使用下列标称环境状况见表 6-2。

表 6-2 国际船级社协会规定的环境状况

总气压	$P_x=100\text{kPa}$	相对湿度	$\phi_x=60\%$
空气温度	$T_x=318\text{K}(t_x=45℃)$	海水或原水温度(中冷器进口)	$T_{cx}=305\text{K}(t_{cx}=32℃)$

(2) 发动机的正常负载。
(3) 预定的维修周期。
(4) 需要监测的特性和数量值。
(5) 发动机在使用中的所有运转信息。

6.7.2 发动机功率和燃油消耗率的大气修正

发动机运行地点的大气压力、温度或相对湿度不同,发动机的性能差别很大。当大气压力降低,大气温度升高和相对湿度增大时,吸入气缸的干空气量都要降低,因而功率会减少。为了使功率标定不致混乱,统一发动机质量检验标准,方便比较和选用发动机,就需要规定一种大气标准基准状况,并把在不同大气状况下的试验结果,换算成标准基准状况下的数值。

根据 GB/T 21404—2008 的规定,大气标准基准状况见表 6-3。

表 6-3 GB/T 21404—2008 规定的大气标准基准状况

总气压	$P_x=100\text{kPa}$	相对湿度	$\phi_x=30\%$
空气温度	$T_x=298\text{K}(t_x=25℃)$	增压中冷介质温度	$T_{cx}=298\text{K}(t_{cx}=25℃)$

注意:当温度为 298K,湿度为 30% 时,相应的水蒸气分压为 1kPa,相应的干气压为 90kPa。

若试验时大气状况与标准基准状况不符,其功率和燃油消耗率应按下列规定进行换算。

功率修正时,应将实测功率乘以以下系数:
对于火花点燃式发动机为

$$P_r = a_a \times P_y \qquad (6-15)$$

对于压燃式(柴油)发动机为

$$P_r = a_c \times P_y \qquad (6-16)$$

试验时的大气状况应在下列范围内:
(1) 对于火花点燃式发动机温度,$288K \leqslant T_y \leqslant 308K$。
(2) 对于压燃式(柴油)发动机温度,$283K \leqslant T_y \leqslant 313K$。
(3) 对于所有发动机干空气压,$90kPa \leqslant P_d \leqslant 110kPa$(其中,$P_d = P_y - \phi_y P_{sy}$)。

1. 自然吸气和增压火花点燃式发动机的修正系数 a_a

修正系数 a_a 可以由式(6-17)求得,即

$$a_a = \left(\frac{P_r - \phi_r P_{sr}}{P_y - \phi_y P_{sy}}\right)^{1.2} \times \left(\frac{T_y}{T_r}\right)^{0.6} \qquad (6-17)$$

式中:P_r 为标准基准状况下的总气压;ϕ_r 为标准基准状况下的相对湿度;T_r 为标准基准状况下的空气绝对温度;P_{sr} 为标准基准状况下的饱和蒸汽压力;P_y 为试验环境下的总气压;ϕ_y 为试验环境下的相对湿度;T_y 为试验环境下的空气绝对温度;P_{sy} 为试验环境下的饱和蒸汽压力。

式(6-17)适用于带有随环境状况变化能使空燃比保持相对不变的燃料控制装置的发动机。式(6-17)仅适用于 $0.96 \leqslant a_a \leqslant 1.06$ 的范围,如果超出该限制范围,应给出求得的修正功率值,并在实验报告中确切说明试验状况。

2. 压燃式发动机的修正系数 a_c

对于按恒定供油量调定(与调定供油量)的压燃式(柴油)发动机,功率修正系数 a_c 可以由式(6-18)求得,即

$$a_c = (f_a)^{f_m} \qquad (6-18)$$

式中:f_a 为大气系数;f_m 为每种机型发动机和燃料调定下的特性参数(发动机系数)。

大气系数 f_a 用以表示环境状况对发动机(如空气)的影响,并随发动机机型的不同而不同,可以由式(6-19)~式(6-21)求得。

对于自然吸气和机械增压式发动机有

$$f_a = \left(\frac{p_r - \phi_r p_{sr}}{p_y - \phi_y p_{sy}}\right) \times \left(\frac{T_y}{T_r}\right)^{0.7} \qquad (6-19)$$

对于不带增压中冷和带空/空增压中冷的涡轮增压发动机有

$$f_a = \left(\frac{p_r - \phi_r p_{sr}}{p_y - \phi_y p_{sy}}\right)^{0.7} \times \left(\frac{T_y}{T_r}\right)^{1.2} \qquad (6-20)$$

对于带空/液增压中冷的涡轮增压发动机有

$$f_a = \left(\frac{p_r - \phi_r p_{sr}}{p_y - \phi_y p_{sy}}\right)^{0.7} \times \left(\frac{T_y}{T_r}\right)^{0.7} \quad (6-21)$$

发动机系数 f_m 取决于发动机机型和相应燃料下的实际空燃比。f_m 是修正供油率 q_c 的函数,可以由式(6-22)求得,即

$$f_m = 0.036 q_c - 1.14 \quad (6-22)$$

$$q_c = q/r_r \quad (6-23)$$

式中:q 是供油量参数,单位为每毫克每循环每升排量 [mg/(L·循环)],即

$$q_c = \frac{(Z) \times [\text{燃料流量}(g/s)]}{[\text{排量}(L)] \times [\text{发动机转速}(r/\min)]} = \frac{Z(1) \times V(g/s)}{v_H(L) \times n(r/\min)}$$

式中,对于四冲程发动机 $Z=120000$,对于二冲程发动机 $Z=60000$。

r_r 是标准基准状况下压气机出口与进口绝对静压之比(对于自然吸气式发动机 $r_r = 1$)。对于两极涡轮增压,r_r 是总压力比。

q_c(mg/L·循环)的有效范围是 $37.2 \leqslant q_c \leqslant 65$,当 q_c 值小于 37.2 时,$f_m = 0.2$;当 q_c 值大于 65 时,$f_m = 1.2$。

同样,只有当 $0.96 \leqslant a_c \leqslant 1.06$ 时,修正系数公式(6-18)才适用。如果超出该限制范围,应给出求得的修正功率值,并在实验报告中确切说明试验状况。

3. 其他机型发动机

对于不属于上述两种类型的发动机,当环境空气密度与标准基准状况下的空气密度相差不超过±2%时,修正系数可取为1。当环境空气密度超出该限制范围时,则不用修正,但是应在实验报告中说明试验状况。

6.7.3 发动机可能装用的辅助设备示例

1. 清单 F(基本从属辅助设备)

(1) 发动机驱动的机油压力泵。
(2) 干式油底壳发动机中由发动机驱动的机油吸出泵。
(3) 发动机驱动的冷却水泵。
(4) 发动机驱动的原水泵。
(5) 发动机驱动的散热器冷却风扇。
(6) 风冷发动机中由发动机驱动的冷却风扇。
(7) 发动机驱动的气体燃料压缩机。
(8) 发动机驱动的输油泵。
(9) 发动机驱动的共轨式或伺服喷射系统用燃料增压泵。
(10) 发动机驱动的扫气泵和(或)进气泵。
(11) 发动机驱动的用以向清单 G 中各装置提供动力的发电机、空气压缩机或液压泵。
(12) 发动机驱动的气缸润滑泵。
(13) 空气滤清器或空气消声器(通用的或专用的)。

(14) 排气消声器(通用的或专用的)。

2. 清单 G(基本独立辅助设备)

(1) 单独驱动的机油压力泵。
(2) 单独驱动的干式油底壳发动机机油吸出泵。
(3) 单独驱动的冷却水泵。
(4) 单独驱动的原水泵。
(5) 单独驱动的散热器冷却风扇。
(6) 单独驱动的风冷发动机中冷却风扇。
(7) 单独驱动的气体燃料压缩机。
(8) 单独驱动的输油泵。
(9) 单独驱动的共轨式或伺服喷射系统用燃料增压泵。
(10) 单独驱动的扫气泵和(或)进气泵。
(11) 单独驱动的曲轴箱抽气风扇。
(12) 单独驱动的气缸润滑泵。
(13) 采用外部动力驱动的调速和控制系统。

3. 清单 H(非基本从属辅助设备)

(1) 发动机驱动的起动空气压缩机。
(2) 发动机驱动的用以向清单 G 以外各装置提供动力的发电机、空气压缩机或液压泵。
(3) 发动机驱动的舱底泵。
(4) 发动机驱动的消防泵。
(5) 发动机驱动的通风风扇。
(6) 发动机驱动的燃油输送泵。
(7) 与发动机一体的推力轴承。

一、名词解释

发动机特性 发动机工况 负荷特性 速度特性 转矩适应性系数 转矩储备系数 转速适应性系数 调速率 ISO 功率 使用功率 超负荷功率 油量限定功率 持续功率 基本从属辅助设备 非基本从属辅助设备 基本独立辅助设备

二、填空题

1. 汽油机的负荷调节是通过改变_____从而改变混合气量的方法实现的,称这种调节方法为_____。
2. 负荷特性表示发动机转速一定,燃油经济性指标随_____而变化的关系。
3. 汽油机的速度特性是指_____不变,性能指标随_____而变化的关系。
4. 外特性是指_____时的速度特性。
5. 部分负荷速度特性是指_____。
6. 柴油机的速度特性是喷油泵油量调节机构的位置_____,柴油机的性能指标随转速变化的关系。

7. 柴油机的外特性是指油量调节机构固定在_____位置时测得的速度特性称为标定功率速度特性，习惯上也称外特性。

8. 柴油机的部分负荷速度特性是指油量调节机构固定在小于标定（或称额定）功率循环供油量位置时测得的_____。

9. 使用外特性为带_____时测得的特性。

10. 最大转矩转速越低，发动机克服外界阻力的能力_____。

11. 万有特性为以转速为横坐标，以转矩或平均有效压力为纵坐标，在图中画出许多等耗油率曲线和_____，组成发动机万有特性。

12. 柴油机调速特性是指调速器起作用时，柴油机性能指标随_____变化的关系。

三、思考题

1. 什么是发动机特性？发动机调整特性？使用特性？
2. 发动机的常用工况有哪几种？
3. 研究发动机特性有何意义？
4. 什么是发动机负荷特性？画出汽油机、柴油机负荷特性曲线，并解释曲线变化趋势。
5. 如何用负荷特性分析发动机工作的经济性？
6. 什么是发动机速度特性？画出汽油机和柴油机速度特性，并解释其变化趋势。
7. 什么是发动机万有特性？如何由各种转速的负荷特性做出万有特性？
8. 衡量发动机转矩特性的参数有哪几个？它们是如何定义的？
9. 转矩适应性系数、转速适应性系数的大小对发动机性能有何影响？

第 7 章 发动机性能试验

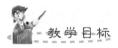
教学目标

掌握功率试验、负荷特性试验、万有特性试验、机械损失功率试验、起动试验、怠速试验等性能试验的条件与方法；了解发动机台架试验系统的组成；理解水力测功机、电力测功机和电涡流测功机的工作原理；掌握水力测功机的操作规范；了解试验环境系统涉及的所有内容。

教学要求

知识要点	掌握程度	相关知识
发动机试验条件与方法	掌握发动机功率试验、怠速试验、负荷特性试验、万有特性试验、机械功率损失试验、起动试验	GB/T 18297—2001《汽车发动机性能试验方法》
试验装置	了解发动机台架试验系统的组成 理解水力测功机、电力测功机、电涡流测功机工作原理 了解试验环境系统涉及的所有内容	台架组成 水力测功机、电涡流测功机、直流测功机 发动机测试系统

发动机性能试验 第7章

导入案例

发动机试验是发动机生产和科学研究工作中必不可少的一个环节。发动机试验中，除了观察一些物理和化学现象外，更重要的是对发动机运行过程中许多有关的物理量和化学量进行精确的定量测定。若没有先进的测量方法和测量装置及先进的数据处理方法，发动机的研究和开发将会受到极大的制约。要想使发动机更好地服务于社会，就必须了解发动机性能，而发动机性能获得的最好途径就是试验，因此按照 GB/T 18297—2001《汽车发动机性能试验方法》的规定进行试验是必然的。

那么如何开展这些试验，做这些试验需要的测试设备都是些什么呢？图 7.1 所示是发动机部分测试设备，你能说出它们的具体用途吗？

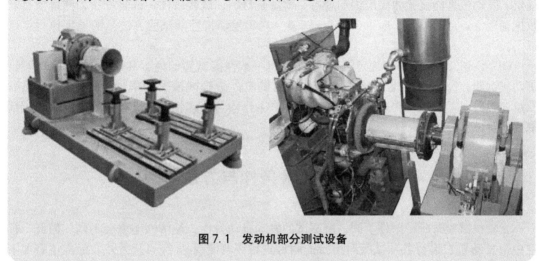

图 7.1　发动机部分测试设备

发动机试验一般在专门的试验台上进行，所以又称发动机的台架试验，测试时通过一些专用的连接装置将发动机固定到试验台架上并接上所需的电、气、水、油和所需的仪器设备后进行测试。发动机进行台架试验主要在于检查发动机结构上的基本数据，以便考核发动机动力性能、经济性能和工作可靠性，检查发动机的整机和零部件的制造质量、可靠性和耐磨性。

发动机性能指标是用来衡量发动机性能好坏的标准，主要包括动力性、经济性、排放性能、可靠性和耐久性。

发动机工况就是发动机运行或工作的状况。负荷和转速是发动机运转过程中确定工况的两个主要运行参数。在整车速比确定的情况下，发动机转速与汽车速度成正比。负荷可由有效输出转矩或平均有效压力来表示，与汽车运行总阻力成正比。故欲了解汽车在各种工况下的性能和变化规律以及某一工况下运行的可能性，就必须研究发动机随工况的变化规律。

根据发动机的不同运行工况，发动机的性能可分为稳态性能和动态性能。稳态性能对应发动机的稳定运行，此时发动机循环平均的性能指标、工作过程参数不随时间变化。发动机的台架试验、汽车匀速行驶都属于这种工况。动态性能研究的是发动机从一个工况过渡到另一个工况的过程，如汽车的加速、减速、起动等。本章重点介绍发动机稳态下的一般性能试验。

发动机试验需测定的主要参数有：发动机的功率、转矩、转速、燃油消耗量、燃油消耗率、燃油温度、润滑油的温度和压力、冷却水出(入)口的温度、节气门的开度或喷油泵调节杆的行程、点火或喷油提前角、进气湿度、进(排)气的温度、压力气缸压缩压力、曲轴箱压力、涡轮增压器的压气机进(出)口压力、发动机空气消耗量、活塞漏气量等，必要时，还要检查排气的烟度、烟色、噪声和振动以及发动机工作的异常情况。有时，为了便于在试验后进行比较，需要把测定结果换算成标准大气状况，这时，还需要测定室温、湿度和大气压力等。

发动机台架试验的项目很多，但一般都按照国家标准进行，这些标准中，对各项试验最终要得到的参数和获得这些参数的环境条件及发动机工况以及具体的试验步骤都有明确规定。发动机性能试验如何组织和进行，即试验目的、试验条件、试验方法、测量项目及数据整理等，严格按照 GB/T 18297—2001《汽车发动机性能试验方法》的规定执行就可以了。

GB/T 18297—2001 中规定了 10 项发动机一般性能试验的内容和试验方法，分别是：①功率试验；②负荷特性试验；③万有特性试验；④机械损失功率试验；⑤起动试验；⑥怠速试验；⑦压燃机调速特性试验；⑧各缸工作均匀性试验；⑨机油消耗量试验；⑩活塞漏气量试验。

7.1 试验条件与方法

发动机试验时所带附件不同，所测试的发动机动力性、经济性等就会不同。因此，标准中对发动机在进行各项试验时所带的附件进行了规定见表 7-1。另外，标准还有如下规定。

(1) 凡属维持发动机工作必不可少的附件，如进排气歧管、化油器或节气门、电控系统、燃油输油泵、分电器、水泵、机油泵、增压器、废气放气阀、中冷器以及风冷发动机的风扇、导热罩等附件一律带上。

(2) 凡不是为发动机本身服务且又是外加负载的附件，如排气制动阀门、制动用的压气泵、空调用的冷气泵、动力转向用的液压泵等附件一律不带。若因为结构的原因，不便从发动机上拆下，其消耗的功率可加到发动机的实测有效功率中去或从机械损失功率中扣除。

7.1.1 功率试验

速度特性是指发动机油门开度不变时，发动机性能指标和特性参数随转速的变化规律。功率试验就是指全负荷(即节气门置于全开位置)时，与动力、经济有关的速度特性试验。它是在发动机节气门开度 100% 的位置时，在发动机工作转速范围内，发动机动力、经济性指标随转速变化的特性试验，也称外特性试验。

功率是发动机最重要的性能参数之一，在发动机试验中，大都需要测量发动机功率。发动机功率试验目的，首先就是评价发动机在额定工况下的动力性、经济性，包括额定功率、转矩、油耗率等；其次是确定其他工况下的最大动力性能指标，包括整机的最大转矩、最大转速及最大功率值;此外,还要测定外特性段的有害排放情况。

功率试验分为总功率和净功率试验,区别在于发动机工作时所带的附件不同。

总功率试验时,发动机仅带维持运转所必需的附件,如曲轴箱通风装置、发电机、调压器及蓄电池、发动机电控系统等,没有这些附件,发动机将无法工作。它表示发动机运转时能达到的最大性能指标。

净功率试验时,发动机应安装整车运行时所需配备的各种附件,且这些附件应该是原生产装备件,安装情况尽可能与实际安装情况相符。随着汽车排放法规愈来愈严格,为使真实运行时的排放性、动力性和经济性达到最佳匹配,匹配调整试验必须在净功率试验状态下进行,所以现代汽车发动机的性能指标常用净功率指标来表示。

表7-1 试验时发动机所带附件

序号	附件名称		1 起动试验	2 怠速试验	3 功率试验 总功率	3 功率试验 净功率	4 负荷特性试验	5 万有特性试验	6 压燃机调整特性试验	7 机械损失功率试验	8 各缸工作均匀性试验	9 机油消耗量试验	10 活塞漏气量试验
1	进气部分	空气滤清器、进气消声器及连接管道	▷	▷	○	▷	○	▷	○	×	▷	▷	○
		进气、混合气预热	▷	▷	○	○	▷	▷	×	○	▷	▷	▷
		曲轴箱通风装置	▷	▷	▷	▷	▷	▷	○	▷	▷	▷	×
2	排气部分	燃油蒸发排放控制装置	○	○	○	○	○	×	×	○	○	○	×
		试验室排气系	×	×	▷	▷	▷	×	▷	▷	▷	▷	▷
		排气连接管道、消声器及尾管	▷	▷	×	×	▷	▷	▷	▷	▷	×	×
		排气再循环装置	○	○	▷	▷	▷	▷	○	▷	▷	▷	▷
		二次空气装置	○	○	▷	▷	▷	▷	▷	▷	▷	▷	▷
		催化转化器	▷	▷	×	×	▷	▷	▷	▷	▷	▷	▷
3	冷却部分水冷机	散热器、护风罩及风扇	▷	▷	×	×	×	×	×	×	×	×	×
		节温器	▷	▷	×	×	×	×	×	×	×	×	×
4	电子电器部分	发电机、调压器、蓄电池	▷	▷	▷	▷	▷	▷	▷	▷	○	○	○
5	传动部分	发动机系统	▷	▷	▷	▷	▷	▷	▷	○	▷	▷	▷
		变速器	▷	▷	×	×	×	×	×	×	×	×	×

注:▷表示应带的附件;×表示不应带的附件;○表示可带可不带的附件,但在试验报告中注明。

1. 试验内容及测试项目

进行功率试验时,发动机节气门全开,即节气门开度设定到 100％位置,在发动机等于及低于额定转速范围内,依次地改变转速进行测量,适当地分布 8 个以上的稳定工况点作为测量点。测试各测量点的转速、转矩、耗油量,并计算功率和燃料消耗率等。试验所需测量的主要项目有以下几个:

(1) 转速、转矩:发动机功率试验可直接测量发动机的转速和转矩,通过转速和转矩再计算出功率。转矩、转速和功率决定了发动机的动力性能,从而也决定汽车动力性能三要素,即车速、爬坡能力和加速能力。

(2) 燃料消耗率:为了了解发动机在全负荷工况下的经济性,需测量发动机燃料消耗量,再由此计算出外特性各工况下的燃油消耗率。

(3) 排放污染物:根据国家标准,柴油机的排气可见污染物的测量按 GB 17691—2005《车用压燃式、气体燃料点燃式发动机与汽车排气污染物排放限值及测量方法(中国Ⅲ、Ⅳ、Ⅴ阶段)》进行,汽油机的排气可见污染物的测量按 GB 18285—2005《点燃式发动机汽车排气污染物排放限值及测量方法(双怠速法及简易工况法)》。此处的测试是为了了解外特性段的排放情况。

(4) 排气温度、点火或喷油提前角、水温、润滑油温、油压以及燃油温度和燃油牌号:测量目的是保证试验工况处于最佳调整和正常工作状态。

(5) 进气状态:主要指大气温度、湿度、大气压力,测量目的是为了计算校正有效功率及压燃机的燃油消耗率,以便进行对比分析。

(6) 大气校正:为使试验数据具有可比性,试验时的试验条件应该为标准大气压状态。如果进行功率试验时不能在标准状态的实验室内进行,为便于比较、评价,必须将非标准大气状况下测得的功率和燃油消耗率换算成标准大气状况下的数值。这种换算就称为大气校正。

发动机标准进气状态见表 7-2。

表 7-2 发动机标准进气状态

进气参数	单位	标准值	进气参数	单位	标准值
进气温度 T	K	298	水蒸气分压 p_w	kPa	1
进气干空气压力 p_d	kPa	99	进气总压 p	kPa	100

有关详细校正的计算公式可参考 GB/T 18297—2001《汽车发动机性能试验方法》。

2. 功率特性试验的应用

发动机的主要性能指标有效转矩 T_{tq}、有效功率 P_e 和有效耗油率随其运转工况(负荷、转速)变化而变化的关系称为发动机的特性。其性能指标随发动机曲轴转速变化的关系称为发动机的速度特性,而性能指标随负荷变化的关系称为发动机的负荷特性。用曲线来表示这些关系,称为发动机的特性曲线。发动机特性是对发动机性能进行全面评价和鉴定的依据。

功率特性试验只是速度特性试验中的外特性试验,还有节气门开度小于 100％的部分速度特性试验。

功率特性试验是汽车发动机生产中以及产品检验、维修时最常用的试验方法。因为它可以直接反映该发动机产品所具有的最大动力性能。

发动机运转时,其功率、转矩和耗油量这三个基本性能指标会随负荷变化而变化。这些变化遵循一定的规律,将这些有规律的变化描绘成曲线,就有了反映发动机特性的曲线图,如图7.2所示。

功率特性试验也可用于发动机产品在不同调节参数,不同使用条件下的研究对比工作,如研究不同辛烷值对汽油机性能的影响,可采用功率试验的方法。

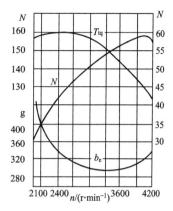

图 7.2 发动机特性曲线

7.1.2 负荷特性试验

1. 负荷特性及作用

负荷特性是在发动机转速不变的条件下,发动机主要性能参数随发动机负荷(功率、平均有效压力或节气门开度)的改变而变化的情况。

负荷特性试验的目的是在规定的转速、不同的负荷下评定发动机的经济性和排放性能。它主要表明在同一转速下,各种不同负荷时的燃油消耗率 b_e 随功率 P_e 变化的关系。对于额定转速,可通过负荷特性曲线找出发动机所能达到的额定功率和额定点的耗油率,判断功率标定的合理性;其他转速下,可通过负荷特性曲线找到发动机各工况中的最低耗油率 $b_{e,min}$,这是评价不同发动机经济性能的一个重要指标。

2. 试验方法及步骤

发动机起动前,首先要检查机油量以及起动电动机等电路连线,确认都连接正常;然后起动预热,检查油压、发动机状况,等水温、油温升到正常值(75℃)时方可开始实验。

发动机起动后,稍加负荷,使发动机逐步达到稳定热状态(发动机冷却水出口温度361±5K),机油温度368±5K,再开始试验。试验发动机转速一般控制在50%~80%的额定转速。

发动机在若干个转速(其中应含常用转速和2000r/min)下进行试验。发动机转速不变,试验从小负荷开始,逐步开大节气门进行测量,直至节气门全开,但转速始终保持不变。适当地分布八个以上的测量点,测量点应包括转速为2000r/min,平均有效压力为200kPa的工况点。图7.3表示的是某汽油机在2800r/min时的负荷特性曲线。为了确保实验的可靠性,再由大到小作一个来回。

测定每一工况下各参数时,必须使发动机在此工况下稳定运行,以防测录数据不稳定。测油耗时间至少测录两次以上,并取平均值。

3. 测量项目及数据整理

在对发动机进行负荷特性试验时,测量参数的数量和方法与功率试验时测量的参数基本相同,即在每一个工况下,测量发动机进气状态、转速、转矩、燃料消耗量、点火或喷油提前角、点燃机进气管真空度或绝对压力、空燃比和燃料牌号,按需要测量CO、HC、

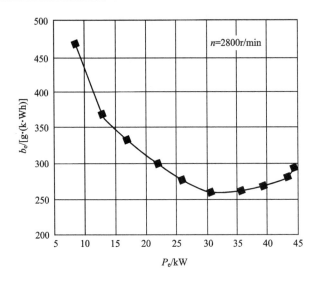

图 7.3 某汽油机的负荷特性曲线

NO_x 排放量等(点燃机按 GB 18285—2005,压燃机按 GB 17691—2005)。

绘制负荷特性曲线,横坐标可以是功率、平均有效压力、或者节气门开度。多个转速的负荷特性曲线划在同一张坐标图上时,以功率为横坐标则各条曲线按转速由低到高的顺序,从左到右分开,以便进行分析和观察。

7.1.3 万有特性试验

发动机负荷特性和速度特性分别反映了发动机主要性能参数随负荷和转速变化的规律,从而可以从不同的角度评价发动机的性能。汽车发动机在实际工作中,转速、负荷都在不断变化,要全面评价发动机的性能,单凭负荷特性和速度特性就有一定的局限性,因此需要一种能同时展示上述两种特性的图形来进行评价。万有特性曲线图(图 7.4)一般在工况面的二维坐标图上,表示为各种参数的等值线,如等燃油消耗率线、等功率线、等 NO_x 排放线等。

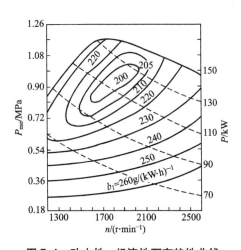

图 7.4 动力性、经济性万有特性曲线

万有特性试验实质上是所有负荷特性和速度特性的合成,它可以表示发动机在整个工作范围内主要参数的变化关系,用它来确定发动机最经济的工作区域,也可以确定某一排放污染物的最小值区域,等等。发动机参数匹配过程中,通过参数匹配,使这些最佳性能区域落在最常用的工况范围内,这是发动机性能匹配的重要原则之一。

万有特性试验的目的就是在不同转速、不同负荷下,评定发动机在车用状态(即带全套附件)下的经济性和排放特性。

通过万有特性曲线可以分析发动机的使用经济性,最内层的等油耗线的范围是经济性最好的区域。等油耗曲线横坐标方向较宽，表示发动机在转速变化较大而负荷相对变化较小的情况下工作时，经济性好，这种情况适用于汽车发动机。反之如果等油耗曲线纵坐标方向较长，则表示发动机在负荷变化较大而转速变化较小的情况下工作时，经济性较好，主要应用于工程机械上。

万有特性曲线是由许多条负荷特性曲线或多条速度特性曲线的数据绘制而成的，一般称为负荷特性法或速度特性法。这两种方法汽油机都有应用，而柴油机一般只用负荷特性法。

从发动机万有特性曲线上，可以看出全工况范围内，即各种负荷和各转速时平均有效压力、功率、耗油率、排放量等参数的变化规律，从而能够全面确定发动机最合理的调整和最有利的使用范围。这对于发动机与汽车的匹配研究上有着非常重要的作用。

7.1.4 机械损失功率试验

发动机的机械损失功率指的是发动机运转过程中的机械摩擦功率、附件功率和泵气损失功率之和。机械效率在大功率输出时可以超过80%，中低负荷时较低，怠速时为零。

机械损失功率试验的目的就是评定发动机的机械损失功率和点燃机节气门全开和全关的泵气损失的差异。

测量机械损失功率的方法有以下四种。

1. 示功图法

运用燃烧分析仪测录气缸的示功图，通过示功图测算出发动机的工作过程功（指示功），从中算出指示功率 P_i 值，从测功器和转速计读数中测出发动机的有效功率 P_e 值，从而可以算出机械损失功 P_m 及机械效率 η_m 值。这种直接测定方法是在发动机真实的工作情况下进行的，从理论上讲也完全符合机械损失的定义，但实际应用有很多问题。

首先结果的正确程度往往决定于示功图测录的正确程度，其中最大的误差来源于 $P\text{-}\varphi$ 图或 $P\text{-}V$ 图上活塞上止点位置精确、真实的确定极为困难；此外，在多缸发动机中，各个气缸多少存在着一定的不均匀性，而在试验中往往只测录一个气缸的示功图用以代表其他各缸，这也会引起一定的误差，若所有气缸都绘制示功图，这在生产上、科研上都很难做到；再有缸内压力测量误差很难精确控制；因此，示功图法一般用于当上止点位置能够得到精确标定时才能取得较满意的结果。

2. 倒拖法

倒拖法在具有电力测功机的试验条件下方可进行。试验时，电力测功机拖动发动机运转，测功机测出的倒拖功率即为发动机机械损失功率。

测量方法是将发动机与电力测功机相连，当发动机以给定工况稳定运行，冷却水、机油温度达到正常数值时，切断对发动机的供油，将电力测功机转换为电动机，以给定转速倒拖发动机，并且尽量维持冷却水和机油温度不变，这样就能测出倒拖功率。

这种测试方法的误差来源主要有：

（1）气缸内不燃烧，气缸内压力显著下降，作用在活塞、连杆、曲轴以及转动齿轮之间的摩擦损失也随之下降。

（2）不着火条件下，排气温度下降，工质密度上升，使排气泵损失功比实际的大。

（3）气缸壁温度比不着火时显著下降，黏性阻力的上升会有一定的补偿。

这三个因素的综合结果是：倒拖时所消耗的功率要超过发动机在给定工况工作时的实际机械损失，在低压缩比发动机中，误差大约为5%，在高压缩比发动机中，误差有时可高达15%~20%，因而此方法在测定汽油机机械损失时得到较广泛的应用。

3. 灭缸法

灭缸法仅适用于多缸发动机在稳定工况下运转，且各缸点火或喷射装置轮流被关闭的情况下进行。

先测出其有效功率 P_e，之后在发动机供油状况不发生变化的情况下，关断某一气缸后，测功机立刻调整以恢复发动机转速到原来的数值，并重新测定有效功率 P'_e。这样，如果灭缸后其他各缸的工作情况和发动机械损失没有变化，则被熄灭的气缸原来所发出的指示功率 $(P_i)_x$ 为

$$(P_i)_x = (P_i)_x - (P_e - P'_e)_x$$

依次将各缸灭火，最后可以从各缸指示功率的总和中求得整台发动机指示功率 P_i 为

$$P_i = \sum_{x=1}^{n}(P_e - P'_e)_x \tag{7-1}$$

然后可以求出 P_m 和 η_m。采用这种方法时，只要停止一缸的燃烧不致引起进、排气系统的异常变化（如排气管结构不致因一个气缸灭火而引起足以破坏其他气缸换气规律和充量系数的排气压力波变化）的情况下就会相当准确，其误差在5%以下。对于增压发动机，由于排气压力波发生变化，对于汽油机，由于进气情况改变，往往得不到正确的结果。

4. 油耗线法

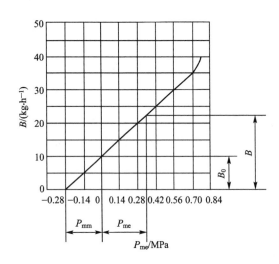

图7.5 用油耗线法求柴油机的 P_{mm} 值

油耗线法仅适用于无节气门的压燃式发动机。

图7.5所示为一台柴油机在转速不变的情况下进行负荷特性试验时所获得的每小时燃油消耗量与平均有效压力的关系曲线，如果把燃油消耗量曲线延长并示出其与横坐标轴的交点，就可以求得 P_{mm} 值。这个方法虽然只是近似的方法，但只要在低负荷附近燃油消耗量曲线为直线就相当可靠，即使没有电力测功机和燃烧分析仪也能进行测定。但是，这种方法不适用于用节气门调节功率的汽油机。当测得其 P_{mm} 值后，其机械效率可近似地用下式估算，即

$$\eta_m = \frac{P_{me}}{P_{me}+P_{mm}} = 1 - \frac{P_{mm}}{P_{me}+P_{mm}} = 1 - \frac{B_0}{B} \tag{7-2}$$

式中：B 为欲测取 η_m 的工况的小时燃油消耗量。

上述四种测量发动机机械损失的方法，均存在一定的误差，如果运用尽可能多的方法测量并对结果进行对比分析将更有意义。

在以上所介绍的几种测定机械效率的方法中，倒拖法只能用于配有电力测功机的情

况，因而不适用于大功率发动机，而较适用于测定压缩比不高的汽油机的机械损失。对于排气涡轮增压柴油机（$P_b<0.15\text{MPa}$），由于倒拖法和灭缸法破坏了增压系统的正常工作，因而只能用示功图法、油耗法来测定机械损失。对于排气涡轮中增压、高增压的柴油机（$P_b \geqslant 0.15\text{MPa}$），除示功图外，尚无其他适用的方法。

7.1.5 起动试验

要使发动机由静止状态过渡到工作状态，必须先通过外力转动发动机曲轴，使气缸内先吸入（或形成）可燃混合气，并使其燃烧做功，达到能持续自燃的基本条件后，发动机循环才能自动进行。

起动试验的目的就是评定发动机的低温（汽油机环境温度255K、柴油机263K）、中温及热机起动性。起动性的优劣取决于起动发动机所需要的拖动时间。

低温起动试验要求汽油机在255K、柴油机在263K的环境温度下进行，加足防冻液及润滑油的发动机（含变速器）、充足电的蓄电池和燃油一起置入规定的低温环境，待蓄电池电解液、防冻液及润滑油温达到规定的环境温度±1K时，即可开始低温起动试验。

中温热起动试验前，在40%～80%额定转速下运转，待冷却液温度达到361±5K后，急速10s，停机120min，环境温度不限，即可开始中温起动。

热机起动试验前，在40%～80%额定转速下运转，待冷却液温度达到361±5K后，急速10s，停机10min，环境温度不限，即可开始热车起动。

按制造厂使用说明书的规定程序进行设置和操作。起动机通电拖动发动机，气缸内着火工作，转速升高，通电时间（亦称拖动、起动时间）不得超过15s，发动机能自行运转10s以上不熄火，则认为起动成功，该试验完成。在拖动及自行运转（10s）期间不得操纵发动机。

若起动失败，按制造厂使用说明书的规定程序再次进行设置和操作，在3min内继续进行下一次起动；低温起动时需待冷却液、润滑油及电解液达到规定的环境温度，方可进行下一次起动。若三次起动失败，则终止该种试验。

起动试验测量项目主要包括：起动失败次数、起动成功的拖动时间、环境温度和进气状态。起动机和蓄电池的最低工作（即起动时的）电压、拖动及自行运转的发动机转速、起动电流、进气管绝对压力等与时间的关系曲线；起动前冷却液、各种润滑油及电解液的温度；汽油牌号及馏程、柴油牌号。

起动试验评定方法：

(1) 起动失败一次扣2分，失败两次扣5分，失败三次评定为1分。

(2) 发动机的起动性总分等于起动成功的评分减去起动失败的扣分数。若差值小于1时，令总分为1。

起动时间与分数的关系见表7-3。

表7-3 起动时间与分数的关系

拖动时间/s	0～1	2	3	4	5	6	7	8～9	10～15	15以上
低温起动评分	9	9	8	7	6	5	4	3	2	1
中温/热机起动评分	9	7	5	3	2	2	2	2	2	1

注：低温起动评分时环境温度要求汽油机255K、柴油机263K；中温/热机起动评分时环境温度不限。

7.1.6 怠速试验

汽车在行驶过程中，需要经常用到发动机的怠速工况，如汽车起步前及短时间内的停车等，都要求发动机处于怠速转速且转速平稳并能非常圆滑地过渡到汽车的起步、行驶工况。故怠速工况下的发动机性能、排放及整车的驾驶性显得非常重要。

怠速试验的目的就是要评定发动机的怠速质量，即发动机处在低温冷机及热机状态下，无负荷时，评定发动机怠速运转的平顺性（如转速波动量）及运转持续性（不熄火）。

怠速工况指的是发动机无负荷运转状态，即离合器处于结合位置、变速器处于空挡位置、采用化油器供油系统的车的阻风门处于全开位置、加速踏板处于完全松开位置时的稳定运转工况。

怠速试验方法分低温冷机怠速试验及热机怠速试验两种：

1. 低温冷机怠速试验

低温冷机怠速按照低温起动试验的规定，在规定的低温下，起动机停止拖动后，发动机能自行运转，即开始低温冷机怠速试验。手动变速器在空挡（M—O），离合器接合，运行20s，终了时记录数据；随后仍在空挡（M—O），离合器分开，运转20s，终了时记录数据。若系自动变速器，在"停车挡"（A—P），运转20s，终了时记录数据。

2. 热机怠速试验

发动机在40%～80%的额定转速下运行，待冷却液出口温度达到361±5K时，节气门回到怠速工况的位置，环境温度不限，即开始热机怠速试验。手动变速器置于空挡（M—O），离合器接合，运行20s，终了时进行数据测量。若系自动变速器，置于"停车挡"（A—P），运转20s，终了时进行数据测量。

试验中若遇发动机熄火，应立即起动，进入试验工况再运转20s，只记录熄火次数，不记录拖动时间。一旦试验开始，便不再操纵发动机（如节气门），任其自行运转或熄火。用仪器记录发动机转速与时间的关系曲线。

试验测量项目主要包括：测进气管绝对压力或真空度、怠速（或高怠速）转速、燃料消耗量、点火提前角/喷油（或供油）提前角、瞬时的怠速的最高和最低及平均转速、熄火次数、怠速质量的分数。

怠速质量评定标准见表7-4。

表7-4 怠速质量评定

评语	分数	怠速质量
优秀	9	不太感觉发动机在怠速运转
很好	8	清晰地感觉到在运转，但运转平顺
好	7	运转略有振动，但无反感
尚可	6	运转略微粗暴，但转速稳定
及格	5	运转中度粗暴
不及格	4	运转粗暴，但能维持运转，不熄火

(续)

评语	分数	急速质量
不太可靠	3	运转严重粗暴,维持运行无把握,可能熄火
不可靠	2	熄火1次,在急速工况持续20s运转难以维持
很不可靠	1	熄火2次或2次以上,不能维持运转,人为操纵节气门才能继续运转

7.1.7 发动机其他性能试验

发动机其他性能试验项目还有:

(1) 压燃机调速特性试验:目的是用稳定调速率来评定压燃机的调速性能,适用于非电控汽车柴油机。由于调速时转速变化范围小,所以调速特性试验曲线近似于负荷特性曲线。试验方法也大致相同。

(2) 各缸工作均匀性试验:多缸机各缸工作均匀性包括进气均匀性、燃料供给均匀性和燃烧均匀性,它与发动机的燃料经济性、爆燃强弱、功率输出大小及排放污染等有关联。为提高发动机的燃料经济性,减少爆燃及排气污染,点燃机需进行压缩压力试验及各缸排气中CO测量,压燃机需进行单缸熄火功率试验。压缩压力试验的目的就是评定点燃机各缸进气的分配均匀性;各缸排气中CO测量或空燃比测量试验,目的是评定汽油机各缸混合气空燃比的均匀性;单缸熄火功率试验目的是评定非增压压燃机的各缸指示功率的均匀性。

(3) 机油消耗量试验:目的就是评定发动机在规定工况下的机油消耗量。该项试验的运行工况规定见表7-5。

表7-5 机油消耗量试验工况

机型 工况	点燃机		压燃机
转速/(r·min^{-1})	额定转速	额定转速	额定转速
负荷(%)	100	30	100
持续时间/h	24	24	24

(4) 活塞漏气量试验:目的就是评定活塞组与气缸套的气体密封性,亦可用来监护这对摩擦副的工作情况。

7.2 试验装置

发动机性能试验一般在发动机台架试验室内进行的。发动机台架试验包括试验室和控制室两部分。而试验室内的试验系统主要由试验测试系统和实验室环境系统两大部分组成。测试系统由测功机保证发动机正常运行的燃料供应系统、空气供给系统、冷却系统、控制系统及数据采集系统组成。实验室环境系统主要包括通风系统、发动机进排气系统和消声与隔声系统，以保证发动机在所需的正常环境中运行，避免室内外噪声和排放物的污染。

试验系统的控制部分及操作界面放在实验室的控制间内。

7.2.1 发动机试验测试系统

发动机试验测试系统主要包括不同种类的发动机以及工况装置、试验台架总成、配套测试控制系统以及各种传感器和测量装置。图7.6所示为发动机试验测试系统图。

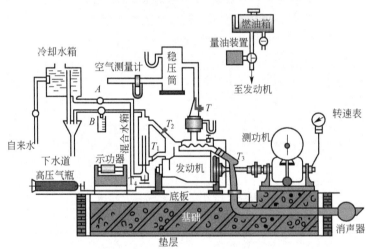

图7.6 发动机试验测试系统

一般台架系统组成：

（1）测功系统。

（2）发动机冷却水系统：主要由冷却水箱、预热装置、板式换热器、膨胀水箱、电动调节阀与相应的泵、阀及管路等组成。

（3）发动机润滑油系统：主要由机油箱、预热装置、板式换热器、油滤以及相应的泵、阀与管路等组成。

（4）发动机燃油系统：主要由燃油箱、热交换器、油耗仪及相应的泵、阀与管路等组成。

（5）发动机进气系统：主要由进气集流管、水-气热交换器、管路等组成。进气集流管对发动机的进气流量进行测量;水-气热交换器模拟发动机增压中冷的冷却装置。

(6) 发动机排气系统:主要由排气总管(发动机排气管到高温引风机之间)、高温引风机和排气烟囱等组成。

(7) 循环水系统:循环水系统有热水池、冷水池、高温差冷却塔、冷水泵、备用泵、阀与各种管路。

(8) 数据采集系统:由各种传感器、变送器、采集前端、工控计算机及其外设等组成。

(9) 操纵控制柜。

发动机性能测试中常用设备有测功机、油耗仪,控制发动机节气门的执行机构以及各种转速、温度、压力测量的传感器和二次仪表,还有用于各种流体测量的流量仪,如空气流量计等,现代先进的试验台架一般都将常用的设备和测量仪器、仪表集成组合在一个控制台上,利用电子计算机和控制软件对发动机的工况(转速和转矩)进行控制和处理。汽车发动机是高速运动的机器,有关参数(如气缸内温度和压力)处于急剧变化的过程之中,因此,要求发动机的测试仪器测量精度高、响应快、工作可靠,位于发动机内部的传感器处于高温、高压、高频震动及腐蚀气体的高速冲刷之中,工作条件恶劣,对其要求就更高。

1. 测功机种类及结构原理

发动机将其输出的机械能传送给测功机,测功机根据吸收的能量所转换的形式,可分为水力、电力和电涡流三大类。

水力及电涡流测功机最终是将所吸收的能量变为水或电涡流的热能而散发掉;电力测功机则将吸收的能量变为电能再反馈到电网中加以利用。

电力测功机分为直流测功机和交流测功机,因其价格昂贵所以很少被采用。

最常见的测功机为水力测功机和电涡流测功机,水力测功机因其测试与控制精度、操作、使用寿命、动态响应时间等诸多问题,而被国外发达国家淘汰。电涡流测功机控制性能和响应速度明显优于水力测功机,而价格又远低于电力测功机,所以电涡流测功机成为其主导测功装备。

1) 水力测功机

水力测功机又称水涡流测功器,国外早在 20 世纪 60、70 年代就已广泛使用。其结构是由一个架于滚动轴承上可摆动的外壳和架于主轴上的转子组成。动力机输出的机械能在这里转化为热能,并由进入壳体的水吸收而排出带走。转子凹坑与左右侧壳凹坑形成工作腔,使水产生涡流,带走热能。

水力测功机是以水为工质,利用固、液体之间相对运动的摩擦力,将发动机的机械能转为水的热量的一种液力测功装置,其主体为水力制动器,有圆盘式、柱销式、叶轮式和涡流式等基本形式。

圆盘式水力测功机结构如图 7.7 所示。发动机在工作时,与发动机输出轴相连的转轴 3 带动转盘 5 高速旋转。盛有一定厚度水层的外壳 8 为不转动的定子。由于转子和定子之间的特殊结构,转盘旋转搅水时,二者之间形成强烈的水涡流,消耗发动机发出的能量,产生了对发动机制动的阻力矩。支承在轴承 4 上的测功机外壳 8 是自由摆动的。外壳的一侧固定有力臂,与测力机构相连。根据作用与反作用的原理,测力点必须结合外壳一个反力矩用于平衡水流对外壳的作用力矩。于是,由测力点测得的力,乘以力臂的长度就是阻力矩值。阻力矩的调节可通过调节水量，改变腔内水层的厚度来实现，从而实现对测功机吸收功率的大小的控制。

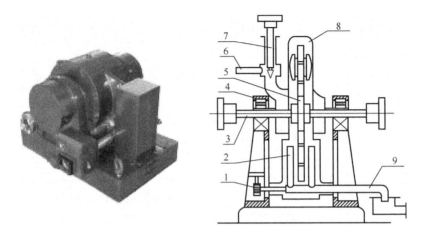

图 7.7 圆盘式水力测功机
1—涡轮；2—引水管；3—转轴；4—轴承；5—转盘；
6—进水口；7—进水阀；8—外壳；9—出水管

测功机出水温度应控制在 60℃ 左右，以免产生气泡使阻力矩急剧变化，影响工作稳定性。

2）电力测功机

电力测功机分为直流与交流两种，这里只介绍直流电力测功机。

直流电力测功机就是一个外壳可浮动的直流发电机，其结构如图 7.8 所示。它与一般发电机主要的不同之处是定子外壳被支承在一对轴承上，并可以绕轴线自由摆动。在定子外壳上固定一个力臂，他与测力机构连接，用以测定转矩。直流电力测功机特点有：

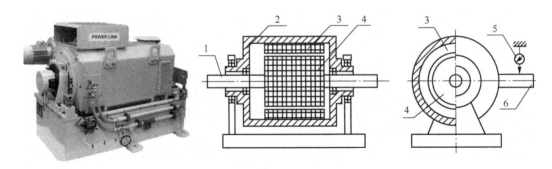

图 7.8 直流电力测功机结构简图
1—转子；2—定子；3—励磁绕组；4—电枢绕组；5—测力机构；6—力臂

（1）优异的加载特性：具有额定转速以下（直至零转速）恒转矩特性，额定转速以上恒功率特性；具有正反转向同样的加载特性。

（2）节能：采用电力回馈，大大节约能源消耗。一般可以节能 70% 以上。

（3）正向加载（发电机运转）、反转倒拖（电动机运转），无环流任意切换。

（4）全数字化调节，精度高，稳定性好，可靠性好。

(5) 使用方便：无须水冷、油冷装置；调节方便；设备简单，占地少。

(6) 响应快。

(7) 直流电力测功机的结构上存在机械换向器和电刷导致了一些固有的不利之处，如维护费用高，占地面积大，单机容量、最高转速都受到限制。

3) 电涡流测功机

电涡流测功机具有结构简单、控制方便、有很宽的转速范围和功率范围等特点，故应用非常广泛。但它只能吸收被试验装置的功率，使其全部转化为热能而不能发出电力，也不能作为电动机驱动发动机工作。

电涡流测功机的基本原理是旋转时引起磁路中磁通变化，从而产生电涡流来吸收发动机的功率，并转化为热量，再由冷却水带走，其结构如图7.9所示。

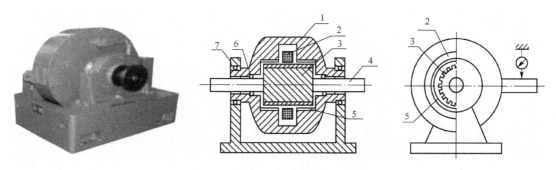

图7.9 电涡流测功机结构简图
1—定子；2—励磁线圈；3—感应子；4—转轴；5—涡流环；
6—转轴轴承；7—摆动外壳（定子）轴承

电涡流测功机的制动器主要由定子和转子组成。定子1上有励磁线圈2和涡流环5，转子由带齿形的感应子3和转轴4组成。当直流电流通过励磁线圈时，就会在定子和转子之间的一个闭合磁路中产生静态磁通。这个磁场在锯齿形的感应子的凹凸处的磁通密度不同，当感应子旋转时涡流环的磁通密度不断变化，因而在涡流环表面形成涡电流，以阻止磁通的变化，从而产生对感应子的制动作用。

在旋转过程中，定子外壳因磁力作用而受力，由于它是浮动的，可利用测功机的测力机构测定转矩。电涡流测功机易于调节负荷，只要改变励磁线圈的电流即可。

电涡流测功机优点：运转平衡，转动惯量小，体积小而吸收功率大，成本低于直流电力测功机，测试工艺比较成熟，是目前应用最为广泛的测功机之一。

电涡流测功机缺点：电涡流测功机和水力测功机一样，只能吸收发动机的能量，将其全部转化为热能消耗而不能回收，也不能倒拖发动机运转；而热量主要靠冷却水带走，因此冷却水不仅要求充足，而且水质要好，需要软化处理，以免水垢堵塞冷却水通道；另外水可能导致设备的腐蚀磨损，同时还易受到不利的冷却冲击。

2. 测功机的选配

测功机的选配要求：

(1) 必须保证使发动机的外特性曲线全部落在所选测功机工作范围之内，即发动机输出的机械能应全部被测功机吸收，机组运行要安全。

(2) 测功机应能快捷、方便地调整其内部控制参数,改变测功机内部的特性,从而能进一步扩展测功机的应用范围,提高试验质量。

(3) 测功机特性与发动机特性要良好配合,以保证发动机正常运行。

要使发动机与测功机形成的系统正常稳定工作,必须同时满足两个条件:

(1) 发动机输出特性曲线与测功机制动特性曲线应在测试的工况点上相交。

(2) 若运行工况偏离交点时,系统应能产生回复力矩,使其快速自动收敛到工作点,而不是发散到其他位置或者不正常地往复摆动。

选用测功机类型和型号时,再满足稳定运行前提下,还应遵循的原则:

(1) 被试验发动机的工况面应在测功机被允许运行的工作范围内并处于性能较佳的位置。

(2) 测功机的响应速度和动态特性应满足被试验发动机的要求。车用发动机对动态响应的要求较高,特别是研究发动机动态特性更是如此。

(3) 在满足性能要求的前提下,应具有良好的性价比。

测功机的选择与试验台的用途、试验目的、使用条件等因素有关,因此根据试验内容不同,测功机选用须要考虑性价比。一般情况下都选用成本较低的水力测功机和电涡流测功机。

3. 测功机、发动机机组安装

试验台基础及其上固定的刚性底极用于安装测功机和发动机。由于发动机工作时振动很大,因此试验台架的基础设计,测功机与发动机的连接及安装都是非常重要的。安装质量将对试验质量和测试精度产生很大影响。

1) 台架基础

在台架基础设计时,应注意考虑以下几个方面。

(1) 试验台应靠近有水源的一边,基础与墙壁距离不少于 1.5m,并应注意使测功机离开墙壁的距离留有校正臂的安装位置,校正臂有一定的长度,是转矩标定时使用的装置。整个实验室要求通风好,光线足,照明符合规定要求。

(2) 台架基础应有足够的质量,以使发动机试验时的振动降至最低限度。地基基础的浇注应考虑到被测对象,使安装好的测功机能适用于在其测试范围内的各种型号发动机。试验台基础及其上的底板与支架应有足够的刚性,否则在强烈的振动下会产生挠性变形。尤其要注意结构件的谐振频率应避开发动机运行时的频率范围。

(3) 应采取有效的隔振措施,减少试验台振动能量向外界传递。简单的办法是在混凝土基础下面垫一层黄沙,并在基础四周开防振槽,并用木屑或炉渣填充。

(4) 地下埋设线管时应在混凝土浇筑前完成,排气管若也埋在地下时,应与线管相距 0.5m 米以上。

2) 测功机与发动机的安装

在紧固测功机地脚螺栓前,需用水平仪校正测功机在两个互相垂直方向的水平度,其安装精度为 1/1000,以保证测功机的灵敏度和正确性;发动机的支架固定在底座上,支架一般需要 3~4 个。固定发动机的支架与发动机之间有弹性减振块。被测试发动机经常变换时,发动机最好安装在三个自由度均可变位的附件支架上,使安装和调整更方便。发动机安装节气门执行器时,要确保发动机调速手柄行程在节气门执行器之内。

3）测功机与发动机的连接

发动机与测功机的连接件一般采用万向节或弹性万向节。发动机与测功机连接后，要进行找正工作，以保证旋转轴的同轴度，一般要求在 $\phi 0.05\text{mm}$ 之内。无论哪种连接方式，要尽可能减少作用于测功机上的附加力矩和轴向力，以免引起发热或发生设备事故，无法正常测试。为保证安全通常在靠近测功机端加装一辅助支座。在发动机与测功机的万向节处加装安全罩，以防零件飞出伤人。

4）数据采集与处理系统

发动机进行试验时，数据采集系统的任务就是完成试验台实时数据采集、记录、处理和输出功能，以完全反映发动机现场运行特性。试验过程中需要测量的参数很多，如功率、转矩、转速、燃料消耗率、燃油温度、润滑油压力和温度、进气压力和温度、排气温度和压力、冷却水的进出口温度等。数据采集系统结构示意图如图 7.10 所示。

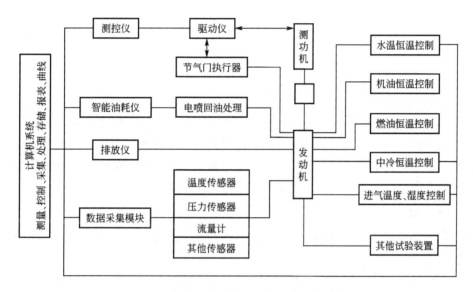

图 7.10 发动机试验数据采集系统结构示意图

发动机试验时待测的众多参数大部分都是通过各种类型的传感器实时测量的，但有些参数则需根据测量到的参数和公式进行换算得出。现今的测试系统一般都提供数据的后处理，依据测得的参数数据直接提供所需数据的最终处理结果，以表格和曲线等形式表示。

发动机试验中，有很多非电物理量（简称非电量），非电量的电测系统成为最常用的采集系统。所谓非电量电测系统是一种利用电或电子技术对各种非电量进行测量的方法。一般都是先把被测的非电量变换成与它有关的电信号（电压、电流、频率等），然后利用电器测量的方法，对该信号进行测量、记录及数据处理。

非电量测量系统主要包括：

(1) 传感器：作用就是进行信号转换，把输入的被测非电量转换为电信号。

(2) 信号调节器：将传感器输出的电信号变换成传输不失真，且便于记录、处理的电信号，如信号源的阻抗变换、信号的放大和衰减与波形变换、信号滤波、多路信号切换等。

(3) 显示和记录器：显示和记录信号调节器输出的信号，显示必要的数据变化图形，供直接观察分析或将其保存,供后续仪器分析、处理。目前常用的显示装置有三类:模拟显示、数字显示和图像显示。常用的记录装置有笔式记录仪(X—Y函数记录仪、电平记录仪、电子电位差计等)、光线示波器、磁带记录仪、电传打字机等。

(4)数据处理系统:将记录的信号按测试目的与要求提取其有用信息,通过专用计算机进行分析、处理,如概率统计分析、相关分析、功率谱分析和传递特性分析等。数据处理仪器主要有频谱分析仪、波形分析仪、实时信号分析仪、快速傅里叶变换仪等。

除此之外,非电量测量系统还包括完成数据采集所需的计算机硬件和软件。为保证采集系统的准确性,系统中还有定度和校准等系统附加设备,就不一一叙述了。

4. 控制系统

发动机台架控制系统是完成各类发动机常规性能试验、测量和数据处理的计算机系统。可手动或自动进行发动机测试,而且可以在两种控制方式之间平稳切换。

控制系统的功能为:对发动机节气门和测功机负载调节装置实施控制,以便于进行发动机各种各样的试验;通过控制智能油耗仪,实现对发动机燃料消耗量的自动测量;对发动机冷却系统和机油温度实施恒温控制;在测试过程中对发动机实施监控和报警保护,如超速、低油温、水温和油温以及油压过高、负载过大等。

控制系统的核心是一个能独立工作的计算机系统。工作时,系统首先根据性能试验类型(功率特性、负荷特性等),确定当前的控制方式,如恒转速、恒转矩等。然后由被测试的工况计算出理想的节气门位置,理想的测功机负载调节装置位置,并结合当前传感器的反馈信号不断地测量实际工况与理想工况之间的偏差,及时进行调整,使试验工况尽可能地向理想值方向靠近。最后在显示器上显示采集到的参数数据。

5. 冷却系统

在进行发动机性能试验过程中,试验台有专门的冷却系统,包括散热器、节温器和温度控制器等零件。

实验室冷却系统主要用于冷却来自试验台架的热量、测功机热量、发动机冷却系统热量、燃料及润滑油温度控制。此外还可以保持稳定液面(水力测功机)及清洗等功能。

冷却系统有两种形式。

(1)内循环式冷却系统。模拟实际装车情况,发动机的水泵将热水送入散热器,散热器前面有冷却风扇,模拟汽车行驶时的迎面风。这种封闭冷却系统,适用于中、小功率发动机。

(2)外循环式冷却系统。这种冷却方式适用于中、高功率发动机。一般情况下,实验室所有发动机台架共用一个外循环冷却系统,其线路流程如图7.11所示。

由于试验用水量很大,冷却系统都应采用循环方式,以便节约用水量。因此实验室都有一个位于地下的蓄水池,水平面应低于测功机的低面高度。蓄水池的容量取决于实验室的台架数及设计功率、测功机形式、使用台架试验的频率以及冷却塔的容量。

试验时,通过手动或自动调节方式,将城市自来水补充到蓄水池中,以保持稳定的蓄水池水位。当冷却水温度过高时,通过水泵将部分水送至冷却塔进行冷却。由于发动机台架用的测功机需要稳压(通常压力为350~400kPa)以保持水位不变,因而需要一个稳压阀加以调节。稳压后的冷却水还要用于燃料、水冷发动机和发动机发动机机油的冷却,由于冷却温度不同,通常应配备热交换器。所有台架的回水经回流管流回蓄水池。

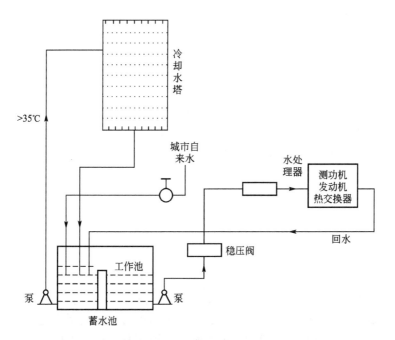

图 7.11　发动机实验室外循环冷却系统线路流程图

冷却系统的水泵和阀门均能自动控制与调节。因冷却系统为多个台架共用，故每个台架的操纵台都可对其控制，保证只要有一个台架在工作，水泵就处于运转状态；只有当所有台架都停止工作时，才关闭水泵。为方便试验发动机的安装与运转，水管的布置应尽量安排在地平面以下。因台架是弹性的，故与台架相连的水管应使用柔性连接管。另外，冷却水还要进行水处理以软化和去盐。

7.2.2　实验室环境系统

完善的成套试验设备还应配套包括发动机水、油、气温度控制的辅助试验环境保证装置。实验室环境系统主要从以下几个方面考虑：通风系统、发动机进气系统、排气系统、实验室消声与隔声系统。

1. 通风系统

为把汽车发动机台架室内发动机辐射出来的热量和泄漏的废气排出室外以及控制室内的温度和废气浓度在规定的范围内，实验室需要通风系统。

发动机室内的气流组织有两种方式：

（1）上送下排式，有利于发动机泄漏于室内的废气和烟尘直接被吸入地下室排出室外，减少废气对室内的污染。

（2）下送上排式，使进入室内的空气直接冷却发动机，可得到较好冷却效果，通风系统简单，投资少。

发动机台架实验室试验时，发动机的散热量多，变化也很大，精确地确定散热量比较困难，同时由于发动机排气中的有害气体对环境和人体的影响，因此，对发动机实验室的通风设计提出了更高的要求。在设计中，若通风量过大，则使制造成本提高和运行费用增加，若通风量不足，则影响到试验的正常运行。

2. 发动机进、排气系统

1）发动机进气系统

发动机的进气可直接采用台架室的空气，也可采用专用空气源供给系统。专用气源供给方式有两种：一种是直接采取管道取得室外新鲜空气，此时应考虑有足够的流通截面，同时考虑进气的滤清和消声；另一种是采用进气调节系统供气，通过该系统调节进气状况（温度、湿度和压力），并保证进气洁净度。若进气调整为标准状态，则不必进行大气修正，此外也提供了进行一些环境模拟试验的可能。如用专用气源，则要保证送气量能满足试验发动机的进气要求。条件许可的情况下，尽可能采用 GB/T 18297—2001《汽车发动机性能试验方法》规定的发动机进气状况的要求，最佳供气条件应尽可能接近标准状况。

2）发动机排气系统

发动机台架试验时，通常不带消声器，废气必须用排气管道引到室外。为减少发动机排气背压，实验室的排气管直径要大于发动机排气管直径。废气应直接排到室外排气坑内进行消声、防爆及一些废气过滤处理。对必须模拟整车的实际使用状况，进行发动机使用试验时，发动机要装有正常运行过程中的排气管和消声器。在这种情况下，应当由通风系统排出废气。

每一套试验装置都应该有一套单独的排气管道，排气管一般安装在地沟中并引到室外。由于废气中含有水蒸气，排气系统的管道应能排出凝结水和残液。

3. 实验室消声与隔声系统

发动机噪声是环境污染的重要来源之一。为降低发动机实验室的噪声，采取的措施有：

1）实验室

发动机性能试验室一般在墙壁周围装用吸声材料；为降低发动机控制间噪声，控制台前面观察窗应安装双层、加厚高强度的玻璃窗；发动机台架底座下置隔振垫/隔振基础，其四周需开有隔振沟。双层玻璃不仅起到隔音的作用，也能保证试验人员的安全。

2）通风系统

通风风机需安装减振装置，进排风机应采用低噪声风机；通风风机出口处与风管采用柔性连接；通风风机进口/出口处分别设置消声箱；通风系统静压室的内部需采取吸声处理；进气管路应设置加热装置，并加装温度传感器。

3）发动机进排气系统

发动机进气管路应设置进气消声器，并加装滤清器；排烟管路为组合式绝热管，中间设置柔性连接并设置消声器。

7.2.3 主要性能参数及测试设备

发动机试验研究所用的参数中，有些参数可以直接测量，有些参数则需利用直接测得的参数或已有数据经过计算求出。发动机试验测量、计算后所需的参数项目主要有以下几种类型。

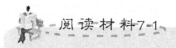

阅读材料7-1

发动机测功机

上海启测机电科技有限公司生产的测功机在国内拥有很大的市场份额,该公司生产的 YP 系列(压力式)水力测功机,共有 12 个规格,均采用电动排水蝶阀控制,即通过改变蝶阀的开度来改变吸收功率的大小。制动功率范围为 20~5900kW,品种齐全,该产品主要用来检测各种柴油机、汽油机、电动机等动力机的有效功率,是动力机特性试验、传动机械的效率试验中不可缺少的测试设备。

该产品主要特点:
◆ 体积小,安装容易。
◆ 结构简单,操作维护方便。
◆ 制动转矩大。
◆ 测量精度高。
◆ 工作稳定可靠。
◆ 磁电式测速传感器实现高精度瞬时转速测量。
◆ 快速响应。因为通过改变排水阀的开度,内腔工作压力瞬间变化,通过电子控制仪器的自动闭环控制,可方便、迅速地稳定到所需要的负荷值。从一个工况到另一个工况的过渡时间为 4s。

➡ 资料来源:http://www.qdhydl.cn/main.htm。

(1) 与常规动力、经济性能直接有关的项目:发动机的转速、转矩、功率、燃油消耗率、点火提前角、供油提前角、空气消耗量、进气压力和温度、排气压力和温度、润滑油的压力和温度、冷却水温度、燃油温度和密度等。

(2) 与发动机尾气排放有关的项目:一氧化碳(CO)、二氧化碳(CO_2)、碳氢化合物(HC)、氮氧化物(NO_x)、柴油机的微粒(PM)和烟度等。

(3) 与试验环境有关的项目:大气压力、温度和湿度、排气背压等。

(4) 其他项目:一些特殊要求进行的测试项目,如充量系数、过量空气系数、气缸内最高爆发压力、平均有效压力、压力升高率、噪声、振动等。

为完成上述参数的测试,需要一些测试设备。发动机测试中常用设备有测功机、油耗仪,控制发动机节气门的执行机构以及各种转速、温度、压力测量的传感器和二次仪表;还有用于各种流体测量的流量仪,如空气流量计等;还有测试尾气排放的专用排放仪;还有测量噪声、振动的噪声仪、振动仪等。

现代先进的试验台架一般都将常用的设备和测量仪器、仪表集成组合在一个控制台上,利用电子计算机和控制软件对发动机的工况(转速和转矩)进行控制和处理。汽车发动机是高速运动的机器,有关参数(如气缸内温度和压力)处于急剧变化的过程之中,因此,要求发动机的测试仪器测量精度高、响应快、工作可靠,位于发动机内部的传感器处于高温、高压、高频振动及腐蚀气体的高速冲刷之中,工作条件恶劣,对其要求就更高。

1. 查阅国标 GB/T 18297—2001《汽车发动机性能试验方法》规定的所有试验方法，系统地了解其内容。

2. 发动机台架试验包括_____和_____两部分，而实验室内的试验系统主要由_____和_____两大部分组成。

3. 简述功率试验、负荷特性试验、万有特性试验、机械损失功率试验、起动试验、怠速试验等性能试验的条件与方法。

4. 发动机测功机分为哪三类，各自的工作原理是什么？

5. 发动机台架试验系统及试验环境系统的组成包括哪些内容？

第 8 章 发动机增压

熟悉涡轮增压器的结构和工作原理;掌握离心式涡轮增压器的原理和增压发动机的特点;理解涡轮增压器与发动机的匹配;了解气波增压及谐波增压的工作原理。

知识要点	掌握程度	相关知识
增压概述	掌握发动机增压种类 了解发动机增压优势及发展现状	增压发动机不同增压方式的特点;发动机增压的优势
废气涡轮增压	掌握离心式压气机的工作原理与特性 掌握径流式涡轮增压器的原理与特点 熟悉定压涡流与脉冲涡流增压系统的结构特点 了解涡轮增压器与柴油机的匹配	离心式压气机结构及特性,压气机通用特性 10ZJ 涡轮增压器的结构 涡轮机特性曲线 定压与脉冲增压器的区别 柴油机与涡轮增压器联合运行特性;发动机增压改造
气波增压器	理解气波增压器工作原理 了解其性能及结构参数	气波增压器结构
汽油机增压	掌握涡轮增压在汽油机上应用的优缺点;了解谐波增压的工作原理	涡轮增压特点 谐波增压特点

导入案例

汽车的最高车速愈高，装备的发动机功率愈大，发动机增压的意义便愈大。国外有相当数量的汽油机轿车采用增压技术，然而国产轿车中只有个别车型的汽油机采用增压技术。以国产的某高级轿车为例，如果将其排量超过3L的自然吸气式汽油机改成增压汽油机，其排量也许不需要超出2L就可以保持原来的动力性，燃油经济性肯定可以得到明显的改善。这说明增压技术在中国汽油机轿车有很大的发展空间。

增压技术在载重汽车发动机方面的意义更大。中国早年生产的载重汽车大多为非增压的柴油机，有的还采用非增压的汽油机。这些汽车的燃油经济性相当差。目前在国产载重汽车中应用增压技术，不仅有利于提高汽车的动力性和燃油经济性，而且能够消除黑烟，减少碳氢化合物和一氧化碳排放，使柴油机在不采用催化转化器的情况下已可轻松地满足欧洲2号排放标准。

图8.1所示是典型的几种增压方式，你能回答出它们的工作原理吗？

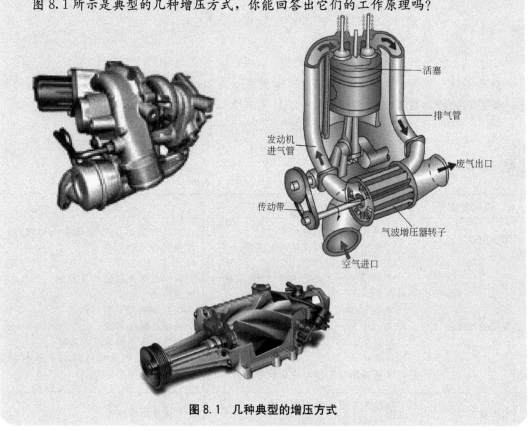

图8.1 几种典型的增压方式

8.1 发动机增压概述

发动机所能发出的最大功率主要是由气缸内燃料有效燃烧所放出的热量来决定的，而这受每循环吸入气缸内实际空气量的限制。若空气在进入气缸前得到压缩，空气的密度增大，则在同样气缸工作容积的条件下，可以有更多的新鲜空气进入气缸，因而可以增加循环供油量，获得更大的发动机输出功率。

增压是发动机发展的一个飞跃，一台性能优良的发动机，其主要表现为比功率大、比质量小、燃油消耗率低、排放污染小、工作可靠、使用寿命长、操作方便。

增压是在不改变气缸工作容积大小的前提下，利用增压器增加进入气缸前的空气压力，有效地提高进入气缸中的充气密度或使得可燃混合气密度增加，以增大进入气缸的空气或可燃混合气质量，从而获得更大的发动机功率。增压后发动机功率的增长程度常以增压度表示，目前绝大部分的大功率柴油机、半数以上的车用柴油机以及相当比例的高性能汽油机均采用了增压技术。一般而言，增压后的功率可比原机提高40%～60%甚至更多，发动机的平均有效压力最高可达到3MPa，使发动机的燃油经济性大幅度提高，所以增压已经成为发动机强化最有效的手段之一。

汽油机增压，在增压原理上虽然与柴油机增压基本相同，但在技术上要比柴油机增压困难得多。主要是由于汽油机增压后爆燃的倾向增大，热负荷增高，且增压系统也较复杂。过去除高强化汽油机的赛车和高原行驶车辆采用增压技术外，一般汽油机很少应用。20世纪70年代后，世界各地特别是在发达国家，城市污染与噪声已成公害，再加上石油危机，这就促使汽油机增压技术得到较快的发展。目前，汽油机增压已被广泛采用。

现代各种动力装置对动力性能的要求越来越高，因此就要求发动机不断提高其强化程度。说明发动机强化程度的主要动力指标是升功率P_L，即

$$P_L = \frac{P_{me} n}{30\tau} \times 10^{-3} \quad (8-1)$$

式中：P_{me}为平均有效压力；τ为发动机冲程数；n为发动机标定转速(r/min)。

在冲程数τ一定时，升功率可有两种方式提高，提高平均有效压力或提高标定转速n。因受到燃烧恶化，容积效率和机械效率的急剧降低、使用可靠性降低、工作寿命减短以及发动机振动和噪声加大等原因的限制，提高转速n的幅度不大。一般中型高速柴油机的转速不超过3000r/min，相应的活塞平均速度c_m为12～13m/s；汽油机的转速一般也不超过6000r/min。提高升功率的第二个途径是提高平均有效压力P_{me}。所幸的是，提高P_{me}时发动机机械负荷及热负荷不成比例增加，因此允许P_{me}作大幅度提高，甚至可成倍增长。

由发动机工作过程研究可知，影响发动机功率大小的因素很多，可表达为

$$P_e = \frac{H_u}{\phi_a L_0} \eta_{it} \eta_m \phi_c \rho_s \quad (8-2)$$

式中：H_u为燃料低热值；ϕ_a为过量空气系数；L_0为燃烧1kg燃料所需理论空气量；η_{it}为指示热效率；η_m为机械效率；ϕ_c为充量系数；ρ_s为充气密度。

式(8-2)中，H_u及L_0是常数，而对于非增压四冲程柴油机$\eta_{it}=0.43\sim0.50$；$\phi_c=0.78\sim0.85$；$\eta_m=0.80\sim0.90$。这三个参数的提高是有限的，于是非增压柴油机的强化主要是靠减小ϕ_a来实现，但过分减小ϕ_a会导致发动机热应力提高，燃烧过程恶化，冷却系统带走的热量增加，还会使发动机的指示效率下降，即

$$\lambda = \frac{N_e}{N_{e0}} = \frac{P_e}{P_{e0}} = \frac{\rho_s}{\rho_0} \quad (8-3)$$

式中：λ 为增压度；ρ_s 为增压后的充气密度；ρ_0 为增压前的充气密度。

由式(8-3)可以看出，增压度的大小取决于充气密度的提高程度，而 $\rho_s = \dfrac{p_s}{RT_s}$ 充气密度的提高，除了可以提高进气压力以外，还可以降低进气温度。于是为了增强增压效果，特别是在高增压情况下需要采用进气冷却措施，中冷除了可以提高充气密度以外还可以相应降低排气温度，并对降低发动机热负荷也是有利的。关于增压程度的划分目前尚无统一的规定，但通常以增压压力划分。一般划分的范围为：

低增压 $P_s < 0.18 \text{MPa}(P_e = 0.8 \sim 1.0 \text{MPa})$；
中增压 $P_s = 0.18 \sim 0.25 \text{MPa}(P_e = 0.9 \sim 1.5 \text{MPa})$；
高增压 $P_s = 0.25 \sim 0.35 \text{MPa}(P_e = 1.4 \sim 2.2 \text{MPa})$；
超高增压 $P_s > 0.35 \text{MPa}(P_e > 2.0 \text{MPa})$。

8.1.1 发动机的增压方式

目前，常见的增压方法有以下几种：机械增压、排气涡轮增压、复合增压和气波增压，以排气涡轮增压应用最为普遍，它使得发动机的功率、经济性、质量、体积等各项指标都有明显改善。近年来，随着空气动力学和电子计算机技术的日益发展以及小型高速增压器设计技术的不断提高、大批量机械加工工艺水平日益成熟，为设计和制造效率高、转速大、质量小、惯性小、工作可靠性好的涡轮增压器打下了基础，涡轮增压器效率大大提高，工作可靠性显著改善，成本也明显降低，使得涡轮增压器在各种用途的柴油机和汽油机中的应用日益广泛。

1. 机械增压

增压器(如离心式压气机、罗茨式压气机、螺旋转子式、活塞式压气机)由发动机的曲轴通过机械传动系统直接驱动，将气体压缩并送入发动机气缸，实现对进气的压缩。

机械增压发动机具有较好的低速转矩和加速响应性能，但由于高速时的增压器噪声和使用寿命问题影响了它在发动机上的实际使用。近年来，机械增压重新得到了重视与发展，这是因为：

（1）制造工艺水平和材料科学的进步，使现代机械增压器的体积与噪声大幅度降低，效率和使用寿命有很大的提高。

（2）小排量发动机(如小于2L)采用涡轮增压难度很大，难于找到合适的涡轮增压器，而采用机械增压，则可以获得比涡轮增压更好的动力、转矩甚至经济性能。

机械增压的特点：不增加发动机背压，但消耗其有效功率；体积较大，总体布置有一定局限性；噪声大，机械磨损量大；增压压力一般不超过 0.15～0.17MPa，过多地提高增压压力，会使驱动压气机耗功过大，机械效率明显下降，经济性恶化，故它仅应用在小功率发动机上。

2. 废气涡轮增压

压气机与涡轮同轴相连，构成涡轮增压器，涡轮在排气能量的推动下旋转，带动压气机工作，实现进气增压。发动机排气涡轮增压系统包含压气机、涡轮机、中冷器等部件，按排气能量利用方式又可分为定压和脉冲涡轮增压两种。

涡轮增压是目前应用最为广泛和发展势头最快的增压方式。在车用发动机增压器中大多采用径流式涡轮增压器,这种驱动方式是由柴油机排出的废气推动涡轮旋转,以带动压气机,利用了废气的部分能量,可提高功率。采用这种增压驱动方式具有良好的经济性,且结构比较简单、紧凑。故目前车用发动机多采用废气涡轮增压方式实现增压。

与机械增压方式相比,废气涡轮增压在经济性方面具有优势,这是废气涡轮增压在车用大、中型发动机上广泛应用的主要原因。但是废气涡轮增压在低速、低负荷以及发动机处于动态运行工况时的优势不大,其缺点都显得非常突出,主要表现在加速冒烟和加速响应缓慢等方面;而机械增压方式在低速转矩响应性、加速性、对特性场的适应性及起动性等方面与废气涡轮增压相比具有很大优势。

3. 气波增压

气波增压(pressure wave supercharger,PWS)是根据压力波的气动原理,利用排气系统中的气体的压缩波和膨胀波进行能量传递使得进气压力提高从而实现增压。可变长度进气管是直接利用进气压力波和气流惯性增加气缸内进气量,某种意义上也是一种气波增压。

与传统涡轮增压器一样的是,气波增压器也是利用排气的能量进行增压;与涡轮增压器不同的是,来自气缸的排气和新鲜进气是在气波增压器中直接接触,能量能迅速从高能量的排气传递到低能量的进气,使增压压力迅速提高,因此,气波增压器具有良好的快速响应性能、低速性能,符合发动机广泛的转速变化的需要。由于气波增压器在各种转速条件下,都能提供给发动机足够的空气,使得发动机既不会失去低速下的良好转矩,也不会失去最大功率。气波增压器有极好的瞬态性能,不存在像涡轮增压器那样的"涡轮滞后"问题。同时,由于气波增压器工作时只要能从排气中获得压力波能就可以压缩进气,这样发动机在非常低的转速时也能获得增压,有较大的平均有效压力和功率。而且,由于气波增压器工作时,在其转子槽道内部进气和排气直接接触,这样部分排气会与进气一起流入发动机气缸,产生排气再循环(EGR),从而大大降低了排气中的 NO_x 含量,改善车辆的排放性能。

4. 复合增压

复合增压将上述多种增压方式加以组合,以获得更好的增压效果。

复合增压不是一种独立的增压方式,它只是前面三种增压方式的组合,如机械增压与涡轮增压的组合,一般用于大型船用发动机;二级涡轮增压方式可以获得更高的增压压力等。此外还有将涡轮转化的机械能直接驱动曲轴的复合式发动机方案。从实际应用的情况来看,排气涡轮增压占发动机增压的绝大部分。

发动机增压的几种基本形式如图 8.2 所示。

在发动机进气管内,利用气体流动的惯性和可压缩性所产生的惯性效应和波动效应及其综合效应来改善充气效果,这种增压方式称为惯性增压。

发动机惯性增压的主要措施之一就是加长进气管。一般来说,进气管加长,进气阻力增大,充气系数会下降。但是,实际情况正相反,在不同管长所持有的转速下,充气量显著增大。采用惯性增压时,由于进气管较长,实际应用中受到总体布置的限制,故很少应用。

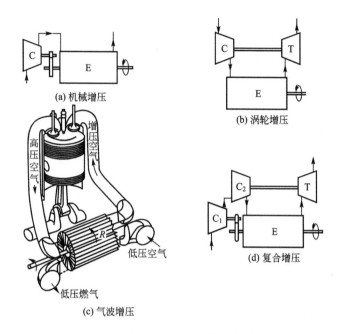

图 8.2 发动机增压的几种基本形式

E—发动机；C—压气机；T—涡轮机

8.1.2 发动机增压技术的优势与代价

车用发动机采用增压技术不仅具有动力性、经济性优势外，还有以下诸多优点：

(1) 功率相同时，增压器的质量与尺寸相对发动机而言都很小，增压可以使发动机在总质量和体积基本不变的条件下，输出功率得到大幅度的提高，升功率、比质量功率和比体积功率都有较大增加，因而可以降低单位功率的造价，提高材料的利用率，对于大型柴油机而言，经济效益更加突出。

(2) 在达到其额定输出功率时，摩擦损耗的比例相对减小，在部分负荷时，增压发动机的工况点更接近最大功率的工况点。

(3) 通过增压器的合理设计，可以对转矩特性进行改进，如低速高转矩的特性，以适合车用的特点。

(4) 高原空气稀薄，发动机功率下降，发动机增压后有利于恢复功率，使之达到或接近平原性能。

(5) 通过增压可以改善发动机的排放。对于增压汽油机，通过合理设计燃烧室可以降低 HC，在低负荷范围内可以降低 NO_x（在高负荷区 NO_x 会有所升高）；对于增压柴油机，NO_x 略有上升，由于空气过量系数较大，烟度下降。

(6) 与自然吸气发动机相比，排气可以在涡轮中得到进一步膨胀，排气噪声有所降低。柴油机增压后，气缸内温度和压力水平提高，可以使滞燃期缩短，有利于降低压力升高率和燃烧噪声。这对于直喷柴油机特别有利。

(7) 技术适用性广，高低速的二冲程和四冲程的各种缸径的发动机均可增压强化。

当然，上述优势的取得是需要花费一定代价的，因为：

（1）增压后气缸内工作压力和温度明显提高，机械负荷及热负荷加大，发动机的可靠性和耐久性受到考验。

（2）低速时由于排气能量不足，可能会使发动机的低速转矩受到一定影响，对工程机械和车的使用造成不利影响。

（3）在涡轮增压器中，最明显的就是动力输出反应滞后。由于转子的惯性作用，叶轮对节气门的瞬时变化反应迟缓。从排气能量的变化到新的进气压力的建立需要一定的时间，所以发动机的加速响应性能较自然吸气机型差。

（4）增压发动机性能的进一步优化，受到增压器及中冷器的限制，其中增压器的问题集中在材料的机械强度、耐热性能、润滑、效率等方面，而对中冷器的要求是体积小，质量轻、效率高。

8.1.3 增压技术的发展与现状

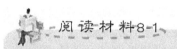
阅读材料8-1

增压器发展历史

最早的机械增压器是在20世纪最初10年内由美国人查德维克开发出来的，而第一个由废气驱动的涡轮增压器则是由瑞士人Alfred Buchi博士于1909年研究出来的。涡轮增压器的英文名称Turbocharger也是为了与Supercharger有所区分。在当时，这一概念并未被多数人所接受。

直到数年后，能为发动机带来更多动力的增压器开始逐步进入实用阶段。1925年，两艘德国船只上首次成功应用了2000马力（1米制马力＝735.49875W）的涡轮增压柴油机，这也促使Buchi博士的废气涡轮增压器很快在欧洲、美国和日本获得了生产权。从20世纪30年代开始，增压器被大量运用到船只、有轨机动车及固定式机器上。

增压器最初广泛应用在航空业。在汽车领域的应用，首先得到青睐的是机械增压器，产品成熟也相对早很多。20世纪20～30年代，当涡轮增压器仍然只被用在航空领域时，机械增压器已早就横扫欧美各大赛道了。那个年代知名度最高的两部赛车分别来自AUTO UNION（奥迪的前身）和奔驰。

进入20世纪50年代，GRAND PRIX大奖赛规则进行了修改，使得法拉利的自然进气发动机逐渐在欧洲赛场显现统治地位，机械增压器开始从赛场上引退。

20世纪60年代对机械增压器贡献最大的应属美国。随着小型化机械增压器的大批出现和直接安装到发动机上的便利性，追求大功率的车迷对V8发动机进行改装后往往都会再安上一个夸张的机械增压器。进入20世纪70年代后，为了能在NASCAR比赛中与雪佛兰的V8发动机一争高下，福特请McCulloch为其专门设计机械增压器，而400m直线竞速也推动了增压发动机风靡美国市场。

从20世纪50年代，康明斯、沃尔沃和斯堪尼亚等主要的发动机制造商开始研究在卡车上运用废气涡轮增压器技术。德国工程师kurt Beirer设计出了一台结构紧凑的废气涡轮增压器，解决了自身体积过大，并在柴油卡车上得到广泛运用。

涡轮增压器真正在民用柴油车上大批使用已经是20世纪70年代了，奔驰300SD和大众高尔夫增压柴油机是当时最具代表性的车辆了。使用涡轮增压器也突然变为非常时髦的事情，各公司都有起码一款高配置的车型使用该装置，甚至被视为高科技和高档的象征。那个时代下诞生了不少即使现在看来仍十分经典的车型，比如1973年款宝马2002 Turbo、1974年款保时捷911 Turbo，以及稍晚的萨博900 Turbo等，甚至法拉利都推出过几款涡轮增压车型。

20多年后的今天，增压器已不再单纯地用来提升运动性能，同样也是改善燃油经济性和降低排放污染物的有效手段，因为它能直接有效地优化燃烧效率。不过正如你可能了解到的，直到目前为止，增压器在汽油机上的运用远不如在柴油机上广泛，因为从技术特性来看，柴油机更需要增压器的帮助。

资料来源：http：//auto.sina.com.cn/news/2008-03-14/1527355099.shtml.

早在19世纪人们就开始研究增压技术，在20世纪初期增压技术得以初步应用。随着材料科学及制造技术的进步，增压技术在20世纪中叶开始走向大规模商业应用，并逐步从柴油机应用推广到汽油机中的应用。目前，增压技术已广泛运用于各种内燃机上，成为内燃机性能强化的重要有效的技术手段，成为内燃机发展的重要技术方向之一。

20世纪20年代末期，荷兰werkspoor（韦克斯浦尔）公司成功地制造了一台四冲程、十字头式、用活塞下部作增压泵的机械增压柴油机，并将其安装在安格洛·萨克桑石油公司的"梅加拉号"油轮上，取得预期效果。

与此同时，人们曾用外部传动的罗茨鼓风机或离心式压气机等来提高进入气缸的空气压力。1926年，在智利海拔1200m的一个发电站上，有七台MAX公司的B6V90型柴油机采用了电力传动罗茨鼓风机增压，使每台柴油机功率达到1100kW。

20世纪50年代后，废气涡轮增压用于汽车发动机上开始兴旺起来，这是工艺水平不断提高和增压器性能不断完善的结果。特别是径流式涡轮增压器的采用，使增压器结构小型化得以实现。采用耐热高弧合金，使涡轮具有耐高温的性能，全浮式滑动轴承的应用，解决了增压器转子高速运转的问题，从而使涡轮增压器的结构尺寸大大缩小；由于对叶轮内部流动的研究，使小流量的离心式压气机和径流涡轮的效率不断提高，流量范围越来越宽。这样，使增压发动机获得令人满意的性能，同时有可能采用更加小型的增压器。

目前，一方面由于汽车在往高速、重载方向发展，对发动机的功率和燃料经济性提出更高的要求，另一方面汽车发动机排气中的有害气体造成大气的污染，也引起人们高度重视，使人们极力寻求减小大气污染的措施。基于这些方面的原因，使汽车发动机增压技术获得很快的发展。

由于涡轮增压器在技术上已相当成熟，在与发动机匹配问题上也获得圆满解决，并具有较为突出的优点，因此涡轮增压成为汽车发动机增压的主要类型而获得广泛应用。

在研究和发展废气涡轮增压系统的同时，其他增压系统也相继有所发展，诸如气波增压系统就是其中一例。

随着气动力学和电算技术的进步以及加工工艺水平的提高，为设计和制造效率高、转速大、质量轻、惯性小、工作可靠的涡轮增压器打下了基础。目前，具有后掠式压气机叶轮、混流式涡轮、带放气阀及可变截面涡轮的新型涡轮增压器不断涌现。增压技术已发展到一个崭新阶段。柴油机采用增压技术之后，性能有了大幅度改善。

汽油机增压技术比柴油机早出现，但由于热负荷和爆燃等原因，发展不快。

1910年，Murray Willat研制成二冲程旋转式汽油机，成为首台机械增压航空汽油机，其在5200m的高空可保持地面功率。在第一次世界大战期间，许多航空发动机厂致力于研究汽油机机械增压并已达到很完善的程度。

1921年，装有压气机的汽油机第一次参加汽车比赛。在游览车上相继也安装了带压气机的汽油机。为了防止缸内发生爆燃，汽油机只能在行驶速度不过高时使用压气机。

20世纪50、60年代，美国开发出了一批增压汽油机小轿车。但是由于汽油机增压后热负荷很大、爆燃倾向加剧、防爆措施不得力、控制机构不简便等原因，汽油机增压汽车的研究一度处于停滞不前状态。

20世纪70年代，世界能源危机加剧以及排放污染问题日益突出，在节油和排气净化的促进下，人们又开始重视对汽油机增压技术的研究。同时，电子技术的高速发展也为爆燃控制创造了条件。

进入21世纪以来，随着直喷和电控技术的出现，车用汽油机增压的研究有了很大提高。

8.2 废气涡轮增压器

涡轮增压器主要由涡轮和压气机组成。发动机排出的废气经排气管进入涡轮，对涡轮做功，涡轮叶轮与压气机叶轮同轮，从而带动压气机吸入外界空气并压缩后送至发动机进气管。增压中冷发动机在压气机出口和发动机进气管入口之间增设中间冷却器(中冷器)，使压缩后空气的温度降低、密度增大。

发动机的排气涡轮增压器可以分为两大类：径流式涡轮增压器和轴流式涡轮增压器。一般大型柴油机多采用轴流式，以满足大流量、高效率的要求；而车用发动机多采用径流式，以适应高转速及较高响应性能的要求。

图8.3所示是径流式排气涡轮增压器结构图，它由同轴安装的涡轮和压气机组成，其中涡轮机转化发动机的排气能量，产生机械能，而压气机则消耗这部分能量，用以压缩进气，提高发动机的进气密度。

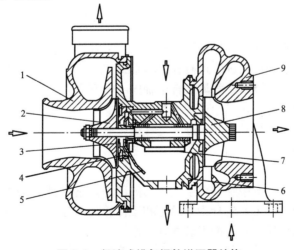

图8.3 径流式排气涡轮增压器结构
1—压气机蜗壳；2—压气机叶轮；3—推力轴承；4—压气机端密封座；
5—挡油板；6—中间壳体；7—浮动轴承；8—涡轮叶轮；9—涡轮蜗壳

8.2.1 离心式压气机的工作原理与特性

1. 离心式压气机的结构与参数

压气机有轴流式和离心式之分。由于离心式压气机结构紧凑、质量轻以及在较宽的流量范围内能保持较好的效率,且对于小尺寸压气机,效率优于轴流式。因此,涡轮增压器都采用离心式压气机。

1) 结构

离心式压气机主要由进气道、工作轮(含导风轮)、扩压器和出气蜗壳等部件组成(图8.4)。离心式压气机比较适合于大流量低压比的发动机增压。为了获得高的效率,压气机必须高速旋转,因此非常适合与排气涡轮联合运行。

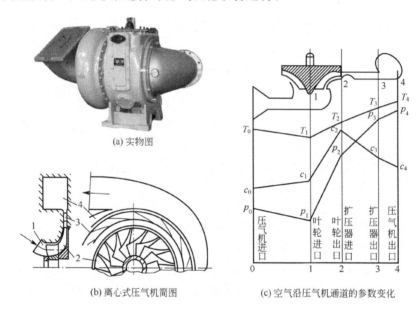

(a) 实物图

(b) 离心式压气机简图

(c) 空气沿压气机通道的参数变化

图8.4 离心式压气机工作过程简图
1—进气道;2—工作轮;3—扩压器;4—蜗壳

进气道的作用是将外界空气导向压气机叶轮。为降低流动损失,其通道为渐缩形。进气道可分为轴向进气道和径向进气道两种基本形式。

轴向进气道如图8.4所示,气流沿转子轴向不转弯进入压气机,其结构简单、流动损失小。中、小型涡轮增压器多采用这种结构。

径向进气道的气流开始是沿径向进入进气道,然后转为轴向进入压气机叶轮,其流动损失较大。一般仅在轴承外置的大型涡轮增压器或空气滤清器等装置的空间布置受限时,才采用这种形式。

压气机工作轮是压气机中唯一对空气做功的部件,它将涡轮提供的机械能转变为空气的压力能和动能。压气机工作轮分为导风轮和工作轮两部分。中、小型涡轮增压器两者做成一体,大型涡轮增压器则是将两者装配在一起。

导风轮是叶轮入口的轴向部分,叶片入口向旋转方向前倾,直径越大处前倾越多,其作用是使气流以尽量小的撞击进入叶轮。

扩压器的作用是将压气机叶轮出口高速空气的动能转变为压力能。扩压器的效率是动能实际转化为压力能的转化量和没有任何流动损失的定熵过程中动能转化为压力能的转化量之比，扩压器效率对压气机效率有重要的影响。

蜗壳的作用是收集从扩压器出来的空气，将其引导到发动机的进气管。由于扩压器出来的空气仍有较大的速度，在蜗壳中还将进一步把动能转化为压力能，因此，压气机蜗壳也有一定的扩压作用。蜗壳效率是动能转化为压力能的实际转化量和定熵转化量之比。

2) 参数

(1) 空气流量。单位时间流过压气机的空气量称为空气流量。空气流量可以用质量流量 G_K(kg/s)或容积流量 V_K(m³/s)来表示。

每一种型号的压气机，其使用流量均有一定的范围，即有最大流量和最小流量。流量范围决定了压气机的使用范围，即决定了压气机适用于柴油机的功率范围，其计算公式为

$$G_K = 14.3 P_e \cdot b_e \cdot \phi_a \cdot \phi_s / 3600 \tag{8-4}$$

式中：P_e 为一台增压器所供各缸总功率(kW)；ϕ_a 为过量空气系数；ϕ_s 为扫气系数；b_e 为有效燃油消耗率(kg/(kW·h))。

(2) 增压比。压气机出口压力 P_b 与进口压力 P_0 之比称为增压比，用 π_b 表示，即

$$\pi_b = P_b / P_0 \tag{8-5}$$

增压比是压气机最主要的工作指标，在离心式压气机中，π_b 一般为 1.4~3.0，个别的可达 5.0。

(3) 压气机转速。压气机转速是指压气机叶轮每分钟转数，用 n_k 表示，单位是 r/min，它等于涡轮转速 n_T。

2. 离心式压气机的工作原理

离心式压气机的工作过程：新鲜充量(空气)首先经过很短的呈收敛状的进口段，沿截面收缩的轴向进气道进入压气机叶轮，压力下降，气流略有加速。气流进入高速旋转的工作轮叶片组成的气流通道内，在离心力作用下受到压缩并被甩向叶轮外缘。气流从回转的压气机叶轮上吸收叶轮的机械能，使气体的压力、流动速度和温度均有较大的增加，空气能量的增加是由驱动工作轮的机械功转化而来的，而机械功又是来源于与之同轴相连的涡轮。在扩压器和出气蜗壳的通道内，由于两者截面积逐渐增大，气体所拥有动能的大部分转变为压力势能，压力和温度进一步升高，而速度下降。压气机壳的作用是收集从扩压器中流出的空气，并输向发动机进气管，在压气机壳中，空气的速度进一步降低，压力和温度进一步提高。这样，压力和密度得到提高的空气经发动机进气管路流入发动机气缸，从而达到增压的目的。

空气流经压气机通道时，压力 p、速度 c、温度 T 的变化趋势如图 8.4(c)所示。

在进气道入口，空气从环境状态进入，压力、速度、温度分别为 p_0、c_0、T_0。由于进气道是渐缩形通道，少部分压力能转化为动能。因此，在进气道中，空气的压力略有降低，速度略有升高。由于压力降低，温度随之降低。在进气道出口，亦即叶轮入口，空气的流速从气道进口的 c_0 增大到 c_1，而压力 p_0 和温度 T_0 分别下降到 p_1 和 T_1。

在叶轮入口处，当空气进入工作轮上叶片组成的流道后，在相邻两叶片之间的流道内由轴向转为径向流动。由涡轮带动高速旋转的压气机叶轮，靠离心力将进入的空气甩出叶轮，并将空气压缩。叶轮对空气作了功，在叶轮出口，亦即扩压器入口，使空气压力在叶轮出口升高到 p_2，流速和温度升高到 c_2 和 T_2。

在叶轮出口，气流再流入扩压器，气流动能在扩压器内部分转变为压力能，流速下降，而压力和温度升高。

在扩压器中，由于扩压器流通面积渐扩，因而对气体进一步扩压，使气体的部分动能转化为压力能。故空气的速度降低，压力升高，温度亦随压力升高。在扩压器出口，亦即蜗壳的入口，空气的压力、速度、温度分别为 p_3、c_3、T_3。

在压气机蜗壳中，仍有部分动能进一步转化为压力能，使空气速度进一步降低，压力和温度升高。在蜗壳出口，亦即整个压气机出口，空气的压力、速度、温度分别为 p_4、c_4、T_4。

在压气机通道中，只有叶轮是唯一对空气做功的元件，其他部位都不对空气做功，只进行动能和压力能之间的相互转化。如不计与外界热和质的交换，进气道出口空气的总能量应与环境状态空气的总能量相等，此处空气的滞止温度应为环境温度；而扩压器中和蜗壳中空气的总能量应与叶轮出口的总能量相等，即叶轮出口、扩压器出口和蜗壳出口三处的滞止温度相等。

压气机和涡轮机前后气体状态焓熵图如图 8.5(a)所示。

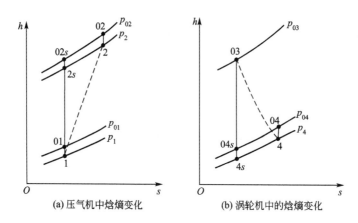

(a) 压气机中焓熵变化   (b) 涡轮机中的焓熵变化

图 8.5　压气机和涡轮机前后气体状态焓熵图

根据热力学第二定律，压气机的等熵效率为

$$\eta_b = \frac{\text{等熵压缩功}}{\text{实际压缩功}} = \frac{h_{02s}-h_{01}}{h_{02}-h_{01}} = \frac{T_{02s}-T_{01}}{T_{02}-T_{01}} = \frac{T_{01}}{T_{02}-T_{01}}\left[\left(\frac{P_{02}}{P_{01}}\right)^{\frac{k-1}{k}}-1\right] \quad (8-6)$$

为简化起见，不计压气机出口动能损失，可令压气机的增压比 $\pi_b = P_2/P_0 = P_{02}/P_{01}$，进口滞止温度为大气温度，$T_{01} = T_0$。根据热力学第一定律，忽略气体与通道壁面的传热，则压气机所消耗的机械功率为

$$-P_b = q_{mb}c_p(T_{02}-T_{01}) = \frac{q_{mb}c_pT_0}{\eta_b}\left[\pi_b^{\frac{k-1}{k}}-1\right] \quad (8-7)$$

离心式压气机的等熵效率一般为 0.70～0.85。根据压气机的效率表达式(8-6)，还可以求出压气机流出气体的绝热压缩温度 T_{02}。

3. 离心式压气机特性

1) 离心式压气机特性曲线

压气机在工作中，其主要性能参数将随着压气机运行工况的变动而变化。压气机的主要性能参数在各种工况下的相互关系曲线称为压气机的特性曲线。通常所说压气机的特性曲线是在相同转速的条件下，压气机增压比 π_b 和效率 η_b 随压气机流量 q_{mb} 的变化关系，称为压气机的流量特性，简称压气机的特性。该曲线以质量流量为横坐标，增压比和效率为纵坐标，转速为变参数。为了使用方便，一般将等熵效率以等值线的形式绘制在压气机的增压比特性曲线上，从而可方便地看出在各种工况下压气机主要工作参数之间的相互关系，其绘制方法如图 8.6 所示。首先以效率 η_b 的某一数值在效率特性线上画一平行于横坐标的线，然后找出该线与各转速的效率特性线的交点，并自各点做平行于纵坐标的线，连接各线与对应转速的增压比曲线的交点，绘出等效率线。依据不同的效率值可做出不同的等效率线。这样，就把增压比 π_b、效率 η_b、转速 n、流量 q_{mb} 四个参数之间的关系画在了一张图上，可以完整地表达压气机的特性，统称为压气机的特性曲线。等效率线类似鸭蛋形状，最内圈的中心部分是压气机的高效率区。$\eta_b = 55\%$ 的等效率线被称为"阻塞"线。压气机特性曲线反映了压气机的性能以及适合匹配什么样的柴油机。为了特性曲线在不同环境条件下的通用性，转速和流量应换算为相似参数或折合参数。

从特性曲线的等效率曲线看，中间是高效率区，高效率区一般比较靠近喘振边界线，沿高效率区向外，效率逐渐下降，特别在大流量及低压比区，效率下降很多。当压气机工作轮转速升高时，流量与压比均有所增加，但转速过高将受到材料机械应力及轴承可靠工作的限制。最高转速只能在某个允许范围内。车用发动机转速范围很大，从而要求压气机高效率区流量范围不宜过窄，为此在增压器研制中常采用具有无叶扩压器压气机或采用一种具有后弯式工作轮使之更符合气流在工作流道中的流动规律，以增大高效率的工作范围。

分析等熵效率式(8-6)可见，其值的大小主要与增压比有关，换句话说，增压比随流量的变化曲线，决定了等熵效率随流量的变化趋势，只是具体数值有所差异而已。

当压气机的流量大于或小于设计流量时，都会产生撞击损失，以上分析解释了在一定转速下，增压比和效率随流量变化趋势的成因。

空气进入压气机被压缩，若为没有任何损失的等熵过程，则压比不变，等熵效率为 1。因此，等熵过程的增压比特性和效率特性均是水平线，如图 8.7 中的 $a—a$ 线。但在实际中必然需要一部分功来克服各种损失。压气机在变工况下工作时，其流动损失可分为摩擦损失和撞击损失两类。

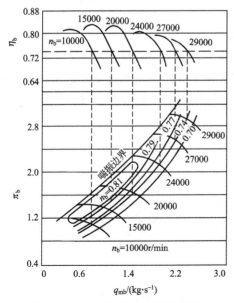

图 8.6 离心式压气机的流量特性

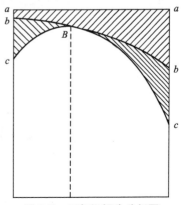

图 8.7 压气机损失分析图

摩擦损失，包括气流与压气机各通道壁面的摩擦、气体微团之间的相互摩擦以及气流超声速时的波阻等损失，这些损失都与气体的流速有关。在转速一定的条件下，流量增加使气流速度增大，摩擦加剧，增压比和效率越低，所以摩擦损失将随流量的增大而增加。增压比特性曲线和效率特性曲线应降为图 8.7 中的 $b—b$ 线。

撞击损失，是气流与叶片撞击造成的。当压气机工作在设计工况流量时，气流的入口角与工作轮叶片及有叶片扩压器叶片的设计几何角相等，气流冲角小，气流与叶片间的撞击现象和撞击损失均较少。但当压气机在实际工作过程中偏离设计流量时（无论是大于或小于设计值），气流不再是顺叶片设计角流入，而是存在一定的冲角，于是气流和叶片发生了撞击，在叶片的内弧或外弧（压力面或吸力面）产生分离，从而造成损失，偏离设计流量越多撞击损失越大，使增压比特性曲线和效率特性曲线进一步降低为图 8.7 中的 $c—c$ 线。上述两种损失的变化，使得流量特性线呈抛物线形状，且在流量大、转速高时压比的变化较为陡峭。

2）压气机的喘振与阻塞

压气机的喘振与阻塞是在一定的转速下，当压气机的气体流量减小到一定程度后，在导风轮入口或叶片扩压器入口气流撞击叶片，在叶片通道内产生并加剧了气流的分离而引起的。当叶轮或叶片扩压器通道内产生强烈的气流分离时，使压气机内的压力低于后面管道内的压力，因此发生气流由管道向压气机倒灌。倒灌发生后，管道内压力下降。气流又在叶轮的作用下正向流动，管道内压力升高，再次发生倒灌。如此反复，压气机内的气流产生强烈的脉动，使叶片振动，噪声加剧，管道内压力大幅波动，此时即产生所谓喘振。

在图 8.6 中，有一条压气机的喘振线，是压气机稳定工作的边界，出现喘振的工作点称为喘振点，对应的流量就是喘振流量。每一转速下都有一个喘振点，在效率特性上各喘振点的连线称为喘振线，随着压气机转速的增加，喘振点对应的流量和增压比增大。

当压气机工作在喘振线右侧时，其工作是稳定的，而在喘振线左侧运行时，压气机的工作因喘振而不稳定，出口压力显著下降，并伴随着很大的波动，严重时还会造成压气机的元件如叶片的损坏，是危险工况，因而压气机不允许在喘振条件下工作。一般来说，叶片扩压器流道内气流分离的扩大是压气机喘振的主要原因，而工作轮进口处气流分离的扩大会使喘振进一步加剧。喘振是叶片式压气机所特有的一种异常工作现象，必须给予足够的重视。

下面分析在不同工况下离心式压气机产生喘振的机理。图 8.8 和图 8.9 分别为某固定转速下，通过压气机工作轮进口（导风轮进口）和叶片扩压器的空气流动情况。图 8.8 左方为速度三角形，其中 c_{1a} 表示空气经导流后进入压气机叶片前缘时的绝对速度，u_1 表示压气机叶轮剖分处的圆周速度，ω_1 表示气流进入压气机叶片的相对速度。图 8.9 的速度三角形情况相似。

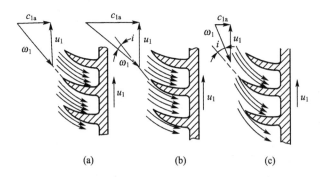

图 8.8　在一定转速、不同流量下叶片前缘的空气流动情况

(1) 正常工况(即设计工况)。当压气机在设计工况运转时,空气进入叶轮的方向(即气流相对速度 ω_1 的方向)与叶片构造角一致,因而气流能平顺地进入叶轮和扩压器的叶片通道,不会产生冲击,如图8.8(a)和图8.9(a)所示。

(2) 转速不变而空气流量增大。当空气流量增大,c_{1a} 相应增加,但方向不变,由于转速不变(即 u_1 不变),使空气进入叶轮时方向向后偏转了一角度 i(与虚线所示的设计工况下的空气流动方向相比)。气流进入工作叶片时,冲向叶片的凸面(背面),

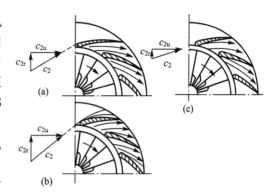

图8.9 在一定转速、不同流量下叶片扩压器的空气流动情况

在叶片的凹面产生涡流和分离,但叶轮的转动和气体在导风轮中拐弯时产生的离心力,压抑了气流分离的扩展;在扩压器中的气流则冲向叶片凹面,在叶片的凸面则发生分离并形成涡流,由于气流有按对数螺旋线运动的趋势,限制了气流分离的扩展,如图8.8(b)所示。故在大于设计流量时,只会引起冲击损失,而不会破坏压气机的正常工作。

(3) 转速不变而空气流量减少。当流量小于设计值时,由于 u_1 不变、c_{1a} 减小,使 ω_1 数值变小并产生方向的变化,与正常工况比向前产生偏离角 i。这样气流便在工作轮叶片的凸面和扩压器叶片的四面产生气流分离,如图8.8(c)所示。由于叶轮带动旋转所产生的气体惯性力,以及进入扩压器的气流有按对数螺旋线运动的趋势,不仅不能限制,反而扩大了涡流区域,造成气流从叶片上的强烈分离,使冲击损失增大。

当流量减小至某一值,偏转角 i 达到 $17°\sim18°$ 时,上述分离现象会扩展到整个叶轮和扩压器叶道,使气流产生强烈振荡和倒流,这就是压气机的喘振。产生喘振时的流量,称为喘振流量,它随着柴油机的转速升高而增大。

在某一增压器转速下,当流量超过设计工况到一定数值后,增压比和效率均急速下降,而流量却不会再增加,换言之,即使以增压比和效率下降很多作为代价,流量也难以增加。这个现象称为压气机的阻塞。压气机阻塞时所对应的气体流量称为阻塞流量,它也是该转速下压气机所对应的最大流量。产生阻塞的原因,是在压气机叶轮入口或扩压器入口这种局部喉口截面处,气流的速度达到了当地声速,从而限制了流量的增加。由于阻塞点难以严格界定,通常人为地规定,当效率降低到 $\eta_b=55\%$ 时,就认为出现了阻塞。

当压气机流量超过设计值时,尽管也会发生气流与壁面的分离现象,但由于气流惯性的存在,使得发生分离的气体受到其他气体的压缩而局限在入口边缘,无法扩展到整个叶片通道,故不会产生喘振,但撞击损失却是增大了。研究表明,出现阻塞的临界截面位置一般出现在叶片扩压器的进口喉部附近或是工作轮叶片进口的喉部附近。压气机阻塞后,流量便不能再增加,因此只能通过提高压气机的转速,才能获得更高的流量。

离心式压气机在大流量时可能发生阻塞,在小流量时又可能引起喘振,因此在设计或选配时应设法保证压气机具有宽广的工作范围,以满足增压发动机的运转要求。

3) 压气机的通用特性

压气机特性曲线是表示压气机在工作情况变化时,压气机的主要参数压比、流量、转速和效率之间的变化关系。它表征压气机性能的好坏以及与发动机配合工作的适应程度。

压气机特性曲线是根据压气机性能试验时,测得的空气流量、压力、温度、转速等数据,经过整理计算而做出的。上述参数都是在一定的大气状态下测得的。当外界大气状况变化时,这些参数以及由这些参数做出的压气机特性曲线也就跟着变化。

由于增压器使用地区、季节、气候条件的不同,大气环境条件的差异很大,压气机受进口空气状态的影响,实际使用时需要对特性参数进行相应的换算,给选用带来不便。根据气体流动相似原理,采用相似参数来绘制压气机特性曲线,称为压气机的通用特性曲线。通用特性曲线不受环境条件变化的影响,使用方便。

根据相似理论,只要表征气体可压缩性的相似参数——马赫数相同,气体的流动就是相似的。对于压气机而言,不管大气环境参数如何改变,只要按压气机进口处轴向气流绝对速度 v_1 算得的马赫数 Ma_1,以及按工作轮叶片进口外径处的圆周速度 v_2 算得的马赫数 Ma_2 相同,就满足相似准则,即

$$Ma_1 = \frac{v_1}{\sqrt{\gamma R T_0}}, \quad Ma_2 = \frac{v_2}{\sqrt{\gamma R T_0}} \tag{8-8}$$

式中:γ 为比热容比;R 为通用气体常数。

也就是说,不管压气机进口条件如何,满足 $Ma_1 = Ma_2$ 的气流,在压气机流道内的流动就是相似的,流动损失也是相似的。这样,用相似参数 Ma_1 和 Ma_2 绘出的压气机特性曲线与进口条件无关,因而可以通用。

但是,由于相似马赫数 Ma_1 和 Ma_2 不很直观,通常是寻找一些与 Ma_1 和 Ma_2 成比例的独立参数作为绘制压气机通用特性的相似参数。经过对进气速度 v_1 和圆周速度 v_2 的换算,Ma_1 和 Ma_2 分别与质量流量有关的参数 $q_{mb}\sqrt{T_0}/p_0$(或与体积流量有关的参数 $q_{Vb}/\sqrt{T_0}$)和增压器转速有关的参数 $n_b/\sqrt{T_0}$ 成正比,这样利用上述两个组合参数就可以绘制出压气机通用特性曲线。

在这种压气机特性曲线图中,必须注明测量时的大气状态。同时这种特性曲线图应用起来也不方便。为此,常引进相对的折合参数的概念。就是把试验时测得的上述参数,根据气流空气动力相似理论推导出来的换算公式,换算为标准大气状态下($P_0=0.1013$MPa,$T_0=293$K,分别是试验时测得的大气压力和温度)的参数值。实际应用中,离心式压气机通用特性曲线采用与上述相似参数成正比的折合参数来绘制,折合参数分别是

折合流量:

$$q_{mbnp} = q_{mb} \frac{101.3}{p_0} \sqrt{\frac{T_0}{293}} \tag{8-9}$$

折合转速:

$$n_{np} = n_b \sqrt{\frac{293}{T_0}} \tag{8-10}$$

根据上述定义,当试验条件和标准大气($P_0=0.1013$MPa,$T_0=293$K)相同时,折合参数和实际参数相同。图 8.10 即是

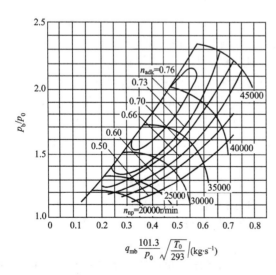

图 8.10 压气机的通用特性曲线

根据折合参数绘制的某压气机的通用特性曲线。

8.2.2 径流式涡轮机的工作原理与特性

涡轮的功用是将发动机排出的高温燃气所拥有的能量尽可能多地转化为机械功，用来驱动压气机。根据废气在涡轮机中的流通方向，涡轮增压器可分为径流式与轴流式。大中型柴油机都采用轴流式涡轮增压器（即燃气在涡轮内的流动方向平行于转子轴方向），如图 8.11 所示。车用发动机则应用径流式涡轮增压器（即燃气在涡轮内沿垂直于转子轴轴线的径向流动），如图 8.12 所示。

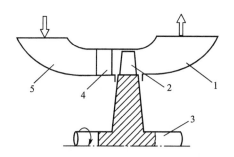

图 8.11 轴流式涡轮机示意
1—气壳；2—工作轮；3—涡轮轴；
4—喷嘴环；5—进气壳

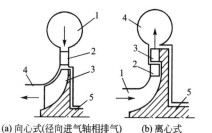

(a) 向心式(径向进气轴相排气)　(b) 离心式　(c) 混流式

图 8.12 径流式涡轮机示意
1—进气壳；2—喷嘴环；3—工作轮；
4—排气壳；5—涡轮轴

径流式向心涡轮燃气的流动方向是近似沿径向由叶轮轮缘向中心流动，在叶轮出口处转为轴向流出。径流式向心涡轮有较大的单级膨胀比，因此结构紧凑、质量轻、体积小，在小流量范围涡轮效率较高，且叶轮强度好，能承受很高的转速，故在中、小型涡轮增压器上应用广泛。

1. 典型增压器

图 8.13 是 10ZJ 型涡轮增压器的纵剖面图，其额定转速为 47000r/min，轴承采用内置式，主要供 135、146 型柴油机增压配套使用。

10ZJ 增压器有如下特点。

1) 涡轮机

涡轮壳 13 既是废气进气壳，也是废气排出壳。废气从喷嘴环 16 中沿径向流入涡轮叶轮（工作轮）12 中的半开式叶片通道膨胀加速，然后从轴向流出涡轮壳。喷嘴环由数十片均匀分布在环状底板上的叶片构成。涡轮叶轮整体制成，用键套装于转子轴上，并用螺母紧固。

2) 压气机

无叶扩压器 24 的圆筒形部分构成了压气机进气装置，压气机壳 1 的内部通道使增压空气进一步降速增压，最后将增压空气输出。导风轮和压气机叶轮（工作轮）2 制成一体。无叶扩压器的扩压部分仅是一个环形空间。

3) 转子轴及其支承装置

转子轴由两浮动轴承（浮环 20 和 8 等）支承，浮环等装在中间壳 6 上，中间壳除起支承作用外，其内部还有水腔和润滑油腔。

(a) 实物图

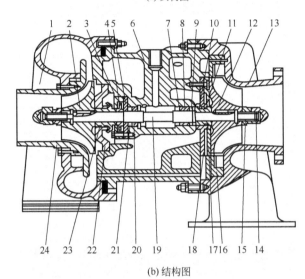

(b) 结构图

图 8.13　10ZJ 涡轮增压器

1—压气机壳；2—压气机叶轮；3—止推轴承；4—推力盘；5—止推板；
6—中间壳；7—卡环；8、20—浮环；9、21—游动片；10—油封环；
11—轴封；12—涡轮叶轮；13—涡轮壳；14—盖形螺母；
15—平肩螺母；16—喷嘴环；17—涡轮端气封板；
18—油封板；19—转子轴；22—压气机端油封板；
23—轴封；24—扩压器

在两浮动环的内侧各有一个簧片式卡环 7，用以轴向限位。在外侧各有一个游动片 21 与之相配，游动片端面形状与浮环端面相似，只是很薄，以减少浮环端面磨损；游动片本身有弹性，因而与浮环端面时离时合，且端面又有贮油槽，因而减轻了高速运转中的摩擦。

限制转子轴轴向位置的止推轴承组件是由固定于转子轴的推力盘 4、固定于中间壳上的止推轴承 3 和止推板 5 所组成。

4) 润滑、冷却及轴封装置

轴承的润滑和冷却用工质分别与柴油机润滑和冷却系统相连通，即采用压力油来润滑和冷却。压力油从中间壳中央垂直进入润滑油腔，然后分别流向左右，润滑浮动轴承和止推轴承组后流回油池，再流回柴油机的油底壳。这种润滑方式的缺点是压力油易被污损，使柴油机压力油消耗率高，因此在某些船舶上已采用增压器单独润滑的润滑系统。

涡轮端的密封由涡轮端气封板 17、油封板 18 和轴封 11 等组成。气封板的外圆面上有气封槽，以阻止废气径向窜漏。在气封板和油封板之间引入气封空气，阻止压力油与废气的相互窜漏。轴封是活塞环式轴向密封装置,也是用来阻止废气与压力油的轴向窜漏。

压气机端的密封装置由压气机端油封板 22 和轴封 23 组成。油封板紧固于中间壳上,内孔与轴封上的两道密封环接触,能同时阻止压力油窜入压气机和增压空气的漏泄。轴封与转子轴同步旋转,其内侧翻边在高速回转时将外窜的滑油甩回油池。

2. 排气在径流涡轮机中的流动

径流式涡轮机主要是由进气蜗壳 1、喷嘴环 2、工作轮 3 以及出气道 4 等组成,如图 8.14 所示。径流式向心涡轮机在形状上很像离心式压气机,但气流的流动方向与压气机相反,在一定程度上可以把径流式向心涡轮机的工作过程看成离心式压气机的逆过程。径流式向心涡轮的进气蜗壳用来把柴油机和增压器连接起来并引导柴油机的排气均匀地进入涡轮。根据增压系统的要求,蜗壳可以有一个、两个甚至几个进口口。在进气蜗壳与工作轮之间装有喷嘴环,喷嘴环上沿周向均匀的安装许多具有一定角度的导向叶片,叶片之间形成渐缩通道,排出的废气,经进气蜗壳、喷嘴环,沿导向叶片间的通道有方向、有秩序、均匀高速地冲进涡轮机的工作轮,进而带动压气机旋转。

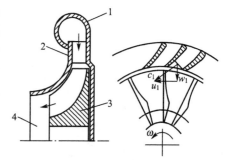

图 8.14 径流式涡轮机的工作简图
1—进气蜗壳;2—喷嘴环;
3—工作轮;4—出气道

一般的车用向心径流涡轮机皆有一定的反动度,即排气的能量不是全部由喷嘴转化为动能,排气的一部分能量要在涡轮的工作轮 3 的通道中继续转化。具有一定方向的气流进入工作轮后继续膨胀,在向心流动的过程中继续加速,将排气的能量转化为推动叶轮旋转的轴功,即气体推动叶片做功。从叶轮出口排出的气体仍然具有的一定速度,进入排气管后,该部分动能无法利用,形成余项(速)损失。

涡轮出气道内排气的能量与进口处发动机的排气能量相比(温度、压力)有很大下降,表明排气的大部分能量已传给了工作轮。

3. 涡轮机中的能量转换

与压气机相反,涡轮机将排气能量通过喷嘴部分转化为动能,并在叶轮中进一步膨胀,推动涡轮叶片旋转,从而将排气能量转化为机械功,其焓变过程如图 8.5(b) 所示,则涡轮的等熵效率为

$$\eta_\mathrm{T} = \frac{实际膨胀功}{等熵膨胀功} = \frac{h_{03}-h_{04}}{h_{03}-h_{04s}} = \frac{T_{03}-T_{04}}{T_{03}-T_{04s}} = \frac{T_{03}-T_{04}}{T_{03}\left[1-\left(\frac{P_{04}}{P_{03}}\right)^{\frac{k-1}{k}}\right]} \tag{8-11}$$

因发动机的排气速度较低,可令涡轮进气口处的滞止温度压力等于测量到的排气的温度压力,即 $T_{03}=T_3$,$p_{03}=p_3$。由于涡轮的出口速度较小,可以近似地认为 p_{04} 等于大气压力 p_0。若忽略通道内气体的传热,则涡轮机所发出的功率为

$$P_\mathrm{T} = q_{\mathrm{mT}} c_\mathrm{p}(T_{03}-T_{04}) = q_{\mathrm{mT}} c_\mathrm{p} T_3 \eta_\mathrm{T} \left[1-\pi_\mathrm{T}^{\frac{1-k}{k}}\right] \tag{8-12}$$

式中:$\pi_\mathrm{T} = \frac{p_3}{p_0} \approx \frac{p_{03}}{p_{04}}$ 为涡轮的膨胀比;η_T 为涡轮的等熵效率,一般 $\eta_\mathrm{T}=0.70\sim0.90$。

4. 涡轮机特性曲线

表征涡轮特性的主要工作参数有：根据排气滞止参数计算的膨胀比 π_T（排气滞止压力与排气背压之比），排气质量流量 q_{mT}，转速 n_T，以及涡轮等熵效率 η_T 等。涡轮机在不同工况下运行时，上述参数之间的关系，就是涡轮机的特性。与压气机一样，涡轮机特性曲线可用相似的折合流量和转速参数（$q_{mT}\sqrt{T_{03}}/p_{03}$，$n_T/\sqrt{T_{03}}$）来绘制，如图8.15所示，横坐标为流量，纵坐标为涡轮膨胀比，涡轮效率一般以等值线的形式表示，由于是用折合参数绘制，因此也称为涡轮机的通用特性曲线。

由涡轮机特性曲线可知，在一定的涡轮机转速情况下，随着膨胀比的增加，流量跟着增加，当膨胀比增加到某一临界值时，流量达到最大值，不再增加，这种现象称为涡轮的阻塞现象。产生阻塞现象的原因是由于在喷嘴最小截面处（喉部）燃气的速度达到了声速，此后，即使膨胀比继续增加，喉部的速度也不会超过声速，所以流量也达到了最大值。

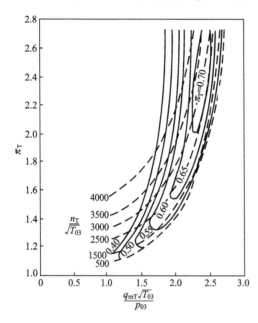

图 8.15 涡轮机的通用特性曲线

涡轮机的效率曲线随流量的变化与压气机的情况相类似，呈抛物线形状，与气体膨胀做功过程中的流动损失、撞击损失和余项损失有关。流动损失与气体流动速度有关，流速越高，流量越大，则流动损失也就越大。撞击损失和余项损失在设计工况点最小，偏离设计工况时，撞击损失和余项损失增加，偏离程度越大，则损失也越大。

涡轮机的通用特性曲线和压气机的通用特性曲线并列应用可以方便地对涡轮机和压气机匹配和运行进行分析。

8.2.3 排气涡轮增压系统简介

在柴油机中，燃料通过燃烧所释放出的总热量中，有30%~37%被排出的废气带走，高温废气排入大气，不仅损失热能，而且污染环境。发动机的排气涡轮增压器就是要利用这部分能量实现对进气的加压，增加进气密度，这样既可提高柴油机功率，又可回收废气中一部分能量，同时也减小了对环境的不利影响。

按照排气能量在涡轮中的利用方式，发动机的排气涡轮增压系统有定压和脉冲涡轮增压两种基本形式。

1. 定压涡轮增压系统

如图8.16所示，定压涡轮增压柴油机在结构上的特点是将各气缸的排气支管接到一个大容积的排气总管上，而后再将排气引入涡轮。尽管各气缸是交替排气的，但由于排气总管容积足够大，因此各气缸排气进入总管时，迅速膨胀，降为管内压力，只引起总管中微小的压力波动,涡轮前排气管内压力基本是恒定的。定压增压亦称等压增压。

下面根据增压柴油机的理论示功图(图8.17),来说明定压增压对内燃机排气能量的利用情况。

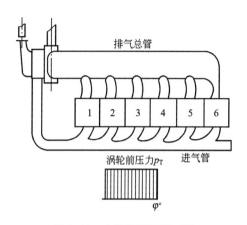

图 8.16 定压涡轮增压系统

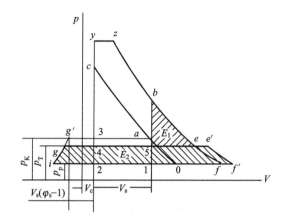

8.17 定压涡轮增压四冲程柴油机的理论示功图

图 8.17 中,$3—a$ 是发动机的吸气行程,吸入的空气压力为 p_b,$a—c—y—z—b$ 是气缸内依次进行的压缩、燃烧与膨胀行程,然后是排气行程 $b—5$。由于排气涡轮增压器的存在,使得排气的背压即增压器前排气总管内的压力为 p_T,该压力对于定压增压系统而言是恒定的,显然 $p_b > p_T$,这样面积 $a—5—4—3—a$ 为充量更换过程所获得的泵气正功。面积 $2—3—a—0$ 系压缩进入发动机气缸内的空气所需的能量,面积 $i—g'—3—2$ 则为压缩扫气空气所需的能量(φ_s 为扫气系数),故压气机消耗的总能量为上述两部分之和,由面积 $i—g'—a—0$ 表示。

排气中涡轮的可用能量应为涡轮前压力 p_T 线与大气压力线 p_0 所围成的面积 $i—g—e—f$,它由三部分组成:①面积 $i—g—4—2$ 是扫气空气提供的能量;②面积 $2—4—5—1$ 为活塞强制推出排气所做的推出功,系发动机给予;③面积 $1—5—e—f$ 是真正取自燃气的能量。

燃气所具有的可用能为 $1—b—f$,它是排气由排气门开启始点状态 b 等熵膨胀到大气压力 f 所能做的最大功。定压系统仅能从损失的能量 $5—b—e—5$ 中回收小部分热能,加热排气,从而使定压系统中排气的温度从 e 点提高至 e' 点,因此排气在涡轮中将沿着 $e'—f'$ 线膨胀,涡轮可用能量的面积将增加一项 $e—e'—f'—f$,因此 $5—b—e—5$ 中大部分能量不可避免地损失了。若采用高增压,使增压压力和涡轮前的压力提高,即提高排气总管内的压力,上述损失将会降低,能量的利用率就会有所提高。

实际上,涡轮前排气的可用能量面积 $i—g—e'—f'$ 与涡轮机效率 η_T 的乘积才是涡轮机对压气机所给出的功,压气机所消耗的功为面积 $i—g'—a'—0$ 除以压气机效率 η_b 和整个增压器的机械效率 η_m。要在增压压力较低、而增压器的综合效率 $\eta_{Tb}(\eta_{Tb} = \eta_T \eta_b \eta_m)$ 又不高时,实现涡轮与压气机之间的功率平衡就变得相当困难,其原因就在于面积 $5—b—e$ 那块能量未能很好地利用。

定压涡轮增压的主要优点是:涡轮在定压下全周进气,效率较高;气流引起的激振较小,不易引起叶片断裂;排气系统简单,成本较低,易于布置和维护。主要缺点是脉冲能量的利用率较低,试验表明,当增压压力较小时,定压涡轮增压系统仅仅利用了排气能量的 12%～15%，高增压时可达 30%以上。此外，定压增压的发动机的低速转矩特性和加速性能较差。

2. 脉冲涡轮增压系统

脉冲涡轮增压系统的布置原理如图 8.18 所示，其特点是各缸通过短而细的排气支管与容积很小的排气管相连接，而后再接到涡轮进口，一般每三个气缸连到一根排气管。由于排气管容积很小，排气管中压力波动较大，涡轮前的压力波动也较大，故也称为变压增压系统。

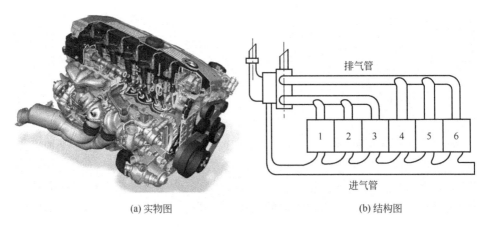

(a) 实物图　　　　　　　　　　　　　　(b) 结构图

图 8.18　脉冲涡轮增压系统

采用脉冲涡轮增压系统旨在提高在定压系统中损失能量的利用率。排气管容积很小，在排气阀开启后，排气管中压力迅速升高，这种方案的特点是排气管做得短而细，排气系统容积要尽可能小，使排气能直接迅速地进入涡轮机中膨胀做功，减少节流损失。此外，为减少各气缸排气压力波的相互干扰，往往采用两根或更多排气支管将相邻点火气缸的排气相互隔开。图 8.18 中，发火顺序为 1—5—3—6—2—4，气缸 1、2、3 共用一根排气管，气缸 4、5、6 共用另一根排气管，例如，当气缸 1 开始排气后，排气管内的压力 p_T 能够迅速升高到接近气缸内气体压力 p_1，因而减少了排气的节流损失，而在气缸 1 排气过程中，同一排气管内其他气缸尚无排气门打开，与另一排气管中气缸 5 排气也不产生排气压力波的相互干扰。随着排气流入涡轮，气缸内和排气管内压力 p_T 迅速下降，等到同一排气管内相邻点火间隔的气缸 3 开始排气时，气缸 1 排气门已经关闭，气缸 3 的排气压力波不会影响气缸 1 的排气过程。随着气缸 3 排气的进行，管内的压力 p_T 又迅速升高，而后又降低，于是形成了排气管内的压力周期性脉动。由于排气管内的压力周期性脉动，造成涡轮进口压力的周期性脉动，涡轮是在进口压力有较大波动的情况下工作的，所以称为脉冲涡轮增压系统。

在脉冲增压系统中，在气缸刚刚开始排气时，节流损失固然也很大，但由于排气管内的压力 p_T 迅速升高，并接近气缸内压力 p_1，因而总的节流损失大大减少。同时，由于排气管较细，排气管中气流速度较高，因而部分气流的动能可以在涡轮中直接加以利用，使涡轮机的可用能量增加，有利于增压压力的提高。

从以上的分析可以看出，脉冲系统比定压系统能更好地利用发动机的排气能量，且排气管容积越小越好，以至于近年来出现了一种将增压器与排气管作成一体的紧凑结构。一一般而言，当排气系统设计较好时，在定压系统所损失的可用能量中，大约有40%～50%可以在脉冲系统中得到利用，因此涡轮的可用能量大，可以建立的增压压力 p_b 就高。反之，如果要求同样的增压压力 p_b，那么在脉冲系统中就可以放大涡轮喷嘴环的截面积，使排气管的排空更快，从而减小排气背压，改善发动机的扫气性能。

3. 定压增压与脉冲增压系统的比较

1) 增压系统结构

定压增压系统排气管结构简单，这对于气缸数目很多的柴油机在结构布置上尤为重要。而脉冲增压系统排气管要进行分支，使排气系统结构复杂，布置困难。

2) 扫气作用

脉冲增压不仅能利用排气的定压能量，而且能利用排气的脉冲能量进行有效扫气，尤其在柴油机起动和低负荷运转时，这一优点特别重要。而定压增压不能利用脉冲能量。

在发动机气门叠开扫气期间[图8.19(a)]，脉冲系统的排气管压力 p_T 正处于波谷，因此即使在部分负荷工况下，仍能保持足够的扫气压力差 $p_b - p_T$，以保证气缸有良好的扫气，达到提高充量系数、减小燃烧室中受热零件热负荷的目的。而在定压系统中由于排气管压力 p_T 波动小 [图8.19(b)]，扫气压力差小 [比较图8.19(a)、(b)的阴影部分面积]，不容易保证气缸内的扫气质量。

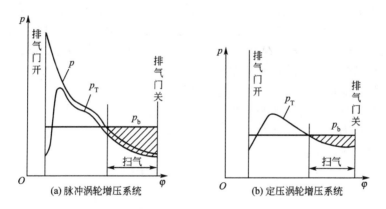

图8.19 排气脉冲波与发动机的扫气性能

3) 排气能量的利用

定压增压由于进入涡轮的压力基本恒定，故涡轮效率较高。脉冲涡轮增压为脉动进气，所以涡轮鼓风损失、窜气损失较大，涡轮效率较低。

脉冲涡轮增压系统中，由于排气节流所造成的排气能量的损失比定压增压系统的小，同时还考虑了对排气脉冲能量的利用，而在定压涡轮增压系统中，脉冲能量由于排气管容积大而几乎损失殆尽，所以脉冲增压对排气能量的利用比定压增压要好。但当增压比提高时，定压系统排气管内的压力也相应提高，排气能量的损失有所下降，且脉冲能量在排气能量中所占的比重也随增压比的增加而减小，所以两种系统对排气能量的利用效果将随增压比的提高而逐渐接近。一般而言，当增压比小于2.5时，采用脉冲增压系统对排气能量的利用较好。

4) 发动机的加速性能

在脉冲增压系统中，由于脉冲增压排气管容积小，当发动机负荷改变时，排气温度和压力的变化很快传递到涡轮机，并由涡轮直接反映到压气机，从而使增压器能较快响应发动机负荷的变化，所以采用脉冲增压系统的发动机加速性能好。而定压增压在柴油机加速加载时反应性能差，即快速加速加载时，排气能量不能快速传到涡轮，增压压力因而也难于快速提高，造成短时间内空气流量不足，使柴油机冒烟。

此外，在发动机转速降低时，脉冲增压系统的可用能量与定压增压系统的可用能量之比增大，有利于改善发动机的转矩特性。在排气管容积较大的定压增压系统中，涡轮机前的压力变化比较缓慢，特别是在低增压时，排气能量的利用率低，加速性能差。定压系统的转矩特性也不如脉冲系统。

5) 高增压柴油机排出的废气中，定压能量所占比例相对较大，故多采用定压增压。

综上所述，发动机在低增压时宜采用脉冲增压系统，高增压时两种系统均可采用。车用发动机大部分时间是在部分负荷下工作，对加速性能和转矩特性要求较高，故较多采用脉冲增压系统。对于船用、发电等场合，由于变工况要求并不突出，对增压系统的空间安装位置也无严格限制，且增压度一般较高，故多采用定压增压系统。

4. 其他涡轮增压系统

在脉冲涡轮增压系统中，如果所有气缸的排气均排入一根排气管中，则由于排气压力波的存在，会产生扫排气的互相干扰。对于气缸数为 3 的倍数（如 3 缸、6 缸）等发动机，可以将无排气干扰（发火间隔为 240°CA）的三个缸共用一根排气歧管，即所谓的三脉冲系统，分别引入涡轮中，这样涡轮就可能有双入口（6 缸机），甚至多入口（6 缸以上）。对于符合这一条件的发动机，采用脉冲增压是有利的。

对于气缸数不是 3 的倍数的柴油机，例如 4、5、7、8、10、16 缸柴油机，采用脉冲增压是不利的，称为"不利"气缸数。当气缸不再是 3 的倍数时，若依然采用涡轮增压系统，为防止排气干扰，不得不增加排气歧管的数目，例如，四冲程 8 缸柴油机排气管的分支可以把发火间隔角为 360°CA 的每两个气缸连一根排气管；或将发火间隔角为 180°CA 的每四个气缸连一根排气管，分别称为双脉冲增压和四脉冲增压。

双脉冲增压系统虽然不会发生排气压力波对扫气的干扰，但是由于两个压力波之间有较长的低压期，涡轮将间歇进气，引起较大的鼓风损失和驱气损失，使涡轮效率下降较多。另一方面，排气管内有较大的抽空和充满能量损失，使排气能量损失较大。

四脉冲增压系统可以向涡轮连续供气，涡轮效率也相对较高，但由于一根排气管所连四个气缸的发火间隔角为 180°CA，该角度小于排气持续角，所以排气压力波会对扫气过程后期产生干扰，甚至产生废气倒流的现象。

为解决上述问题，几种新型增压系统应运而生，这就是脉冲转换增压系统、多脉冲转换系统以及模块式脉冲转换器系统。本节仅对脉冲转换增压系统做介绍，其他就不一一赘述了。

脉冲转换增压是解决不利气缸数柴油机采用脉冲增压问题的有效办法。

脉冲转换器适用于不利气缸数为 4、8、16 缸的柴油机，它是把发火间隔为 360°CA

的两个气缸连接一根排气管,并与另一根排气管通过脉冲转换器连到涡轮的一个进口,所以有四个 180°CA 的排气脉冲依次进入涡轮,其结构如图 8.20 所示。

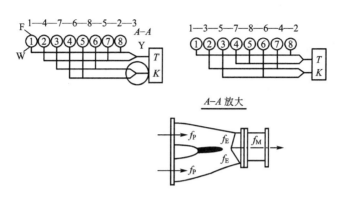

图 8.20 脉冲转换器简图
F、W、Y—压力测量部位；f_P—排气支管截面；
f_E—引射喷嘴截面；f_M—混合管截面

现以四冲程 8 缸柴油机为例进行分析,该机发火顺序为 1—4—7—6—8—5—2—3,其中气缸 1、8 和气缸 2、7 的排气支管分别通过引射喷嘴连到一个混合管,该混合管与涡轮的一个进口相连。

由图可知,当第 7 缸开始排气时,废气在引射喷管的最小截面 f_E 处被加速,部分压力能变为动能,在喷管出口形成低压区,此时比第 7 缸提前 180°CA 排气的第 1 缸正好处于扫气阶段,因而第 7 缸的排气对第 1 缸的扫气产生抽吸作用,加速第 1 缸的扫气和排空。当然,第 1、7 缸的混合气压力波到达涡轮后会反射,反射的压力波要经过 1、8 缸的引射喷嘴进入排气支管,可能干扰第 1 缸的扫气。因此,连接于同一脉冲转换器上的相继点火缸的点火间隔角一般不小于 180°CA,这样,反射的压力波对扫气的干扰也只能发生在扫气接近结束时,对扫气的影响较小,所以它特别适用于 4、8、16 缸柴油机。

8.2.4 涡轮增压器与柴油机的匹配

柴油机是往复式机械,而涡轮增压器是旋转式叶片机械,两者特性曲线完全不同。柴油机与涡轮增压器之间没有机械联系,只有气动联系,即只通过柴油机的进排气流动将二者联系起来。柴油机的转速范围是从最低稳定转速到标定转速,甚至更高,其负荷变化可以从零到满负荷,要使增压柴油机有良好的性能,就必须使涡轮与压气机的联合运行工作特性在宽广的范围内与柴油机有良好的配合,彼此适应,这就是所谓的涡轮增压器与柴油机的"匹配"。

柴油机和涡轮增压器的正确匹配是得到柴油机良好性能的关键。若二者匹配不当,即使性能良好的涡轮增压器和柴油机,也会使其增压后性能恶化。对匹配的具体要求如下：

(1) 在标定工况下,必须达到柴油机预期的增压压力和空气流量,使柴油机有足够的空气量进行扫气和燃烧,保证柴油机有预期的燃油消耗率、最高爆发压力、排气温度和烟度等,同时要使受热零部件的热负荷在允许范围内。涡轮增压器在标定工况下不超过其设计转速,并在最高效率点运行。

(2) 部分负荷工况有较好的性能。高负荷时,柴油机不超出冒烟极限,燃油经济性好。

（3）在柴油机变工况运行的全部范围内，柴油机与涡轮增压器的联合运行线应穿过压气机特性的高效率区，且尽可能和压气机的等效率曲线相平行，无喘振和阻塞现象，同时运行应处于高效率区。

（4）涡轮增压器和柴油机应能在各种工况下稳定、可靠地工作，无增压器超速、柴油机最高燃烧压力超高现象，排温及零件热负荷在合理的范围内。

（5）对于车用发动机，还要求发动机的外特性具有足够的转矩储备和转速储备，以及瞬态加速响应性能。

考虑到当进气系统压力脉动或空气滤清器和空冷器等发生阻塞，以及环境温度变化时，都会使运行点向喘振线方向移动，因此，匹配时要保证有足够的喘振余量，即压气机喘振线至最靠近喘振线的运行点的流量余量。喘振余量因柴油机种类及用途的不同而有区别，一般为10%～20%。

1. 涡轮增压器与柴油机联合运行特性的调整

涡轮增压器与柴油机联合工作特性是增压柴油机性能的重要标志。这种联合工作特性亦称增压柴油机的运行线。它是评定涡轮增压器与柴油机匹配时，工作好坏程度的不可缺少的重要曲线。

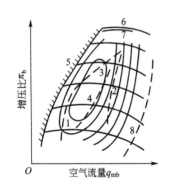

图 8.21 柴油机与涡轮增压器联合运行特性

1—n_{min} 负荷特性；2—n_{min} 负荷特性；
3—外特性；4—螺旋桨特性线；
5—喘振线；6—最高转速线；
7—最高排温线；8—最低效率线

图 8.21 所示是在压气机特性曲线上绘出的联合运行特性图，图中曲线 1 是柴油机的低速稳定运转线，曲线 2 是以标定转速运行的等转速线，曲线 3 是外特性线。对于车用柴油机而言，其运行范围便是曲线 1、2、3 下所包围的面积，既要使涡轮增压器运行范围处于高效工作区，又不要穿过喘振线。

实际的涡轮增压器与柴油机匹配时，首先根据涡轮增压器厂家提供的特性曲线进行匹配计算，然后才选择一台性能接近的涡轮增压器。有时柴油机和涡轮增压器并不能完全匹配，还需要根据柴油机运行的实际情况对增压器做一些调整或修改，以改变柴油机运行范围在涡轮增压器特性曲线上的位置，实现压比、效率和流量的匹配。

联合运行线反映了涡轮增压器与柴油机匹配运行时两方的综合情况，因此通常都借助于联合运行线来判断涡轮增压器与柴油机的匹配是否合适。

对于车用发动机来说，着眼点在于柴油机低转速下能获得更大的转矩，即希望获得好的转矩特性，而并不在于柴油机在最高转速下有尽可能的输出功率。因此，对车用发动机来说，良好的配合特性应该是使柴油机最大转矩工况的运行点，落在压气机特性曲线的高效率区，也就是使涡轮增压器与柴油机在外特性线上最高转速的 60% 左右处达到最佳匹配。而对最大功率工况的运行点，并不要求落在压气机特性曲线的高效率区，最高转速的等转速运行线也不要求穿过压气机特性曲线的高效率区域。

每个型号的涡轮增压器都有其合适的使用流量范围，它通常是指从喘振线至某一效率等值线（如 $\eta_b=0.7$）或阻塞线所包括的区域。图 8.22 所示是两种型号的涡轮增压器的运行范围示意图，型号Ⅰ的压气机流量特性比型号Ⅱ的小，发动机的运行线为 AB。下面就以运行线穿越增压器Ⅱ的喘振线为例说明如何调整。当柴油机与型号Ⅱ的涡轮增压器配合时，联合运行线 AB 穿过压气机的喘振线，说明该涡轮增压器对于所匹配的柴油机而言流量偏大。当换用较小型号的增压器Ⅰ后，运行线将不在原有位置。因此，无论选择哪一个涡轮增压器与柴油机联合运行，都需要进行进一步的调整与匹配。

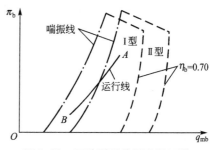

图 8.22　两种型号的涡流增压器的运行范围示意

当采用小一号涡轮增压器时，运行线所经过的效率范围有可能增高，此时，运行线将略向左移。若运行线太偏离于右端，可做相反调整，换用大一号的涡轮增压器来解决。若运行线偏离不太大，可通过调整涡轮增压器的某些结构参数，如改变压气机流通截面积来解决，它可以使压气机特性曲线大致平行移动。若压气机特性曲线向右平移时，还须考虑涡轮流量极限，这可在涡轮特性曲线上校核。若已阻塞，须同时加大涡轮流量。

喘振主要是由叶片扩压器引起的，改变叶片扩压器的结构参数就可达到移动喘振线的目的，如改变扩压器的进口角、喉口面积等。实践证明，叶片扩压器喉口面积直接影响压气机的喘振，可采用改变叶片扩压器喉口面积的办法来控制喘振线的左右移动。压气机阻塞现象的产生，是源于在某个流通截面下，气体运动速度达到了声速而导致流量不再增加。试验表明，临界截面一般出现在叶片扩压器的进口喉部附近，但当叶轮进口喉部面积过小时，也可能造成在叶轮喉口附近发生阻塞。因此，适当增大叶片扩压器喉口面积和叶轮喉口面积，可以提高压气机的阻塞流量，从而扩大压气机工作的流量范围。

涡轮增压器在运行过程中可能会出现超速现象，即增压柴油机的功率尚未达到标定值时，涡轮增压器转速已经达到了允许的最大值，若继续增加发动机功率，涡轮增压器将处于超速状态，这是不允许的。采用增大涡轮喷嘴面积的方法，减小涡轮前的排气能量，可克服涡轮增压器的超速问题。

有时为了改善车用增压柴油机的转矩特性，在最大转矩点选配涡轮增压器，这有可能使涡轮增压器在标定工况点出现超速现象。解决的办法通常是在涡轮前设计一个放气阀，使一部分排气不经过涡轮做功而直接排入排气管中。也可以在压气机出口旁通一部分压缩空气，减小进入柴油机的空气量。以上两种方法都可以使涡轮的燃气流量减小，从而达到限制涡轮增压器超速的目的。

为适应车用发动机的特殊要求，出现了一种可变几何参数的涡轮(variable geometry turbocharger，VGT 或 variable nozzle turbocharger，VNT)。这种涡轮可实现在低速时减小涡轮喷嘴面积以提高增压压力，提高低速转矩，高速时扩大涡轮喷嘴面积，降低排气压力。上述调节过程的实现方式有很多，一般是通过在涡轮入口加装可调节的滑片或叶片可调的喷嘴环，使气体的流通截面发生改变。由于控制机构的复杂性和成本上的原因，一般仅在追求高性能的柴油机上使用，但近年来有推广的趋势。

改变运行线的办法来适应压气机特性，可通过改变涡轮喷嘴环出口通流面积的办法来实现，调整涡轮喷嘴环出口通流面积可改变柴油机空气体积流量特性线的位置，当涡轮喷嘴环出口通流面积减小后，整个柴油机的排气阻力增加，因此在压气机特性场内，柴油机等转速运行线向小流量方向移动。应用减小喷嘴环通流面积的办法，可使柴油机运行线移向喘振线，是把运行线从压气机的低效率区移向高效率区的有效办法。实验表明，喷嘴环出口通流面积变动20%左右是调整的一个限度，否则要同时改变动叶轮通流面积。

反过来，也可用改变压气机特性线的办法来适应运行线。改变压气机特性线的办法很多，如改变扩压器进口角、改变叶轮出口及扩压器进口宽度或改变导风轮进口外径等，都可改变压气机的特性。当改变叶轮宽度时，压气机中与其有关的其他结构也得改变，因此只有在大幅度调整压气机流量特性时才采用这一办法。通常在仔细估算与选配增压器后，需要在小范围内调整的特性线时压气机，才采用改变扩压器进口角的办法。

无论修改压气机任何部位的尺寸，都只能改变压气机本身的特性曲线位置及形状，而对涡轮的特性曲线则毫无影响，反之，修改涡轮的几何参数，调整涡轮机的特性曲线，对压气机也不会产生影响。但压气机或涡轮特性的改变都会影响与它们相匹配的发动机的工作区域。

2. 柴油机的增压改造

为了适应增压的要求，柴油机的结构与工作参数要进行适当的改动。

1) 燃烧室和压缩比

目前，增压柴油机绝大多数机型采用直接喷射式燃烧室，仅有少数机型采用预燃室或涡流燃烧室。这与它们的燃料经济性、起动性、机械负荷以及热负荷等有直接关系。

为了降低最高燃烧压力，增压柴油机应适当降低压缩比。这将使柴油机燃料经济性恶化和起动困难，而直喷燃烧室可较好地弥补这方面的缺陷。由于直喷燃烧室采用的螺旋进气道能产生强烈的进气涡流，使混合气形成和燃烧大为加速，空气利用率也大为提高，如车用非增压柴油机的ϕ_a一般较小，增压后一般将增大10%~30%，可有效改善柴油机的经济性和动力性，降低发动机的热负荷。

直喷燃烧室可允许采用较低的压缩比，一般为15~18，而增压柴油机压缩比为12~14。直接喷射式燃烧室(尤其是ω型)形状简单、结构紧凑、加工容易且散热面积小。可获得较高的燃料经济性。又由于总有一部分燃料在燃烧室空间先形成混合气而发火，因此起动性能较好，这一点对增压柴油机而言是非常可贵的。此外，ω型燃烧室喉口直径较大，热负荷较低。虽然直喷燃烧室对燃料系统要求较高，增压后会要求更高，但是由于高压油泵、喷油器等结构和工艺的发展，增压柴油机已完全可以满足增压对燃料系统的要求。

预燃室柴油机的最大优点在于最高燃烧压力较低，燃烧比较柔和，对高增压柴油机很有利，再适当降低压缩比，即可保证增压后柴油机的机械负荷仍在允许范围之内。但是随着增压技术的发展，不仅出现由于最高燃烧压力增加而危及零件的机械强度问题，而且还引起热负荷过高的问题。鉴于热负荷的影响，大缸径高功率的增压柴油机有向直接喷射燃烧室发展的趋势。预燃室因其结构本身所引起的热损失和流动损失较大，使柴油机的经济性和起动性都变坏，对增压柴油机来说，这种不利的情况将更为明显。

一般增压柴油机所采用的压缩比为12~14，缸径小者偏高值。对于车用增压柴油机，由于增压度较低，目前压缩比一般仍不低于14。增压比越高，压缩比降低幅度越大，但过高的降幅会恶化发动机的经济性能，排温升高，而且使柴油机起动困难。

降低压缩比的方法除新设计外，还可采取将活塞顶部挖去两块或者加深进、排气门坑穴，使气门缩进气缸盖一些部位的方法，这样做还可加大气门升程，有利于扫气。

2) 配气相位

涡轮增压柴油机燃烧室的扫气，除了冷却燃烧室壁和清除其中废气外，还起着降低排气温度的作用，使它低于涡轮叶片材料允许的温度极限。为此涡轮增压柴油机的进、排气门重叠角较大。中速和高速增压柴油机的气门重叠角一般为 100～130°(CA)，有时还会更大些。

加大气门升程和增大气门重叠角，可以获得良好的扫气，为改善柴油机的动力性和经济性提供了有利条件。尽管如此，对经常处于部分负荷工况下工作的车用增压柴油机，气门重叠角应酌情选择，一般不宜过大。

利用增压压力比排气压力高的有利条件，合理地加大气门叠开角，以增加气缸扫气，从而降低发动机的热负荷。增压柴油机的试验表明，气门叠开角每增加 10°(CA)，活塞平均温度降低 4℃。合理地增大气门叠开角，除了可降低发动机的热负荷以外，还有利于气缸内废气的扫出和进气终点温度的降低，使充量系数增大。此外，由于扫气增加，降低了排气温度，改善了涡轮的工作条件。但当增压压力较高(如 $p_b>300\text{kPa}$)和采用进气中冷技术后，气门叠开角反而和非增压相差不多，主要是为防止低负荷时的排气倒流。

车用增压柴油机，由于经常工作在部分负荷区，为避免在部分负荷时出现排气倒流，气门重叠角不宜过大。目前不少车用柴油机增压与非增压的气门重叠相差不大，有的甚至一样。

每一形式的增压柴油机，其气门重叠角最后都要由试验方法来确定。

3) 供油系统

为了适应增压后功率增大的要求，需要增加总供油量和喷油率。在满负荷时随转速而变化的供油量，应满足低速时不冒烟、高速时爆发压力不过高、最大转矩时能提供足够的油量。

对于增压柴油机而言，为了使供油持续期近似不变，常采用以下方法：增大高压油泵柱塞直径，增加供油速率并使喷油器等尺寸与之相适应；采用较陡的凸轮外廓形状；提高喷油压力以及加大喷油器喷孔的直径等，这些措施也保证了燃油喷射油束在空气密度提高的情况下有足够的贯穿距离。

柴油机增压后，滞燃期缩短，可以适当地减小喷油提前角，以限制最高燃烧压力的增长。

供油系统随着喷油压力的提高而带来一系列的问题。首先是凸轮和滚轮之间的接触应力大大增加，为了限制这种应力，必须加大滚轮宽度和直径，但它将受到凸轮和滚轮直线度以及滚轮质量的限制，其他如高压油泵的轴、壳体、轴承等都应加强；其次是高压油管的穴蚀现象严重，其他对喷油器、喷油自动提前器的结构都有所影响。

关于在满负荷时(外特性上)，供油量随柴油机转速变化的规律问题，一般来说，原机型的喷油规律是不适应于增压柴油机的。如果满足了额定工况下柴油机功率的要求，则柴油机在低速工作时由于废气能量小，增压压力低，供气量不足会引起冒烟，因此增压后须在调速器上加装一个油量校正器，以便在低于特定转速或者低于特定增压压力时，减少供油量。这种方法称为"反向校正"，其校正动作可由气动或机械驱动。又如为了限制最高转速下因增压压力过高而引起最大爆发压力过高，还必须采用"正向校正"，即当转速达到额定值后，随转速增加而减少供油量。

4) 进排气系统

柴油机增压后进气管容积希望尽可能大一些，也就是加大进气集气箱的容积，以减小进气压力波动，提高压气机的效率和改善柴油机的性能。加大进气集气箱容积固然可以改善增压柴油机的性能指标，但却带来布置上的困难。同时还影响汽车的加速性能，因为加速时要把较大的进气管容积提高到额定增压压力需要较长的时间。因此，大的集气箱容积比较适合于稳定工况下运转的增压柴油机。

排气管的长度、截面、结构形状等对增压柴油机的性能有相当大的影响，因此对增压柴油机排气管的设计是十分重要的。

进排气系统的设计，要与增压系统的要求一致。如脉冲系统，为使各气缸的排气不致互相干扰，要求同一排气支管内所连各气缸的排气不能重叠或尽可能地减小重叠。如发火次序为 1—5—3—6—2—4 的 6 缸机，可以采用气缸 1、2、3 和气缸 4、5、6 各连一根排气管，每一根管内相邻两缸间的工作夹角为 240°CA，与排气脉冲波的持续时间大致相同，排气相互干扰不大。

5) 冷起动

冷起动性能是柴油机很重要的性能之一。增压柴油机为获得较高的平均有效压力而又不至于使最高燃烧压力过高，这就需要降低压缩比。压缩比低，冷起动困难，特别是重型柴油车困难更大。解决冷起动困难的方法较多，因此增压柴油机需要安装一套冷起动预热装置。

6) 增压空气的冷却

在压比较高(中增压度以上)的柴油机增压系统中，一般都设置有增压空气中间冷却器，对涡轮增压器出口空气进行冷却，可以利用循环冷却水进行"水冷"或用冷却风扇进行"风冷"。利用冷却风扇在车辆运行过程中所产生的高速气体流动来冷却增压空气的所谓"空—空"中冷方式，可以获得比较好的冷却效果，且布置较为灵活，近年来在车用发动机上应用较多。

对涡轮增压器出口空气进行冷却，一方面可以进一步提高发动机进气管内的空气密度，从而可以提高发动机的功率输出，另一方面可以降低发动机压缩始点的温度和整个循环的平均温度，从而降低发动机的排气温度、改善发动机热负荷和经济性。此外，进气温度低，最高燃烧温度亦可降低，使废气中 NO_x 含量减少，因此中冷器还起减排作用。

中冷器一般有两种结构形式：

(1) 水冷式，即空—水—空中冷器。

(2) 空冷式，即空—空中冷器。

8.3 气波增压器

不通过涡轮增压装置进行能量交换、而是通过特殊的转子使废气直接与空气接触，高压废气对低压空气产生一压力波，迫使空气受到压缩，从而提高进气压力的过程，即所谓"气波增压"。

8.3.1 气波增压器工作原理

气波增压器是利用气波(膨胀波和压缩波)来传递能量的一种新型能量交换器，其结构原理如图 8.23 所示。气波增压系统的核心部分是一个转速不太高的、具有数十道简单槽形的转子,能量的交换就在这个转子中进行。再配上进气口管道、排气口管道以及转动机构等就组成完整的气波增压系统。

转子能够自由地旋转,应用于发动机时,转子是通过传动带由发动机曲轴驱动而高速旋转。转子中分布着几十个截面积基本相同的、两端开口的、细长窄小的轴向的转子槽道,气波就产生于这些转子槽道中并传递能量。定子是静止不动的,分为空气定子和排气定子,两定子分别布置在转子两侧。在两个定子中各有两组通道,通过这些定子通道,空气和排气可以流入或流出转子槽道进行能量传递。空气定子中一组通道为新鲜空气通道,新鲜空气从此通道流入气波增压器转子;另一组通道称为增压进气通道,在气波增压器内获得增压的进气从此通道流出,而后进入发动机的进气歧管。与之对应地,排气定子中也有两组通道,分别是高压排气通道和低压排气通道,来自发动机气缸的高温高压排气通过高压排气通道进入转子槽道,在完成能量交换后排气压力下降,从低压排气通道流向发动机排气尾管。通常,气波增压器低压区的通道尺寸要大于高压区通道,这样的结构设计是为了能够实现新鲜空气在转子槽道内对低压排气进行完全扫气,有利于提高增压效率。

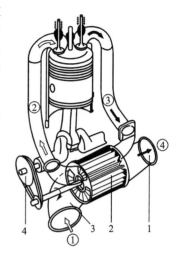

图 8.23　气波增压器工作原理
① 新鲜空气;② 增压进气;
③ 高压排气;④ 低压排气
1—排气定子;2—转子;
3—空气定子;4—传动带

转子和定子间通过中间壳(转子外壳)用螺栓紧固连接起来。在转子端口和各定子端口并没有直接接触,这样转子可以在阻力很小的情况下高速旋转,转子和定子间的缝隙设计相当小,可以保证气体泄漏量最小。同时,在气波增压器中各个定子中的通道均是对称布置,这样,当其运转时,转子每转一圈,便完成了两个工作循环。

从气缸排出的高温高压排气与气体突然直接接触时,就会产生压缩波和膨胀波以交换能量。压力高的气体对压力低的气体产生压缩波,压缩波相对于气体以音速传播,将槽道内空气压缩,使其压力、密度、温度升高,而压力低的气体对压力高的气体产生膨胀波,使其压力、密度、温度下降。

当转子转动时,槽道与定子的进、出口周期性地连通、关闭,这样在槽道内部就形成一系列的压缩波和膨胀波。转子槽道首先转动到高温高压排气入口,高压排气进入槽道产生压缩波,压缩波压缩槽道内低压的新鲜空气,将能量传递给新鲜空气。当转子转过高压排气入口后,排气不再流入槽道,槽道内就产生了膨胀波。

合理的增压进气出口位置的布置使得压缩波一到即打开,在膨胀波一到就关闭,能使空气压力升高到接近高压排气的压力。当转子继续旋转,槽道转动低温低压排气出口位置,排气口打开,槽道内的低压排气膨胀后流出槽道,此时转子槽道内产生负压膨胀,在负压的作用下,新鲜空气吸入槽道。转子继续转动,打开新鲜空气入口,产生的压缩波使得槽道内气体压力上升到大气压力,并使得低压排气排出,新鲜空气再次充满转子槽道。正是槽道内产生的多个压缩波和膨胀波将能量从高温高压的排气传递给低温低压的空气,从而提高了进气的压力。同时,高温高压的排气压力降低,新鲜空气对低温低压排气进行扫气将其从气波增压器中排出,从而完成增压过程。

8.3.2 气波增压器性能影响因素

气波增压器利用来自发动机的排气能量对新鲜进气进行增压,来自发动机气缸的高温高压排气与新鲜空气在气波增压器转子内直接接触来实现能量的传递。气体在气波增压器内部定子、转子中的流动较为复杂,发动机各个工况参数对气波增压器的性能都存在一定影响。其中,进气流量、排气温度的变化对气波增压发动机的性能影响最大,换而言之,提高进气流量、排气温度有利于改进气波增压发动机性能,而且相对其他参数的改变而言,由于进气流量、排气温度的提高而带来的气波增压发动机性能的改善的效果更为显著、更为有效。

1. 进气流量

由于气波增压器工作在发动机的进气系统和排气系统之间,利用排气与进气的直接接触产生的气波来交换能量的,进气系统对气波增压柴油机性能影响很大,适当增大进气流量有利于提高充量系数,从而提高发动机性能。

2. 排气温度

气波增压器利用发动机的排气能量来实现增压,排气能量的高低势必会影响气波增压器效率。为了提高气波增压器高效性,需保持来自发动机气缸的排气能量,即要保持较高的排气温度。因此,气波增压器在发动机的应用不仅仅要合理设计排气歧管,更需要采取措施来保持柴油机排气处于高温状态。

8.3.3 结构参数对气波增压器的影响

气波增压器结构,如定子通道的布置、形状和转子槽道的尺寸大小,以及转子与定子各个通道口的相对位置等,对气体流动性能影响很大。合理的气波增压器的定子、转子的结构以及它们的相对位置,对气波增压器发挥其良好的性能是相当重要的。

1. 气波增压器定子通道口布置

气波增压器工作时,转子槽道在不同时刻与空气定子、排气定子的通道口连通,定子通道口的形状及其布置、转子与定子相对位置对气波增压器的工作性能有很大的影响。合理设计定子通道口的形状、布置有利于气波增压器性能的正常发挥。

转子槽道转过的角度对于其工作性能来说是十分关键的。因此,要获得好的气波增压器性能,须精心设计该角度,设计该角度的同时,不但要结合转子的几何尺寸进行设计计算,还要考虑与气波增压器转速的匹配问题。

2. 转子槽道结构对流动性能的影响

转子是气波增压器中至关重要的一个零部件,转子槽道的结构、数量、尺寸大小都将直接影响气波增压器的性能。转子的结构示意图如图 8.24 所示。图中各个字符代表的意义为:δ 为槽节距;δ_1 为槽道叶片厚度;D_m 为转子直径;h 为槽道叶片高度。其他参数还有:转子槽道长度为 L,转子

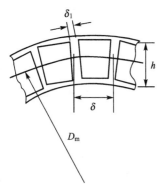

图 8.24 转子结构示意

叶片数目 N，转子转速为 n。

气波增压器转子转动时，槽道两端开口依次经过定子各个通道端口。但定子通道口与槽道开口连通时，气体的速度会瞬时发生变化从而产生大的动能损失。相对于转子长度 L 而言，用较小的槽节距可以减少这种损失。但是，槽节距减小会导致槽道内摩擦损失增大，因此，存在一个使总损失最小的槽节距与转子长度的最佳比值。

槽节距的改变使气波在转子槽道中的传播过程偏离了设计值，导致气波增压器性能下降。因此，在气波增压器的设计初始应结合气波增压器的流量、转速、增压性能的要求，综合考虑来选取合理的槽道高度、槽节距、转子长度。

转子槽道结构的改变对气波增压器的影响很大，这主要是因为槽道是气波传递的场所，其尺寸的改变必然会引起对气波传播过程的一系列的变化，如果偏离了理想工况就会打乱气波的正常传递过程，影响能量交换过程和效率，这时气波增压器难以正常发挥作用了。

转子槽道结构的改变所带来的影响要比定子结构的改变对气波增压器性能的影响更明显，因此，在设计之初就要精心设计转子槽道结构，以保证气波增压器性能最优。

气波增压器虽然具有一些独特的突出的优点，但在发动机高速工况下其性能不如涡轮增压器，且具有一定局限性，所以这限制了它的推广应用。

8.4 汽油机增压

8.4.1 涡轮增压

从排气能量利用的观点看，汽油机的涡轮增压与柴油机相比并没有本质的区别，但长期以来，涡轮增压技术除了在赛车汽油机和高性能轿车汽油机中得到应用外，其普及性远不如柴油机。究其原因，是由于两种发动机在工作过程中的不同特点所决定的。

汽油机增压的主要特点有：

（1）增压度较低。由于汽油机被压缩介质是可燃混合气，过大的压缩将引发爆燃，故汽油机增压的增压度受限于爆燃和热负荷。

（2）汽油机使用的燃料是汽油，汽油容易蒸发，且具有较高的自燃着火温度，因此，汽油机有爆燃倾向。

（3）汽油机的过量空气系数较小，工作温度比柴油机高，膨胀比小，排气温度高，因此，汽油机和增压器的热负荷较高。

（4）车用汽油机的转速和功率范围较宽，工况变化频繁，转矩储备要大，因而对增压器与汽油机的匹配特性要求较高。

（5）汽油机不能用混合气扫气，故不能用加大扫气来冷却受热部件，所以增压后热负荷偏高。

所以，限制汽油机增压的主要技术障碍是爆燃、热负荷和对增压器的特殊要求等方面。

1. 抑制爆燃和降低热负荷

汽油机最大增压压力主要受爆燃限制，而增压后爆燃加剧的最大原因是由于热负荷增加，两者是密切相关的。防止爆燃，一般考虑如下。

1) 控制压缩比

降低压缩比可以改善排放,这是防止爆燃最常见而有效的方法。实验表明,当压缩比下降到6.5时,排气中的HC减少50%,NO_x减少30%~40%。汽油机的压缩比本来就比较小,处于对经济性很敏感的区域,压缩比的下降必然引起热效率较多的下降,因此,不希望仅用此一个措施来解决防止爆燃问题。

2) 减小点火提前角,推迟点火时间

由于推迟点火时间使混合气的加热远离了上止点,从而降低了混合气的温度,减弱了混合气自燃的诱发条件。推迟点火时间将有助于防止爆燃。但是过晚的点火将使后燃加剧,不仅影响功率,还将增加排气温度,实验表明点火提前角推迟1°,排气温度将升高3~5℃,这对涡轮来说十分不利。理想的点火提前角是调整到即将爆燃而尚未爆燃时,此时动力性和经济性均最好。

3) 对增压空气进行中冷

安装中冷器对空气进行中冷是十分有效的,不仅与柴油机有相同效果,对功率增加、热负荷降低都是十分有利的,而且对防止爆燃也非常有效。

4) 改善冷却系统的效果,强化润滑系统的作用

这将同样有助于降低进气温度,对功率的增加和热负荷的降低也都十分有利。也有尝试用进气喷水的办法来抑制爆燃和降低排气温度。

2. 改善涡轮增压汽油机的转矩特性

车用增压汽油机与柴油机一样,必须有低转速大转矩特性,有一个较大的速度系数或一个较大的转矩储备系数。但较柴油机改善转矩特性的难度更大一些。

转矩特性较差的原因是随着转速的增加,负荷的提高,排气温度也相应升高,涡轮进口焓值增加,增压器转速提高,增压压力上升,相应转矩增大。这种匹配情况,不仅容易发生高速爆燃,而且转矩特性也不符合车用发动机的要求。

目前改善增压汽油机特性的措施一般有下列方法:

(1) 放气。在增压器上装放气阀。

(2) 压气机进口节流,在压气机进气处放置一个节流阀,使进口压力适当减少,相应压气机出口压力也降低。当小负荷低转速时,希望有较大的转矩,此时,正值流量小,所以节流效果弱,增压压力没受多大的影响。当高转速大负荷时,转矩不希望很大,而这时流量较大,节流效果较强,因而增压压力得到控制。

(3) 采用可变喷嘴环截面积。

3. 改善涡轮增压汽油机的加速性

涡轮增压系统在汽油机工况突变时,不能随工况变化供应的增压空气流量和增压压力,而要滞后一段时间才能适应,滞后时间越长,汽油机的加速性能越差。汽油机的增压滞后问题更显得突出,因为汽油机本身的惯性小,灵活性强,转速范围宽广,所以对增压器的反应要求更高。解决这个问题的方法有:

(1) 减小进排气道的容积。过大的进排气系统的容积,特别是进气系统的容积是造成增压器反应迟缓的重要原因,因此任何有利于减少进排气系统容积的设计都有利于缩短滞后期。

(2) 缩小涡轮增压器的尺寸。小尺寸的涡轮增压器具有小的转动惯量,对于提高加速

性的作用很大，为了减小转动惯量，在条件具备的情况下，宁可用两个小增压器而不用一个大增压器。

（3）排气管尺寸的影响。排气系统的阻力应尽可能地小。排气管短而直以及具有一定尺寸的圆锥形扩压器均能减少排气系统的阻力，使低速转矩特性满足于所希望的转矩曲线，随着转速提高，转矩能够迅速提高，保证了汽油机具有满意的加速性能。

8.4.2 进气惯性增压控制系统

进气惯性增压控制系统（ACIS）就是谐波增压进气控制系统。

发动机的四个行程是周期性工作的，进气系统会产生气体的波动效应，在进气管中产生两种波：压缩波和膨胀波。在进气门关闭前，如果压缩波进入气缸，则提高进气压力，增加进气量，发动机的功率和转矩输出也相应提高；如果膨胀波进入气缸，则产生相反的作用。

谐波增压控制系统是利用压缩波提高进气效率的。

1. 压力波的产生

发动机工作时，进气管内的气体经进气门高速流入气缸，如进气门突然关闭，进气门附近气流流动突然停止，但由于惯性，进气管仍在进气，于是进气门附近的气体被压缩，压力上升。当气体惯性过后，进气门附近被压缩的气体开始膨胀，向进气气流相反方向流动，压力下降。膨胀波传到进气管口时又被反射回来，这样，在进气管内形成了压力波。在部分电控燃油喷射发动机上，就利用进气管内压力波与进气门的开闭配合，使进气门开启时反射回来的压力波正好传到该气门附近，从而形成进气增压的效果，提高发动机的充量系数和功率。

2. 压力波的利用方法

如果上述进气压力波与进气门开闭配合好，使反向的压力波集中到要打开的进气门旁，在进气门打开时就会形成增压进气的效果。

一般而言，进气管长度长时，压力波长，可使发动机中低转速区功率增大；进气管长度短时，压力波波长短，可使发动机高速区功率增大。

如果进气管长度可改变，则可兼顾增大功率和增大转矩，但一般进气管长度是不可能改变的，因此利用惯性增压一般都按最大转矩所对应的转速区域利用。

3. 波长可变的谐波进气增压控制系统

以丰田皇冠车型 2JZ-GE 发动机为例说明。

采用在进气管增设一个大容量的空气室和电控真空阀，以实现压力波传播路线长度的改变，从而兼顾低速和高速的进气增压效果。

系统工作原理如图 8.25 所示，ECU 根据转速信号控制电磁真空通道阀的开闭。低速时，电

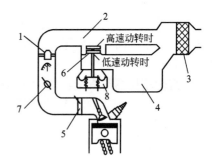

图 8.25 波长可变的谐波进气增压控制系统工作原理

1—喷油器；2—过气道；3—空气滤清器；
4—过气室；5—涡流控制气门；
6—进气控制阀；7—节气门；
8—真空驱动器

磁真空通道阀电路不通，真空通道关闭，受真空气室控制的进气增压控制阀处于关闭状态。进气管内的脉动压力波传递长度为空气滤清器到进气门的距离，这一距离较长，压力波长大，以适应发动机中、低速工况形成气体动力增压效果。高速时，ECU 接通电磁真空通道阀的电路，真空通道打开，吸动膜片，从而将进气增压控制阀打开，由于大容量空气室的参与，在进气道控制阀处形成气帘，使进气脉动压力只能在空气室出口和进气门之间传播，缩短了压力波的传播距离，使发动机在高速工况下也得到较好的气体动力增压效果。

优点：

最大功率提高 10% 以上；高速转矩增加 15%～20%；油耗下降 3%～5%；噪音下降 30%。

工作过程为：

在进气系统设计谐波室和阀门，微机根据转速、节气门等信号控制阀门动作，使发动机在全速范围内利用压缩波。

当发动机在低速区工作时，微机控制真空电磁阀 VSV 打开，由真空罐产生的真空度使执行器（真空马达）将空气控制阀关闭，进气管中的压缩波传递的路线（波长）较长。当发动机高速运转时，微机控制真空电磁阀 VSV 关闭，在执行器弹簧的作用下，空气控制阀打开，这时，空气室参与供气，由于空气室出口处气流的作用，进气压缩波只能在空气室出口与进气门之间传播，压缩波传递的路线（波长）较短。

一、选择题

1. 关于发动机增压的功用，以下描述不正确的是：（   ）

   A. 将空气预先压缩后供入气缸，以提高空气密度、增加进气量
   B. 进气量增加，可增加循环供油量，从而可增加发动机功率
   C. 燃油经济性会变差
   D. 可以得到良好的加速性

2. 关于汽油机增压比柴油机增压困难的主要原因，以下描述不正确的是：（   ）

   A. 汽油机增压后爆燃倾向增加
   B. 增压后汽油机和涡轮增压器热负荷小
   C. 涡轮增压汽油机的加速性较差
   D. 涡轮增压器与汽油机匹配相当困难

3. 如图 8.26 所示的发动机增压系统，属于如下哪种发动机增压类型？（   ）

   A. 机械增压　　　B. 气波增压　　　C. 涡轮增压　　　D. 复合增压

4. 如图 8.27 所示电控汽油喷射式发动机上涡轮增压系统，以下描述不正确的是：（   ）

   A. 成功地摆脱了化油器式发动机与涡轮增压器匹配的困难
   B. 应用电控点火系统的爆燃控制，克服了由于增压而增加的爆燃倾向
   C. 对增压后的空气进行中间冷却
   D. 采用增压压力调节装置，当压气机出口压力高时，增压压力调节装置使排气旁通阀关

发动机增压 第8章

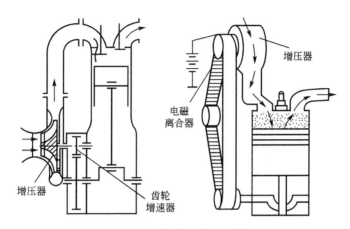

图 8.26 发动机增压系统

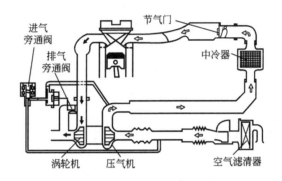

图 8.27 发动机涡轮增压系统

5. 如图 8.28 所示为废气涡轮增压器，以下描述不正确的是：（   ）

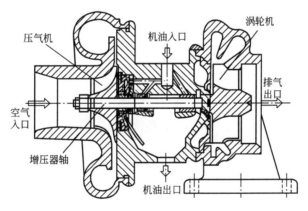

图 8.28 涡轮增压器

A. 涡轮机是将发动机排气的能量转变为机械功的装置
B. 排气流过涡轮机渐缩形叶片式喷管时降压、降温、增速、膨胀，使排气的压力能转变为动能，流出的高速气流冲击叶轮，推动叶轮旋转
C. 空气从压气机旋转的叶轮获得能量，使其流速、压力和温度均有较大的增高，然

后进入叶片式扩压管中
D. 空气流过压气机渐扩形流道的扩压管时减速增压，温度也有所升高。即在扩压管中，空气所具有的大部分压力能转变为动能

二、思考题
1. 什么是增压，增压中有几种基本类型，各有什么优缺点？
2. 增压前后发动机的性能参数是如何变化的？
3. 汽油机增压为什么有困难，如何克服？
4. 为什么要控制增压压力，在涡轮增压系统中是如何控制或调节增压压力的？
5. 增压发动机为何要采用进气中冷？
6. 何谓压气机的通用特性？为何采用折合流量和转速绘制？
7. 试绘出定压增压系统内燃机的理论示功图，并分析说明排气能量的利用关系。
8. 试比较内燃机定压增压系统和脉冲增压系统的优缺点。
9. 车用发动机采用增压时，当外特性线穿过喘振线时应如何进行调整？
10. 气波增压器、谐波增压器的工作原理是什么？

参 考 文 献

[1] 周龙保. 内燃机学 [M]. 北京：机械工业出版社，1999.
[2] 蒋德明. 内燃机原理 [M]. 北京：机械工业出版社，1988.
[3] 刘永长. 内燃机原理 [M]. 武汉：华中理工大学出版社，2004.
[4] 何学良，李疏松. 内燃机燃烧学 [M]. 北京：机械工业出版社，1990.
[5] 林杰伦. 内燃机工作过程的数值计算 [M]. 西安：西安交通大学出版社，1988.
[6] 刘峥，王建昕. 汽车发动机原理教程 [M]. 北京：清华大学出版社，2001.
[7] 张志沛. 汽车发动机原理 [M]. 北京：人民交通出版社，2007.
[8] 闫大建. 汽车发动机原理与汽车理论 [M]. 北京：国防工业出版社，2008.
[9] 陈培陵. 汽车发动机原理 [M]. 2版. 北京：人民交通出版社，2003.
[10] 秦有方. 车辆内燃机原理 [M]. 北京：北京理工大学出版社，1997.
[11] 吴建华. 汽车发动机原理 [M]. 北京：机械工业出版社，2005.
[12] 孙军. 汽车发动机原理 [M]. 合肥：安徽科技出版社，2001.
[13] 崔心存. 内燃机排气净化 [M]. 北京：化工出版社，1991.
[14] 刘巽俊. 内燃机的排放与控制 [M]. 北京：机械工业出版社，2003.
[15] 蔡凤田. 汽车排放污染物控制实用技术 [M]. 北京：人民交通出版社，2000.
[16] 黄海燕. 汽车发动机试验学教程 [M]. 北京：清华大学出版社，2009.
[17] 陆家祥. 柴油机涡轮增压技术 [M]. 北京：机械工业出版社. 1999.
[18] 雷艳. 车用发动机气波增压器性能研究 [D]. 北京：北京工业大学，2008.
[19] 王景祜. 对两种"泵气损失"定义的商榷 [J]. 中国科教博览，2004(8).
[20] 黄松. 发动机低速扭矩特性研究 [J]. 华中科技大学学报，2009(5).
[21] 訾琨. 考虑机械损失时发动机功率效率特性 [J]. 哈尔滨工业大学学报，2009(6).
[22] 吴平友. 汽油发动机爆震分析与控制 [J]. 传动技术，2003(9).
[23] Zhao F, Lai M-C, Harrington D L. Automotive spark-ignited direct-injection gasoline engines [J]. Progress in Energy and Combustion Science，1999(5).
[24] Racine R. Application of a high flexible electronic injection system to a heavy duty diesel engine 910184 [C/CD]. SAE Paper. Detroit：SAE，1991.
[25] Ernesto G G, Jesus A F, Sebastien A. Development of the management strategies of the ECU for an internal combustion engine [J]. Computer simulation. Mechanical Systems and Signal Processing，2008(6).
[26] Yun S N, Ham Y B, Shin H B. Proportional fuel flow control valve for diesel vehicle [C]. Institute of Electrical and Electronics Engineers Computer Society，2008.
[27] 杨世春. 缸内直喷汽油机技术发展趋势分析 [J]. 车用发动机，2007(5).
[28] 黄介之. 现代车用柴油机技术进展概述 [J]. 装备制造技术，2004(3).
[29] 杨忠敏. 现代车用柴油机电控共轨喷射技术综述 [J]. 柴油机设计与制造，2005.
[30] 中华人民共和国国家质量监督检验检疫总局，中国国家标准化管理委员会. GB/T 6072.1—2008/ISO 3046—1：2002 往复式内燃机—性能—第1部分：功率、燃料消耗和机油消耗的标定及试验方法—通用发动机的附加要求 [M]. 北京：中国标准出版社，2008.

［31］中华人民共和国国家质量监督检验检疫总局，中国国家标准化管理委员会. GB/T 21404—2008/ISO 15550：2002 内燃机-发动机功率的确定和测量方法——一般要求［M］. 北京：中国标准出版社，2008.

［32］中华人民共和国国家质量监督检验检疫总局. GB/T 18297—2001 汽车发动机性能试验方法［M］. 北京：中国标准出版社，2008.

［33］徐安. 发动机原理网络课程. http：//video.sdjtu.edu.cn/dmt001/engine/M，2009.